MANCHANG DE XIJIE
Dangdai Wenhua Wenti de Tiyan yu Sikao

漫长的细节
当代文化问题的体验与思考

潘一禾 —— 著

ZHEJIANG UNIVERSITY PRESS
浙江大学出版社

图书在版编目（CIP）数据

漫长的细节：当代文化问题的体验与思考 / 潘一禾
著 . 一杭州：浙江大学出版社，2021.11
ISBN 978-7-308-21724-8

Ⅰ . ①漫… Ⅱ . ①潘… Ⅲ . ①文化事业－建设－中国
－文集 Ⅳ . ①G12-53

中国版本图书馆CIP数据核字(2021)第180996号

漫长的细节：当代文化问题的体验与思考

潘一禾　著

责任编辑	黄兆宁	
责任校对	陈　欣	
封面设计	春天书装	
出版发行	浙江大学出版社	
	（杭州市天目山路148号　　邮政编码　310007）	
	（网址：http://www.zjupress.com）	
排　　版	杭州林智广告有限公司	
印　　刷	杭州钱江彩色印务有限公司	
开　　本	710mm×1000mm　1/16	
印　　张	23.5	
字　　数	344千	
版 印 次	2021年11月第1版　2021年11月第1次印刷	
书　　号	ISBN 978-7-308-21724-8	
定　　价	68.00元	

当代文化问题需要观察与思考，也需要体验与经历。

——题记

目 录
Contents

第一部分：大众文化锐评

第二部分：域外文化漫谈

Part 1

大众文化锐评

广告中的女性形象及其他

广告的技巧若作为课程来讲，起码有几十种主要技法要牢记，但若是在搜遍枯肠、殚思极虑后，仍确定不了最佳方案，正像一位美国广告学教授所说，有一种方案永远不会过时，那就是去挑选一位合适的广告女郎。

当下我国广告中的女性形象大致可分为三种：首先是传统古朴型女性。在诸如食用油、洗衣机、鲜辣酱和电饭煲之类的广告里，这类女性大都是持家的能手。她们衣着朴素大方，神情坦然而温柔，对家务事、社交和礼仪尽心尽力，毫无倦意和厌烦，甚至有许多热爱和自豪。这类女性的身边总有可爱的孩子和满意的丈夫，她们是一个家的支柱和善于主内的女性。以这种女性为主角的广告看上去既强调传统的价值观念，又赞成新时代的社会变革，因而它们实际上暗示男女应该同工同酬，但男人主要做一种工作，女人却有两种工作。男人需要专心致志，不受干扰，女人却要为男人提供服务，使他们可以把更多的时间用于工作。

其次是浪漫型的女性在广告中颇为流行。在洗发水、名牌女装、手表首饰和各类化妆品的广告中，女性显得特别妩媚、娇柔、脉脉含情，她们看上去比古朴型女性更青春年少，更富于幻想，更没有负担。在她们周围出现的，是那些为她们的魅力所倾倒、不由自主地看上了她们的青年和雅士。女性在人类文明史上曾经历了漫长的受欺压、被奴役的遭遇，但女性也曾被一些最殷勤、最热烈的女人至上主义者崇拜过，广告中浪漫型的女性多少有点以这样的方式被精选、崇拜和珍惜起来。这种过分的"呵护"使许多女性观众感到体贴和温暖，但这种现代骑士精神却并不能促进两性间的平等，而往往只是移花接木地强调了女性的被动性、从属性和柔弱性。

广告女性中更具潜力的是现代型女性，她们身着设计高雅、制作精良的职业女装，动作敏捷、神情自信，或手持大哥大，或脚踩轻骑，或饮用一些滋补品养生，或因工作抽不开身就泡一碗方便面。她们潇洒、宽容，忙时伏案疾书，闲时驾车兜风。她们成熟、热情，是某一方面的专家，有推荐介绍产品的资格。现代型的女性并不想让观众产生普遍的认同，也不想让情人产生崇拜，她们总是暗示着"出人头地""白领"和成功。

观众往往无法确定广告中的现代型女性的婚姻状况，因为她们常常是"单身贵族""独身族"和"两人世界"的代表。就不同处境的观众看来，现代型女性也未必是两性世界中完美的另一半。从广告上，一方面，我们可以看到当代女性社会角色的急剧变迁和不断扩容，我们也可以看到女性社会地位的不断提高和女性自信心的逐日加强，但另一方面，广告不是完整的故事，而是飞花落雪般的美丽碎片，是意念镜头的随意组合，是蒙太奇手法的商业应用。广告由于市场需求和短小精悍而被大量制作、不断翻新，因而广告往往是整个大众文化形态中最能反映社会文化走向的风向标。广告中的女性虽不是一种完整的塑造，但也是一种刻意的追求，是对当代大众心理的一种敏感和迎合。我们往往在广告的创意中仅仅关注时代的新潮，关注导致其产生的现实因素，但广告中的新形象和新形式不是突然涌现的，在广告女性的基本表现程序中，也有一些深埋在历史传统中的文化根基和约定习俗。

广告虽然不能代表我们这个时代的文化主流，但却占据了我们生活中大量的时间和空间，以电视、广播为例，广告与新闻、社教、娱乐节目一起构成我们每日接受信息的四大部分，广告在每一个可能的瞬间向我们不由分说地传播各种信息，影响我们的言论和行为。广告信息的数量和规模完全可能挑战我们主动接受的学校教育的收获和积累。广告作为一种主动的信息和被动教育，也许已受到我们理智和感情的抵触，也许并未引起我们普遍的好感，但它的影响却可能是无所不在的，也可能是潜移默化的。广告作为一种传播手段，它也许由厂家和商家分别策划且各自为政，但它在整体上会形成一种强大的文化力量，并在整个社会文化里更直接具体地反映大众文化的基本特征，更主动积极地关心和引导大众的需求和向往。广告中的女性形象是观看今日中国妇女的一种形式。广告不可能不看，但也因此需要学会如何去看。

如上所述，广告不仅是我们时代大众文化的一种真实再现，也是传统文化的沿革和外来文化的演变。就广告中的女性形象而言，表面上女性是广告里频繁出现的"主人"，实际上女性常常只不过是广告文本中的符号和借花献佛的"花朵"，所以，一方面各种精心制作的广告会吸引女性的注意，成为她们反顾自身的一种参照；另一方面，广告也在润物细无声中对女性传播着一些负面的信息。除了表现程式化的女性类型和其背后的历史痼疾和现代弊端外，广告对女性的负面影响可能是多种多样的。

比如，广告对女性提出愈来愈多的外在要求，从头发的光泽到肌肤的颜色，从标准的身材到合适的神态，其都在为女性做一种示范。广告促使女性更加关心自己给别人留下的印象，关心自己是否得体入时、合乎潮流，而并不注意自己面对的现实困境和疑惑，不注意自己内心深处的思绪和感受，不注意自己真正的需求和应有的追求。

又比如，广告所提供的信息可能会打破许多女性原有的理性判断基础，使她们不再以现实生活中的已有经验和体验去思考，去决定"是"和"非"，而只考虑"有"和"没有"。一个疼爱自己孩子的母亲在商店里看到"高乐高""阿华田"的价格之后，她可能不再去比较菜场里新鲜蔬菜和水果的价格，从而确定自己是否有必要购买这些儿童营养品，而是在严重受挫的心理活动中无端指责自己的无能，并不断抱怨命运或单位的差劲。相反，另一位母亲可能在极度溺爱自己的孩子和炫耀自己的消费档次中，自以为补偿了年轻时的委屈和终于出人头地。

再比如，广告在无形中给女性增加了社会的压力。各式各样以女性为主角的广告以一种合力作用，呼唤着"全才全能"的女性。回首工业社会以前的历史，女性被人为地贬为男性世界的附庸，女性本身也被人为地划分为上流和底层，女性在其生活和言行中受到许多所谓的"社会礼仪"的束缚和等级观念的限制。正像祥林嫂的命运一样，每个女性都必须在她特定的位置上生活，稍有违背，就会遭到各种武力或精神上的惩罚。令人困惑的是，今天的民主政治、市场经济和大众社会变革，在日益为女性解脱旧的束缚和限制以后，仍有一些新的无形中的压力使许多女性感到忐忑不安。单说哪个广告贬低了女性或歪曲了女性的整体形象是不妥的，但当众多的广告共同形成一种氛围和综合群像时，女性就被塑造成一个序列或一个系统：女性天然应该是尽可能地美丽。但再美的女性也是要嫁人的，美女嫁人之前应该清纯温柔，嫁人之后应该体贴入微，在烧饭洗衣之外应该出门工作，在家里家外的工作完成优秀的情况下，还特别应该注意养颜和保持体型。诸多广告所塑造的女性实际是浪漫型、古朴型和现代型的综合统一。在这种"全才全能"的群像对比下，现实生活中的许多跨双性的女杰有了"女强人"的贬称，许多有一技之长、热爱事业的工作女性被认为是"只可为友，不可为妻"，许多心地善良的普通女性开始为自己的"呆板"和"缺乏活力"而苦闷，而那些出手大方、傍依大款的"悠闲"女人却在一轮又一轮的商品消费浪潮中应付自如、令人羡慕。广告在无奇不有的创新和炫人耳目的丰富里，消减人们独立思索的时间和自我选择的机会，使人以为对"潮流"的追逐就是对"美"的追逐，以为人的世俗化就是人的社会化。广告使一些女性逐渐失去自己原有的个性和自律的主体性。

从广告中的女性形象看妇女在我们今天的地位和发展趋势，既是对广告的一种文化批判，也是对妇女自我意识的一种呼唤。正如马克思所说的那样，人类在改造世界的同时也在改造人类自己，人类在变革了自己之后才能更好地变革社会。

（《中国青年研究》1996 年第 6 期）

02

豪华大商场与现代都市人

目前，在中国的许多城市都迅速地兴建起一些购物中心和豪华大商场，它们不仅构成了现代都市最重要的繁华景观和标志性区域，也成为人们休闲娱乐、消费聚会的主要去处。与电脑网络、无线通信、看不完的影视剧和换不停的家用电器一样，豪华大商场是现代文明送给我们每个人的一份新潮礼物。最近一次有关北京青年消闲观念和消闲习惯的调查表明：逛商店是目前青年闲暇活动的主要内容之一，闲暇逛商店的人数约占31.5%，与看书报的青年持平，仅次于喜欢看电视和闲聊的人；而在青年对闲暇活动的场所选择中，商店也是青年除了家之外的次选，有48.8%的青年在商店消闲的时间比在书店、图书馆和公园、电影院还多。[1] 显然，逛商店，尤其是漫步大商场，正在成为我们生活中一种普遍而又重要的寻求快乐的方式。

许多城市的大型商场都有着不断更新的豪华装潢和精美布置，它们令人

1 沈玉梅. 超越传统消闲观念、消闲习惯——对北京青年生活状况调查引发的思考 [J]. 当代青年研究，1996（2）：10.

赏心悦目、流连忘返。而与那些巍然耸立的高级宾馆和豪华饭店不同，漂亮的大型商场使每一个消费者在心理上感到更容易接近和更随意出入。于是我们开始学会除了在居民区的便民店里购买油盐酱醋，在批发市场上批发日常用品，还要在大型商场和购物中心里闲逛、寻觅、搜索、翻弄、玩赏、赞叹和享受购买的乐趣。我们正在把购物中心提供给我们的舒适环境和祥和气氛视作一种仅次于家，而又不同于家的人间乐园。事实上，豪华而漂亮的大型商场从世界范围而言，也是一件十分新潮的文明礼品。购物中心的形成和普及离我们实际只有一百年。

我们在大商场里首先享受的是满足欲望的乐趣。正像当年从乡下来到城市、从贫乏闯入豪华的嘉莉（美国作家德莱赛的名著《嘉莉妹妹》中的主人公）一样，我们今天也依然无法抵御大型商场对我们的各种诱惑和吸引。在日常温饱不再是许多人最严峻问题的今天，购物中心与其说是在满足我们的基本需求，不如说是在不断刺激我们膨胀的欲望。大型商场的琳琅满目和应有尽有，不仅是商品数量上的品种繁多，而且是同类商品中的品牌各异、风格别具、质地参差和款式微殊，大商场正在细分我们的欲望，丰富我们需求中的品位和档次。新型商品的层出不穷和无奇不有，是大商场一年四季呼唤新老顾客的万能法宝，每次换季时节的清仓甩卖和降价酬宾，则是商家们稳固而又有些伤感的薄利盘点。由于物质条件的逐日改善和求新求美需求的阶梯式升华，作为消费者的大众也逐渐地从疯狂购买和永不满足中解放出来，变得越来越挑剔、犹豫和越来越喜欢经常逛店，为的是及时了解行情和磨炼自己的购买鉴赏力。于是，大商场门前、边沿的小吃店、快餐店逐个红火起来，商场的橱窗和陈设也竞相媲美、举足轻重起来。

有人称单纯逛店看橱窗（window shopping）的人是"无产阶级式的购物"，这种逛店方式只追求欲望的被唤起，而不追求欲望的被满足，只追求视觉和感觉的愉悦，而不在意这种满足的虚幻。大商场的出现和流行，使我们的购物方式和生活方式具有了新的文化意味，促使我们更自觉地进行精神和物质的双重追求，也使我们在满足欲望的乐趣里发现自己的权利和潜力。大商场和小杂货店的区别不仅是空间和实力的悬殊，也是活动境界和生活质量的差异。

　　同时，漫步大商场的人们也在享受大型购物中心为我们提供的独特氛围和特殊含义。美国的一位教授费雷耶（L. Ferrier）认为："消费系统正在成功地模糊许多界限，比如工作与休闲、公共与私人的空间、内在与外在世界、渴望与满足等，从而吸引消费者，使他们在购物中得到愉悦。购物中心是消费者象征意义上的自我空间，同时又完全是一个'新的世界'。"[1] 从这个角度看，漫步大商场有一种狂欢的气氛。尤其是大商场的开放式陈列，仿佛完全取消了购物与娱乐、有和没有、规则与自由的区别：顾客可以试穿不属于自己的衣物；可以在不被询问的情况下，走进一些仿佛是私人的空间；可以在不用顾忌日常礼仪或做客的得体姿态的情况下随心所欲地四处漫步，完全像是自己已经拥有了一切。购物中心的魅力也许就在这种狂欢的气氛和模糊的界限里。它既使那些在社会竞争中搏击得精疲力竭的顾客感到亲切和温和，产生重返家乡、回归自然的感觉；又使那些在公务的单调和枯燥中变得心神黯淡的消费者感到振奋和激动，产生走出困境、融入大集体的感觉。大商场既使成功者感到如鱼得水，也允许窘迫者画饼充饥。由于商家无法辨别谁是真正的购买者，因而只能自始至终地为尽可能多的人提供服务。这样，大商场还成了我们工作与休闲、公共与私人的一种连接点和交接处。这个令人感到舒适的流动性空间和功能性场所，既使我们与社会保持着密切的联系，又使我们在短暂的、面对面的友好交流中浅尝辄止。现代人际关系的异常丰富和异常活跃，是建立在类似熙攘人群漫步大商场时的萍水相逢和逢场作戏上的。

　　大商场的开放性空间和交流方式，不仅为我们的业余生活提供了许多悬念和神秘，而且也为商场经营的成败增添了许多扑朔迷离的起伏和激烈竞争的窘态。在与己有关但又不直接参与的严酷商战里，我们又感到了漫步大商场时所享受的行使权利的乐趣。如果说财富是一种力量，那么购买也是一种权力。面对商品如潮涌来的无尽诱惑，消费者的反应主要体现在他们的选择和决定上。商品的集中展示和精心陈列是商家推销自己货物的魔术，而只看

1　转引自：John Fiske. Reading the Popular. London & New York 1994: Chapter 2. 需要说明的是，我的论文发表时，该书还没有中译本。这是我根据 1994 年的英文版自己译的。现在已有中译本。约翰·菲斯克. 解读大众文化 [M]. 杨全强，译. 南京：南京大学出版社，2006: 26-27.

不买的"无产阶级式的购物"则是消费者与大商场玩的游戏。大商场里摩肩接踵的人群中究竟有多少人会真正掏钱购买呢？这是商家无法控制和决定的问题。根据美国大众文化评论家约翰·菲斯克（John Fiske）教授提供的数据，在美国市场上，尽管有广告和促销的积极配合，仍有90%的新产品因缺乏足够的购买者而告失败；在澳大利亚，这个失败的比率也达80%。可见消费者的否决权有相当的威力。

从文化的角度看消费者的权利，首先，消费者可以在大商场里行使免费逛店的权利。大商场是现代社会为我们大家提供的一个比较高级的公共场所，是令人感到舒适的流动性空间，是休闲娱乐的功能性场地。同时它们是我们工作与休闲、公共与私人的一种连接点和交接处，帮助我们与社会和他人保持着密切的联系和相互的观看。眼下许多大商场都推出了儿童乐园，或开辟顾客休息、餐饮的店中店，一些商场还打出了"欢迎您只来逛逛"的口号，虽然商家绝对不会一无所获，但他们主动而低姿态的邀请体现的是市场经济的一部分规律。

其次，消费者可以在大商场里行使购买的权利。由于市场的定义是"供需双方交换行为的总和"，所以消费者完全可以是利用市场规律和秩序的"逛店人"，他们可以通过行使自己的购买权利，挑战和冒犯商业理性的贪得无厌，逃离和嘲笑广告文化的虚情假意，监督和检验大商场的管理和运作，暴露及蔑视消费主义的弱点和弊端。在有消费理性和有文化素养的消费者面前，大商场可以是消费主义的天堂，也可以是消费主义的地狱。

再次，消费者可以在大商场里充分享受自由选择的权利。激烈的商战和市场竞争，已经迫使生产商一而再，再而三地屈身俯首于消费者的需求讲究。相形之下，消费者们则只能以散兵游勇的形式琢磨自己的游戏对手。许多名牌服装刻意强调自己是一个"系列"、一类"色调"，你看上一个，就不能不当上忠实的"回头客"，因为它们无法与你已有的东西配套，也无法在其他店家寻得。有时，这是一个令人着迷的魔术，你的某种审美品位就通过这些名牌而渐渐养成；但有时这也是一个用丝绸扎成的活套，你会乖乖地成为名牌的俘虏，并在人前不停地显摆你着装打扮上体现的审美趣味。事实上，消费者的自由是人类本身自由的一部分，选择商品的自由绝不仅仅反映你花钱的自由，而且体现你的本质力量和内在追求。品牌的选择和品位的提高是我们消费活动中的一个重要追求，但不是追求的全部和目的，我们还可以通过消费方式和生活方式的自由选择，逐渐实现我们个体精神世界的自立及自觉，实现我们生活实践的多样化和合理化，实现马克思所说的每个人"本质力量的对象化"。

各式各样自由的消费方式和选择行为既使我们逛店的兴趣倍增，又使大商场这个令人心醉的消费天地始终存在各种价值观的较量和人与商品的擂台。只有消费者素质的不断提升，以及消费者权利的恰当行使，才能使我们这个时代的消费热情从纯粹的物欲向更为"精神"和文化的方向发展。商品对人的控制和人对商品的抵制也是一场权力之争和观念之争。对此，约翰·菲斯克教授提出：当我们大家都把"顾客是上帝"的口号铭刻在心的时候，我们也就默认了大商场就是一个消费主义者的"大教堂"。[1] 在这个人人常来常往的"大教堂"里，用钱换物的礼仪和以商品为崇拜圣像的活动，正以冠冕堂皇的形式确立和巩固起来，并不断扩张自己的势力。马克思当年曾看到的"商品拜物教"倾向正在我们日益"富"起来的生活里广泛流行，当我们在商场的收银台前进行钱物交换的时候，我们还可能在同一时刻与商场交换着彼此的价值观和人生观。但商品的价值既可以被欣赏和被交换，也可以被拒绝和被推翻，在消费者挑剔的眼光和只看不买的行为里，体现的不是"王海式"的"消费者权益"，而是消费者的文化素质和话语权力。

豪华大商场是我们这个时代的一个缩影，它表明我们今天的社会比任何时候都充满了各种人造空间和形象，已有学者用"意象形态"来形容到处是广告、展览的现实环境：大商场作为一个堆满了形象和意象的公共场所，它虽是我们接触社会的一条通道，但也可能是阻碍我们认识社会真相的一本生活教材。

首先，它会妨碍我们对深度的追求。我们在熙熙攘攘的商场人流中不会感到可怕的孤独及焦虑，我们在与售货员及他人短暂的、面对面的友好交流中浅尝辄止，这是一种没有根的浮萍似的感觉，虽不真实、不完满，但是比

---

1 参见：John Fiske. Reading the Popular. London & New York 1994: Chapter 2.

上班、开会和学习都绝对轻松和舒服。现代人际关系的异常丰富和异常活跃就是建立在类似的萍水相逢、看人下菜碟、逢场作戏、绝不思量上的。快速多变的生活节奏和频繁短暂的人际交往，使我们常常感到精疲力竭和心烦意乱，我们会不由自主地依赖一些眼前愉悦来解脱放松当下的自己。那些永久性的家园感和深层次的交流，已在实体与虚拟世界流转变换的一般性交际里被连根拔起。

其次，它会消除我们的历史感。在大商场里，我们只生活在现在，最感兴趣于现在。复制的古董、仿古的家具与代表未来的计算机、影碟机天衣无缝地组合在一起，发掘现代都市趣味与表现古老乡村情调的面料恰到好处地叠加在一起，我们与历史和传统的距离感，与美和艺术的距离感都不再存在。什么都不再神秘玄奥，不再需要潜心钻研，什么也都不再需要想象和向往，成套的商品系列也不给你什么想象和创造的余地，仿佛只要虚心接受，只要学会欣赏，仿佛只要卖力挣钱就可以得到一切，尤其是通过购买的拥有来占有和享有自己心仪的一切。虽然商品并不能强迫我们做什么，但商品可能改变我们做事的方法。实际上，在历史成了纪念品、艺术成了商品的形式之后，人很容易变得目空一切，不仅在物质的追求中显得浮躁、刻意和急功近利，而且在精神的追求中也变得华而不实和特别的自以为是。

再次，大商场会不停地分散我们的注意力。物质的丰富是文明进步的果实，符合人的自然需求，但丰富的物质也给人以压迫和窘迫感，因为它们不断地提醒你的现实缺乏和精神匮乏。现代生活一方面让我们"有钱有闲"、渴望消费；另一方面又要求每一个人都更加能干，成为某个方面的专才。"让一部分人先富起来"让我们颇受刺激，加班加点工作以求保持"先富"，又让我们感到"异化"和没有享受生活，我们常在顾此失彼的遗憾和渴求补偿的心态中走进大商场。我们在逛店的过程中不容易想到，在大商场对我们的欲望和需求进行不断细分和扩展的时候，仅对精美物质的走马观花和驻足欣赏就足以使我们短暂的一生更加忙忙碌碌而毫无建树。

总之，漫步大商场，对消费者而言，这既是一种经济行为，也是一种文化行为；既是一种新时期享受，也是一种现代挑战。当我们在商场里为精神和物质的两全而挑选、为买与不买而犹豫、为捍卫"无产阶级式的购物"而瞎逛时，我们正在通过购买和拥有行使自己的一种合法权利。我们不仅要行使这种人人平等的权利来保护自己的钱包，而且要在经常行使这种权利的活动中保护和开发自己的"人的本质"。

物质财富的商品化和现代人的物化倾向都是人类文明发展过程的一个必要阶段，我们要警惕的就是不把这个社会与人的现代化的"途中"当作终点。只要我们不把自由市场当成人的自由解放，不把自己逛店的乐趣始终放在物质的幻想之上，我们就会把自己经常在大商场漫步的足迹看成一个过程：从极少消费到经常消费、从狂热消费到理性消费、从控制不住自己到从容抉择，我们的心态和素质就是在接受诸多类似大商场这样的现代文明礼物之后逐渐成熟、发展和提升的。所以我们在逛店的时候想得越多、感受得越多，我们就会变得越健康和快乐。

（《豪华大商场与现代都市人心态的嬗变》，载《中国青年研究》1997 年第 2 期；《大商场与现代人》1—4，载《中国青年报》1998 年 6 月 13 日、20 日、27 日，7 月 4 日。当时写的是专题系列文章，现在将它们整合成了一篇。）

03

审视照相的文化意味

　　照相不仅是现代人生的一件乐事，而且是我们生活中极为普通的一种乐趣。由于市场上相机的种类繁多和功能各异，这个产品的开发到了几乎每个人都唾手可得的程度。因此我们今天出门、郊游、交友、聚会、敬老爱幼、自娱自乐等一切活动时都会经常性地携带一架相机，为生活记录下集体和个人的历史。

　　相机是现代文明的新潮礼品之一，它的发明和普及不过是 19 世纪末的近事。在相机发明以前，只有那些独具慧眼的画家才能表达他看到了什么。虽然西洋的油画大师采用的是酷肖逼真的写实手法，中国的水墨大师采用的是黑白对比的写意手法，但凝固在画纸上的人物和景物大都是永垂史册的美的瞬间。与画家比起来，普通人的记忆是破碎而凌乱的，是缺乏构图也缺乏发现的。我们总是在艺术大师的画布前久久凝视，惊讶那些日常的家具和风景何以成为欣赏的对象。但 19 世纪末的人们就可以借用一个简单的方盒子仿做艺术家的工作：他们精心地装扮一下自己，选择一个自己喜欢的姿势，让摄影师按下快门，然后在暗房里工作的技师们就会完成余下的奇迹。照相是一种廉价的肖像画或风景画，但也是平常人能真正拥有的艺术。相机帮助人们获得了艺术享受上的众生平等，使得我们不再仅在画上欣赏他人和古人，而且也在相片上欣赏和赞美我们自己。

照相的文明意义是深刻而丰富的。相机的原理就是复印所有我们的所见所视，因而它使我们的视觉记忆获得开拓和保存。不仅相机的焦距延伸了我们的视线，相纸上的显影凝固了我们的视觉印象，而且相片的可重复性大幅度扩展了我们的本性和生活内容。相片弥补了我们记忆的容量不足，克服了我们记忆的转瞬即逝，改变了个人记忆之间难以交流、难以言尽的困境。相片增进了家庭内部成员之间的亲密感和团圆的喜悦，相片也促进了社会上人与人之间的交往和亲和力。我们借助相片可以比以往更多、更细、更快地了解世界、他人和自己，不仅如此，暗房里的剪接和修改还满足了我们更强的好奇心和永不满足的创造冲动，在任何人像、景象、物象都可以任意肢解、拆分、组装和重塑的经历中，我们对永无止境的"人的力量的对象化"感到由衷的欣喜。

照相与绘画比起来仿佛是更为真实的，尤其是新近流行起来的家庭摄像更是使冻结的影像记忆也能时常地、在指定的时间里行为一番。现代主义绘画已经在照相和摄像的逼攻下转向更为夸张的主观变形和抽象写意，真人实景则成为照相艺术最为稳固的市场根基。不过照相的真实性也极易被嘲笑，因为千百万人的"半身免冠照"看上去是那么千篇一律，每一个人都在照相师的指导下凝神屏气、严肃认真，摆出一副社会通常认可的表情。这些"标准像"总是在人事局、公安局、售票口、检票处、海关等关键部门有效使用。从而使我们感到只有这样的自身形象才可用来公开展示，并且体现我们之间共同的公民特征。在为各种证件、表格照相时，我们实际是在让自己的形象尽可能符合特定的要求，就像我们每回遇到陌生人时就会自动地把表情调整到某种相似的神情。受相机的影响，我们正在把普普通通的"严肃"或"微笑"凝固下来，贮存起来，并重复使用。我们既借助照片上可供"示范"的表情姿态学习公关礼仪，也因此屈服于那个机械小盒子所代表的整合力量。

如果说"标准像"使我们千人一面的话，那么风景照则是我们个性自由发挥的良机。望着郊外的一片草地，我们会寻找一个自己想要的背景，然后站在相机前，或坐或站或斜倚或侧立，但实际是什么都不干只望着相机。显然我们常常只想让相机记录下自己的某种心态，而不是某种具体行为，所以我们会让一家人或一群人围在一起对相机齐声说"茄——子"。照相仿佛能使我们比平时更乐观或更想乐观，照相也使我们比平时更为开放和更渴望开放。因为我们总想在风景照中显得尽可能自然、本色，并且这些摄入相机的自然本色将在日后展示出来供自己和他人留念观赏。我们所面对的相机实际是一个象征意义中的"他人"，19世纪的人面对相机时还是矜持和拘谨的，20世纪的人则愈来愈表现出在镜头前的松弛和表演欲望。频繁的信息交流和人际活动已经使我们神色坦然地面对各种"他人"的注视，而在那些色泽发黄的"老照片"上，我们则看到了前人严谨僵硬的神态和他们内心里潜藏着的怯意。照相使现代人更大胆、自信和喜欢与外界交流。

不过照相的真实性又不同于照镜子的自我复制，我们从不与镜子中的自我影像冲撞，却会为一些相片上的自我形象生气。我们会埋怨一些相片上的自己头抬着太高了，腿显得太短了，年龄显得太大了，或光线不均匀，身上落下了树叶造成的斑点。照片常也会莫名其妙地"失真"或令人喜出望外地"高"于真实。我们在毫不留情的淘汰制中选出一些具有最佳角度、最佳神采的照片放大后挂在墙上供自己和来客反复回味。这些让我们特别满意的上墙照片不仅体现我们的情趣品位，体现我们的艺术化生活家居要求，而且也是我们自我认识的一种现实支撑。我们希望那些美妙的瞬间体现了我们心中最为恒定的一种美好素质。

许多人不喜欢照相是因为他们不认为自己像照出来的那么丑。许多人特别喜欢照相是因为连他们自己也为相片上"上相"的自我感到惊讶。许多人喜欢为他人和世界照相，是因为照相既可以艺术地表现美，也可以艺术地再现丑，还可以公然大胆地"窥视"许多人间隐秘。还有许多人愿意一掷千金到名师名家的摄影工作室里去测试自身形象的可塑性，因为他（她）们相信，照相也是一种捕捉行为和挖掘工作。照相不仅需要形似也需要神似，不仅需要参与还需要交流和氛围，不仅需要技术还需要经验。许多现代摄影工作室都已经升华为现代综合艺术创作室，不仅集筹划、包装、高新技术、古今艺术为一体，而且集精品意识、商业理性和高档周到服务为一体。许多走进高档摄影楼的青年人相信，名师名家能看到常人所看不到之妙，了解自己所不知之处，营造凡俗所难晓之情境，并最终综合性地创造出一个更完美、更真实的自己。虽然一些文章对这类迅速蔓延的凡人"明星照"浪潮有过微词，但普通大众，尤其是青年人在这之中表现出来的生活追求和自我意识追求，无疑有大胆的挑战情绪和充满活力的积极性。

问题是相机在解放我们的同时，也在束缚我们，在扩展我们本性的同时，也在破坏我们原有的一些本性。比如我们一方面在非洲饥饿儿童的肖像前驻足关心全球生态之平衡，在难以拒绝一个乡村失学女孩的眼神前毫不犹豫地捐款希望小学，另一方面我们也开始在照片和电视上有滋有味地欣赏暴力镜头，欣赏一组组体育比赛失利的综合性剪接。原来我们会在许多惊险和血腥的场面骤然降临时，不由自主地用手捂住双眼，而现在我们的眼睛已经学会了欣赏用机器记录的他人痛苦。

我们多少都懂得不应对财富、权力和名誉贪得无厌，但我们的眼睛却习惯了目不暇接的现代享受，我们忍不住要去看尽可能多的东西，忍不住要把那些心爱的、喜爱的东西携带回自己的家园。于是，照相帮助我们满足了许多象征性的拥有欲望。王力先生早在20世纪40年代就幽默地写道："假使你有一架照相机，你可以把世界上的名山大川、奇禽异兽，永留眼底，你可以把海内孤本、古碑残碣，买不到、搬不动的无价之宝，'摄'回家中；你可以把你爱人的梳头掠鬓、刺绣结绒、倚栏赏花、凭栏度曲，乃至一颦一笑，拍成一种光学起居所。"（《龙虫并雕斋琐语》）照相与我们现代生活中的广告、设计、电影、电视及许多领域有相通之处，它们不仅使我们感到生活美轮美奂、赏心悦目，也使我们忘情陶醉于象征意义上的拥有一切。

我们不仅正在走向信息时代，也正走向意象世界。我们每天都在接受成千上万个照相画面的围追堵截，我们无时无刻不在与许多意象信息进行潜在对话。"消费"不再仅是吃喝玩乐、时装名车，而且也是观看和聆听活动的随心所欲和浮泛滥用。我们的视觉审美能力正大幅度地提高，但我们对许多重大社会问题的感受却也因此而日渐麻木，因为我们仿佛对一切都司空见惯、见异不思迁了。我们疲劳的感觉系统往往要通过更密集、更快速的视觉轰炸和立体音响震撼，才能重新被唤起些许新奇的感觉。于是我们原来正常敏感的好奇心和期待感在竞相争艳的照相意象世界中迅速磨损，甚或不复存在。

由于照相中的自我形象可能比现实完整的自我更出色，也由于照相完成的意象世界总是比现实世界看起来更富有诗意，所以我们会不由地以照相的眼光观看世界，我们会以为许多事情的差距只在于包装和命名，向外的宣传和推销比向内的磨砺和修炼更事半功倍、立竿见影。我们会以为那些不连贯的、不完整的瞬间就是理想之所在，而日常生活的基本内容和时间的正常流逝却令人长吁短叹。我们会以为相片冻结了我们的视觉记忆，收藏了我们易逝的经历，我们对历史的体味和对自我人生的反省不再是痛苦而锲而不舍的心路历程，而是像抽空翻出自己成沓的影集细细阅览一样，变得轻松、随意、表面和肤浅。

相机尤其会在我们的假日和旅游生活中占据过于重要的位置。观察一下逛公园的人群吧，携带相机的人和没有相机的人已完全兵分两路，各得其所。他们的穿着和"行头"也早已在事先的刻意准备和无心插柳中显出不同的游玩心境。许多人周游世界、探险旅行的价值已不再是难忘的经历，而是留下了什么样的珍贵相片。名山大川、良辰美景常在我们缺乏真正欣赏的凝视之前，匆匆地成为我们的背景材料和相机的附属品。没有见过相机的古人在外出郊游时，曾想把不胜美景"尽收眼底"。他们在无拘无束的情景交流活动中，有着无遮无拦的视野和想象空间，他们曾在天人合一的活动中生发出多少丰富而又细微的亲身体验，而今天的我们则可能为美景之"悦目"而毅然牺牲"赏心"，不经意地让自己的欢乐时光被相机贬值。旅途的许多美好时光会被照相的可能性转换，心中的许多纷飞思绪会被方格式的构图纠缠，我们在大自然面前的许多自发行为和自在举止也会被照相的热望打断。由于相机这个顽固的中介横插在我们与生活和自然之间，所以我们原始的完全敞开方式逐渐被抛弃、被忘却、被忽略……而如果我们想避免这种相机式的日常生活"污染"，就应该思忖相机在我们现代生活中应有的位置，就应该考虑在许多出门的日子里，仍把它们放在家中的抽屉里。

（《中国青年研究》1998 年第 3 期）

04

牛仔裤与现代生活

牛仔裤是服装界的常青树，不管市场上一年四季的衬衫裙裤如何变长变短，流行色谱如何在明丽和灰暗之间来回轮转，牛仔裤都基本保持它的靛青蓝本色和高销售额。对中国人来说，牛仔裤虽然来自西方，但也是劳动人民的某种象征，它那种色泽朴素、价廉物实、穿着随便、耐磨耐脏的特点，与中国人崇尚的勤劳质朴也显然合适；所以自 20 世纪 70 年代末开放国门以来，国人就紧随国际潮流，逐渐地在日常生活中品尝穿牛仔裤的滋味。无论胖瘦高矮、年长年幼、位尊位卑，穿牛仔裤都让人显得不凡不俗，别有一番情趣。牛仔裤也是我国新生活方式中的关键名词之一。

"生活牛仔裤化"（jeaning）原是某客商鼓励购买的广告词，后泛指生活的朴素化和人性化。这朴素之意是暗指可能的艰苦处境，人性之意则取自牛仔裤直裆短、腰身小、紧身贴腿的特殊样式，实指牛仔裤毕显自然人体。据说 1850 年，出身于德国的李维·斯特劳斯（Levi Strauss）在美国旧金山打算一路乞讨去寻找金矿，为此他用帆布为自己做了一条结实的裤子。这个穷人的发明很快就被美国的西部牧人采纳和共享，因为牧人的裤子磨损得很快，而且打皱的裤子容易在马鞍上硌疼自己。在利维发明的基础上，经过了诸多无名氏的修改，西部牛仔们拥有了一种特殊的裤子，它坚实、舒适、透气性好，不仅纯棉的质地使这种裤子愈穿愈适合于皮肤，而且它那种紧包盆骨的样子和袋上钉有铜扣的装饰，使人体显得充满曲线和魅力，至今仍被人们广泛喜爱。

牛仔裤的实用功能只是它的一般功能，它的特殊功能最初是为美国的西部牛仔们所占有的，即成为他们生活方式的象征，成为他们作为一个群体的象征。牛仔裤象征他们选择了危险而又艰辛的开拓生活，象征他们在一片困境中依靠自己的体力劳动而确立自身地盘，靠不屈和抗争获取自己的成功。但在二战之后，牛仔裤就在美国青年中极为流行，尔后在欧洲也流行起来，并随着世界市场的商品流通流向各国各地区。于是在时间推移和商品流通的过程中，牛仔裤就不再是仅属于美国、西部和牛仔的物品，而逐渐成为普遍商品和流通文化符号。牛仔裤在日益的普及和流行中经历了诸多讽刺性的变迁，如原本代表农牧文化的牛仔裤后来成为城市机械工人或工业文明中"蓝领"的象征，原本代表体力劳动和粗鄙生活方式的牛仔裤后来却成为成功者和"白领"们"休闲"的着装，再比如代表拓荒传统的牛仔裤后来也成为上层人士"反叛"和"开放"的标志。牛仔裤的文化意义在流行中变得愈来愈丰富和神奇莫测。

假如你在双休日换上一条牛仔裤准备从事体力劳动，从物质功能上讲，你也许是为了不要弄脏了上班的制服或西装，但从牛仔裤的文化功能上讲，你也许正想让自己的体力劳动具有劳动应有的尊严和神话感，你也许想强调体力劳动和机械化劳动的差异，你也许想恢复体力和活力，并想让自己的生活与父母们手工劳动的往事联系在一起。

假如你换上牛仔裤走上大街、去会友人，你也许想表示你的随和及轻松心情，但你同时也可能向别人暗示，你不在意"蓝领""白领"、等级阶级、国家体制的诸多差异，你在希望和寻求社会的和谐，你厌恶在人群中划分各种单位，使强弱、成败、东方西方、少数和多数发生冲突，你在希望发现一致，你在希望诸多人为的划分和区别都无效或作废。假如你对一条牛仔裤十分满意，你感到穿着它你显得更美，那么你也许在向他人表示你不仅尊重体力和活力，而且还崇尚自然和自由。牛仔裤让你感到双腿活动自如，是因为它在几次清洗之后变得更柔、更合你的体型，于是你感到自然才是自由。身体是你最自然的东西之一，所以你的自由感来自你体内的感觉。于是你也许在为自己的身体感到高兴，你觉得自己穿牛仔裤比穿西装裤更具人性，更像一个自然的人和一个自由的人，于是你发现自己充满活力和魅力。

假如你喜欢牛仔裤紧身贴腿的特点，那么你也许正向他人表示，你喜欢服装能突出人的性感特征。你也许也特别支持妇女的解放，因为妇女的身材是更具有曲线的，挑选牛仔裤的困难总是存在于妇女一边，因为只有当腰围、臀围和腿部的尺寸都切合一个妇女的特点时，一条适合于她的牛仔裤才算被选中。美国纽约的服装专家凯瑟琳·霍克（Catherine Houck）在书中说："除非你觉得自己像一根电线杆子，妇女绝不要去试男式牛仔裤。"牛仔裤文化中对身体的崇拜是众所周知的，纽约的一家法国牛仔裤商店的经营者向顾客建议说："试牛仔裤时你应该躺下后再穿上牛仔裤，收腹，然后请别人帮你拉上拉链。"《纽约》杂志曾请8位名模在全市上下检测各家生产牛仔裤的合身程度，结果我们熟悉的 Ralph Lauren 牌牛仔裤获得第三，因为"它的设计最为适合苗条的长腿"。事实上，牛仔裤使男人和女人都比以前更性感了。而对牛仔裤的攻击大都也集中在这一点，比如中外医生都曾告诫：牛仔裤过于紧缠人体，容易阻止血液循环，或导致细菌感染（可惜科学和美学如此冲突）。有些妇女也抱怨牛仔裤更易使家具磨损。

假如你平时经常换穿各种牛仔裤，你也许会被认为是美国文化，尤其是美国西部文化的崇拜者，你也许在向他人显示：你很国际化，你很潇洒地觉得自己活得不易但相当成功，你在艰苦卓绝的工作中初步获得了自己有限的空间和自由，你已经在一无所有之后初步融入一个团体，你为此而更加锲而不舍和心情愉快。

总之，今天你已经无法简单地穿一条牛仔裤，你一旦穿了就介入了牛仔裤的文化，介入了这种文化的传播和创造，介入了现代生活的"牛仔裤化"运动。你可以是被动的或无意识的，你也可以是积极的和开创性的，不管怎样，你很难不接触像牛仔裤这样的各类商品，你也很难找到商品文化意义的真空地带。

牛仔裤的物品功能是固定的、简单的，比如遮体、御寒、耐磨耐脏、不易起皱等等，但是它的美学功能和文化意义却是丰厚的、多变的，甚至互相矛盾的。有的人穿它是因为它高雅、风情，体现成熟、随意或精致；有的人穿它则是因为想反高雅、反造作，体现休闲和淡泊。我们每个人都可能是牛仔裤的消费者，但一旦消费，我们就不会只是用它之所用，还赋予它意义，重新解释它的含义。牛仔裤不像大米和蔬菜，其物品功能是可忽略的；相反，牛仔裤更像是我们的电话机、电视机、报纸杂志、化妆品和明星榜，它们对我们而言，既可以是最需要的，也可以是不必要的。正像电视节目既可以是对我们的教育，也可以是我们聊天的背景材料，牛仔裤既可以是一种穿着，也可以是一种"穿法"。20世纪八九十年代以来，许多青年人在牛仔裤上故意剪些洞洞、扯些须须、缝些块块、染些痕痕，俗称"撕牛仔裤"，正说明消费者不仅会把牛仔裤当作成品来享用，而且还会当作可利用的创作资源，在不同的牛仔裤上进行再创作。由于一切商品都可能在消费者的使用中生发新的意义，因而商品的文化含义就变得多种多样、扑朔迷离。

若问牛仔裤的流行原因，主要是人们普遍的追求自由的心理。身体自由、行动自由、选择自由、心情自由都可以通过牛仔裤来充分展现。但"撕牛仔裤"的现象出现之后，商家们也纷纷推出相似的各种版本，为的是更多地向大众推销"撕牛仔裤"产品。牛仔裤的流行既赋予我们追求自由的机会，也使这些机会成为商家的机会。事实上，当人们因为追求自由个性而穿牛仔裤时，却由于共同的向往而无意中体现了某种和解，体现了社会的内在和谐；反常而逆众的自我、孤立而挑战的个体，往往在互相平等的追求中聚集和携手一致。这种一致和谐也为牛仔裤提供了巨大的市场，为它的销售长盛不衰提供了最坚实的购买基础。

商品经济体系不仅把我们的物质需求变成产品，而且把我们的精神需求也变成产品。我们所有的个性追求都逐渐被牛仔裤的制造所吸纳和采用，青年们的创意只为牛仔裤设计家们提供了新的灵感，促使他们反过来指导大众如何更时装化地撕破与更美学意味地缝补。我们在牛仔裤里表示的些许"个性"，最终都成为牛仔裤"共性"中的一种变奏；我们所反感的各种人为"差异"，在牛仔裤直筒、喇叭和"萝卜"的风格"差异"中却得到分别的满足。于是牛仔裤的文化含义像雪球一样越滚越大，牛仔裤的市场也活力四射。现代生活的"牛仔裤化"很难说是大众赢得了市场，还是市场征服了大众。在消费者和市场的相互关系里，存在着微妙而活跃的抗争。一方面，我们今天的一切都在被商品化，被商品化地制作或商品化地满足，我们已经反思"文革"中一切生活的政治化，今天我们也要警惕一切生活的商品化；另一方面，今天的商品已难形成所谓的"高压"，因为市场必须向大众开放，大众对商品的随意购买和使用（而不是曾有的强制配给），不仅能体现他们生活方式中的愿望和追求，而且还能对市场产生有效的制约作用。

当今最引人注目的诸多话题，像反战、反冷战、个性解放、妇女解放、保护环境等等，都与"牛仔裤化"这样的生活方式变化有关。我们正在共同努力使生活变得更自然、更朴素，也更富有人性。这种日常生活方式上的努力已经逐渐使原来的生活重心不再威风八面，这种日常生活方式的改变也使我们每个人的人生追求有了发展空间。在100多年的牛仔裤流行历史中，牛仔裤文化作为大众文化的一部分，不仅在不断积累和拓展，也在不断显示人民大众亲手改造社会的真正威力和实力。

（《中国青年研究》1999 年第 1 期）

05

游戏的机器之挑战

　　首先，游戏机仍是一种机器。人与机器的关系是奇妙而变化的，最早应用于生产的机器曾是手工业劳动者的敌人。18 世纪后半叶，英国工人路德曾发动过一场砸烂机器的运动（他想砸碎的是贫困的根源），这场运动的日益蔓延迫使英国政府在 19 世纪初还颁布了《制约破坏机器法案》。但随后机器的形象就越来越佳，它们极大地改变了人们的工作方式，提高了社会的劳动生产力，使工人阶级的经济地位也逐日高升，成了社会的主体。以后，不仅农民也逐渐成为农民工人，而且整个人类社会的生活方式都"机械化"了。今天的我们不仅在单位里、劳动中与机器一起工作，而且在居家、饮食和行路上都与机器一起生活。最近，"知识经济"的口号喊得火烫，仿佛高科技产业顷刻间就要吞没集约化、规模化的制造业了。但实际上，最拔尖的知识创新专家们仍在把一台台电脑（机器）推销给我们，让我们努力去幻想明天用一台机器控制所有机器的后现代化生活。

　　游戏机与其他机器的主要不同，在于它既不是物质生产性的，也不是

日常服务型的，而是供人们娱乐消闲的。游戏机的种类极多，褒义维度的是各种电脑学习机和各类寓教于乐的教学游戏软盘，贬义维度的则是各式赌博机、老虎机，中间是各类手掌机和五花八门的青少年（成人亦可）游戏软件。撇开国家明令禁止、当众销毁的赌博机不说，各类被允许上市的游戏机和软盘早已是一个走进去就不容易走出来的现代主题公园。青少年显然是这个天地的主人，这与其他机器世界主要被成人控制的局面也极为不同。对青少年玩游戏机表示欣赏的大有人在，如美国前总统里根就认为游戏机使孩子们发展了"不可思议的手、眼、脑的协作能力"，尼葛洛庞帝也认为"数字化"时代的特点是年轻人富有、老年人匮乏，电脑普及和电子游戏使下一代青年人有可能不再受贫富差异、种族民族隔阂的影响，电子游戏还可以教青少年如何制定策略、学会规则。尼葛洛庞帝认为经常玩"俄罗斯方块"的孩子如果出门旅行，一定对于"迅速打点物品、装满旅行车车厢很在行"。[1]

但攻击游戏机的呼声显然比赞美声的分贝要高。游戏机被认为是比电视更危险的机器，其弊端主要被归纳为：让孩子沉溺其中，且焦躁不安，让他们在学校里不安心，学习分心；让他们不自觉地学会欣赏暴力、凶恶、诡计、"开后门"等成人世界的阴暗面等。这种对游戏机的忧虑和不满总是能在社会学的最新调查中获得足够的数据，证明愈来愈多的青少年"游戏迷"在机器里腐化、堕落、变质。他们变得性格怪异、感情孤僻、胡乱花钱、渴望挣钱，甚至铤而走险。

游戏是一个潜力远未被开发出来的市场，因为它是现代人巨大的潜在需要。关注其负面作用并组织人力物力去做一批有中国特色的"正面"产品应市，仅仅是我们必须做的市场管理工作的表面，游戏机的挑战在于：不仅要承认人机对话、人机合作的必要性，而且要认识这种现代生活方式的未来走势和各种可能性。机器从最初发明到今天的日益精密，对人而言都是一种两难的双向控制关系：一方面，人发明了机器，人控制和利用机器来减轻自身劳动负担和危险；另一方面，每种机器的固定特征也迫使与它一起工作的人被同时"编程"或"螺丝钉"化，大多数人不得不成为和机器一样的为非人格

---

1 尼古拉·尼葛洛庞帝. 数字化生存 [M]. 胡泳，范海燕，译. 北京：电子工业出版社，2017：239.

化的"社会利益"而工作、服务的忠诚劳动者。**游戏机虽是一种机器，但它挑战了整个机械化、技能化的时代，它颠倒或试图颠倒机器时代仿佛不可动摇的二元关系。**

玩游戏机时，人不再与机器合作，而是重新与机器"斗争"。挑起这场战争的是社会的"落选者"、无处容身的"能人"和学校里不被看中的"差生"。这种斗争的机会是要花钱买的，而且是暂时的，但价钱毕竟不算太贵，限时的规则也更刺激参战者的战斗激情。游戏机挑战的第一个对象是人机关系。任何游戏机都不会被设计得太难太复杂，它们总是从初级到高级可以不断升级换代，既吸引初生牛犊，又满足键盘上的"斗牛"高手。游戏机在遵循市场规律时更自觉地向一切人表示亲近，它们不像电话机、BP 机、手机那样满足我们外在的物质需求和名望身份讲究，对之俯首称臣的是我们内在的游戏欲望和个人的兴趣追求。那些为了工作和学习的需要而拥有家庭电脑的人，娱乐消闲的功能虽然放在"其次"，放在辅助的位置上，但毕竟在人机关系中有了位置。

游戏机挑战的第二个对象是劳资矛盾。大多数游戏机告诉我们的是：没有什么挣钱的游戏，只有花钱就可以进入的权力游戏。游戏机比电视机的"危险"之处就在于：你可以用控制按钮为自己重新确定身份、财产、相貌、身高、性别、友人和情人，你也可以亲自设置装备、战场、战友和敌手。你不需要任何背景关系和资产准备就可以挑战你熟悉的一切。电视机只满足了我们内在的许多幻想，游戏机则还满足了我们实践的意图。我们挑战机器的时候，实际也反抗了躲在机器背后想借机器或软件挣钱创利的资产者（智力的投资者和制造的投资者），感觉就像反抗老板、上司或老师。而且游戏者的这种"斗争"热情永远是被认可和鼓励的，也就是说，游戏机挑战的第三个对象是现存社会的奖惩制度。现代民主化社会的一个困境在于：即便有大量专业人员在千万个领域里不停地公布"每周排行榜"，但受到社会鼓励的人还是太少；早已因滥发而贬值的各种名誉、头衔和奖励还是不能满足人人平等的成功渴求。游戏机却经常地、随时地为游戏者提供鼓励和表扬。你在游戏中的每一次战斗都会得到清楚的评判和公开的解说，你的每一次胜利都可能使你获得数量可观的奖金，延长你的战斗寿命，免费添加战斗机会或让你听到美妙的赞语。与这样的收获比起来，游戏机让我们付出的是钱、时间和精力，但我们可能得到的却是因人而异的符号化的补偿，前者是已知的，后者却是未知的。

游戏机补偿的大都是我们实际生活中的缺憾。比如生活节奏太单一，从单位到学校到家庭，永远是固定的时间做相对固定的事情。比如生活的形式太集体化，从观念到说话到衣食住行，大家都心照不宣地遵循一些成人的行为规范。人们只要相逢相聚，互相就有一种彼此管束的内在规则，连闲暇和私下里的事也被这规则暗示过了，冷不防就可以给你一个客观记录或他人评价。再比如工作与闲暇常常是分裂的，工作时为社会、为他人劳动，服从上级管理，休闲时为自己、为家人服务，尽量随心所欲。而游戏机是对这一切的逃避和抵抗：玩游戏时工作与休闲的思路可以模糊，规范和自由的两难可以瓦解，固定的时间表、节目单可以紊乱。玩游戏既是分秒必争又是浪费时间；既是承认游戏规则、理性控制，又是鼓励任性冲动、允许违令；既是融入集体的、数字化的无限天地、地球村，又是娱乐化的、体验性的个人场所、独立小世界。

正像"数字化生存"具有"赋权"的本质，游戏机的乐趣也在于这种机器认可人的主体性，给予人尽可能多的选择权利。游戏机不仅为我们提供色彩、形式、人物、规则的多重选择，而且这些选择只是条件和信息，而不是刻意提供的意义。所以玩游戏的人可以觉得自己有这些条件就是一个高级工程师、设计师、指挥员，也可以觉得自己像一个编者或作家，可以像上帝一样确定符号世界的意义。这当然是一种非正式的控制，也是一种虚拟化满足，这是有限范围内的无限制选择，也是不断流动、不断创造着的意义空间。这些创新的意义既补偿了游戏者的个人努力，也扩大了社会性的现代经验和精神空间。

在游戏机提供的人机对抗中，最终失败的当然是人。正像古希腊哲人柏拉图所说，没有品尝过真正精神乐趣的人，就像没有见过白色的人，只会把黑色的不愉快与灰色的尘世享乐作对比。目前游戏机提供的乐趣还主要是"灰色"的乐趣，是与花天酒地、纵色糜烂相区别的淡灰色的消闲方式。在逃离现实规定、挫折和无聊之后，在摆脱白天经验、记忆和集体规划之后，游戏者最终不过是在转瞬即逝的快乐中窥探了一下别处，然后筋疲力尽地躺到自己的床上去合眼入睡。游戏机不会直接威胁社会，它影响的是一个个具体的"主体"。但游戏机的体验及经验会通过个体与个体的传播方式和网上不见面的交流方式，与我们已有的、现有的一切方式产生摩擦和冲突。游戏机世界还在发展中，不能仅从现有游戏者"素质"去看游戏机现象。虽然在西方社会，泡游戏机房的人群主要是失业者、落魄者、逃学者和各类闲散人士，虽然在中国的今天，在电脑上玩游戏的新族群还面孔模糊，缺乏深入的研究调查，但整个电脑世界的开创者和最早的购买者就是这些玩游戏者。从这个角度讲，游戏世界是"离经叛道者的沙龙"，在这个沙龙里，权力、尊严、交流与和谐都具有新的时代含义，这样的游戏世界不仅是比尔·盖茨这样的科技首富的伊甸园，它也很可能是现代柏拉图和亚里士多德的诞生地。

（《中国青年研究》1999 年第 2 期）

06

日报和晚报：城市化中的凝聚力与自由感

　　在世界性的现代化发展势态里，城市化是一个基本趋势。城市人的标志之一就是有信息饥渴，需要翻看报纸和了解最新社会动态。一个现代城市人享有许多自由和开放感，他可以知道天下正在发生的各种大事而又不必为其中的任何一件承担直接责任，他可以了解世上各种职业而又只需专于其中一项。他可以身怀一技、腰缠几贯地随时闲逛各种超级市场，也可以在熙熙攘攘的车水人流中四处观望而又肯定眼前的众人他一个都不认识。城市人可以在鳞次栉比的高楼和嘈杂喧哗中隐身自我，除非自己愿意才通过电话或信箱向他人透露自身。城市人日常要与约两千熟人进行"点头"之交但又不会彼此了解很深，城市人可以在近百种公共生活场景如商场、饭店、办公室、洗手间、公交车、学校、医院里变换自己的角色，更改并调剂自己的各种面容、衣着、说话方式和兴趣爱好，谁都不会认为你的"变脸"有些反常。而建构这种城市人自由感的重要依据之一，就是日报和晚报。

　　各种"日报"和"新闻联播"一直是我们生活中最重要的消息来源，不仅我们茶余饭后的许多话题都来自报纸和广电新闻，而且我们还多少保留着开会读报、学习时事的聚会形式，保留着对"第一版"和"头条"新闻的特别关注。然而20世纪80年代以来一份"报刊文摘"的异常畅销和随后各地晚报、快报、业报的纷纷亮相和不断扩版，却使得报纸的功能和新闻的概念日益宽泛。我们开始喜欢和依赖日报与晚报的分工合作：日报为我们提供重要信息、历史纲要和参与主流之感；晚报则在绝不否定日报信息的前提下，为我们提供更广泛的信息，让我们有模糊相关、随意选择的自由感。日报的传播方式是纵向的，主要把上面的信息传达给下面；晚报的信息传递是横向的，主要把各方的信息传给各方。日报新闻与电视上的生活连续剧不同，日报新闻本不以大众的口味为服务对象，它是在现代民主社会的要求下、在现代印刷术的支撑下，传播知识、启蒙民众的宣传工具。我们不仅希望在日报上看到"重大""严肃"的新闻，也习惯于在日报上看到自己不一定愿意看，或看了不一定感到愉悦的要闻。即使在日报的最后一版我们也会看到一些趣闻或珍闻，但我们都知道那是佐餐的冷盘和甜点。在每天发生的那么多事件中，哪些可以成为新闻？关于这个问题，日报的抉择是明确的：一个事件的意义在于它是否具有社会和历史价值，是否体现了人民政府长期以来一以贯之的价值导向。

日报新闻记录着每天的历史，也追踪着时代的发展，日报新闻往往具有历史写作的基本特点：宏观思维、全面反映、连续报道、权威评论，把握时代脉搏，紧追历史脚步。从历史渐进的角度看，日报新闻建构了我们对生活的一般知识、经验和生活态度，它是我们集体话语权威的主要代表，它也永远在努力地坚持自己和表达自己。日报新闻的上下左右位置、字体粗细大小和新闻联播广播员的音质及电视新闻主持人的形象一样，都是为适应重要新闻之"轻重"而设立的。在几十年的音像文字积累里，这些字体规格、声音音质和形象定位已经超越了其本身的内涵和个体，而更多地代表事实和真相。编辑、企划、排版的经验和主持人的人格都是新闻的准确性和正确性的保证。换言之，日报和新闻联播已经逐渐为我们的公共信息空间建立了话语等级，它们的权威和信誉使我们在杂乱的生活信息世界里有了头绪，有了应该关注的中心和渐次降级的话题。晚报则与日报多少走着相反的路子，它们使一切又回复现实生活式的庞杂、凌乱和琐屑细碎，它们使事件背后的芸芸众生又都露出自己无奇不有、彼此差异的意见观点。晚报放弃了日报必须坚持的中心视点，却也因此找到了惊人的信息空间。这是随机抽取的同一天日报和晚报的第一版消息：

日报新闻：

总书记关注某地锅炉爆炸事件

总理会见某会议代表并讲话

某地"三下乡"经常化、固定化

我国交通运输业走上快速发展之路

电视片《××××》受广泛好评

名胜风景区警惕建设性破坏

广州房改房2月上市

晚报新闻：

追踪假证件

上网费用今年下调

旧服装黑市被端了

三峡债券在京热销

公牛王朝土崩瓦解

俄罗斯酒鬼600万

刘晓庆讨债好辛苦

比较之下，晚报新闻的第一个特点是内容松散。晚报的消息大都是本地的重点新闻或某地的最新新闻，观点不一定"正统"，态度也不一定稳重，记者的报道常常自觉地带入一些激情，因而使我们不仅每天阅读的信息更多更杂，看到更宽更广的信息平面，而且了解了很多直观层次的意见。由于这些新闻彼此无必然联系、零敲碎打、无关日报所说的"大局"，因此又让我们白天的常规性视野得以调整、变换，心情感到放松。晚报新闻的第二个特点是模糊相关。晚报的新闻虽不免即兴随意、搜异猎奇，但也传达很多与我们日常生活有密切或松散联系的消息，提醒我们很多容易被忽视的实用知识，教给我们很多"点子"式的智慧。虽然事后想想这些知识、消息、经验不知道也没什么关系，但你看的时候还就是没法确定这一点，因为它们仿佛都与你模糊含混地沾着点边。这种相关感觉主要来自晚报新闻的图文并茂和口语表述特点。晚报更多地应用彩版，图片又多又大、清晰逼真，像画报一样让你身临其境或忍不住要快速扫描。晚报的文章更是用意见代替意义，用口味代替信息，展示我们口头话语的丰富趣味。晚报新闻虽然是七嘴八舌，采用闲聊话语，但对每个具体问题却又各个集中深化，充满巧智和惊奇，让你忍不住想介入一会儿或插上一句，而这又是晚报新闻的第三个特点：期待评判。晚报记者虽开发名人和凡人隐私的矿藏，但不搞低级趣味的收藏，他们只是喜爱生动离奇，添加适当细节，观点有点偏激。这些记者们说在别人前面而又不一定成熟的想法正好引起了我们很多的联想和辩论的冲动，于是晚报为我们提供了闲聊的话题和谈话的对手，晚报使我们经常与无数不相识的人一起进行平面交叉、互相渗透的交流与探讨。

晚报不仅抢占了日报留下的市场，而且补充了我们闲暇的乐趣。这种乐趣主要体现在话语权的使用和可能滥用之上。由于知识从来不是一种自然资源或客观存在，而是我们经验和体验的历史总结，因而我们每个人都有求知和传播知识的平等权利和普遍热望。由于教育和传播的机会一直以来并没有为大众所分享，所以掌握知识、传播知识也在各国经历了不同的从特权到平权的现代民主化历程。

传统日报新闻的内容虽然丰富，涉及国内外重大政治、经济、军事、文化事件，但各种传播内容又总是贯穿统一而又有明确的价值导向。这种历史的统一性使得我们觉得报上的一切事件看起来都在权威话语的有效控制之中，如新闻里讲的重大事实已被发现、严重事件的实质已被把握、危险的局势已被控制、大案要案的当事人已被管制等。传统日报新闻以这种控制式话语说话，为的是维护社会礼仪，宣传常识标准，表扬遵纪守法，鞭笞不正之风。这种说话方式使人们看了日报后心里有信心、有希望，感到人间有温暖、有关爱；这种新闻传播从正面影响我们的生活观念和生活态度，指导我们懂得什么是好的，什么是不应该的。应该看到：传统日报虽不止一种，但新闻内容相同、宣传口径一致，读者对这样的新闻很自然地不必再进行实质性选择和评判，只需在重叠交叉的接受或接受传播的过程中，把日报宣传的内容理解、领悟、认可并"内化"，不仅知其事件而且知其重要性和必要性。从这个角度看，晚报新闻的出现和普及是我们日常生活质量明显提高和我们政治生活一大进步的标志，因为它们适应了大众的求知兴趣和表述热情，它们反映了普通百姓的具体想法和民间的种种呼声。晚报也使我们有可能摆脱一种现代生活困境，即大家都在同一个城市密集居住，却互相缺乏沟通和倾听；大家都频繁地进行视觉接触，却又自我封闭，不了解彼此的梦想和内心愿望。晚报不仅为普通人的城镇生活提供了交流的平台，也为社会公益和个人利益的协调提供了商讨的天地。

但另一方面，是否真正承受得了晚报带给我们的这份生活高度和发展进度，则是因人而异的事情。话语权的分享和传播话语的自由，既使我们的生活有了更多的谈话乐趣，也使我们比以前更显得琐碎和不懂装懂。过多地看和过多地说，使我们常常没想好就说，并且说了不算。生活的深层次意义正被我们高密度、快节奏的众声喧哗和物质性内容所遮盖，日报的重大严肃新闻也在被我们充满惊险或浸着泪水的晚报新闻所解构。然而，从最终的结果看，日报和晚报的分工和市场分享也将使它们各自相互促进、相互竞争，彼此因职责分明、各有所长而相得益彰和无法替代。日报和晚报将使我们城市化的生活既有传统的凝聚力，又有现代的自由感。

（《中国青年研究》1999 年第 3 期）

07

流行歌词，谁主沉浮？

曾听到一些名家断言：中国是一个比较缺乏想象力的民族，尤其是在表达个人感情和思想方面，传统道德规范的束缚过于苛刻，因此中国人的情感流露或偏于刻板，或流于做作，或坠入变态。但眼下不再受"计划"指挥的歌坛和音像市场却也因此猛烈地开辟处女地和新疆域。无论是古典名曲、经典歌剧、"三大歌王"、"四大天王"，还是情歌、劲歌、摇滚、rap（说唱），都各有其势各有其"迷"，大大小小的乐队和创作室也各有绝招各有其妙。中国人被压抑的想象力、创造力一旦开发出来，也不是什么人都受得了的。最近就看到数篇抱怨眼下歌坛缺乏好歌词的文章，尤其是抱怨现在的歌词半通不通、语法混乱。不说一些老者、长者因为古今中外语言修养功夫深，对那些浅薄无聊的歌词深恶痛绝，就是思想开放、笔锋犀利的一些中青年学者也忍不住要说一说眼下音乐电视的意象杂乱和想象失控。

其实汉语的规范虽然重要，歌词的百家争鸣也不见得无足轻重。歌词既是我们最古老的日常语言，也是我们最现代的话语表述方法。歌词的百花齐放和杂草丛生、歌词的有通有不通、有色彩无文采等等也是中国现代化的一个标志，也是表明中国人权的一个进步。今天每个中国公民的权利不仅体现于他们被重视的选举权、体现于他们被保护的消费权，而且也体现于他们被允许的民间话语权。

由于歌词一直是人类记录自身历史和感受的基本文本，也一直曾是各民族集体情感的浓缩和结晶，因而我们对歌词的传统理解就更倾向于"一般""历史"及"本质"，仅就新中国的历史和集体情感而言，开国庆典、抗美援朝、大跃进、"四清"、"文化大革命"……都曾有过几支可作为"时代标志"的歌曲流传。但改革开放以来，这种代表统一和凝聚力的歌曲就被一波又一波的流行歌曲所覆盖，改革时代的大众不仅跟着感觉走，而且感觉像风像雨又像雾，集体的情绪变得纷繁复杂，谁也代表不了谁。李谷一的《乡恋》和邓丽君的《月亮代表我的心》已迅速成为怀旧金曲，崔健的狂吼也转眼成了前卫派的先驱，想象力不够的中国音乐艺术已经被想象力包围，"创造性缺乏"的中国人也已被推入商品经济的海洋。富国强民的国策不仅驱动了中国人开发市场和商品的热情，解放了中国人的欲望世界，而且也开放了中国人的精神世界，使中国人开始变得敢乐、敢哀、敢怒、敢叹、敢吼、敢嗲、敢高贵，也敢粗糙。

改革开放后中国出现的各种流行歌词是大众提升自我生活品质的语言指标之一，政府部门的"权力下放""解放思想"也体现为话语权的下放和当代中国人生活价值观的多元走向。百姓对话语权威的重新认识、自觉追求及合法分享，表现的也是国民素质的逐步提高。计划经济的对象一旦超越计划，就有了被宪法保护的"多种所有制"和"多种经济"；"时代精神"之歌的歌者一旦想到抒发自己的情感，就有了说不完、唱不尽的各种感受。眼下流行歌曲的丰富多彩和质量参差不齐，既表明中国文化工业起步蹒跚、商业炒作（推广）技术的半生不熟，也说明中国人生活质量的日益提升和大众主动创造生活意义的普遍冲动。"雅俗共享"的传统含义是去伪存真、升华提炼和寻找共同点，"重在参与"的现代表述求的是雅俗共享、老少兼顾和收放自如。

带着文化市场的眼光观望流行歌词的多种多样是饶有趣味的。除了对传统歌词的精神继承和推陈出新之外，现代流行歌词的创意总是围绕着"传统"，或进行反抗和冒犯，或采取逃离和回避，有人在解构他人的同时也嘲弄自己，有人则只是求得一时喧哗以表露一下自己的存在。传统歌词重视历史规律和因果联系，如"幸福不会从天降""没有共产党就没有新中国""翻身农奴把歌唱""革命人永远年轻"；传统"时代精神"之歌也往往是明朗向上的基色基调，如"万泉河水清又清""大红枣儿甜又香""苦菜花儿闪金光""谁不说俺家乡好"。眼下流行歌曲的歌词则绕开家乡、祖国、人民军队、千家万户这样的集体形象，在新生代和小团队的基点上创立个性，如跟在"红彤彤""红星闪闪"之后的"一块红布"和"一颗流星"，如打破了编年史顺序和感恩关系之后的"一切都好，只缺烦恼""高兴就来，难过就走"。因为传统歌词词意太清楚、暗示的所指也太明确，一切都如"大海航行靠舵手"，所以流行歌曲的歌词就让"妹妹坐船头，哥哥岸上走"，不仅"你是牛郎我不敢做织女"，而且"我不想留在一个地方，也不愿有人追随"。

流行歌词的暗喻往往指代不明、任人注解，时空错乱、史料误放；流行歌词的想象也往往没有结果，没有真正的递进，不仅冲突性的感情齐头并进，而且感情的抒发不怕放肆、不怕过分；虽然感情的内涵朦朦胧胧、说不清楚，但许多流行歌词不怕挂一漏万，只因为一句歌词有些新鲜别致就反复个没完没了。为了让每个听歌的人有可能找到自己的所好，流行歌曲还不反对模仿、鼓励卡拉 OK 和互相做各种翻版。还由于传统歌词太理想、太有信心，如"我们的生活比蜜甜""我们的祖国歌甜花香"，唱完了不容易留住购买的热情，故而流行歌词就更常用词义双关、语焉不详、欲言又止、欲说还休的手法："我不可怜，也不可恨，因为我不是你／我明白抛弃，也明白逃避，可就是难以分离。"由于欢乐的情绪容易分享，孤独和哀伤难以排遣，故而流行歌曲就更多地慰藉伤感中的各类真情，即便是劲歌也强调"一无所有"和"从头再来"。流行歌曲对大众既迎合也引导，既算计也讨好，而我们或感动或惹怒或无动于衷的表情则无一不是歌词作者每日观察的市场风向标。

现代流行歌曲的主要市场潜力在于女性和青少年，这两个群体曾长期处于传统社会主体的边缘，女性的多愁善感和青少年的少不更事一直是被人关怀、爱怜的对象，但不是被歌唱的真正主体。正是社会历史的发展、信息社会的定位，才使得"女权"和"青年本位"变成了热点和焦点，尤其是当代青少年的年龄概念大大拓宽，青少年的能力和潜力被重新认识，成才成功的年龄普遍提前，这使得现代社会的注意重心明显向青少年倾斜。作为最有活力、最多感受，最喜欢不吐不快、不干拉倒的青少年群体，在音乐的世界里最易狂热与最易购买，他们在快餐、时装、书籍、旅游、娱乐业等其他市场上也一样频繁穿梭和被投资者看好。青少年虽然涉世不深，不够成熟也不够坚强，但也因此更多地在心中保留激情和幻想，他们更渴望毫不遮拦地敞开心扉，任凭心灵唱出所有真实，表达青春的梦想和破灭，表达自己对现实的痛惜或拒绝。应该看到：我们传统歌曲中的很多空白已经被青少年喜欢的流行歌曲填补了。这些歌除了歌颂思索、表达对未来的渴望之外，还肯定贪玩、入迷、发烧、想醉，还同情孤单、另类、迷茫、半途而废；这些歌收入了异国情调、诙谐俏皮，也拌进了轻佻油滑、矫揉造作；这些歌有的童言童语、柔声细气，有的掷地有声、风雷激荡；这些歌有的是生命最强音的喷发和偏执，有的是生命中最软弱部分的呼喊和歌吟。无论是软的硬的、更软的更硬的、软硬兼收并蓄的，流行歌曲展示的是一个和生活一样什么都有的人类感情世界。

流行歌词不仅是现代大众针对传统歌词的新语义追求，也是他们针对文化市场商业运作的权益追求，半通不通的流行歌词不仅逃避了传统歌词的过于通顺，逃离了传统价值的过于单一，而且也消解着文化工业的自以为是和纯商业企图。眼下音乐创作队伍如滚雪球般壮大，人们的感情也被咏叹得细细碎碎，但每年年底的清仓盘点还是表明"流行"很难。尽管编词者凭借中国民主的进程和改革开放后的物质基础，可以随心所欲地进行歌词创作，但传统好反，大众的选择则不易控制；歌词好写，让自己不亏本则难；炒作容易，让历史记住更难。从这个意义上讲，歌词的好坏，过去是由领导和领导信任的专家评定，现在则由市场和隐身于市场的大众来决定。专家不能随便为人民做主，大人不能随便说孩子没有判断力。艺术自有其创作规律和淘汰机制，歌词是通还是不通，是无病呻吟还是虚空豪情，是消极颓废还是粉饰太平，你只能写文章进行文化批评，你只能抗议音量不能超标，你只能通过教育进行你的引导，但谁也不能再横加干涉、乱扣帽子，让他人因言贾祸。

（《中国青年研究》1999 年第 4 期）

08

缆车和电梯：在脱俗与入俗之间

每个城镇和每个区域都有它的制高点，这个最高的瞭望点或者是自然的，如山峰、高坡，或者是人为的，如高塔、高层建筑。它们总是既让人仰慕，又让人不由地萌生攀登的欲望。站在不同的制高点上，我们俯视世界的"人眼"就能享受到鸟瞰一切的特权。不仅四周的景色像"地图"一样尽收眼底，而且一切还都仿佛由于你的观光而被你所监视和管制。人类曾把"上帝"和"玉皇大帝"想象成住在高山之巅的圣人，想象圣人和神人才能看到一切并明察秋毫。正由于圣人和神人的视线不受任何阻挡，所以他们是人间主宰。上与下的距离就像远与近的距离一样，会让我们产生向往或幻想。古代有虔诚的信徒渴望上天堂，21世纪初的中国歌坛也有歌手唱自己"赶着梦里的马车去呀去北京"。

地心引力决定了人的生活总有上、下两个维度。向下或在下的活动让我们感到舒坦、方便、容易，但向上的困难和自然飞翔的不可能，却更让我们感到"上方"代表了神奇和胜利。我们的文化里有诎上贬下的传统，我们说

"高山仰止"和"下里巴人",说"飞黄腾达"和"落花流水"。自古以来我们就把家中的圣像、佛像放在高于平视的"上方"位置来表示对权威的膜拜。教堂和寺庙的建造也与一般民居不同,不仅空间更宽、墙体更厚,而且高大、挺拔、庄严雄伟,在插入云霄的尖顶或高耸入云的屋檐设计中体现对世俗生活的威慑力量。就在人们想象自己借助神威征服自然的同时,人间的权贵和强力也借助建筑、雕塑、文艺、科技,强调社会结构自上而下的等级观念。

正像庄子曾说过的那样,人无法真正知道鱼在水中的感觉,人也无法真正体验鸟在空中的视野,因为鸟在用它们长在两侧的明眸展望宇宙时,一切都是自然的上下左右关系;而人则只有借助人力和文化才能保持自己在上方的各种位置。最古朴的登高方式是拾阶而上,登高望远。"会当凌绝顶,一览众山小"的骄傲,是建立在有体力和能力登上世界最高峰的优越感上的。迄今为止能够登上珠穆朗玛峰的人仍是人类中的极少部分。我们对人力的极限和最接近这些极限的强者脱帽致敬,我们也对一切由于自然力和人力(体力、财力、权力等)获得的"高位"表示敬意。

然而除了珠峰和那些险峻的绝顶还罕有人迹之外,世界上许多名山大川已经为大众的平等自由享用提供了现代的途径。比如上下山的盘山公路和各式索道、缆车,使我们每个人不管体健体弱、完整残疾,都有可能借助科学技术的力量自由地上下高山。缆车使我们每个人都能征服高度,电梯则使我们有可能占领高地——诗意地栖息在"高空"。缆车、电梯和盘山公路是人力对自然的干涉,姑且不管这种干涉是否"破坏"自然物质环境,不说高楼林立是否符合人最天然的生存方式,缆车和电梯的出现,无疑对人类日常生活中的各种等级观念、规范限制、性别差异具有颠覆意义。想象一下新年合家登高的城市高峰,常年对外开放的高层旋转餐厅,以及可供大众旅游观光的电视塔,就不难体会"文化"对"自然"的泰然处之,"现代人"对"传统文化"的俯瞰态度,以及城市人对一般规范的不卑不亢。

当代法国著名思想家罗兰·巴特有一篇著名论文谈闻名天下的法国埃菲尔铁塔,他说这塔把顶和底或者说天与地连接起来了。的确,这座铁塔的实用功能与它惊人的神话意味和它在全世界所产生的人文意义相比是微不足道的。埃菲尔铁塔的主要功能是激发想象和制造梦幻,这座塔的想象功能是开拓不尽的，因为它掌握在每个参观者手中。作为建筑物的某种零度状态，法国埃菲尔铁塔是"空"的，这个没有内部的铁塔一方面让旅游者在高空感受和品尝巴黎，另一方面也让他们投身神奇梦幻和随意想象。埃菲尔铁塔使整座城市变成了某种自然景色，使熙熙攘攘的人群变成了奇特景致中的活动画面。我们在塔上的"全景"目光使我们原来熟悉的疏远了，陌生的却认识了；我们居高临下的欣悦和俯瞰一切的角度迅速激活了我们的智力和勇气，使我们的精神活动进入无拘无束的冲动和遐想。我们可以把自己想象成开国大典上站在天安门上的将军，看着万千车流在自己脚下有序地驰过，检阅着自己指挥的千军万马；我们可以把自己想象成历史学家和建筑设计师，借助眼前的城市全景，考察历史不同时期的建筑群落和古代建筑艺术风格；我们可以把自己想象成城市规划大师或系统工程专家，借着高瞻远瞩而预想宏伟的未来建设前景；我们也可以把自己想象成现代福尔摩斯，在暗中观察某件仍在继续的不测事件，在他人并没有察觉之时搜集着神秘而又隐蔽的证据和各种事物的联系。总之，我们每个人都可以像上帝一样，视线宽广而又集中，思想自由而又轻松，我们可以在纵横驰骋的任意思考里体验世界主人的感受。

在各种缆车、电梯、高楼、高塔打破了我们对"上方"的神秘感和恐惧感之后，我们对"在下"的体验也同时可以获得开放和自由。在高楼上工作的"白领一族"之所以喜欢在午休时到底层的咖啡馆或饭馆就餐，因为"底部"总是象征宽广、松懈、闲散和不费吹灰之力。上级领导之所以经常去"基层"考察访问，因为"基层"才是人们生活、工作的主体空间，基层永远是投资小、见效快、充满活力和潜力的增长点，也永远是上层权威能够施展权势的对象。没有底层的高楼是无法建构的，或者说只能建构于想象。没有基层的"上级领导"也是无法长期存在的，那不过是自以为是的权威。

当现代生活出现了缆车、电梯这样的现代文明礼物之后，人们就不再简单地、被动地接受"上级""上方"和"高级"这样的实体权力和话语权威，人们对等级、上下、前后、轻重、上流与下层的理解方式，就不再是单纯的认同、认可或排队等候，而会是自由的读解和随意的选择。在"上"的永远必须面对更多的注视，承担更多的责任；在"下"的自然享受更多的差异、更少的约束，也得到相对较低的评估。在"上"的位置必然会成为青年人向往的目标和奋斗价值的象征，在"上"的人物不仅要接受青年人的景仰和羡慕，而且要接受他们对你在想象天地里的模仿、戏仿、替代，甚至占有。在"下"的形象往往是个体的、实在的、沉重的，而在"上"的形象则常常是公开的、虚幻的、轻盈的。我们可以把埃菲尔铁塔或东方明珠电视塔随心所欲地进行微缩和抽象，印在各种旅游纪念品上。一切高高在上的空间都表明承受这个高度和相应重量的地基有多么坚实和厚重，一切高大的形象都是经常被我们议论和收藏的公共形象。不仅我们对埃菲尔铁塔的向往是对人自己的朝拜，而且我们总是把这个"人自己"作为个体和群体一起朝拜。

现代化的交通工具和日益舒适的居住条件使我们很多有形和无形的距离感都变成了旧时的回忆。老式文人虽追求人格，"但愿身居幽谷里，赤心长与白云游"，实则常常是以苦为乐、孤芳自赏；现代人则只要工作生活达到基本水准，就可以十分自信地生活在超然脱俗和全然入俗之间。全球化的现代化运动，追求的也是各国各地的经济文化均衡发展，为的也是使绝大多数人的生活品质没有多大的差距。在消除了发展水平上的差距之后，我们生活和工作上的差别就更是一种选择的差异。在各种无形的等级制观念由于物质文明的限制，还让我们感到严峻、残酷和难以攻克时，我们会看到许多善于人际交往、媚上欺下的能人如鱼得水、跻身名流；那些八面玲珑、左右逢源、节节高升之人在民间日常生活中会吸引更多的暗中目光，因为他们往往能获得更多的功利和实益。但在我们越来越习惯于缆车、电梯、飞机、汽车这样的现代生活要素之后，高下在心、伸缩自如、来去自由、上下滑动的想法也就会成为我们人生观中的平常想法，各种不受阻碍的精神活动和幻想想象就能帮助我们更好地领略现代生活的精神开放和选择自由。

（《中国青年研究》1999 年第 5 期）

09

梦想别墅，还是渴望冲浪？

对大多数准备购房的中国人来说，别墅是一个最为诱人的梦想，是最高居住品质的象征，别墅的档次虽然因地段、设计、占地、朝向、材质、造价等而有各种各样的复杂差异，但其共同之处则是独门独院和有一片自己的草坪，自由和自然是别墅最诱人的地方。借助通用货币和信息化时代的相互交流方式，我们每一个想有又一时没有的垂涎者，可以在十分确切的方式中体会自己与别墅的距离。如有出租车或有营业车牌的人可以想象自己有一幢流动的别墅，有若干平方米公寓的人可以把自己的家装饰得就像几分之几的别墅，还没买房的人可以在房交会上打听一下本城最便宜的别墅在什么地方，觉得最没希望买的人也可以到市郊主题公园里挑幢小楼租住一个周末。

别墅和草坪虽是少数人的现实，但用一些虚拟的手法，它就可以成就大众的现实，比如多看一点儿发生在别墅里的故事，多关心一点儿住在别墅里的名人，多买一点儿印刷得很精美的室内装饰画册学会欣赏，等等，当然更现实也更公平的方法是把我们生活的整个城市都进行精心绿化，使草坪和树木遍布我们的生活空间。环保和绿化正在成为我们许多城市的市政建设纲要，亲近和爱护大自然也在成为我们新生活的素质指标。不过，别墅区的绿地面积和洁净程度是公共绿地无法与之并论的，所以走在无人可以居住的人民公园或绿色总嫌不够的大众公寓区，我们还是禁不住地向往别墅。

现代别墅总是比公寓建得离市中心更远一点儿，因而离自然就更近一点儿。城市化的生活使得我们花更多的钱和更多的力气才能更多地享受自然，所以自然和绿色因其珍稀和昂贵而得到我们比以前更多的好感。别墅的重现，使得许多市郊的农舍也随之升值，特别是老外和文学艺术界人士的首先青睐，使得很多后来者紧追不舍。先富起来的农民可以花不多的钱就造起外观漂亮惹眼的小洋楼，但就像西方富人在度假海滩晒黑的皮肤绝不是"农夫黑"一样，现代房地产公司推销的山庄别墅也绝不愿与市郊农民的小实惠发生联想。整体设计、配套设施和物业管理，使别墅区或度假山庄比农舍要更舒适、更整洁和更安全。

在每个别墅区内，网球场、游泳池和小酒吧也许是必不可少的，保安人员的日夜巡视是铁定的，更加上四下里触目可见的都是极其干净的草坪和修剪过的灌木，笔直划一的小路夹杂着精心安排的曲径，刚移植的大树下是一些错落有致、费心点缀的花坛或座椅，各色树丛中隐约有一些中西文字结合的指示牌，暗示 Z—5 或 H—8 在何处坐落。总之，别墅区是被认真管理的现代穴居，是一片被完全遥控的田园风光。在别墅区里，显然人会更随心所欲地存在，比如把大自然搬进家里，用富足的室内空间摆放草编的篮子、藤制的椅子，豢养宠物，欣赏鲜花；又比如把家搬到自然中去，让大自然成为自己的室外家具，让草地变成干净整齐的地毯，让灌木变成防范他人的栏杆，让地皮空间变成特殊身份的标志。别墅与老式公房的最大不同在于：住处不再是一个掩体、一个容积和一个藏身之处，房子不再被动地应付人口增长的压力，而变得主动殷勤地为主人服务，尽力满足房主的心情和精神之需。在我们所怀的"家的情结"获得浪漫饱满的实现之后，在我们把室内和室外的差异有意混淆了之后，我们的生活仿佛自然化、轻松些了，但我们周围的自然也被人化、僵化了。离我们较近的大自然正在成为人的文化产品：草坪是自然野草的再加工品，它们呈现的不是它们本来的面目，而是人们用它们来指称的特定意图。

美国思想家爱默生说："如果我们刻意地去猎取自然，它们就只是一种展示，它们将以它们非本真的性质与我们开玩笑。"舒适和安全虽然使我们不常有古代狩猎式的恐惧，但现代生活中普遍存在的焦虑和忧郁感也许是恐惧感的另一种表现形式；权力和地位虽然使一些人拥有比其他人更多的物质和享受，但也使很多人以为人生长期辛勤劳作的目的就是换取自己拥有别墅和草坪后的轻松一刻。别墅和草坪体现了那种自然化了的统一社会标准，它们所体现的社会秩序在不断地暗示我们投入进去、忘记自身。

但是总会有些人从草坪和别墅的规则里逃出来，到更远和更真的自然体验和自然景物中去娱乐自己。比如正在年轻人中间风靡的极限运动：滑水、攀岩、冲浪、蹦极跳、滑翔……这是一些纯粹玩乐的运动，没有奖品、纪录和集体主义精神，真正的出发点不过是个人的一点儿兴致和心情。与居住别墅和欣赏草坪的休闲方式不同，首先这里充满危险感：风驰电掣的俯冲，540度的空翻旋转，巨浪旋涡中的滑步，双脚离板后的腾挪。极限运动挑战的不仅是自我和自然，它们也挑战了草坪式的被控制的安全和别墅暗示的社会等级秩序。虽然每个人想挑战的对象会是非常不同的，但挑战首先应该是危险的，所以年轻人常常先证明自己的不怕危险，然后再寻找挑战的目标。其次这里不是用头脑而是用身体去体验、去尝试一切，所以所有的人在一开始都不免动作幼稚、表情难看。攀登者或冲浪者不仅需要集中全部的注意力，而且还需发挥出自己全部的创造力。在他们成功的瞬间大脑往往一片空白，他们耗尽了全部的体力也唤回了全部的本能，实现了彻底的放开也得到完全的释放，于是这种运动成了今日年轻人回归自然的方式。因为依附于山势你才能攀上岩壁的顶点，与海涛一起呼吸你才能访问碧波的内部，让身体翩翩起舞你才会拥有一方蔚蓝的天宇，应该看到：从事极限运动的年轻人正在叩问大自然的智慧，正在为"天人合一"做新的注解。

毕竟，身体是自我的一部分，也是大自然的一部分，对喜欢冒险和挑战极限的年轻人而言，自然不仅是物质，也是文本，既然观念和文化都是他人设定的、相对固定的理解方式，那么用身体对自然进行阅读则可能读出自己独到的人生体会。所以，也有许多年轻人迷上了旅行，他们在城市和乡村之间、在草坪和野草之间、在室内和室外之间来来回回地行走，在不同国家和文化之间来来回回地阅读，他们可能总是更换低层次的工作，总是过着不够悠闲的日常生活，但是他们很可能正在为我们的现代生活创造新的理解方式。

更有许多年轻人把互联网上的活动也称为"冲浪"，他们在网上不仅获取实用的信息，而且也开始有意从事探险活动，冒犯现有的规则，触摸规矩的极限。无论是私闯要塞的试试才华，还是翻看被称为"色情"的网页想早点了解一切，网上冲浪者的大胆和意念都更接近极限运动的狂热者而不是草坪和别墅的梦想者。虽然我们可以在许多独具匠心的别墅区里联想起那些高雅的传统文人的山水画卷，虽然我们可以在一片片新增的公共草坪上看到城市领导者和设计者们对中国现代生活的杰出贡献，但是我们也不能把另一端的追求仅仅看成是对生活的无知幼稚或无聊猎奇。

回想现代生活的变迁过程，的确存在着许多怪圈式的悖论，人们应用各种科学技术节省了自己的劳力之后，又为了消耗体力而制造运动器械；人们砍伐了成片森林和毁坏了草原之后，又四下寻找劫余的自然或拼命营造人工绿地；人们给自己创造出稀奇古怪的复杂都市生活之后，又纷纷折回到偏僻的原始部落去思考生活的意义。虽然这种变迁说明我们大多数人都是有些可笑的，但时冷时热、周而复始，天之常也。控制和反控制是大自然的自身法则，永恒的物质运动在不断地平衡自然的两极。草地既然能被人的观念制成文化产品，人也会被自然本能控制成不很"文化"的生物，我们能做的恐怕也是努力建立自然界的那种动态平衡。当我们原本比较统一的价值观念逐渐向个人化、多元、多极方向分化的时候，传统意义上的通过教育解决人生观、价值观的方法恐怕不能有效地解决许多新的难题。

现代社会的建立并不说明我们比古人更聪明或更少犯错，民主自由博爱不过体现为愈来愈宽的容异程度或容错率。社会的日益开放和开明不仅表现为以正压邪，以理服人，而且是更有效的平衡能力和协调能力。

（《中国青年研究》1999 年第 6 期）

10

论妇女与消费

一、天性还是代理？

妇女逛店购物，也许是我们这个时代最司空见惯的镜头之一，大型购物中心总是把妇女作为主要服务对象，琳琅满目的妇女化妆品放在大商场最显著、最重要的一楼大厅，千变万化的女装销售场地往往是男装的一倍以上；多数购物中心的装潢都体现了女性偏好的温馨、洁净和淡雅风格，在这些明显以女性为中心、让女性占上风的细节上，从未听说过有什么异议，仿佛妇女天然就是消费的中心。某电视台"女人家"栏目专访了逛店的妇女，大约十几位不同年龄、职业和不同志趣的妇女对"您为什么喜欢逛店"的问题，做了五花八门的回答，但没有一位妇女在承认自己"很喜欢逛店"外还能对"为什么"这个问题做出什么精彩的对白，于是那位女作家主持人在结束语中也只能这样总结道："看来女人天性喜欢逛店，她们在逛店的时候往往并没有特别的目的，只是逛逛而已。"

也许这些年的物质文明发展过于迅速地把我们带入一个又一个新的生活空间，以致我们对自己历史的记忆也有些模糊了，我们仿佛以为妇女逛店购物是一件很自然很平常的天经地义之事，仿佛妇女的消费行为只是一些琐碎的、游移不定的个体行为和爱好，仿佛购物中心也只是由小变大、由少变多地随着经济的发展而发展。当我们不能很好地体味这个时代赋予我们的幸运和改变的时候，我们也未必能真正认识妇女在购物中心所可能感受到的欢乐和解放的轻松。当我们把妇女与消费和购物中心作为一个文化研究的课题来审视的时候，我们会发现眼前司空见惯的镜头里还有历史的远景和许多传统与现代的文化话题。

原始女权社会的影子已经太遥远和虚幻，人类学家和文化学家对早期女权世界的认识远没有对后来妇女成为"奴隶"的历史理解得清楚。在那些尚未有经济特权的狩猎部落里，已经有男女劳动职责的明确分工。男子的职能主要是用武力和计谋征服野兽，保护生存环境不受自然力破坏和抵御外族部落进犯；女子的职能是保存和维护已有的生活资料，包括保存和维护部落自身的种族繁衍，即妇女通常所做的生儿育女、做饭洗衣等家务劳动。男子的工作是对付有生气的事物和力量，是高贵而光荣的，体现了强壮和自主性；女人的工作则是利用无生气的自然，是平凡而琐碎的苦工贱役，显得奴性和屈服。文化学家认为，最早的奴隶是女奴，男人对女子的所有权是从对外部落的女俘的夺取开始的，妇女首先被作为战利品切于实用，随后妇女的劳动成果也被占有。虽然人类早期文明中妇女被奴役地位与男子的被压迫生存很难分开谈论，但由于妇女在劳动分工的一开始就被放在更被歧视的位置，所以妇女的命运对暴露我们传统的基本结构和其涵盖的具体历史细节，具有特别尖锐的揭露意义。

最早得到地位改变的妇女是那些"强者"的妻子或"主人"的正妻。丈夫由于勇敢和强壮获得对其他人和物的占有之后，他"所有"的财富就日益积累，直至"剩余"。剩余的财富不仅是能力和权力的象征，而且是对自己在成就上高人一筹的证明。为了维护和炫耀这种出人头地的荣誉，"有钱有闲"就成了上流社会成员的标志和礼仪基础。虽然最初许多下层中产阶层的家长仍需在环境的逼迫下继续工作，但他们的主妇却开始被"闲置"家中，为丈夫营造美观、整洁、舒适的环境，从而体现上流社会的特权、风俗和礼仪要求。

美国经济学家凡勃伦指出，到了手工业时代，在生存竞争中占优势的有闲阶层引导了从"明显有闲"到"明显消费"的社会风习，他们歧视纯生产性工作和体力劳动，以浪费精力、时间的"有闲"和浪费财富的"消费"来显示自己的优越地位。而这个时期出现的那些不事劳动的主妇和一些仆从、门客等，执行的是"代理有闲"和"代理消费"的任务。被闲置在家的妇女无论是在理论上还是在事实上都是丈夫的不动产，为他生产和供他消费，只是出于"丈夫挣钱，妻子消费"的社会礼俗而成为家庭中执行消费的人。妇女的休闲消费、逛店购物就是从这个时期开始并逐渐流行的，但这时妇女所消费的是她丈夫生产和占有的财富，她的所有消费行为都必须能够清楚地向她的丈夫和其他人显示：这种有闲和消费是属于主人的（即男主人的）。

"代理"时期的妇女消费消闲习惯与今天有重大区别。首先是消费和消闲行为的"所属性"。妇女为家庭购买用品和为自己购买衣着、首饰时之所以追求华贵富丽，为的是体现主人的富有程度，她们关注家人和自己打扮的品位和色彩的和谐高雅也是为了符合主人的地位和修养。由于这一时期少数妇女的有钱有闲只是社会礼仪的一种要求，因而她们实际上从事的是增进主人生活上丰富多彩的一种专门职业。她们的消闲和消费在表面上是优雅和轻松的，实际上却也是繁重的劳务，只不过这些劳务不是纯生产性的，而是礼仪性的。就像我们在《红楼梦》《祝福》中，在狄更斯、巴尔扎克、托尔斯泰的笔下所看到的那样，东西方封建社会在家庭的婚丧嫁娶、饮食起居、拜会亲友、俱乐部消遣、出门旅游等每个细节上都积累了精细烦琐的礼仪，妇女们在这些场面下必须经验丰富、训练有素，她们要为这些社交场合准备大量合时合适的物品和食品，要对主人和客人卑屈奉迎和服务周到，在绝对服从和乐意附属的心态和体态上还都必须十分熟练和圆满自如。在有人群的地方，有教养的妇女总是最动人的点缀，她们为男人脸上增光、为社会礼仪添彩，但她们的"所属"地位和不自由的仆役地位却始终不变。

过去妇女们代理有闲和消费的第二个特点是"非实用性"。由于主人是想通过妇女的居家和购物来炫耀自己的身份和财富，因而妇女往往成为凡勃伦所说的"挥霍浪费"的主要代理。妇女拖地的长裙、累赘的花边、插满羽毛的帽子、小巧玲珑的阳伞等，都是要证明其远离工作的有闲身份，追求的是用浪费劳力来实现的美感和艺术性。与这些浪费相配套，住宅、家具、古玩、花园、车马、餐饮用具等也都极尽奢华烦琐之能事，以至于一些贵族主妇必须有成群的仆人和侍者分别照管有关的程序和细节，才能使休闲和消费的每项日程都符合社会礼仪的要求。浏览美术史上各时期的美女形象就会发现，荷马史诗时期的妇女，还因为她们提供的劳务被社会重视而四肢壮大、体态丰满，到中世纪则女性美的典型就变得身段苗条、神情羞怯，欧洲女子的轻盈腰身常"细"到弱不禁风，中国女子的"三寸金莲"也小到行走不便。这些风俗既是为了强调少数妇女不必直接从事生产的有闲身份，证明所属者的支付能力，也是为了使这些妇女看上去更具有观赏性和欣赏价值。

以往妇女们代理消费和有闲的第三个特征是"高价感"。主人们不仅愿意为他们的女人购买奇石珠宝、绫罗绸缎、新潮时装和高级宠物，而且希望妇女所拥有的高级物品必须同时具有美感和高价两种属性，因为审美禀赋的差异除教育和修养外还有个人口味的不同，而金钱的价位则是可以衡量比较的硬性标准。由此，不仅购物的地点和方式出现了等级和档次的划分，购物的数量和价位也助长了互相攀比、竞相炫耀的风习。高档的商店和名牌服饰在最初设计的时候并不是为了响应上流社会审美品位的追求，而是对她们特别注重的地位和荣誉感的一种迎合。金钱和荣誉的准则对妇女及大众的消费观念影响深远：迄今仍有许多人在购物时不仅追求品质上的稀世珍宝、罕见瑰奇，而且追求数量上的应有尽有和无奇不有；许多工艺品和手工艺品的被收藏和玩赏并不是真正意义上的艺术爱好，而是追求它们可能具有的高价感和优越感。

二、差异还是觉醒？

从我们对历史的最简单回顾和审视里可以看到，在妇女逛店购物这一行为里绝不仅仅只有妇女天生爱美的本性或妇女喜欢逛店的天然喜好，妇女被放到消费的中心并不完全是她们自己的选择和期望。由于妇女不仅长期以来一直是被消费的物品之一，而且承担了相当一段时期的"代理消费"角色，因而在妇女的消费观念和消费行为里，有着较之男性更复杂、错综、交织的追求和寄托，妇女的消费活动受着诸多的历史积习和现代潮流影响，在她们的意识和潜意识里对消费活动和购物中心的认同方式可能是千差万别、气象万千的。

对有的妇女来说，商场是与喧嚣杂乱的社会相对立的、更为宁静有序、带有家庭色彩的空间；对有的妇女来说，商场不同于她们日夜厮守的枯燥无聊的家务劳动，是一个自由、活泼、潇洒、神秘的公共场所；对有的妇女来说，让一个男人手提涨满了的钱包跟在自己的身后逛店，是对自己魅力的一种证明，对美的追求和对荣誉的向往可以通过商场在一个和谐的意境中同时实现；对另一些妇女而言，如果钱包里放的不是自己挣的钱，就不值得去逛店，让男人为自己掏钱购物，就意味着已经承认是自己的某种失败。有的妇女感到合适的购物比合体的家务更能体现自己对家庭必不可少的价值，在购物中心里发现价廉物美的商品最能实现自己心中潜在的愿望；有的妇女则在商场里有意刺激男友的自尊心，借用社会礼仪的力量实现自己埋藏心底的欲望。一些妇女在商场里悠闲漫步、精神放松，如入仙境；另一些妇女觉得到商场里漫无目的地闲逛，多少有点奢侈和无聊。购物中心里那些看似漫不经心的逛店妇女，其实是各有所求，各取所需，她们的内心世界千端万绪，藏金含银，就好像尚未开发研究的地下矿藏。工业革命、市场经济和民主政治正在把我们推入越来越开放和多元的大众社会，虽然在现实处境上，今日的中国妇女还各自处于不同的位置和心境，但对自由和解放的追求却已经为广大妇女共同所有。漫步在商场中的妇女从来不只是看商品，看陈列，而且也在互相观察她们自己，比较自己与周围的女人，在这些观察和比较之后，许多人会感到不同的骄傲和优越，也会因此做出不同的调整和追逐。

西方女权主义思潮在中国的引荐和传播已经影响很大，女权主义思想尽管庞杂繁复，但其基本立足点有两条：一是强调人类历史迄今以来的所有思考视点都是从男人的角度出发，围绕着男性的权威中心而建立的，它们一直在歧视和漠视妇女的思想及情感，因而必须反过来从妇女的角度重新认识世界。二是强调妇女现有的视线和观点并不是妇女自己创造的，而是男性中心观的产物和长期历史文化的积淀，妇女还应该清除这些存在于自身的偏见和误解，才能重新接近真理。比如在妇女与消费的问题上，以往社会妇女消费活动中出现的"所属性""非实用性"和"高价感"追求，既反映了以男权为中心的社会偏见对妇女的利用，也引导和塑造了许多妇女在消费活动中喜好奢华、高消费，追求出人头地的炫耀心理和虚荣心态。今日妇女的消费行为之所以能够反映她们社会地位的改变和提高，是因为她们不仅能在政治和经济上通过同工同酬不断摆脱"所属性"地位，而且能在普遍的受教育经历中日益扬弃"非实用性"和"高价感"的思想束缚。因而我们在妇女和消费的问题上值得不断提醒妇女的自我意识觉醒，强调她们在消费这一妇女的主要活动中体现自己的思想解放和观念转变，从而促进全社会健全的生活方式的形成。今日妇女在购物中心漫步，应该既体现自己独立自主的选择，彻底摆脱被消费和代理消费的被奴役地位，又体现自己自强和自律的追求，树立实用和美感相结合、个性和理性相结合、自由消费和合理消费相结合的现代消费观念。

三、应有尽有还是更好地生活？

妇女与消费的问题主要是消费观念的问题，而妇女与购物中心的关系却更多地反映了外部环境对妇女消费观念的影响问题。美国评论家 R. Bowlby 在研究了不同的购物方式和购物文化后提出："现代百货公司是那些受尊敬的妇女独自合法占领的第一块领地。"另一位评论家 J. 威廉姆森（J. Williamson）也认为："购买是一种授权行为。"[1] 购买和消费的活动方式及活动场地对妇女的解放而言是一种可以被利用和使用的形式。巴黎的商业发展史表明：最早的欧洲商店在鼓励妇女逛店的时候，是鼓励她们走出家门，独自到公共场所进行自由活动；商店不仅鼓励妇女不坐丈夫的车，而且具体指点她们如何乘坐公共汽车。最初的大型商场在设计上都十分注意对妇女地位的尊重，在完

1　转引自：John Fiske. Reading the Popular. London & New York 1994: Chapter 2. 需要说明的是，我的论文发表时，该书还没有译本。这是我根据 1994 年的英文版自己译的。现在已有中译本，约翰·菲斯克. 解读大众文化 [M]. 杨全强，译. 南京：南京大学出版社，2006: 26-27.

善的配套设施、公共厕所、休息处、公共汽车线路和免费赠送的样品上都决不能出现性别的歧视或对妇女的不尊重。商店的安保措施格外严密也主要是为了让妇女感到商店是比马路和街道更安全的公共场所。从这个意义上讲，购物中心与妇女之间也有许多文化课题和社会课题。不仅妇女地位的改变和妇女自我意识的觉醒将直接影响商场和购物中心的建设和发展，而且商店的增多和逛店的普及、流行也会直接影响妇女的消费热情和购物兴趣，并进而影响妇女自我认识和自我解放的进程。

在妇女与购物中心的关系上，首先我们应该注意到商品本身对妇女的影响。现代商场拥有数以千万计的商品和品牌、令人眼花缭乱的广告画面和打动人心的广告话语，其中绝大多数是针对妇女的爱好、兴趣以及弱点和虚荣心的。各式各样青春美貌的妇女头像在大街小巷的广告栏上向人们微笑，挑逗妇女在自爱自恋的情结中踊跃购买无奇不有的商品。美国大众文化评论家约翰·菲斯克教授提出的一个问题特别引人深思，他指出：当我们大家都把"顾客是上帝"的口号铭刻在心的时候，我们也就默认了购物中心就是一个消费主义者的"大教堂"。[1] 在这个人人常来常往的大教堂里，用钱换物的礼仪和以商品为崇拜圣像的活动正以冠冕堂皇的形式被确立和巩固起来，并不断扩张自己的势力。的确，马克思当年也特别关注过"商品拜物教"倾向在现代资本主义世界的广泛流行。商品正在影响和侵犯我们的人格，使我们想去追随商品的引导，享受纯物质性的生活。当妇女在商场的收银台前进行钱物交换的时候，她们还可能在同一时刻交换着彼此的价值观和人生观。面对商品如潮涌来的无尽诱惑，妇女的反应主要体现在她们的选择和决定上。根据约翰教授提供的数据：在美国市场上，尽管有广告和促销的积极配合，仍有90%的新产品因缺乏足够的购买者而告失败；在澳大利亚，这个失败的比率也达80%。可见消费者（尤其是妇女消费者）的否决权有相当的威力，商品对人的控制和人对商品的抵制也是一场权力之争和观念之争。

其次，我们也应该注意商场，尤其是大型购物中心为购物妇女提供的独特氛围和特殊含义。美国另一位教授费雷耶认为："消费系统正在成功地模糊

1　参见：John Fiske. Reading the Popular. London & New York 1994: Chapter 2.

许多界限，比如工作与休闲、公共与私人的空间、内在与外在世界、渴望与满足等，从而吸引消费者，使他们在购物中得到愉悦。购物中心是消费者象征意义上的自我空间，同时又完全是一个'新的世界'。"[1]在购物中心里，顾客可以试穿和试用不属于自己的东西，可以像看画展似的四下参观，免费欣赏，可以在不被询问的情况下，走进一些仿佛是私人的空间，感觉像是自己已经拥有了一切。购物中心正在成为我们工作与休闲、公共与私人的一个连接点和交接处。妇女喜欢逛店，实际是喜欢商场为她们提供的多种可能性和开放性。因此，我们不妨把那些曾经阻挡在我们生活中的无形界限罗列出来看得更仔细些：

男性	女性
公共或私人工作	闲置在家（家务劳动）
生产（挣钱）	消费（花钱）
拥有权力	被授予权力
自由	被允许自由

历史由于特定的时空限制和物质财富的有限，在我们的生活中划出了这样的界限，并把尊重和荣誉偏向了其中的一方。在我们终于可以摆脱许多物质的束缚和条件的限制时，我们也就有特别的必要去强调这种界限划分的人为性和勉强性。妇女的解放在妇女与消费的课题上，并不意味着男女双方争取工作与休闲的平等，或保持挣钱与消费的平衡，而是体现为现代文明条件下的男女关系和谐，工作与休闲整合。就像太阳和月亮的关系一样，阴阳强弱刚柔动静的区别，不在于它们彼此是平等的，而在于它们彼此是互动的、互为依存的、彼此不可替代的。妇女可以在购物中心发现，合理的花钱也是一种挣钱，聪明的消费也是一种智力活动；不仅工作着是美丽的，休闲在家或闲暇逛店也是美丽的。从现代化的远景看，家务是更重要的工作，是更趋向于未来的工作，社会高速的发展和科技全面的应用，无非是为了最终使每

---

1 参见：John Fiske. Reading the Popular. London & New York 1994: Chapter 2.

一个人的家居和生活都变得更舒适、安乐和充满人性。

最后，我们还应该注意购物中心的"应有尽有"和妇女自我需求的"应有"的关系。妇女在今天的解放和平等，不仅表现在她们从男人的附属代理变为独立自主的个体，而且也体现在她们已普遍享有昔日贵妇的专利和特权。她们大都有一定的经济实力满足自己的日常需求和超越生存的美学追求，她们也都有充足的时间无须工作而有闲暇。过去，有闲妇女只为自己购买体现身份的高档时装，劳动妇女只为自己制作经济实惠的工作服，但今天，大多数妇女的衣柜里不仅有出客用的时装、上班用的职业女装，而且有旅游用的休闲装、居家用的便装，以及各种反映自己情趣爱好的配件、附件、外套、内衣……有限和片面的消费正在日益向全面而富余的消费转变。今日的妇女不仅因为实际的缺乏而购物，她们还因为希望更完美、更理想而"闲逛"购物中心；她们在商场里购物和漫步不仅是为了操持生活，而且是为了追求更美好的生活。但人们在希望"好了还能更好"的追求里，总会有一个"贪得无厌"的阴影，需要一些适可而止的提醒。20世纪美国作家德莱赛在他的名著《嘉莉妹妹》里有这样一段描写：在乡村长大的姑娘嘉莉只身来到芝加哥时，

在当时，百货店刚在蓬勃兴起，为数还不多。……它们是些美丽堂皇、人来人往、生意兴隆的铺子，拥有大批店员和众多的顾客。嘉莉沿着这些热闹柜台之间的过道走着，对耀眼地陈列着的饰物、服装、鞋子、文具、珠宝等商品非常羡慕。每一只单独的柜台都是使人目眩神驰的展览场地。她禁不住觉得每一件饰物、每一件值钱的东西对她都有切实的吸引力，可是她并没有停下脚步。没有一件东西不是她用不着的——没有一件东西是她不想要的……

嘉莉的故事是她最终拥有了一切：财富、名声、地位和所有她想要的商品，但她始终没有得到她想得到的爱情。"她觉得非常孤独。好像她是在毫

无希望而孤立无援地挣扎着……她感到不满足。"[1] 批判现实主义作家德莱赛对他的女主角并没有尖刻的讽刺和批判，而是以理解的语调揭示：嘉莉即便不是在逐渐"堕落"，也是在日益远离欢乐和幸福。嘉莉心中那个应有尽有、"没有一件东西是她不想要的"的百货公司，就是她心中永难满足的欲望和需求的象征。购物中心的形成和普及，离我们还只有一百年。商品对人的"诱惑"并不是商品的属性，而是人自身欲望对自身控制理性的挑战。古代社会的许多统治者和上流人士因为"有钱有闲""无所不有"而变得虚弱和堕落，但财富的丰富肯定不是罪恶的根源。马克思认为共产主义社会就是"私有财产即人的自我异化的积极扬弃，因而也是通过人并且为了人而对人的本质的真正占有"[2]。购物中心与妇女地位的关系问题不仅是批判商品拜物教的问题，不仅是妇女从偏见和愚昧中解放出来的问题，而且是妇女自觉提高自身素质，使自己更接近"人的本质"的问题。妇女地位的提高既是社会变革的命题，也是自我改造的课题，在商场里购物，不仅会反映妇女的自由、独立和解放，而且会反映她们的心智、能力和文化素养。

（《浙江大学学报》1998 年第 1 期）

1　德莱赛 . 嘉莉妹妹 [M]. 裘常柱，译 . 上海：上海译文出版社，1995：17，414.
2　马克思 .1844 年经济学—哲学手稿 [M]. 刘丕坤，译 . 北京：人民出版社，1979：73.

11

直面当代生活价值观的分化

改革开放以来我国人民生活方式的最大变化，也许是空前的"多样化"。同一个家庭里，会有国企、外企、私营企业的不同成员，父亲可能认为电影里的"小人物"十分贴近自己，儿子却充满自信不再相信命运。同一家餐馆里，经常出入的老客户显摆着自己的特殊地位和消费水平，而坐在对面的难得光顾的一家三口，则可能是为了见见世面、让孩子受点"刺激"。身着欧式紧身衣的大饭店门卫，无声地望着走在寒风中的大学生，吧台里调酒小姐的"薄技"，尚未逊色于日新月异的计算机技艺……现代生活方式的多样化并不像上下班的车流那样拥挤而有序；多样化的"活法"常常像游乐场中的碰碰车，不时出现合理的冲撞和相互挤兑、彼此矛盾的运行方向。留意一下我们在公共场合无意听到的片言只语，人们正在同一时间和同一地点为完全冲突的生活目的而奔波忙碌，生活正在浩荡宽广的图景里体现它的生机和活力。

生活方式的多样化，不仅体现了中国人民思想观念的开放和日益解放，而且体现了我们这个社会本身承受能力的提高。现代化的速度和进程已经使中国人也迅速地接受和逐渐习惯瞬息万变、众说纷纭的社会现实。对经济改革、法制建设、家庭婚变、子女教育等一系列激变中的时代课题，人们不再追求统一的正确答案，而是在紧张激烈的思考和探索之中，追求自我的主动选择和亲身尝试。大众不仅在美发厅和名牌时装上"善待自己"，而且在旅游潮、健美操、球类俱乐部的活动中认定生活"怎么都行"，重要的是要热爱生活。

生活方式的重新选择和主动变革，既奠定了社会物质生产方式变革的心理基础，也增进了社会精神文明发展的强烈需求。生活方式的多样化首先体现了人们对生活的个性化追求。个性化的生活方式选择，不管自觉与否，又都是对某种生活价值观的认同或追求。比如我们现在常说的白领、蓝领、"上班族"、工薪阶层、外企雇员等术语，并不特别强调他们之间有"无产阶级"和"资产阶级"生活方式的区别。一年四季身穿硬领衬衣、系着领带的白领们，不能不在御寒的呢大衣下始终配一双尖头皮鞋，他们精干灵巧的身姿与那些披一头长发、蓄有美髯、身穿"形散神不散"休闲装的艺术家、记者和文化名人比起来，很难说谁更得青年人的青睐；就像那些腰缠万贯、十天半月不着家的业主，与他办公室里每天工作 8 小时的文秘、业务员和杂工比起来，很难说谁更体现了理想的工作方式和合理的生活节奏。

生活方式的多样化既为我们的个性化追求提供了可能及机会，有特点的个性选择也使多样化的生活方式呈现出丰富的价值和意义。但正如一些社会学家指出的，我们目前的生活方式现代化还主要体现在物质消费的方式上，即生活的"世俗化"倾向上。许多人不再信仰以苦为乐、苦中作乐的安贫乐道，在基本普及的眼福、耳福和口福之外，正遐想能否尽早拥有小车别墅。虽然"文明的、健康的、科学的生活方式"还没有在学者聚首的学术讨论中明确细节，但许多人在盲目追求生活享乐的道路上已经走向犯罪。道德失范、拜金主义、贩黄贩毒、假冒欺诈等丑恶现象的出现，的确与许多人的畸形生活方式和庸俗价值观有着这样那样的联系。

显然，生活方式的变化既是一种精神解放，也是一种时代挑战；既可能体现社会的生机，也可能暗含生活的危机。随着生活方式的多样化，我们原有的、一体化的生活价值观既被拓展和丰富了，也被分化和零星化了。这主要是因为改革的时代促使我们每个人求新求变，我们必须提起精神不断应付各种新生活图景的凌厉攻势。在计算机、空调机、投资机会、进修学位、VCD和DVD的威胁或诱惑面前，仅仅肤浅地了解一二以便做出判断，也占用了我们大量的时间。尽管我们每个人都谨慎小心地吸纳信息、维护自身一体，但实际上我们都在不断地否定自己，拓展原有的价值观，创造新的生活意义。今天，每一个有所追求的人在回顾他近10年的生活时，都会发现一个系列型的自我，一个仍在不断探索的自我。

现代生活方式的类型化、模式化倾向也在不断促使生活价值观分化。这个悖论正像社会学家卡尔·曼海姆所说："人越是个性化，就越难有个性。"我们既要利用现代社会赋予我们的选择自由将自己与他人区分开来，又要在自己日益丰富的选择活动中保持自我形象的完整一致。比如从事白领职业的人就不方便在家具风格、窗帘款式和饮食起居上缺乏气派，我们的职业、穿着、言谈举止、社会见解和生活价值观之间必须协调一致。从生活方式上看，一方面中国人正在打破千篇一律之后走向多样化，另一方面也在尽可能完整的个性追求中，使一些并不高尚的生活模式得到流行，没有什么价值追求的风云人物成为模仿对象。

生活价值观的多元共生，不仅表现为现代大众的自觉追求，更表现为文化工业的刻意制造，外来文化的无形冲击，以及各类生活必需品市场的竭力推销。迅速更迭交替的生活样式和影视歌坛明星，明显地影响了全社会生活价值观的分化和复杂化。一方面，在生活方式日益多样化、个性化的今天，谁也没法让某一种生活价值观具有无限的感召力；另一方面，任何新鲜轰动的生活样板都成了短暂的、过渡性的潮流代表，某种生活价值观的主导宣传阵势一旦确立，躲闪、逃脱的社会心理也随之产生。不难发现：当代生活价值观的分化不再体现为两种观念或思想的正面冲突，而更多地体现为价值观的缺席、价值意识的混杂和朝三暮四的随意性。生活价值观的分化，既会直接阻碍社会的一体化，削弱民族的凝聚力和家庭的亲和力，又会直接妨碍个体的一体化，破坏人自身的完整性和安全感。那么我们如何预防这些负面影响，如何恢复或重新建立维系人们生活热情的向心力及价值观呢？

按照未来学家阿尔文·托夫勒的比较，在前工业社会中价值观是相对稳定的，老一代总是把价值观与他们所熟识的劳动技能一起传授给下一代。但工业革命的冲击打乱了旧式的价值结构，文化上的相对主义和科学的中立性取代了一贯的传统价值观，当许多新的生活可能性需要与之适应的生活价值观时，对价值观的理解和传授也需相应地做出调整和改变。"超工业社会的教育者必须尽量避免把一套死板的价值观强加给学生"，而应该通过系统组织的各种活动，使受教育者"明确他们形形色色的价值观，使之具体化并加以检验"，"教会年轻人去弄清，而不是调和自身价值体系中的矛盾"。显然，树立正确的生活价值观，在今天已不再仅是教什么和如何传授的问题，而是如何让千百万人通过接受教育，去认识和分析自身价值体系，去深究自我生活目的的问题。

直面当代生活价值观的分化，要求我们以历史文化的底蕴和前瞻未来的眼光去理解和发现新的生活秩序，即发现今后能将人们生活的繁杂现象凝聚在一起的内在统一性。现代西方最重要的哲学家之一恩斯特·卡西尔指出：在人类文化的各种活动中，我们无法追求"结果的统一性""产品的统一性"，而只能找到"活动的统一性"和"创作过程的统一性"。卡西尔在他的《人论》一书中总结道，作为一个整体的人类文化，可以被称为人不断自我解放的历程。人在不断建设一个人自己的世界，一个"理想"的世界。[1] 在这样的统一性里，人的社会意识依赖于同一和分化的双重活动，人的生活价值观选择也呈现为稳定和变化的两极特性。与"文革"时期的万马齐喑相比，目前人们的生活方式多样化和生活价值观分化，表现的是中国人在理想生活追求中的一种历史进步和更高需求，在众多具有复杂性和创造性的生活追求中，我们向往崇高神圣的生活主旋律开始有了众多变奏。为了使我们民族拥有的丰富变奏的主旋律始终高扬，我们当然要进一步加强社会一体化的宣传和精神文明教育的深度和广度。中国虽是一个多民族共存和具有较大地区差异的国度，但社会凝聚力的问题也是一个所有现代国家必须面对的问题。我们不仅要不断丰富自己的主旋律，而且要不断以现代的眼光理解人民大众在新生活追求中的创新热情。

1　参见：恩斯特·卡西尔. 人论 [M]. 甘阳，译. 上海：上海译文出版社，1985：281.

　　首先，我们不能简单继续单纯的意识形态批判和道德评判，将生活价值观的错位和复杂化仅仅视为大众个体的认识模糊或道德低下。生活价值观的分化既是个体性的活动，也是社会性的变迁。我们不仅应承认，而且应要求人们去领略和探索生活价值的多样性和丰富性，并鼓励人们在对自我生活价值的分析中，思考生活的宽广图景和丰富启迪。其次，我们不能只是沿用过去的道德教育方式和理想召唤手段，回避生活的现代变迁。"讲述老百姓自己的故事"时的自然主义倾向和表彰好人好事时的有意"净化"一样，都有可能在丰富的生活面前显得苍白。对具有表率作用的生活样板和先进人物报道，也不一定都要用肯定的语调和真理在握的神情。新的生活方式和人物典型总是带有探索性和开创性的，讨论的气氛和自由严肃的争辩，可以更好地引发我们对多种生活价值观的普遍关注和驻足思考。再次，我们不仅要大力巩固教育的普及，而且应高度重视当代中国教育品质的提高。负担沉重的知识教育和简单实用的职业道德灌输，虽然能富有效率地培养出对社会有用的人，但却不能塑造出完整的人格和内在的生活价值追求。新时期的教育需强调精神的启迪和知识的启蒙作用，使教育发挥其更根本性的创造生活价值和意义的功效。

　　对个体而言，生活方式的反复更新和生活价值观的分化，也会危及自我的一体化，导致人格分裂和精神危机。由于我们每个人的生活方式总是汲取了各种生活样板中自己认为值得借鉴的东西，因而现代个体的生活价值观往往是一个各种价值观的复合体。我们必须在这个复合体里建立内在的和谐并趋向完美，必须为自己建立崇高价值的稳定核心。如果我们不想迷失在过多的现代选择里，就必须尤为关注自身智力的开发、人格的确立和自我控制能力的培养。人的一体化和社会的一体化是我们现代生活中已经出现的重大课题，这个课题也即如何实现马克思所说的，未来理想社会将以高度的现代文明促成每个人的本质的全面发展。当代中国社会的物质文明建设正在为每个个体的生活方式不断提供新的空间，只有符合当代社会特点的精神文明才能为多样化的个人生活方式提供丰富深邃的生活价值内涵。

（《中国青年研究》1997 年第 5 期）

12

青少年成长与社会公德的困境

最近，南方的一些小学为促进学生的道德品质培养，举办了"爱妈妈，做好孩子"的活动；同时某县在加强党组建设的活动中，也提出"不是孝子，不可以入党"的审查标准。热爱父母、敬重师长是中国人的传统美德，这种美德不仅是一种个人修养，而且是一种社会理性和公共道德。当年孔子曾对他的学生说，参政不一定要为政。尚书云：孝，就是孝顺父母、友爱兄弟，把这种风气影响到政治上去，就是参政了。在中国的文化传统中，个人伦理仿佛是能自然地过渡到公共伦理的，儿童对父母的本能依赖关系也是我们青少年社会化教育的自然基础。法国哲学家柏格森曾说，我们也许倾向于认为，公民道德的培养可以从家庭中获得，同样，通过热爱我们的国家，我们学会了爱人类，我们的同情心可以在不被中断的进化过程中不断扩展，并且在保持同一的情况下不断拓展，直至包容了全人类。然而，这是一个先验的推理，事实上，我们会自发地和直接地去爱我们的父母和同胞，但对其他人的爱、对人类的爱，则是间接的和后天获得的，我们能直接获得前者，而对于后者则必须经过迂回的道路才能达到。

首先，在父母与子女的关系中，社会的规则往往更为内在地支持着父母对儿女的关爱方式。一个中国孩子如果在学校里当着其他同学的面指摘了老师，那么他的父母会以一个"过来人"的经验，想到自己的孩子是目无尊长，是误解了"吾更爱真理"的恰当用法。由于家长们事先知道一个人的成长是不断放弃个性和幻想，认同社会权威和法则的过程，知道一个行为与一般规范背离的人会有怎样悲剧性的命运，所以多数父母会觉得必须无情地干涉孩子的无理，让孩子为"正常成长"付出代价。正如鲁迅所说，"他们以为父对于子，有绝对的权力和威严，若是老子说话，当然无所不可，儿子有话，却在未说之前早已错了"。当然也会有一些父母改以现代的、民主的姿态，平等地与儿女交谈，以商量的口气解释问题的两难，对比代价的大小，但目的乃是让子女更好地就范。

其次，学校也是社会既定规范和合法化系统的一环，教师的位置不仅体现知识的力量，更展现一个社会如何看人，选人，用人，以及规则的具体存在和权威地位。教师希望家长配合，家长希望教师严管，这种学校和家庭之间自愿的契合关系，使得孩子们感到自己二十四小时地受到关爱和劝说、监视和阻止、安慰和胁迫，还有，孩子们在放松时可以接触的大众媒体，也在剩余的时间里，以"社会"的名义对儿童进行各种精神鼓励和物质刺激，希望他们尽快成为合格的社会规则的接班人。美国文化学者露丝·本尼迪克特认为，社会在文化整合中的重大作用，是通过权威的评价，使个体行为趋于同化。每个儿童在这种同化和整合过程中，表现为不同的与社会既定规则的关系，他们有的天生就适应，有的虽不适应却努力适应，有的则天生对立，等等，社会的评价和规则就像是导游为你指引的一条现成的路，你应该沿着它的方向前行，你当然还可以自己从荒原中直接朝前走，但你很可能会花费更大的精力和更多的时间。从社会价值看，每个社会都有自己强调的美德，但没有一个社会秩序能够将其美德从其不足中分离出来。所以，社会价值观对每个青少年的引导，都既是援助之手，也是强制之肘。问题是，当孩子们不同程度地遭受了成长经历中的深创剧痛之后，他们或许会反过来同情或理解父母的苦心和无奈，但对悠久文化附加给父母的功能性符号特征却更加反感，因为，父母的尊严与社会规则的尊严并不总是一体的，成人的世界既支配社会规则，也被这些规则支配，所以青少年在从自然本能到有成人道德的成长历程中，逐渐从对父母的不得违逆，到对父母地位的洞悉领悟，最终很可能发现自己的父母作为血缘亲联是反不了的，而他们作为社会规则的一部分，则也不过是永远不能长大的孩子。所以说，孩子对父母的爱和孝顺，会在他们社会化的进程中巩固和深化，但热爱家庭和孝顺长辈的个人品德，不会自然地过渡成"亲社会"的公共理性和成人道德。

另一方面，我们都同时隶属于三个社会群体：家庭、民族和人类，这之间的差别是，家庭与民族关系更密切，家庭与社会在原初时期是未分化的，现在也还保持着特别紧密的联系。由于稳定的社会是家庭幸福的必要保障，因而，我们会较快地学会爱国如爱家，会乐意爱吾老及其人之老。在健康的社会环境中，我们情感的进步与拓展是可能与我们所热爱的群体规模的扩大同步的。但是，我们生活的具体社会与人类全体的国际社会是大不相同的，这种不同并不是程度的不同，而是种类的差异，文化传统可以把我们训练成对自己的文明主导特质有判断能力的人，我们会对自己的义化有必然的偏爱，同时也可能因此被引向极端。我们无法仅仅通过信息的广泛交流和情感共鸣领域的不断扩大，就直接地从爱祖国进化到爱人类的高尚情感。生存和群居的本能帮助我们意识到，社会的凝聚力只是源于一个群体保护自己反对其他群体的必然性，并且大多数人都更爱自己的同胞而担心其他民族的威胁，于是我们还要思考，中国人最为提倡的亲情，如何可能升华为国际主义的博爱之情。

柏格森认为，通过理性，通过每一个人分享理性，哲学家才让我们看到了人类，看到人类的至上尊严和所有人都应该得到的要求尊重的权利，如果他的想法对我们有启发，那么他说的这种理性并不仅仅是社会理性，而是更完美的道德理念；这不是一种纯粹而又简单的、爱父母的道德，它散布在复杂的规则和普遍性的探求之中。这不是一种具有压力和驱动力的自然义务，而是一种具有说服力和感染力的道德境界。

如果我们想要一个孩子真正地热爱父母，我们必须帮助他成长为一个具有独立人格的成人，否则他无法真正排除心中对父母的怀疑和拒绝，还可能臣服于权力和金钱，成为真正的逆子。如果我们希望他真正热爱自己的民族和国家，我们必须让他有能力认识和反省自己的文化，否则他无法克服偏激的民族主义情绪，或者反之进入虚无主义状态。如果我们希望中国走向世界，我们必须让青少年学会保持自己理性的文化身份，并带着它进入其他文化的社会生活，在相互的了解和尊重过程中，认识国际社会规则的存在和必然。

但是目前我们的青少年还不能这么做。首先，他们缺乏自由的时间。马克思认为，整个人类的发展，就其超出对人的自然存在直接需要的发展来说，无非是对这种自由时间的运用，并且整个人类发展的前提就是把这种自由时间的运用作为必要的基础。只有在自由的时间里，人才可能有积极的存在和创造性的发展。但是，目前中国青少年的自由时间因为课业繁重而过于稀缺，青少年寻找快乐的本性在漫长的必要的学习时间里被现实原则严密封锁。于是在他们有限的剩余学习时间里，高度压缩聚集的孩童本性就不顾一切地寻隙逸出，冲向快乐原则。他们的自由时间之所以差不多都投向了大众媒体制造的娱乐天地，是因为他们失衡的内心能很快地在意象世界的造梦机制、理想图解和安慰语气中得到释除。

其次，他们没有足够的阅读，与我们平常以为的外国学生学习负担轻、放学早和教学十分自由等印象相反，其实双方的课业都不见得轻松。只不过中国学生从早到晚学规定课本多，做习题多，外国学生阅读多，尤其是课外自由阅读多，美国和加拿大的中学生都差不多下午3点放学，但学校规定每人每月需读40本课外书，每本在300页以上，他们必须选择最欣赏的书写简洁的读书笔记，写出自己对这本书意思的归纳和理解。这一方面训练了他们的阅读速度和简洁提炼某一事件大意或重点的能力，另一方面也培养了他们广泛的生活阅历和细化了他们的感情世界。

再次，他们也就缺乏足够的理性启蒙。独立地探讨人生和分析问题，是一个孩子不断与成人世界分享"理性"的机会，经常的交流和对话，是让一个孩子发现差别、反省自我的途径。但我们的孩子们正在忙于学习各种各样的实用知识，这些知识帮助他们了解客观事物之间的关系，为的是让他们能更好地适应自然和社会环境，这些知识里也包括许多道德和理想的教育，但主要还是通过教师的阐述和以规定动作和方式进行的检验。我们一轮又一轮的辩论赛，不过是一些表演赛，参加的学生以抽签的方式，选择了并不代表自己思考结果的观点。在一段目的性过于明确的论据准备之后，他们与同样被动的另一群青少年，对一些不伤社会脾胃的社会问题进行辩论技巧赛。这种过程不是求智，而是求胜。最后，依靠许多"通过"了的考试和叠加起来的各科知识，参照所看过的种种辩论赛、主持人赛、数理化金杯赛，他们正以为做一个"成功的人"很难，而做一个"有公德的成人"则比较容易。

儿童的成长总是必须依靠他人，所以，他们的爱恋生活也总是会指向他人，他们的精神生活会自然地越来越受亲缘关系和社会规则的渗透和影响。儿童的这种自然本性在社会化的过程中，不仅使一些人成了"问题少年"，另一些人变为"成功人士"和合格的接班人，而且使许多人逐渐成了"永远长不大的孩子"，因为，他们只是以儿童的模仿态度生活，追逐一轮轮的时尚和潮流，从不进行个性的思考和自我的反省，他们总是依赖社会不断给予的精神和价值导向，仅仅借助媒体的眼睛了解世界的进程，然后把一切的得失和责任都归功或归罪于社会。由此可见，在不久的将来，中国的青少年大都仍会热爱家庭、孝顺父母，但他们不一定因此而亲社会，自觉自愿地遵守社会规则，并尽可能广泛地关爱他人。因为他们还没有认真思考过：履行社会义务，意味着抵制自我；博爱人类，则意味着超越民族。

（《中国青年研究》2001年第3期）

13

论当代中国青少年价值观培育的难点和重点

每个国家的青少年群体素质都将直接影响其国家和民族的国际形象和未来发展。当代中国青少年的道德教育和素质培养已经明显突出了良心、自觉意识和荣辱观的培育，注意到了政治道德不要简单替代或全面覆盖日常道德的问题。但在人们谈论"八荣八耻"观的倡导将为全社会树立正确的道德标准和行为准则的时候，我们的青少年仍将面对统一明确的价值导向与错综复杂的现实之间的巨大鸿沟，以及这种鸿沟如何真正跨越的认知和实践问题。在这类问题上，不仅青少年们自身要加强学习和勇于体验及实践，而且家长、教师、媒体专业人士和相关管理部门人员都有自己责无旁贷的社会责任和具体工作。

一、应该重视荣耻之间的中间地带

对绝大多数正在接受现代义务教育的中国青少年而言，如果现实生活中的应有道德准则和卑劣言行之间的差别就像动画片的人物造型和衣着色泽一样正邪分明、好坏一目了然，他们是完全懂得如何择选和评判的。问题是对那些黑白之间的灰色区域、对那些又曲又直的人际关系变线、对那些是非众说纷纭的事件和现象，他们会感到困惑、痛苦和心理失衡，会出现选择的犹豫、是非的混淆和抉择的失误。

比如：并不是每个青少年都能有姚明、刘翔一样的才华服务人民来体现自己的热爱祖国，也没有多少青年人能够像丁俊晖、周蜜那样明确地发现自己的个人发展计划已经涉及国家和个人孰更优先考虑的问题；更多的情况或现实是，许多肯定自己是热爱祖国的孩子却不能热爱他自己的家庭、学校、同学和居住地，许多绝不会想到背离人民的孩子却在统一考试的层层压力下首先背离了自己的天性和兴趣，许多确实尚且无知但并不因此愚昧的孩子仅仅因为成长的历程有着时间和方式上的特殊性而从来得不到表扬和鼓励，许多迫于就业严峻形势而选择零薪金应聘或被知名企业明显"借用"和"试用"的大学生根本无法为自己初入社会的辛勤劳动感到骄傲和自豪，许多校方的部门规定和教师的个人要求，迫使那些权利受损的教师和学生无法遵守或达成，许多利用暑期勤工俭学的同学无法在那些最常见的家教和商品推销工作中联想到艰苦奋斗是应该发扬的光荣传统。

我们不能回避这些真正的现实问题区域和观念动荡区域，不能用一些空洞的套话和连篇的大话来替代具体情况的调查和讨论，不能让一轮轮运动式的宣传攻势和一次次表态、过关式的学生作文来取代真诚而又持续的面对面对话，来逃避每时每刻都在进行的有趣而又艰险的思想和实践探索。

二、应该重视共信价值观在个人实践中的余地

每个现代国家的基本价值观或意识形态主旋律都是从其历史文化中的"道"或"神"的基本假定中逐步抽象概括出来的，这些抽象概括的过程具有政治统治的必要性和社会治理的功能性。为了社会稳定和民众的安全感，来自上层的基本价值观表述往往鲜明、扼要、易懂和朗朗上口，这既是为了便

于宣传和推广，从而帮助人们在变化的自然和社会环境中拥有共信价值观，通过相互协调和彼此配合来实现和谐共存，也是为了避免人为的道德行为规范过于细密严苛，破坏社会生态的自然活力，从而鼓励不同社会成员合理合法地运用自己的独特资源和发挥自己的创造性潜能。由此，在合适有度的共信价值观的建立和建设中，明确的道德行为规范总是既给人们的言行以规定和限制，又事实上留有必要的个人发挥余地。

比如最早提倡"君子"人格理想和"仁道"价值观的孔子在回答学生的问题时总是强调基本水准和更高标准的空间或余地。他的学生子贡问："贫穷却不巴结奉承，有钱却不骄傲自大，怎么样？"孔子说："可以了，但还不如虽贫穷却乐于道，纵有钱却谦虚好礼。"学生子贡又问："假若有这么一个人，广泛地给人民以好处，又能帮助大家生活得好，怎么样？可以说是仁道了吗？"孔子说："哪里仅指仁道！那一定是圣德了！尧舜或许都难以做到呢！仁是什么呢？自己要站得住，同时也使别人站得住；自己要事事豁达，也能豁达待人。能够就眼前的事实选择例子一步步去做，可以说是实践仁道了。"

当孔子与学生讨论一个人的言行和评价时，他显然对"仁道"更推崇，对"圣德"非常仰慕，但他也充分肯定和认可"可以了"的道德达标状态，他的教导对普通人的正常选择充满了鼓励，对优秀者的更高追求有积极的倡导和明确的引导。在这种孔子说"可以"的基本道德衡量标准下，共信的社会价值观既为人们留出了行为上的选择空间，也保护了人们思考上的回首反省余地。

三、应该重视道德自律和他律的互动规律

正是由于社会共信价值观总会与世俗的现实生活有一定距离，集体和团队的行为规范总是在严律和宽容之间保持一定张力，所以无论是发达富裕的国家，还是高等教育已经普及的民族，或者尚在内战和动荡边缘挣扎的人群，传统道德的自律和他律总是在互动中展示文化的影响力和文明的感召力。

从"荣辱观"与中国传统文化的关系看，许多相关讨论都注意到了所谓西方"罪感文化"与东方"耻感文化"的异同和互动。如果为了讨论和比较而简单说罪感文化更看重是非，耻感文化更注重荣辱，就必须同时强调是非与荣辱其实无法分离，一旦进入具体案例分析则大是大非与大荣大辱就不可能仍是不再相关或无法分辨的；而且传统文化发展方式上的东西方差异虽然客观存在，却并不影响人类社会价值观共同的"劝人为善"、构建和谐社会的相似目的。另外，中国历史传统中的"耻感文化"也确有其自身必须警惕的一些特质。

一是中国的共信道德观更多地基于以"道"为核心概念的现实规范，而不是带有更多超越现实色彩的"天意"概念。孔子曾说："道之以政，齐之以刑，民免而无耻；道之以德，齐之以礼，有耻且格。"也就是说，若仅以刑罚治民，民虽能免于犯罪但却不知犯罪行为是羞耻的；若以德治教民，民便有羞耻之心，且能端正自己的言行，从而自觉地有所不为，自觉地避免犯罪。应该看到，孔子所担心的人们只通过看得见的法律惩罚和"现世现报"决定自己的行为底线，依然是目前中国社会现实的一种常态。当一些人实施了无耻的言行之后，理应受罚的数量不及实际被罚的数量、事实被罚的金额不及实际受益的金额、各种"脱耻"的手法多于量刑获罪的可能，此时人们的羞耻心就很难仅仅通过教育和宣传植入人心。对青少年来说，就是小时候还信的东西，越长大就越不信了，因为他能"信"的东西必须是亲眼看到和可能实现的奖惩，而不是拥有一种信念、志趣、才智和即使处于极端困难的境地也永远不变的精神。

二是一般民众认同的共信价值观中还有潜在的"本性耻感"。由于中国传统的共信价值观主要基于家庭伦理和政治道德的结合，所以让人感到荣光的言行大都是指为社会、为集体而奉献自身或克制自我的言行，让人感到羞耻的事则大都是个人的、独自的、擅自坚持的谈吐或做派。所以价值观教育对绝大多数中国青少年而言，就是指他们天生具有或自然形成的东西往往是幼稚而有危险的，如成长中的自恋、受挫时的脆弱、得意时的自夸、张狂时的放肆、压制时的反叛、交往中的幻想、交锋时的生硬、惊慌时的失措、犯错时的绝望，等等。当他们尚在不断萌发和变化之中的各种本能和天性，必须对照统一明确的道德规范和硬性标准时，他们会以为自己离荣誉很远、离耻辱也不近。一旦写起学习体会文章来，动辄对自己的本性和正常言行上纲上线，对自己的言行做不恰当的贬值评价，或者抄录一段并不经过大脑的大话套话向老师交作业之差。他们花了自己的时间和精力接受了德育教育，但实际的收获和效果却可能如过眼烟云。

三是中国式面子文化与羞耻心是一个硬币的两面，重视的都是外在的他律或他人评价。现实社会中之所以并不缺少为了个人名誉和国家荣誉而振臂高呼的人，却比较缺乏因为自己对他人和社会的过错而主动公开受罚的人，原因并不简单。平心而论，孤身独处时反省自己的言行不禁有些自惭形秽或不甚满意的感受，其实多数中国人还是有的；当许多父母要求自己的孩子低头思过和自我检查的时候，他们往往最多为自己的近期表现打个中等或中等偏上的分数。但是在许多情况下，没有"面子"的中国人生活几乎是没有人格尊严的，从来得不到大人们、教师们和社会真正肯定的孩子是不可能真正快乐健康成长的。与许多国家深厚的宗教传统相似，中国是一个道德强势的古国。公共生活中的良好道德氛围确实是可以沁人心脾的，但那些总是占领道德制高点的社会舆论压力却也可能压抑人的自尊。所以，当人为的、外加的、无形的他人评价对许多基本生活和本性尚无保障的人来说是过高或不公的时候，人们就会在荣辱之间的中间地带停留，在个人道德实践的余地中徘徊，在如何"脱耻"的方法上动脑子，而不是去建立什么良心和自觉。中国这个道德强势的大国如何在道德评价体系上实现宽容、互信、互谅和多元，如何让有个性和潜力的青少年不再为自己的独特和自然天性而总是自惭形秽，尚有很长的现代文明变革之路要走。

四、勇于面对价值观教育的时代新要求

共信价值观的全社会推崇和全民教育总是社会治理中的重点和难题。常言道：从恶如流、从善如登。集体道德意识崩溃的时候往往一泻千里、从者无数，正面价值观的重建或修复工作却总是千呼万唤、应者有限。共信价值

观的坚持和维护也只能从理念到现实的多个层面上不断努力，万千滴水才能积聚成清水长流。对当前中国青少年的价值观教育而言，虽然新的挑战和困难不容忽视，但改革时代的开明和国民经济的迅猛发展，也赋予我们前人无法想象的物质条件保障和社会开放氛围，也应能催生青少年价值观教育的新思维和方法创新。

首先，当前中国青少年的价值观教育不能继续那些教育内容不更新、教育方式走形式的传统做法，应该面对家庭、学校和社会的真问题进行荣辱观教育。如果因为确信一些基本价值观和行为规范是正确的，就用一遍遍简单宣讲，让所有人反复背诵、写下来、批出来、交上来、再交上去的方式进行价值观教育，则这种教育本身是不负责任的、有害无益的、实际无效或有反面效果的。应该从最切近我国青少年的价值观问题入手，引导他们参与其中的体验和思考。应该尊重不同年龄段青少年所实际面临的不同成长经历，讨论他们真正无法回避的普遍问题。比如应该看到一个不热爱自己的家庭、同学、学校和居住地的青少年，不仅是不可能真正热爱祖国的，而且是尚未能亲身体验、意识和领悟关爱与被关爱、尊重与被尊重、帮助与受到帮助的基本人情事理的。必须引导他们经常体会和思考实际生活中的人际关系和各种道德情境，在亲身体验、共同讨论、学会分析和努力总结的过程中，培养他们走出自我中心式的自恋和自爱，学习体谅和关心他人的道德情感。

其次，当前中国青少年的价值观教育应该重视荣耻之间的中间地带和保护个人道德实践的选择余地。在很多情况下，我们的青少年不是面对荣耻选择，而是面对很模糊的界限。比如一个小学生很可能朦胧出现班里的小朋友都认为他(她)是"穷人家的孩子"的糟糕感觉，一个中学生很可能要面对老师希望他的父母为班上的集体活动出点力的暗示，一个大学生很可能要面对他仰慕的导师请求他为自己的重大科研项目做点"义工"的期待……在这些情况下，他们的犹豫必须转化为行动，他们的困惑会被不同的指点加强，他们的选择实践也会带出许多不同的物质和心理后果。而我们的价值观教育要有具体的讨论、建议和引导，即使这些教育和建议展示的是非荣非耻的引导，但却可以逐渐引申出向善劝善的方向，并明确点出真正可能的危险趋势，解说维护公共利益和个人权益的可行路径。

再次，当前中国青少年的价值观教育应该重视家庭、学校、社会教育的矛盾冲突、内外变化和相互拆台。每个人的价值观形成都可能有一个起起落落的过程，教育者和管理者都应该正视出现在青少年身上的这种可能波动和暂时抵触。在当今中国的经济和社会巨变之中，当青少年出现心口不一、言行背离的情况时，他们往往正处于紧张的两难抉择和道德摸索之中；在青少年诉说自己信仰瓦解、不得不以多心和假面具对付严峻现实的时候，他们往往因为道德标准的"现成"和"高度"而内心充满怀疑。从培育自觉的"耻感"角度讲，如果我们能让他们在阅读和交流中体验到一种自己心灵上的不安，或自然产生一种懊悔、羞愧的感觉，让他们在自己同龄人的发言和观点中发现彼此观念和实践上的差距，就可以由此引导他们在必然要面对的复杂现实面前，逐渐明白良知、人格和品质的作用和运用自主选择权的责任，逐渐拥有坚强的意志和遇险不溃的精神追求。

最后，当前中国青少年的价值观教育应该重视"他律"的位置和作用。在道德自律和他律如何互动最合适的问题上，对青少年的教育和评价应该有与成年人不尽一致的标准解释和教育方式。

一方面，对于成年人而言，平时的严格自律和洁身自好大都是一种长期积累而成的修养和素质，对生理和心理都处于不断变化和成长青少年而言，则更易被感觉是一种来自外界的硬性强求或苛求。所以在青少年这个人生阶段，培育他们的主体意识、健康性情、良好趣味和思考习惯，比教给他们很多正确的历史知识和英雄模范事迹更显得紧要和必要。不应将知识教育的方式生硬地运作于道德意识启蒙，而应将美育、德育和体育更好地结合起来。在健康协调的生理基础上才可能发展出愉快开朗的个性，在愉悦放松的心理基础上才可能生发出对不同学科知识和魅力的理解力，在全面发展的人格基础上才可能孕育出创新型现代仁人杰士。

另一方面，中国的价值观教育往往过多地与指定的历史知识和伟大人物生平事迹联系在一起，强调对照伟人和杰出人物而发现自己的不足和努力方向。而中国同时又是一个历史学兴趣十分广泛的国家，一旦出现个性化历史写作中的重大历史事件重新评估，传统四大名著的新一轮高人评点和能人解密，就会直接影响青少年刚刚萌芽的价值观念，导致他们迅速转向对各类明星大腕的追捧。生活榜样的变迁会直接导致他们基本信念的动摇。所以，在社会的思想宽容度增加、历史重大事件和伟大人物可以被比较自由评论的今天，中国的青少年教育就更应该将理解思想与理解伟人区别开来，将尊重思想与尊重传统区别开来，将遵守普遍性法律与遵守特定性校纪或单位规定区别开来，将政治道德与日常道德、政治信仰与道德信仰的关系解说清楚，从而让中国的青少年真正实现精神有超越之维、行为有不可逾之底线、交往有善解人意的能力、思考和判断有荣辱的标准和理性谨慎的态度。

（《中国青年研究》2006 年第 6 期）

Part 2

域外文化漫谈

重新认识资本主义
——顾准文集阅读札记

记得 1992 年在美国圣·约翰大学（St. John's University）听题为"日本现代经济发展史"的课时，威廉·内斯特教授（Dr. William Nester）重点分析了日本当代政治制度结构及动作方式与美国的异同，曾有同学提问："就日本和美国同属当今发达的资本主义国家而言，您是否认为日本的资本主义是不够彻底，或尚需改进的呢？"Nester 教授答道：首先我得与你确认你我是否持有相同的关于"资本主义"的定义。"社会主义"和"资本主义"的概念在名义上是普通的，但在具体的分析实践中，又总是与具体的客体和时代联系在一起的。

由此想到我们常看到将中美两国社会现状加以比较的报道分析。就我们进行的经济体制改革和市场经济发展来说，也许我们更宜于与 19 世纪的欧美社会相比，因为在相同的工业革命初期的历史阶段，我们才与上一代的英国人或美国人面临相同的问题，关注相似的祈求。比较的有效性总是建立在被比较事物的具体特性之上，我们已经做过许多类似"文明""文化""价值系统"的中西文化宏观比较，但是在全球性的现代化进程中，我们也愈来愈多地感到地区间、国家间、民族间的相似、同一和互动。

对"资本主义"概念的重新思考是《顾准文集》中的一个重要课题。这种思考既基于他对马克思原著的重新研读，也基于他对东西方文明发展史料的广博占有，还有他对中国未来命运的深切关怀。"资本主义"制度的产生与市民阶级的产生曾被混为一谈，由城市的产生到市民的阶级形成，直至资产阶级的诞生似乎是一条历史的天然律。但顾准对古希腊"城邦"的研究却否定了这种发展关系的普遍性和必然性。

事实上，城市的产生虽是各国政治、经济发展历程中的一个普遍现象，但城市的管理操作方法和运作机制，却因各国不同的文化传统、地理环境和经济状况而各有不同。兴起于13世纪的近代西欧诸城市，在社会经济制度的建立和执行上是直接承续了古希腊罗马人的传统，其基本特点是市民们大都以商业为生，拥有富有、强大的商船队和威严的商业共和国。就古代希腊人来说，他们曾是一些以务农为生的外来移民，由于爱琴海一带海岸线曲折，海域不宽，岛屿众多，许多部落就渐渐面对因土地贫瘠而无法维持部落人口发展趋势的危机，"海洋文明"也由此触发，古希腊周围富裕的专制主义农业王国或帝国很自然就成了古希腊人航海的目标和经贸的伙伴，而那些已经相当开化的北非蛮族也同时引发了古希腊由商业贸易带来的殖民愿望。由于特殊的地理环境，古希腊人以一个个小城邦代替了统一的民族国家来抵御外族和从事商务，这些小城邦中产生的贵族民主政体和科学知识的兴盛，在今天看来都是十分"现代化"的。古罗马人在继承古希腊传统的基础上，又独创了完整的法律体系。从此，"商业本位"的城邦和"法权合一"的城邦统治方式使14至15世纪建立起来的欧洲统一民族国家与中国、印度、波斯、阿拉伯及其他文明传统中的统一民族国家相比，具有完全不同的政治经济体系。

就我们比较熟悉的中国历史而言，虽然早在春秋末期就出现了相当规模的航海活动，唐代众多城市的商业盛况也并不亚于当年威尼斯的繁华，但中国的航海并不是以商业为目的的，中国古代名城的商贸也只是封建王朝的经济来源，"政权本位"和"法为权用""商为权用"的特征使中国不可能因为有了城市和城市的市民阶级，就能"从内部生长出资本主义"。在顾准看来，资本主义是"指私人所有的，以谋利为目的，采用机器生产和合理经营方式的那种生产方式"。这种生产方式的形成与工业革命的出现大有关系。从历史发展的角度讲，工业革命在各国的出现是一种社会发展的必然，但由于它是"多种必要因素共同作用的结果"，因而它产生的时间、地点却是历史事件凑合的结果，它注定要发生在一国内，然后传布于世界。在英国率先实行工业革命之后，其他任何国家就都处于被传播、被影响的位置，各国对产生革命影响的接受方式及接受过程，仍然是一种多项内外因素合力的结果。就接受的过程而言：具备条件愈多的国家接受愈迅速，像法、德、美等国的工业革命随之蓬勃发展；具备条件愈少的国家接受愈迟缓，像俄国就因国内政府的高压政策而显出比较被动的势态。对具备条件几乎是完全不同的国家，接受的过程就可能是一种抵制的过程，比如近代中国。就接受的方式而言，工业革命在各国的实施，会因为不同的实际社会现状和文化传统而出现大大小小的差异，法国式的异于德日式的，美加澳新式的也区别于沙俄式的。中国人在西学东渐过程中进行过四次大的全国性讨论，其中也涉及接受方式的问题。

看到历史偶然性的存在，也就看到了历史发展的不确定性和多元化的可能性。历史的发展从来就不是像人们曾想象的那样，在冥冥之中一直有一种正义的力量（或是西方人称之为上帝的力量）在推动人类不断朝着更加合理、更加完美的目标前进。人类在自我完善的过程中虽然经历了由猿到人、由原始到现代、由愚昧到文明的进步，但文明的每一步发展都无法回避进步或倒退的取舍可能，以及机会和危机并存的现实。从这个意义上讲，工业革命对任何一个国家来说，都是一次选择、一次新的挑战，而不是一种宿命。很明显，顾准对资本主义的评价也侧重于它相对封建主义的进步性和合理性，而并没有视资本主义为一种未来发展的共同趋势。他曾十分明确地指出："到本世纪（20世纪）以后，就不再纯粹是接受资本主义的问题，而成为一个更广泛的'现代化'问题，可以有资本主义道路的现代化，也可以有社会主义道路的现代化，还有50年代以后'新兴国家'的特殊样式等等。"

资本主义国家在今天达到的公平和理性，并不意味着它在原始资本积累时期的罪恶也是合理的，相反，如果把现代化看成是只能通过资本主义才能实现的一种历史必然，就会把资本的积累看作人类的福祉，让单纯谋利的动机导致少数人的穷奢极欲和对大多数人的无限制剥削。虽然随着类似剥削积累而成的生产力的发展，资本主义国家人民的生活水平也得到不断提高，但资本主义国家内部的各种矛盾和异化现象也随之日趋严重，由此，顾准认为："新兴国家怎样现代化，资本主义老路走得走不得，已经成为一个严肃的问题了。"

中国人对"资本主义"的认识，从一开始，就带有双重认识性质，从明末引入的红夷大炮，到鸦片战争中无法抵抗的坚船利炮，"五四"时期的中国知识分子是同时面对由资本主义冲击而愈益显得腐败没落的封建统治，和资本主义利欲熏心、不惜以殖民侵略别国来换取高额经济回报的阴险丑恶。同时抛弃封建专制和摆脱资本主义侵略，是中国人选择马克思主义、十月革命和社会主义的主要原因。如果说我们的上一代人因为"救亡""启蒙"的历史重任而未能有条件地对资本主义全貌做一个更为全面清醒的认识，那么我们今天在现代化建设过程中，对资本主义世界的认识，依然可能面对几重模糊视线的阴影。

首先是由"文化大革命"十年浩劫带来的巨大精神创痛和经济落后状况，使人们很容易将经济的振兴当作首要前提，在对资本主义市场经济规律和企业管理方法的热切模仿中，忽略了批判中外封建专制残余的重大课题。同样，对资本主义早期的血腥和眼下面临的深刻危机也缺乏应有的认识。"资本主义"再次以单纯的经济现象在中国被片面地消化，建设现代化的深刻历史变革在一些人心目中被简单地理解成"经济大革命"。

其次，中国改革开放的飞速进程早已举世瞩目，从社会心理上讲，这是中国人民期待已久的社会进步，但从理论观念上，则不像当年英国工业革命前期那样具有政治、经济、社会、人文体系的坚实依托。相反，当各种介绍世界科技文化知识的书籍杂志、消息开始充实我们的头脑，五花八门的商品化的大众娱乐产品也随之迅速登陆中国的知识市场；各种弘扬传统文化、重建儒家风范的宣传和活动，也因一些国际大财团的赞助和"垂帘"，而具有像

"文化侵略""文化操纵"的嫌疑。上一代革命志士需拥有"富国强民"的历史责任感,"文革"一代人也曾满怀实现共产主义的理想抱负,而下一代人则更关注经济变革后的"生存压力",随之而起的是不求甚解的知识商品贸易和大众文化休闲,以及追波逐浪般的流行色彩和个人主义。

虽然"开放性""多元化""不确定性"和"对话性"在最近的一些论述中被归纳为眼前这个时代的主要特点,但比较顾准生前不计湮没尘埋,不顾赴死之险,正面直对类似"资本主义""现代化"等重大学术课题,不能不感到在开放性的对话和多元化中的自我确定之前,尤须有许多最基础的理论认识和不可回避的思想历险。

(《学习与思考》1995 年第 10 期)

在明星的光环下
——漫议电视节目主持人

"主持人"这个职业

电视节目主持人作为一种职业，是很有吸引力的。在不少人眼里，它是一份相当"高尚"的工作。这并不是说承担这份工作的人都具有独特的外形、口才，都具有应变能力和组织能力，都具有内在修养和与人交流、沟通乃至影响别人的魅力，更不是因为出了名的主持人有资格开出与名歌星齐肩的"出场费"。由于电视节目是一个国家政治、经济、社会、文化信息最重要的窗口，因而电视节目主持人也就进入了社会的"上流"，经常与领导、专家和其他名流一起活动，自己的见识和才学也更易长进；由于电视节目主持人是千家万户每天的"常客"，因而他们常常比领导、专家更为人熟知，比电影明星、流行歌星更易于成名，最近许多大腕影星、歌星频频客串"主持"，也是不得不来分享一点观众和名气的"屈尊"。电视节目主持人工作的高尚，主要是因为他们必须经常通过屏幕与观众见面，必须永远用自己最好的一面直视大家。

主持人总是小心翼翼地维护自己在镜头前塑造的自己，一旦上了屏幕，他们就极少有往日平时的随心所欲、任意自在。中国著名电视节目主持人沈力在主持《为您服务》时，曾为这个栏目的每一个细节、每一个衔接而殚精竭虑，废寝忘食。美国著名华裔主持人靳羽西在主持《看东方》的专题时，每天工作 14 个小时，数年不变。电视节目主持人必须追求完美，既追求完美的电视节目，也追求在生活中做一个"真实"的完人。另一位著名的美籍体育主持人宗毓华一直保持生活严谨，直至 38 岁才结婚。过了 40 岁后她仍无孩子，她像平常女人一样对来访记者说了一句"想要"，于是所有喜欢她的观众和小报都开始关注她的这个不再是个人问题的问题。人们在各种场合以各种方式议论、建议和祝福，她的保健医生对她说："你们夫妻俩必须休假，必须彻底放松一下！"于是她在屏幕上与观众告别、说明、表示感谢。几个月后她若无其事地回来，又通过屏幕向观众表示她的坦然、信心和依然美好。望着休假后"未变"的宗毓华，听着她不想流露出半点"话外音"的个性主持，我想这是一份高尚的工作，这也不是一般人能有的勇气、毅力和心理承受能力。也许，电视节目主持人这个职业就像是一座金色的房子，走进去的人都曾经在门口犹豫过，犹豫是否想让自己变成一块总在闪光灯下闪烁的金子。这是一些永远不能卸妆的人。

"主持人"的风格

电视节目主持人都希望尽快地建立起自己的个性风格，以获得稳固的观众和好评。央视新闻部的著名主持人罗京在风格上被称为"冷面小生"，这么多年来，除了有次倪萍让他出场一次晚会"笑"给大家看以外，平时播送新闻他总是不苟言笑。细看他的主持，不偏不倚、严肃稳妥，的确自成一体。他的主持更让观众注意他叙述的内容和他的声调，以及在节奏、语感细微处表现出来的他自己。相比之下，另一位也是中央台的新闻女主持人，本来多少有点拘谨矜持，后来却逐渐有了微笑，从而常"面带微笑"地讲述非洲饥民的困境和中东战争的死亡人数，让人感到反不得体。

中央电视台最近在全国举办的主持人大赛，将分少儿、新闻、社教和娱乐四个赛组。从电视节目主持人的类型上讲：我想新闻节目的主持人是记者型的，追求在现实世界中的真理；社教节目的主持人是学者型的，展示蕴藏在社会生活中的学理；而娱乐节目的主持人是智者型的，发现人们心中对美好生活的追求，并创造轻松愉快的时光。《焦点访谈》栏目的主持人们建立了一种较纯正的新闻主持风格，他们质朴无华的装束、郑重其事的语调、实事求是的采访和简洁入理的分析都给人以追求真理的严肃性和神圣感。社教节目中《经济半小时》和《半边天》节目，也显然对主持人应有的风格做了理性的定位。由于这两个栏目的内容都注重扎实的学理和深厚的情理，因而主持人们在聊天对话式的叙述中，都表现出了一种发自内心的真挚、胸有成竹的自信心和文雅大方的亲切。

相形之下，娱乐节目的主持人是最不易讨好观众的，虽然《正大综艺》《综艺大观》《东西南北中》都久经考验，收视率颇高，但主要还是因为人们需要放松休闲，而不是对主持人的主持感到满意。在每一次的掌声、笑声和音乐声中，是可以感到那几个著名主持人的勉强和疲惫的。他们仿佛未能从每一次的新节目、新策划中得到新的灵感和新鲜的情感，他们在不断地从冰箱里拿出相似的"食品"，从这个意义上讲，他们经常被自己的节目"主持"。

对一些地方台文娱节目主持人的感觉就更不易说清，他们也同样知名、同样每次地热情，他们同样有经验，有"来信"，有自己的创意和有自己的奖品，只是在许多"浪费了时间"的后怕中，对他们主持得又好又不好的节目只觉得缺乏可评性。

挑选电视节目女主持人的误区也许在于"青春靓丽"。"靓丽"这个目前的流行语本身就是典型的港台普通话，这个词使许多漂亮的姑娘迷上了主持人的职业，也使许多电视台迷上了迷人的少女。她们在镜头前楚楚动人，含情脉脉，或轻柔细语，或兴奋不已，或一本正经地说些不深不浅的人生道理。我不想说她们表演"过火"或矫揉造作，青春本来就是因为"过火"和矫情才特别具有活力的，只是有时我觉得这样的主持是会产生"魔力"的，这样的主持风格为我们送来了港台娱乐界流行的"大众的情人"，她们在等待"追星族"。

电视娱乐节目男主持人的陷阱也许是"滑稽幽默"。中国人的幽默感本来就与西方人不同，期望马上出现"美国最佳家庭影院"式的男主持人可能是过于性急。像他那样文雅地幽默，机智地滑稽，"掉了裤子"也不失风度，"歪着嘴说话"也不显丑陋，是需要从小就潜移默化的一种教育和熏陶，而我们现在台上的男主持人的童年大都在"文革"前后的中国度过，在刚起步不久的中国电视上做主持，也主要靠自身的摸索，所以他们使出的浑身的劲，观众都看见了。

被期待的"时代明星"

中国的电视节目主持人在有的方面是幸运的，比如他们不会在成名后还只能与电视台签约一年，他们不会在每月收视率调查和电视台之间的对抗赛中，承受不必要的精神压力。中国的观众和现有的体制是仁慈的，他们对年轻主持人总是非常宽宏地允许他们在实践中慢慢成长。在另一些方面，中国的电视节目主持人也许是不幸的，靳羽西在被邀"主持"1986年上海国际友好城市电视节闭幕晚会后回答记者说："我这哪是节目主持人？"目前许多栏目的主持人只是别人选题、采访、编辑之后，做做播音这一道工作，他们在别人的授意和指挥下做"虚拟"的主持，虽然也常能随机应变、自由发挥一下，但整套节目未必代表了自己的水平。除此，由于我国文化市场的发展还不够充分，电视栏目的设置也不像美国电视节目制作人那样，总是把观众当作一个大市场来分门别类地供给，中国的许多栏目往往要顾及"大众"这个不分层次、档次、年龄和口味的整体的所有需求，这个问题的难度，是世界级的。

中国电影界想试行明星制，中国电视业也想实行"主持人中心制"，但明星制本身，并不简单地意味着独立的高薪，而是一种多少有点残酷的市场机制，它迫使"明星"们自珍自重，迫使他们永无休止地努力寻找最强的阵容，推出最棒的精品。明星制意味着最迅速的成才或被淘汰，也意味着最快捷的成功或惨败。

随着工业化和都市化的进展，人们将日益珍惜自己的时间和生活的质量，于是对各类电视节目主持人也有了更高的要求和期待，他们成了这个时代的骄子，也同时成了可供这个时代的人们抱怨的靶子。想当年北京文化古城，虽没有今日的明星歌星，也有许多名角名旦，看戏人冲着剧院门口的名角牌子掏钱买票，过戏瘾，享受人生，老艺术家们是靠几十年的真功夫来赢得自己牢不可破的票友。而今的一些明星虽被商家炒作得大红大紫，却时常做出令人诧异之举。比如代表中国电影"走向世界"的影星，却会客串报酬很高但毫无品位可言的港台片约；比如刚在电视连续剧上感动了观众一回的新星，就在话剧舞台上"罢演"或在歌舞晚会上"假唱"；又比如在全国电视观众心目中的金牌主持，却向邀请演出的地方台索取惊人的高价。对普通观众来说，不一定能想到这其中的"做名人难"，想到明星也会"生病"，想到名主持想"反抗"不够健全的体制，对观众来说，这些"星"们就是破坏了生活中可能真实存在的完美，就是未能拥有一份最起码的敬业心。

眼下我们还处在一个特别容易"发烧"的时期，追求成为时代明星——电视节目主持人的人是容易"发烧"的，观众对电视节目及主持人的期待也是容易"发烧"的。主持人的大量招聘、"试用"又引起了大专院校影视专业、培训班的热门。人们期待着电视节目主持人能不断提供精品和优秀作品，主持人则期待着去北京充电、去海外进修；人们期待着电视能把世界各地带进屏幕，主持人则期待着手持话筒游遍全球；人们期待主持人不仅是"全才""完人"，而且能以自己的人品才学通过自己的工作影响国民素质，促进社会发展，主持人则期待观众们不断"提供新闻线索"，主动"介入大众话题"并掏出兜里的钱，帮助镜头前主持人发现最需要帮助的人……在许多期待和被期待之中，也许人们与电视节目主持人之间会不断增进认识和了解，会彼此打消许多幻想、退下许多热度，从而一起接近生活的真实和现实生活中的美。

（《学习与思考》1995 年第 11 期）

03

电视广告的文化断想

在当今世界上，电视已成为了解一个国家或民族文化的重要窗口，电视广告自然是这个窗口中的一道景观。从文化的角度看，电视广告不仅在人们不断求新求变的生活节奏中给予大众以信息和服务，而且还在广告制作者的辛勤劳作中赋予现代生活以一些观念和意义。

一、艺术与商品的两难

比较起来，中国观众对在广播电视报刊上大量出现的广告，是以一种比较平静的态度予以接受的，因为这已不再是一种选择，而更是一种既成事实。19世纪和20世纪的许多西方新闻工作者曾义愤填膺、言词激烈地反对过广告对人们生活日益凶猛的渗透，他们抨击广告正使新闻媒介从一个有效的教育工具堕落成纯粹追求赢利的企业。但事实上追逐赢利的企业同时也给予了新闻媒介前所未有的甜头，广告收入已成为世界各国新闻传媒的主要经济支柱以及国家税收的重要来源。因此，虽然大多数人都极其讨厌广告在精彩电视节目的中途冷不丁强插进来，无数观众报怨广告在报纸上所占的分量已超过了应有的比例，许多父母对子女每年要看成千上万则诱人广告而忧心忡忡，但即便在美国这样的发达国家，收取高额费用的"无广告电视频道"也最终未能得到普及，原因就在于人们已经承认：为了能看到精彩、丰富而又廉价的节目，让广告占领许多媒体时空还是一种可以忍受的代价。

观众对电视广告的双重态度实际反映的是媒体内在固有的双重性：一方面各媒体可以通过积极的宣传教育，惩恶扬善，弘扬民族精神；另一方面这些媒体也因此身价百倍，通过销售自己的"商品"而获得经济的利益。这之中的一个取之不尽的财源就是广告，或者说商人们想刺激购买的强烈欲望。

最近在影视刊物上看到一种论点，认为中国的影视传媒长期一直未能解决的一个观念误区，就是未能承认影视传媒首先是一种工业，其次才负有一定的"事业"责任，影视首先是充满各种技术性操作的企业或生产，其次才是一种可追求的艺术活动。这一思路在电视广告上的引用，就是确定广告首先是一件商品，其次才可能是一种艺术创作。也许就是从"最小投入、最大产出"的商品规律出发，我们在电视上反反复复地看到了许多制作粗糙简单、口号概念式的推销广告。虽然接受广告是大众接受传播的一种必要代价，但让一群天真的孩子手持一种饮料、一种香肠或一种牙膏不断地在屏幕上说："×××就是好！"的时候，这已经不再是一种必要或暂时的妥协，而早已成为一种体现民族气质和思想观念的文化现象，在我们的精神生活中传播着一种对经济影响力的屈服。

应该看到传媒既是工业又是事业的双重身份，或者说广告既是商品又是艺术创作的并行角色，对任何一个国家来说都不是好消息或好趋势，只不过资本主义国家和社会主义国家有不同的轻重取舍和位置安排。如果说中国改革开放之后的最大变化之一，是从泛政治化走向世俗化，那么这个走向不应该指中国传媒正走向工业化，或中国的广告正变成商品。在面目可憎的教条式宣传被淡化之后，炫人耳目的商业化宣传也同样无聊之极。针对媒体的双重身份及广告的正负效应，我们不需抛弃 X 统治 Y 而改用 Y 管理 X。东西方的分界在今天的世界格局中正求同存异，彼此都在生活不可避免的许多两难中寻找恰当的倾斜。"有中国特色"之特色也不会是一种全新的选择，而只能是在前人已经做出的选择基础上重新调整，并追求新的和谐。

就既是艺术创作又是商品的电视广告而言，认识广告自身内在的双重属性有助于我们视野更开阔，工作空间更广。但视广告为一种商品，或首先是一种商业活动的观念，也使我们目前的许多电视广告低劣庸俗，不仅可能传播错误的信息和言过其实的虚假，而且可能在不恰当的定位中逐渐形成一种不健康的广告文化氛围，销蚀我们生活中的真正意义。

二、文化与有文化的观众

对受众的理解，是隐藏在低劣电视广告节目背后的另一种值得追究的创作观念和态度。"大众传播"的说法为我们提供了一种模糊而笼统的"大众"概念。虽然商品经济的纵深发展，已经使许多广告制作者有了"市场"式的大众分类理解，诸如对"消费层次""收入状况"和"年龄层次"的划分，都使商品生产厂家瞄准了特定的目标进行宣传。但就商品的根本属性而言，它是期待征服一切消费者的，因而广告制作者总是渴望给所有接收电视广告的观众留下深刻印象。无论是文化人，还是"有文化"的人，不论工农兵学商，还是不识字的文盲，最好都能在想象的情怀中喝"孔府家酒"，在回家的路上跨上"济南轻骑"，然后送给白发的老母一盒珍贵的"保龄参"。

电视广告作为一种宣传，它所服务的受众是制作者心目中的一种"大众"，即普通群众或老百姓。他们由于大都识字，因而很容易在30秒里将一个产品的名称、一个观念或一种需要放入脑海；他们由于大都工作劳累，因而希望在看电视的时候获得一种情绪的愉快和精神的调节；他们由于生活节奏的加快和供给的丰裕，因而乐意让广告建议一个购物的去处和选择。如果的确是针对这么一种简单而又低层次的市场需要，广告的制作者们在实现广告的促销功能之后也就没必要顾及什么责任心和使命感，在表层次的视觉画面刺激和耸人听闻的引导渲染辞藻之外，也无须再考虑什么道德、审美和知识的传递。也许我们在认识电视广告的双重身份和左右为难之后，又得面对电视观众口味参差不齐的上下两难，虽然在笔者看来，这种上下两难的窘境实际是不成立的。

我们习惯于用"雅俗之分"来谈论艺术，比如莎士比亚《哈姆雷特》中描写的"鬼魂"，让无数人看到了人类精神中不灭的正义寻求，但也让另一些寻欢追乐的看戏人看到了超自然的神力无所不在；曹雪芹《红楼梦》中的宝黛爱情，让无数人看到世事沧桑唯真情永存，但也让另一些掩面而泣者想到自己的"心比天高，命比纸薄"。但无论是属于"雅"还是归于"俗"的受众，接受的都是同一部《哈姆雷特》和《红楼梦》。我们无法让观众在泛政治化的宣传教育中认识生活的真相，我们也无法让观众在纯促销的广告式宣传中得到精神的愉悦。观众接受层次的分化是自然的现象，而无品位可言的低层次供给则是一种不正常的事实。观众接受层次的分化是基于年龄、兴趣、教育程度等客观存在的差异，但电视广告的品位则不能以这些差异为理由而"降格以求"，而且节目品位对每一分层的观众而言都是必不可少的。尽管对不同的电视广告，观众可能因为口味不同而各有所好，但没有一个观众不在其偏爱中表示自己对美的偏好。如果把品位视为成功电视广告的内在基础，那么这个基础与成功商品的共性也有相通之处：高档的服饰里能显示超俗的风格，朴素的衣装里也可设计出不俗的品位，无论是上千元的皮装，还是几十元的便服，都必须符合购买者的实际体型以满足着装者的求美心理。相反，低俗之作也不会仅仅因为材料的高档或技艺的纯熟而赏心悦目。在电视广告中，没有品位的滑稽是一种油滑，没有品位的巧智是一种卖弄，而没有品位的豪华则不过是一种奢华。

英国文化评论雷蒙特·威廉斯在《文化与社会》一书中指出："我们断定是低劣的东西，其制作者中大多数人自己也知道是低劣的东西。"[1] 显然，就大众文化而言，如果我们将大量低劣的艺术、低劣的娱乐、低劣的新闻、低劣的广告和低劣的评论，理解成少数低劣的文人缺少才华，那么我们谈论的是一个缺少天才的时代；但如果我们把这些低劣的精神产品理解成是许多技巧娴熟而且才华横溢的人为"大众"而进行的屈就式的生产，那么在他们无奈的表情里是不难读出"大众无法理解高品位作品"的结论的。无论是用现代意

---

1 雷蒙特·威廉斯. 文化与社会 [M]. 吴松江，张文定，译. 北京：北京大学出版社，1991. 128-129.

味的"民主、平等"来分析，还是用古典风格的"尊敬、礼貌"来阐述，都没有任何理由将"大众"理解为趣味低下、没有素养的芸芸众生。文明的发展总是为人类提供双重的可能，一方面现代化带来的大众文化时代可能是通俗文艺和平庸产品的流行时期，另一方面这也完全可能是一个精英文化普遍传播和高雅艺术共同分享的世纪。

三、操作也是一种艺术

美的旋律是艺术，美的演奏也是艺术。现代传播观念的建立使人们意识到艺术不仅是一种"有意味的形式"，而且是这一形式的传播过程。正如商品价值的实现，不仅是生产商的一种精心制作，而且是销售商的一番精心销售。从这个意义上讲，不仅应该以一种艺术创作的严肃态度认真进行广告的制作，而且广告的播出，即广告如何播出和何时播出，也应是一种艺术的操作。即便是本世纪最杰出的广告作品也可能在一个极不适宜的播出过程中让人倒尽胃口。比如人们正在为鸿篇巨制式电视片《战争与回忆》中的纳粹集中营惨剧而满怀悲哀，忽然插入了"飘柔洗发膏"小姐艳丽的脸庞和娇媚的声音；比如人们随着孔繁森的足迹渐渐走进一个非凡人物的内心世界，突然有人用"广告做得好，不如××冰箱好！"来打断你感情的投入。诚然，我们已经见过许多西方电视台以及日本、新加坡电视台的节目播出，广告的频繁插入和没完没了的感觉也许最早源自他国，我们所做的，不过是"与世界接轨"，但我们仍能在这个接轨的过程中看到许多表面的模仿和实质的背离。

首先就"如何打断"来看，切入的时间掌握，就是一种艺术。每一部电视短剧或连续剧在其情节内容的进展中都有一定的自然链接和节奏，就像一个人说话的自然段一样。在这种自然的语气、内容"停顿"处打断插入广告，对观众接受心理的伤害和侵犯就能减少许多。

其次从"如何插入"来看，寻找合适的插入广告次序也是一种艺术。第一个插入广告的画面、音乐和广告间应尽量与正在播出的影视或专题节目风格相近。两种电视节目感情色彩上的和谐正如每个人着装色彩的搭配一样，协调则相得益彰，不和谐则两败俱伤。

再次，插入广告的数量估计也是一种艺术，电视剧的广告适当多一点，可以增强观众等待中的兴致，但如果插入的广告没完没了，就可能导致观众因噎废食的"作罢"心理。观众可以忍受的插入广告时间与观众对一部影视剧中的期待程度常常是成反比的，越是好的影视剧观众越是不希望被打断，而广告商则越是希望插进去。平衡这两种强烈欲望的操作艺术，应是电视工作者的一项义务。

有人说，中国的影视传播正走向一个多声部、无主流的时代。虽然异彩纷呈的电视广告无疑会是这个多元时代的一个声部，没有人会因为个别声响的毛病而希望万马齐喑，但电视作为一种媒体，它不仅在制作和播出的过程中应该是一种艺术活动，而且这个艺术活动本身还是一种传受双方的交流过程。换言之，电视广告的有效播出或无效重复，还取决于观众是否会在强行插入广告的时候，立即按动自己身边的遥控。由此也可见，在我们今天这个多声部时代，艺术产品的制作和传播，只能为人们提供许多的选择，而不再可能是往日单一的支配。电视广告作为当代中国文化的一个组成部分，将会在艺术规律和经济规律的双重制约中优胜劣汰。

（《学习与思考》1996 年第 4 期）

04

"成功"的高等教育与"失败"的基础教育
——美国文化建设略谈之一

任何一个国家的文化建设成就，其最主要也最重要的体现就是这个国家的教育。虽然教育的观念从开放的角度讲包含社会教育、家庭教育、学校教育及人们从自然界和朴素生活中得到感悟的自我教育等诸方面，但到了20世纪末的今天，几乎所有国家都已承认学校是研究和实施教育的中心，人们正以更为自觉的规划和行为来传续和建设本民族、本国的文化。

有文章说：美国的中小学教育是失败的，而美国的高等教育是世界上最成功的。这个说法让我感到难以理解。而令我惊讶的是，不仅外国人这样谈论美国的教育，就是许多美国人自己也开始这样认为。他们在由日美贸易引起的争吵和寻根探源中，了解到许多日本中小学教育的编排和管理方式，并开始担忧美国的中小学生过于自由、轻松，而且所学知识的含量大大落后于日本、中国，乃至欧洲的一些国家。这个进度上的差距也使许多从日本、中国赴美的留学生在美国大学的课堂里轻松过关，卷面成绩极其优异。当然跨出校门后的这两类学生，在社会适应和创造性工作的赛场上，美国学生却是大占上风。这里面除了外国留学生缺乏必要的社会历史背景之外，"高分低能"的结论也早已广为认同。令人同情的是，许多"高分低能"的"高才生"在走上社会后付出了昂贵的代价。他们中的一些人在比别人更长的适应期中经受了考验，逐渐崭露头角，但更多的人则在暂时将就的工作位置上渐渐丧失了拼搏的勇气，或再也寻找不到上进的机会，转而追寻安乐的小氛围。对许多曾经在考场上成功后再面对就业艰难的中国留学生来说，与其说他们缺少明确的人生观或良好的心理素质，不如说他们从小就在应试教育中丢失了很多捡不回来的东西。

当我请一位在校园里当留学生英语"家教"的美国大学新生介绍他的中小学生涯时，他说：我觉得我的青少年时期是轻松愉快的，我的老师把我们分成了若干个组，每个组里都有自己的 A 等生和 B 等生。我知道自己在另一个组里可能是成绩最差的一个，但在我这个组里，我常常是第二名。我们班大多数人都觉得自己很不错，很有个性而且不断长进，所以我们也常在课堂上就不同的理解而互相争论，在教室外比试拳头。当我进入大学后，我感到的最大变化就是妈妈坚持要我自立，她不仅不让我住在家里，而且几乎不给我零用钱，因而我只好千方百计地找到这个校园"家教"工作来养活自己。幸亏我从小就不是一个爱花钱的孩子，所以这一切还不算很难……

美国式的"自由教育"方法之所以能够实施，靠的是美国政府在教育上的大量投资，这个投资比例及现实状况虽仍不断在美国国内引起社会攻击，但在我的接触中，我没有听到美国学生强烈地担忧自己考不上大学。美国诸多种类、层次的大专院校密布，已经使学生和学生家长们不再担心能否"肯定"上大学，而是更要仔细评估自己在教育上所做的精力、财力投资是否能尽快收回"成本"和获得期望的"利润"。

"寻找和确定自己的兴趣"是美国学生的首要问题，这个问题从小学开始提出，直至大学二年级确定专业（美国大学一年级的学生虽有专业的意向但都统一学习相同的课程，允许在第二学年开始之前重新认定一次所学专业方向）。这个漫长的过程从表面上看是"顺其自然"，但从骨子里讲是极其慎重，可以说二年级以后的美国大学生大都对自己所学的行业和专业深信不疑，并对自己在这个领域中的位置踌躇满志。

就美国学校的管理者而言，首要的问题是如何招到更多的学生，从而保证和丰富学校的收入。文化的事业也需要类似企业的经济财政操作，这个概念已经为改革开放后的中国人所接受。但美国教育界，尤其是美国的大学，从事科研教学的人与从事学校经济管理的人是有严格分工和明确职责的，就哈佛、耶鲁、哥伦比亚这样的名校来说，最优秀的经济系毕业生也总是首先被校方看中，高薪挽留在本校为自己的师长和校友奉献才华。不仅如此，在美国的大学里，校长的年薪往往远远低于该校篮球队教练的年薪，其原因就是该教练为学校带来了巨额的收入。现代化及工业化革命带给我们生活的重要变化之一，就是专业化。专司一职、尽心尽力之后，才谈得上彼此合作、分配均衡。

相比之下，目前我国教育界领导有许多是"双肩挑"和"能者多劳"，虽然这迅速地使许多院校系科在科研和经济上都适应了时代的发展，但从长远发展的角度看，却因此掩盖了一些必然要触发的矛盾和急待解决的改革问题。

如果把文化建设视为与经济建设一样是有规律可循的话，那么规律的意义就是不能自相矛盾和必须不断化解矛盾。事实上，美国"失败"的中小学教育是不可能衔接"成功"的高等教育的，严明律令下的教育和自由放任式的教育都基于人们的一种思想观念和文化习俗，在熊掌和鱼不可兼得的情形下人们能做的工作就是比较代价的大小，并努力建立更坚实的物质保证。

两相比照，我国的文化发展战略研讨，若是把教育放在建设歌舞剧院、娱乐场所、旅游景观开发之后，会是一种令人焦急的错位，加之有限的高校分布和硬淘汰式的入学考试，会迫使学校的教师及家长关注考试甚于关注教育本身，关注继承性理解甚于关注创造性发挥，关注孩子服从型"懂事"甚于关注个性和特殊性"越轨"。再延伸至社会就业状况，也就导致两种总是难以清除的思想误区，即或者是重视学历文凭、忽视能力和实践，或者是只讲实效性"创收"，没钱搞"基础性研究"。不仅如此，在完善有效的学校经济管理体制没有建立起来之前，国家对教育投资的增加也只能是雷声大、雨点小。因为在各行各业都渴望被重视、被优先发展的今日中国，每一笔投资都是要预先测算"回报"的，包括对教育的投资，也不是有了钱就有了解决矛盾的良方。虽然我国目前还有相当数量的文盲比例，有意义重大的"希望工程"要建设，但同时我们也面临严峻的高等教育的深层次改革命题。就我国第九个五年计划的宏伟目标而言，中国文化发展战略的关键是中国的教育发展战略，是中国如何巩固已基本实现的中小学义务教育和如何尽快实现普及高等教育。

还有一个中美教育界都要共同面对的时代新课题，即现代工业化社会的"专业化"趋势对以人文精神为核心的传统教育内容的猛烈冲击，以及"大众化"文化消费对以经典文化为核心的校园教育内容的猛烈冲击，虽然有许多文章呼吁人文与科技、大众与精英互相参照渗透，但在实际教学的课程安排中却有许多障碍。不过，这些矛盾在美国往往是通过社会教育来解决的。

（《学习与思考》1996 年第 8 期）

05

公共的图书馆和免费的博物馆
——美国文化建设略谈之二

我们还不很习惯将许多令人不快的文化现象与那些同样令人气恼的经济现象联系起来思考，其实经济的建设和文化的建设都是围绕人的发展而展开的，其中必然有许多共通之处。比如我们许多人曾有过在储蓄所或银行里受气的经历，柜台里的小姐会因为你填错了一张单子或多问了几个问题而极不耐烦，更别说你在外面心急火燎地排队，她或他在里面接电话、看小报、闲聊天。最令人不可思议的就是：明明是"我"这样的顾客拿了自己的钱放在你所工作的银行里使你有工作做，怎么反过来成了我来请你帮忙？最近一时期储蓄所越建越多，常常是遥相呼应、互为邻里，这个现象虽然让一些银行高层领导开始担心大家都"吃不饱"的问题，但作为储户则长舒了一口气，毕竟再受气的话就把钱挪到"隔壁"去。

我们的图书馆服务也一直停留在"最好你少来或别来借书"的错位中，未能变更出来。每回到图书馆，不管是校内的还是市区的，都难免看别人脸色行事；在你正为想要的找不到，想找的还需上下查询而恨不能有分身术时，下班的时间一转眼就到了。我们在思考图书馆问题的时候，首先会想到类似国家财政对教育投入太少的问题，我们的图书馆较之我们的人口和国土来说，一是太少，二是太小，三是开放时间太短。但甚至书价大涨造成各图书馆购书款严重缺乏的问题还不一定是个长久的现象，最值得深思的仍是如何"建设"和管理的问题。

遍布美国各地的公立图书馆是美国人生活中的一个重要活动中心，这并非因为美国人更为文明或天生追求文化，而是因为每个美国公民都知道公立图书馆是他自己出了钱建的。这些一律免费的图书馆就像是向大家借了钱为众人开的渠一样，谁不喝渠里的水只能算自动放弃。美国人沉重负税中的相当数量是投在诸如图书馆、公立学校、医院、公园、公路等公共设施上的。功利性无论是出于狭隘的私心还是基于人们自觉的理性，都可以在聪明有效的管理中成为文化建设的巨大动力。

其次，美国公立图书馆的国家财政投入是根据出借图书数量而每年核定的，因而每个图书馆馆员都热情地欢迎读者的光临。那些馆员除了"谢谢""欢迎再来"挂在嘴边外，还都清楚地知道：等待在自己这个位置后面的应聘者不计其数，因为这份工作虽然工资不高，但福利极其理想，而且特别受人尊敬。当然，美国的公共图书馆并不只是文化人的去处，确切地讲，公共图书馆与学校及各专业图书馆的最大区别就是它们是平民百姓的文化公园。在公共图书馆里你不仅能找到纯科技和文化的各类书籍，而且有供旅游者查询的各类地图和名胜导引，有为盲人和聋哑人供应的特殊图书和各类录音带。电影爱好者可以在这里租借录像带，体育爱好者可以在这里查找明星的历史档案，家庭主妇也可以在这里发现许多烹调指南和"如何系围巾"的短录像带，少数民族还可以在这里找到本国文字的最新读本。更重要的是每个公共图书馆都为孩子们留出特别开阔的空间和漂亮的小书架，周末全家人去图书馆就像是进教堂一样，是美国生活的一种基调。在公共图书馆里的那一张张生动而各异的脸，是美国的多元文化或者更准确地说，是美国文化的大众化分享的鲜明呈现。

博物馆也许是比图书馆更花钱的文化设施，纽约作为美国文化中心，每天都有难以统计的艺术展览、博物馆开放和博览会召开。记得我去最具盛名的大都会艺术博物馆是在一个星期天，几乎每个纽约人都能告诉你：这个馆平时要付钱买票，但星期天免费。进了大厅，只见人头攒动，左右两张光亮照人的大桌子前许多人在排队领票。站在队伍里我才从前面人的嘴里得知所谓"免费"其实是指"给多少钱都行，不给也行"。轮到我时，我将袋中的一元零钱交给那位忙碌的妇女后就得到了一个小铝制标志，待把标志卡在衣服上准备参观时，才看见旁边有一个很不醒目的标牌上清楚地写着："建议您付五美元。"

纽约大都会博物馆给我的印象就像中国故宫一样，你可以在这里整整走三天三夜，每一过道和展厅里的洁净和惊人收藏，以及装饰上的浓郁艺术气氛，都让我感到只付一美元是一种罪过。

并非博物馆建起来就一定有人看，也不说没有人看就一定意味着这个城市的人没有文化。现代社会的快节奏和信息化，一方面迫使许多文化人为保住自己在某一专题上的"权威"地位而闭门在书房或实验室拼命研究，另一方面也使已经有钱有闲的大众走出家门，在文化的市场上挑挑拣拣，附庸风雅。纽约的博物馆和展览同样是多元和分流的，除古典绘画、现代绘画外、像手工艺品、玩具、电话机、钢琴、纽扣、信封等等，都以爱好者的名义进行展览和宣传，并且绝大多数是免费或收费不高的。这种普遍的博物馆和免费展览现象，与美国生活方式的重要联系，也许就是美国人完全艺术化的商店布置和家居环境设计。美国式的小屋并不都是质地很好的，但设计一定是与众不同的，就像许多名店的橱窗可能耗资惊人，也可能简朴到采用稻草、废纸和带补丁的裤子来作装饰。所有的"人造世界"追求的都是"创意"和出新。

图书馆、博物馆的网络密布，对美国人的文化生活有很大影响，当人们为自己的生活空间怎样更美更舒适而苦思冥想和翻阅参考书时，看"展览"的意识就自然形成。比如纽约妇女流行的"看橱窗"（window shopping）之所以成了她们像吃饭喝茶一样的日常内容，就是因为橱窗设计把实用的商品变成了艺术的展览，并把每个前来购物和观看的消费者尊敬地当成懂得欣赏的文化人。

文化需要建设的方面和方式是不胜枚举的，但类似图书馆、博物馆之类正式的文化场所总是比那些随着季节、节日而流动不息的民俗表演周和游船节，更能体现文化的历史含量和恒定内蕴，也总是更能在人们心目中唤起对社会、民族和团体的认同意识，对文化、传统和精神生活的需求满足，以及对自身价值和自我能力的自信和肯定。虽然物质文明的进步已经使得我们大都拥有了自由的权利和时间，我们可从在每天生活的具体形式上选择各种兴趣偏好和可能性范围，但正如马克思所说："因为要多方面的享受，人必须有享受的能力，即他必须是具有高度文明的人。"文化的建设就其目的而言，绝不是让人民对已有的文化成果和价值坐享其成或尽情消费，相反，是为了通过一定的文化设施和艺术活动，使每个人都被置于文化创造的主体地位，使每个人都不仅渴望学习，而且渴望展示自己的欣赏能力和审美情趣，从而感到自己正过着一种"人应该过的生活"（马克思）。

正是从"人的生活方式"的角度讲，文化的建设一方面应着重于文化的教育和文化的受教育场所上，另一方面也应渗透于我们生活的各个方面和形式之中。如果我们将文化视为人们的一种生活方式，它是指马克思所说一系列具体的"文明交际方式"，比如：富有艺术气息的橱窗和富有人情味的服务，都是渗透在商业性的经济交往之中的文化；绿化城市的街道和完善社区的配套服务，也都旨在促进文明的居住方式。

（《学习与思考》1996 年第 9 期）

06

文化事业与企业赞助
——美国文化建设略谈之三

纽约的音乐会和各类演出是看不完的，许多演出收费很高，但也有许多收费不高也卖不出票，甚至一些标新立异的"先锋派"演出连票也不卖都坐不满。许多文化艺术团体除了靠给大中学生以半票和给团体票打折之外，主要靠企业的赞助获得生存和继续创作的机会。

辛苦挣钱的企业是不会轻易为文化捐款的，这里面除了许多文化事业也是值得冒险、有利可图的商业，主要依靠成龙配套的文化经济立法来引导企业对文化事业的关注。美国法律有明文规定：任何厂矿企业都不得拖欠国家税款，但如果该企业在本年度将自身盈利捐赠给某文化艺术团体，则这些捐款可以抵销相同数量的应缴税款。许多成功的企业都是主动赞助文艺团体，对既获名誉又不损失利益的事，企业怎不乐意为之呢？

同样，美国法律对文化艺术团体本身也有许多十分具体的优惠条款。比如只要一个艺术团体是以非营利性的社会服务为目的，那么它就有资格获得免税的权利，不仅如此，团体还可同时享受国家财政方面的许多好处，比如可以得到公私机构、团体的经费补贴，可以接受个人捐款，可以享受节省开支的大宗邮件优惠，可以免缴联邦及州的各种所得税等。但所有这些免税优惠只对团体，不对个人。艺术文化团体若在其演出活动中赢利，则只能用于扩大团体本身的事业发展，而不能用于任何个人。艺术团体的免税权利仅限于非营利性的社会服务活动，一旦获得免税权的艺术团体同时还从事其他经营活动，政府及地方税务机构依然要对这些其他收入征收税款。可见，文化事业不仅需要企业的赞助和自身的经济管理，还需要国家详细周到的经济立法。简言之，完善的立法本身就是对社会文化事业的一种经济赞助。

完善的法制和有效的管理不仅能使文化事业摆脱经济困境，而且能使文化事业单位摆脱所谓"人事"纠纷。比如近期听到许多明星与明星所在单位为了"辞职"还是"开除"对簿公堂。在我们的整个文化事业尚囊中羞涩、举步维艰的时候，许多明星已经一跃为"大款"和富豪，这的确让许多管理者和文化人感到嘲讽。但在细致完善的法规确立起来之前，单靠行政性的解雇通告，以及"职业道德感"的大力宣传成效有限，而且对那些歌舞剧团的管理者来说，如果只能"开除"不守纪律的名角，不能解聘不做贡献却赖着不走的庸人，也同样无法在激烈竞争的文化市场中生存下去。

"明星"是大众文化时代必然会产生的一种社会文化现象，"明星"炒剧团或剧团炒明星鱿鱼的事在美国的文化艺术界屡见不鲜，但双方争执的理由大都是由于艺术观点的冲突或性格冲突，像眼前这样剧团要"走穴"的演员付"押金"，演员不愿"赞助"而走人的双方都愤愤不平的现象，只能说是一种制度文化的滞后和简单化。这种简单化的管理方法并非某个团体自身可以改变，它需要制定政策者对整个新时期文化市场的预测和规划，以及对个人与团体关系的重新阐释和设置。在现代社会，个人的利益和集体的利益都应得到恰当的保护，而这种保护的实现超越于具体个人和具体集体的制度建设。文化体制建设是调动团体和个人积极性的基本保证。

应该看到：企业对文化事业的赞助大都离不开企业领导者本人对文化建设事业的使命感和责任心，但企业家的赞助应与"明星"的"押金"有本质区别，比如前两年开始出现的大量"民办学校"现象，就是许多颇有经济效益又注重社会效益的企业的自发之举。虽然人们都赞同办学的企业不应从学校或家长身上获取利润，但对许多"刚刚富起来"的企业来说，完全"无私"的文化投资和赞助，也是脱离实际和不符合市场规律的。文化的建设如果只知道建设什么，而未能有效地鼓励各方面的经济赞助，那么在建设的速度和效果上都会是疲软和困顿的。有效的鼓励也不应该仅仅是舆论的表扬和授一面锦旗，而应该包括必要的经济回报和收支均衡。文化的建设就像经济建设一样，需要有识之士的责任，更需要他们进行智慧的创造，包括精神、物质和制度的创造。

（《学习与思考》1996 年第 10 期）

07

个性化与模式化

　　"各有各的活法"，这句多数人都耳熟能详的高论，在今天已不再是一种感叹，而是表达人们主动追求的一种开放观念。现代中国人的生活方式也就是在这些各自不同的开放和主动中，出现了多样化、个性化、世俗化的发展趋势。过去一提到生活方式，最容易想到的是阶级对立，今天谈及生活方式，则可以放心大胆地想到它主要指个人选择，比如一个人的择业方式、婚姻方式、饮食方式、包装方式、言谈特点和业余爱好等。我们的生活不仅日益富裕，而且也因此日益多姿多彩。生活方式的个性化追求，不仅表现了中国人思想观念的解放，也表现了中国社会本身承受能力的提高。现在你的邻居不管是不婚，还是离婚，不管是丁克家庭，还是同居情人，你都不再有特别的好奇。大街上一年四季都充斥着各类"奇装异服"，日本式、美国字、意大利风格，或法国名牌，人们争奇斗艳却因此愈来愈难把自己的特色凸现出来。双休日的安排同样奇妙，豪华旅游的目的地在欧洲、"新马泰"，"挫折教育"的家庭教育基地则是市郊出租的农舍农田。我们的社会已经不仅能容忍同质异类的选择，而且也开始习惯彼此矛盾、相互冲撞的现实景观。

生活方式的多样化表面上促进了自由自在的个性发展，实际上却也造成了生活的模式化、类同化倾向。这个悖论就像社会学家卡尔·曼海姆所说："人越是个性化，就越难有个性。"比如白领、蓝领、上班族、电脑族、工薪阶层、私人业主等术语的流行，就都是指称一些人生活方式的模式或类别。属"白领"的就不能不在每个季节都设法系上领带，属"蓝领"的就绝不愿买一双尖头皮鞋，电脑族每天让自己在科技的尖端前瞻未来，小业主最起码也得在家中放一套进口家庭影院。

生活方式的模式化主要指许多人在改进自己的生活条件时自觉或不自觉地为自己寻找一个"参照群体"，用物质消费的方式和相似的生活爱好，来让自己感到"属于"这个群体。这种被心理学家称为"从众心理"、被社会学家归为"时髦"现象、被哲学家认为是"非理性"的认同方式，不仅表现为一些个体的缺乏个性的选择，而且成为文化工业的创作基础，成为大众传媒的迎合方向，以及市场营销的操作杠杆。电影电视剧中不断推出的各类微型英雄，逐　成为人们生活中的模仿对象。电视及晚报专栏节目的系列讲座，也不断强化各类生活方式的突出优势。市场上迎合各类人的生活用品更是以攻势凌厉的广告反复解说你当前的第一需要。

我们日常生活方式的多样化、个性化都主要通过世俗化的物质享受方式体现出来，而工业社会集约化的生产方式，势必让我们的物质生活方式出现雷同和模式化。当然，生活方式的模式化并不是没有合理之处，首先，当市场上可供选择的物品过多的时候，我们不能不以我们已有的选择为基础，就像新买的地毯必须与已有的家具相配一样，对一种生活模式的认可，能帮助我们捍卫自己已有的生活价值。其次，信息时代的生活节奏加快，新的诱惑过多，我们可以利用自己认可的模式来简化自己的新生活方式选择。比如上班地方没有空调的人，就不必费心去研究短袖羊毛衫或无扣大衣的款式；女性若不打算做供人观赏的依人小鸟，也就不必关心每季的流行色。

但生活方式模式化的弊端在于：它可能抑制人自身的特点，抑制人潜在的创造力，并破坏他自身的一体化。生活模式常常强迫我们必须"自成一体"，职业、服装、言谈举止、朋友和价值观等彼此之间不应该发生矛盾，所以周围的朋友结婚花了十万元，我就不能因此只用五十个一千。老同学已经当上了集团总经理，我却还没有定为副处级。当一个人与他心目中的生活模式和参照群体大致吻合时，他会有满足或自豪感，但当这种比较出现落差时，他会因此产生失败感、怨愤感以及孤独感。物质享受上的互相攀比，不仅造成一些人内心的不平衡感，而且极易导致人与人之间的相互鄙视、排斥。由于各种生活模式和被模仿样板也处于一种不断的变动之中，每个人的生活方式里又极可能汲取了不同生活模式中的因素，因而如果缺乏高度的智力和控制能力，就会在小车、宾馆和寒灯夜读之间引发内心的矛盾冲突和人格的分裂变态。至于对生活模式的畸形模仿更会导致犯罪行为。比如持枪抢劫、贩毒售黄的人等大都因为向往某种流行的"高档"生活方式而铤而走险。当一个人把某种生活方式看得比自己还重要时，他就会丧失真正的自我，甚至走向人性的反面。

为了引导人们建立文明、健康、科学的生活方式，每一个社会或政府都会借助舆论、教育和管理的手段，来推崇一些高尚生活价值观的表率人物和符合社会稳定需要的生活方式。20 世纪 60 年代的雷锋和 20 世纪 90 年代的孔繁森，无论在宣传的力度还是在教育的广度上都不是其他生活模式可以企及的。当有人因为公共汽车上很少有人为老幼病残让座而哀叹"雷锋叔叔"已经不在了时，我想人们其实并不是真的不再热爱雷锋。在人们的生活方式出现多样化、个性化和世俗化走势的今天，任何一种生活模式都不再具有无限的感召力，健康向上的生活方式再也不会是唯一的，优秀的典型也需要更贴近生活本身的变革而呈现丰富多彩的人性，因为今天我们建设的社会主义精神文明将会是允许多样化选择、尊重个性特点和不排斥世俗物质生活的精神文明。

（《学习与思考》1997 年第 3 期）

08

域外看球

　　有人说美国 NBA 篮球赛电视节目正像原子弹过后的冲击波一样，瞬间覆盖了大半个地球。不仅在法国、澳大利亚和墨西哥等国有着数以万计的痴狂球迷，就是在中国、日本等东亚国家，重返 NBA 的神话人物迈克尔·乔丹也已经在转眼间取代了前两年妇孺皆知的足球明星马拉多纳，成为今日青少年心目中的偶像。

　　其实仅 10 年前，即 20 世纪 80 年代初，美国篮球还处于药物、赤字和观众稀少的困境之中，每支球队的家底仅 1000 万美元，美国观众和企业家对棒球和橄榄球的喜爱远远胜过篮球。但当时刚刚上任的 NBA 主持戴维·斯特恩对这一片狼藉毫不气馁，他决心把这个残破的局面变成一个充满魔力的新迪士尼世界。今日 NBA 球队的平均价值已高达 1.5 亿美元，世界最知名的公司争相签署购买球队的协议。不仅如此，NBA 的名气已经使与之有关的杂志，太阳镜，T 恤衫，摄像、影视作品等风靡全球，海内外行销潜力无可估量。

斯特恩主要以强硬的管理手段和有效的大众传媒宣传攻势使 NBA 比赛在人们眼中焕然一新。正如我们现在每周可通过中央电视台转播观看的 NBA 近期实况一样，在每场正式比赛之前都有一段 "NBA ACTION"（美国职业篮球动作秀）集锦，这个集歌剧、交响乐、现代摇滚乐戏剧性变奏于一体，集 NBA 比赛精彩片断、明星球员魔幻式扣篮慢镜头和名牌运动鞋广告于一体的片头，集中体现了斯特恩的经营管理思路，即让体育、艺术、娱乐和挣钱四者水乳交融、交相辉映，让玩球者和看球人都达到观感和体验上的最大快乐。

但这个集锦式片头并不总是赢得满堂喝彩的。比如法国的一些报刊批评文章就指责美国 NBA 电视节目偏爱用噱头和技巧来迷惑观众，高大的美国球星正在把篮球变成扣篮游戏，一些法国观众在看了真情实景的 NBA 球队比赛后，也抱怨自己是花了大价钱，看了一场欧洲迪士尼的花样杂耍。另一些欧洲篮球界首脑也认为 NBA 的许多运动员动作粗鲁、态度专横，"欧洲不会学这种美国腔调"。由于 NBA 的电视片大多是经过编辑剪辑和筛选的，因而常常显得完美绝伦，无懈可击，尤其是电视中快速多变的节奏感就像流行乐一般让人着迷。但真正的比赛是无法去除那些不漂亮的动作和失误场面的，也是无法用音乐和旋律来伴奏的。NBA 电视片正在使观众不知不觉地进入一种幻境，产生一种幻觉，即篮球是世界上最棒的体育项目，美国的篮球运动员是世界上最棒的体育明星。正像 NBA 管理主任格雷·鲍卡所坦言的那样："我们的目标是到 2000 年，让篮球成为世界上无可争议的头号体育项目。"许多外国观众在看了 NBA 比赛电视节目后，对"魔术师"约翰逊、"巨无霸"奥尼尔、"酋长"奥拉朱旺以及皮朋、罗德曼、哈德威等球星如数家珍，同时反过来抱怨本国的球队和球员水平低下、令人讨厌，他们错误地将正常的比赛节奏和比赛结果视为忍无可忍的迟缓和丢人现眼的惨败，甚至聚众闹事，以发泄不满情绪。

好在 NBA 的一枝独秀、势不可挡已经引起了各方面的关注，一方面美国的棒球联盟、冰球联盟都在努力策划自己的发展蓝图，另一方面美国足球联盟也在积极培养美国青少年对足球的兴趣。NBA 稳操胜券的神话和势在必得的幻象会逐渐褪去，但由它产生的冲击波的确已使体育运动（包括篮球及其他一切运动项目)正迅速成为全世界人民同步拥有的娱乐方式。

事实上，篮球、棒球和橄榄球是美国人自己创造的三大体育项目。美国人对这些球类运动的热爱，并非因为美国人特别喜爱体育，而是因为这三项运动都具有群众性体育项目的特点。美国社会的任何人都可以参加这些活动。美国人从这些运动刚开始兴起的时候，就通过人人参与的方式感受了这些运动所带来的民主气氛和平等观念。不仅许多穷人和少数族裔子弟，梦想通过成为"优秀运动员"来获得大学奖学金、高额报酬和向上流动，而且每个看台上的观众，不管属于哪个阶层来自哪个国家，都可以通过喝彩和喝倒彩将自己的感情投入社会的主流，并在汇成一片的呐喊声浪中抒发自己与社会一体化的忘我热情。

对美国体坛来说，球迷和观众正变得越来越举足轻重。从表面上看，球星是赛场上的关注焦点和英雄人物，他们鲜明的个性、独具一格的风姿和精彩的球艺都表现了个人的勇猛、威风和技术，但从实质上看，如果没有球队、没有社区、没有观众，个人根本就不可能参加比赛。真正为英雄个人提供表现舞台的是比赛、运动队、观众和球迷，以及社区。因而最优秀的运动员在赛场上追求的，不仅仅是他自己的快乐，还包括他所在的球队，带给整个比赛的快乐，以及带给整个城市、省份、国家和全世界人民的骄傲和快乐。

这就是由"现代的观众—运动队—比赛"三者所构成的现代群众体育运动概念。现代的观众已不再是欧洲封建统治时期的那些贵族和有闲阶级，过去那些身着时装、手撑小伞用望远镜遥看比赛并在每一举止上都注意礼节的老式观众已经成了历史，现代的观众身着自己心爱球队的广告服，手持各类宣传标志、小册子或花花绿绿的零食饮料，怀着期待已久，甚至期待数年、数十年的赢球愿望，比过节还兴奋地走上看台观看比赛。他们不仅在球星身上寄托自己的理想和情感，而且在观球的"参与"中体现自己的个性和"内行"。他们既在精彩纷呈的评议中表达自己的智慧，也在业余"打几下"的爱好中挥发自己多余的精力。

就连许多体育杂志的编辑都惊讶球迷们执着的劲头，因为这些球迷不仅对迈克尔·乔丹这样的大球星身世背得滚瓜烂熟，而且甚至能知道他所在球队每个队员穿几号鞋。1994 年奥尼尔到瑞典访问时，1800 名瑞典青少年为一睹明星风采，耐心等待了 4 个多小时，大批的警察也不得不出动陪同等候。许多痴迷的观众能连续一个多月每天熬到午夜收看实况转播，而不愿第二天看重播。在日本，NBA 曾引出了一个专门的出版业。据载共有六本大同小异的杂志，专门雇佣笔手、记者连篇累牍地刊登球场花絮和各类球员的轶事，结果全都十分畅销。群众性体育活动正在每一个走向工业化、都市化的国家里有声有色地展开，"玩球"和"看球"的痴迷正使体育比赛成为现代生活中最受欢迎、参加人数最多的公众仪式。比赛和观看比赛正在让人们走出家门和办公室，走出封闭和隔绝。这个现代公众仪式使人们聚集在一起，彼此交流和感到快乐，因而它使所有参与进去的人都如痴如醉。

当然，比赛总是有输赢的，目前许多比赛都依照时代变化定出新的规则，以便保证总有一支队伍取得胜利。例如在平局之后的"加时赛"就是为了保证一场比赛的胜负分明，这一规则将使玩球和看球的人获得更大的乐趣。但这种胜负应该不会引起暴力和斗殴，因为这种胜负，只不过体现了生活本身的可能性和特定时空中的真理。

（《学习与思考》1997 年第 4 期）

09

亲社会：美国的社教电视节目

电视正在成为人们社会化的一种基本方式，儿童们正在从还未学会说话的年龄起就被电视教会了许多倾向和偏好。和中国的许多家庭一样，大多数美国人只收看几个主要的免费频道。虽然加密频道还可以提供很多专门服务，但人的精力和时间毕竟有限。总体说来，美国的电视是受商品经济支配的，"收视率"是控制每个电视台和工作人员的撒手锏。为了提高收视率，节目之间的竞争异常激烈，但有些节目的粗俗低劣也让人实在恶心。比如有一种类似拳击的比赛是在一群长发披肩、身体肥胖的中年男子中进行的，他们每次出场前都煞有介事地扬言自己天下无敌，脱得只剩短裤地亮出自己的肌肉。在互相搏打的过程中两人粗话连篇，恶毒攻击，最后互相的决斗战却不过是花拳绣腿、装腔作势。我的美国同学哈齐对我说："看了这类节目，你就会发现美国人中的一部分人是很愚蠢的，但是他们想看电视，喜欢在电视上欣赏自己。"

严酷的竞争和有序的竞争是美国电视频道设置中同时照顾到的两个方

面，在任何时候打开电视都适合一家人围坐共看的频道，与一些给特殊爱好者专门提供的频道是有鲜明区别的，频道服务安装公司的广告就针对家庭中子女年龄的大小而建议父母做最佳选择。所谓"新闻自由"在美国电视节目里并不意味着政府只是宏观管理和不具体干涉，相反，美国政府每年都要资助各种私营的和公共的电视台机构制作所谓"亲社会"的电视节目。有关电视节目对社会的影响和对个人行为的研究受到充分鼓励和重视。"亲社会"节目可以说是政府、研究人员和制作中心密切合作的一种"主题先行"式创作。曾被介绍进来的电视连续剧《成长的烦恼》可以说是非常典型的美国社会教育型节目，强调家人之间和邻里之间的互相沟通协作。这类节目在美国电视屏幕上从未中断。以家庭为主题的节目除采用幽默喜剧、情景剧、警察片、娱乐游戏外，也在类似《辛普森一家》这样的动画片里不断引出新的话题和新的问题，从而使人们在日常闲谈里经常扯到自己的"家庭类型"和"成员关系"。

对青少年思想感情的关注是美国社教电视节目的另一重要类别。这类节目的观众虽然主要是一些中学生和他们的家长，但对随着电视成长起来的下一代进行电视上的教育是很明智的。因为正在急剧成长的青少年是不可能在MTV的音乐节奏中完全满足自己介入社会的满腔热情的，同时他们在完全成人化的影视节目里又缺乏能力和阅历来充分理解纷繁的世界。看了许多美国"青春片"后，我常惊叹剧作家对中学生心灵的贴近和大胆表现。除了对早恋、缺乏意志力和厌学等中学生常见病的揭示外，对第一次犯罪心理的萌生过程、对不同个性父母家庭中的孩子心理特征，以及在适应社会过程中的矛盾困惑等等，都有严肃的触及。相比之下，我不能不感到中国青年的影视形象的单薄，而且从创作主旨上讲，大都讲究"净化"教育和"奇才""天才"教育。毫无疑问，"榜样的力量"对任何一个国家的青年人而言都是必要的，但如果形象和体裁仅囿于此，还是不能满足青少年丰富多彩的需要。

法律的观念是美国文化中最强有力的也最具魅力的一部分。除了专门的法律频道和很多图解法律的电视连续剧外，每周三晚上直播的一个加州举办的"人民法庭"节目令我念念不忘。在仅半个小时的节目里，一位德高望重的老法官十分紧凑地审理两个案子。在这个非正式的法庭上，没有律师也没有陪审团,法官的角色类似中国的"包公",被审的案子也都是清官难断的"家务事"。被告人和起诉人需要各自陈述事件经过和自己的理由,法官在提问后就当场判决,服与不服都另有机构负责监督执行,因为愿意参加这个节目的人都必须事先自愿交纳一定的费用,作为可能"违法、违规",输掉官司的赔偿金。比如一个在加州开中餐馆的华裔妇女,将厨房里的油污水倾倒在后门的一条小路上。另一人骑摩托车经过时滑倒,这个车手要求店主赔偿5000美元。店主则声辩这条小路不是公路大道,只是自家后院的空地。电视机镜头也同步展示出事地点和地上的油污。法官随即以"该小路无拦无挡,仍是众人可行之道"为理由,判华裔店主赔偿3000美元。还有一对曾是恋人的青年男女在分手后,女方状告男方在这段相识的日子里向她借了一些钱未还,两个还一起花费了她的许多钱;男方则声明自己曾经向女方说明过自己的经济情况,认为女方是自作自受。法官在听完陈述前,已经预先调查了双方一个时期来的银行进出款项,于是判定男方在某一期限内偿还向女方言明"借款"的数目,并同时提醒女方在今后的生活中要懂得保护和关紧自己的钱包。这个"大众法庭"节目,既宣传解说基本的法律条例,又吸收采纳民众普遍认同的道德观念,并树立一个有威信的调解机构,接待和处理平民百姓生活中的实际问题,因而广受大众欢迎,长办不衰。

另一个在每周三晚上播出的"未解之谜"节目也让我十分着迷。这也是一档半小时一集的社教类节目,主要介绍一些科学史上的未解之谜。比如某个海湾曾神秘地有数十条渔船失踪,渺无音讯;某架飞机在突然失事后,残骸上发现的黑匣子与调查人员在失事地点看到的实景无法吻合;某个农场的麦田在一夜之间突然被"砍"掉了数吨小麦,从飞机上看,残存的麦田像一张被巨人刀削过的挂毯,图案工整抽象,偌大的麦田四周,未见半点机砍小麦的碎屑,若非人工所致,难道是鬼斧神工?所有这些"自然之谜"都是真实发生的事件,既有当年的调查报告,又有目击者的谈话录像,只是迄今尚未得出令人满意的研究结果。许多有关的科学家也在这个节目中亮相,就这些"自然之谜"的解释做自己的猜测和评论。我想这个节目对培养青少年的科学研究兴趣是很有正面影响的。

意想不到的是,约一年后,这档节目又推出了一系列至今未解的社会之"谜"。其中主要是遗留下来的未破罪案。电视将整个案情用真人扮演的方式简单地演示出来，并将警方已经掌握的证据和对罪犯的分析肖像展现在屏幕上，结果真有几个长期在逃的罪犯在观众的协助下很快被捉拿。这使得这个节目在当时看来显得非常激动人心和惊心动魄，因为当场就能听见观众打来的电话铃开始响起，玻璃门后面的专业警察开始接电话。当然最令人感动的，还是一则特殊的案例：一个在几十年前与父母家人走失并被人拐骗的孩子，如今已经是垂垂老矣，他希望警方能再次帮助寻找自己的亲人。但警方经过数年的努力仍未能续上断了的线索。节目播出后大约一个星期，这位老人唯一还在人间的姐妹，从邻居的闲谈中听到了亲人的呼唤。当千百万观众从屏幕上看到这两位白发老人终于团聚，共同回忆起一个家庭经受的痛苦和苦苦相互追寻的经历时，无不为之动容和唏嘘不已。

亲社会的电视节目无论是谈论家庭、青少年，还是进行法律教育、知识科普，其宗旨都是为促进人们之间的理解和心灵上的沟通，都是为了使整个社会、整个民族成为一个有吸引力的、有凝聚力的整体。为了使这个整体中的每一成员都能互相关怀、和睦共处，从这个角度看电视的教育作用，显然是巨大而深远的。

（《学习与思考》1997 年第 6 期）

10

西方人对中国的"利用"

现在去电影院看一场电影总要十元左右，而花十元零五角钱买一本专家的讲演录，让自己在自由支配的时间里仿佛坐进北京大学的某个课堂听系列讲座，我觉得无论从时间上还是经济上，都是十分合理的安排。

史景迁先生的《文化类同与文化利用》是"北大学术讲演丛书"的第五部，全书共分8讲，重点介绍16世纪迄今，西方世界对中国的理性研究和随意想象。史先生所说的"文化类同"是指17世纪前，中西文明的发展在政治、经济和文化上都处于"并驾齐驱"的同等水平，而从欧洲文艺复兴即中国明代万历年间起，双方的文化开始出现戏剧性的"分道扬镳"。而所谓"文化利用"是指西方近400年来对中国的认识，或者说西方的"汉学研究"，大都不是旨在真正意义上的平等对话和交流，而更多的是把中国当作西方人的"他者"，"利用"中国等其他异域文化来反思自己或发泄心中的不满及表达愿望。

史景迁先生原名乔纳森·史彭斯，是一个在美国教授中国历史的英国人。

他在长期的中国历史研究中不仅著述丰厚、荣获过大奖，而且角度独特，风格鲜明。他的这本讲演录是特意为中国学生准备的课题，文中充满翔实的史料、准确朴实的分析和睿智的立论及提问。作为著名的史学家，他"创造了以文学和对人类的关切为基础的新的历史风格"，而与一般的文学史研究者不同，史先生在丰富确凿的史实面前始终保持一种冷静、诚实的客观态度。比如讲演录的第一讲中，史先生就提出了自己大胆尖锐的立论：400多年来，许多西方人被中国"迷住了"。他们所感到的遥远中国的复杂魅力主要由两种互相对照的因素组成：一是欧洲人第一次掌握的关于中国的真实的知识，二是欧洲人对他们一无所知的中国的含混想象。由于真实和想象在西方人的中国观里始终是混淆在一起的，因而我们在无法轻易地区分这两种因素时就必须承认：许多对中国的细致研究导致了认真的否定性结论，而许多对中国的敏感的洞察竟是出于他们对中国的无知。文化的交流和相互影响有时是十分明显而又十分微妙的，而"这种微妙的交叉是人类历史之丰富性的一部分"。

在大约200页篇幅的8讲里，我们可以了解到18世纪之前的中国形象主要是由西班牙人门多萨和意大利传教士利玛窦介绍给西方的。尽管在中国居住了27年的利玛窦如实描写了许多他亲眼所见的中国式"落后"和明代朝廷的腐败，但这个时期的著作普遍把中国美化、理想化为值得欧洲仿效的榜样，同时社会也为了募捐和继续向中国派传教士而需要粉饰中国的太平。由于中国明朝万历年间在经济水准上与前工业革命时期的欧洲实力相当，因而可以说中国的自然人伦生活和精美的工艺品、建筑样式和园林艺术都直接或间接地影响了西方工业革命。但正如史先生指出的："早期汉字"的发展是建立在无知和误解之上的。一个抽象概念中的中国加上无数想象性，甚至创造性的误解使得中国的海外形象曾经颇为神奇，但随之唤起的18世纪晚期的第一批严谨治学的汉学著作，却又转向对中国的诸多低调否定。

在这里，史先生独特地从理性学术著作和虚构文学两条线入手，前者讨论了孟德斯鸠、伏尔泰、黑格尔，直至20世纪初韦伯和斯宾格勒对中国的评价，后者介绍了拉伯雷、莎士比亚、笛福、狄更斯及20世纪的卡夫卡、布莱希特、博尔赫斯等文学作家笔下的中国。史先生指出：17世纪以后西方社会在各方面都发生了巨大的变化，西方人在这个过程中对自己的文化进行了多次反思，但他们却没有对自己的中国观念进行重新思考，因为中国不再合适他们的新建社会思想体系。虽然诸多学术著作在理论上各有些突破和灼见，但主观推断的成分和中国正在衰亡的结论也重复出现。与此同时，虚构文学中的中国形象更是纯粹出于各式各样的主观想象，作家们感兴趣的不是中国的现实，而是通过中国可以象征性表现的西方自身问题。

由此，史先生的最后结论方式是我们所不熟悉的。首先，他认为中国历史的发展进程在很大程度上与西方人为研究中国所进行的努力互不相关。西方人一直在"利用"中国反思他们自己，故而他们实际对中国的现实变化颇为隔膜也无动于衷。其次，他认为中国虽然被西方研究了几个世纪，但始终没有被完全融入西方人的思想意识之中。因此他希望一切双方的努力、一切对"他者"的利用，无论是想象、研究还是创造性阐释"仍将继续存在下去"，因为各种文化彼此的"有用之处或许正在于此"。

我看到一个西方学者对中国的尊敬不是通过溢美之词随口表达的，史先生对一部复杂微妙的中美文化交流史的尊敬、对一切事实真相的虔诚，和对双方理解上巨人障碍的清醒面对，尤不表现了一种新的彼此尊重的西方中国学研究态度。他的结论正好警告我们：即使在信息化、地球村时代，文化之间的沟通了解也还只是初露端倪、举步蹒跚。各种文化间的距离一直使我们感到诸多的"他者"既具有魅力，又充满恐惧。不同国家和民族之间也因此既互相联系，又彼此分离。但我们既不必激情地赞美他人、贬低自己，也不必激愤地说"不"，或不让他人说"不"，我们只能让这种文化间的距离继续存在，让每个人、每种文化都站在不同的位置上去听、去看、去想和去交谈，这样我们才可以在地球村里和平共处、求同存异，大家一起过"公共的生活"，而不是什么统一的生活。

（《学习与思考》1998 年第 11 期）

11

凡人"消费"富人区的乐趣

目前中国游客到国外旅游，常有一个特色项目叫"乘车游览 × × 富人区"。中国游客喜好看人家的富人区，不仅是由于好奇心、窥视欲、眼红或羡慕，也确实是想开开眼界、检验水平，通过自己独有的眼光和口味，品评和消费一下人家高端人群的极致生活外观。

由于中外富人们的心态和喜好其实也差不多，最在意的东西总是一对对的矛盾，比如既要强调显贵身份又要保护绝对隐私，所以中国游客也必须入乡随俗地投其所好，一批批"假装"乘车经过，司机们有意将客车开得不快不慢，游客们纷纷用自己的肉眼和隔窗的相机，匆忙扫描和记录一下某一区域的神秘，记下那几条小街两旁一幢幢别墅的高调、豪华或低调奢华，记下它们的设计别致和深不可测。说实话，从外面看起来，它们大都算不上什么奇观绝景，拍回的照片也模糊不清、乏善可陈，毕竟信息和图像时代已经来临多年，人们对富贵生活的好奇心虽然有增无减，但眼光却也都不再短浅。

那么，杭州过些年会不会也有一条可以让外地游客忍不住要到此一游的

118

"富人街"呢？我开口一问，旁边的人都说："何止一条街，现在已经有好几处备选或竞选了吧？！"于是我听到了一串美丽动人的楼盘名，许多都是在市郊和新开发区。由此不禁想到，当我们考虑杭州社区如何建设得更好的问题时，必须首先区分一下杭州的社区层次，杭州日益成型的富人区、中产人群区、老小区难道是可以眉毛胡子一把抓、一起谈的吗？更重要的是，杭州的社区"贫富"层次日益分明和固定，难道是一件可以视之自然、为之欣喜的事吗？

正如许多评论持续关注的，改革开放30余年后，我们社会的贫富分化也变得比较突出。到了21世纪，特别是近几年，"居住分异"已经成为中国城市的普遍现象。有些研究者在讨论这类现象时有意回避当初美国曾使用过的"区隔"（segregation）一词，因为它包含"种族隔离"的特定含义，而选用"居住分异"一词，来指证同样显得十分严重的居住分化现状。

自20世纪90年代的住房改革以来，我国城市居民的住房市场化程度骤然升温，各种层次的商品化住宅小区一开始是如雨后春笋般迅速增加，后来则逐渐如四季时装的推销规律一般，每年多次地隆重推出、陆续亮相，让人目不暇接、不断攀比。在房地产开发商们用尽才华和心血的价格激烈竞争中，在用房屋价格不断对买房者进行经济实力刷新和筛选的过程中，杭州不同小区间的住房价格也越来越呈现出巨大差异。在人们不断用房价增长速度衡量哪里是杭州最珍稀、最金贵的小区的时候，经济适用房小区、限价房小区、老小区的劣势也越来越突出，由居民住处外观和环境优势体现的贫富分化、社会差异也日益明显。

杜德斌等学者曾在5年前将"居住空间分异"定义为：不同的社会阶层由于经济收入和社会地位差异以及家庭结构、择居观念的不同而产生的居住水平和居住区位的差异，在空间形态上形成面积不同、景观相异、相互隔离且具有连续性发展趋势的同质化居住体系。

从价值观的角度看，杭州若有日益明显的"居住分异"肯定不是一个好趋势，居民之间的收入和投资回报差距拉大，会直接导致他们的教育、文化、生活方式上的差异也被拉大，而他们居住小区的日益分化和分异，也会进一步导致社区人际关系淡薄和社会疏离感的扩大，从而最终影响整个城市社会的团结与和谐。

从市场自身的规律看，"居住分异"则又是一个难以回避的发展中的事实。虽然目前的一些中档小区的开发商，为了多元促销和抓住尽可能多的客户，确会在排屋和别墅的附近，选择设计一两幢高层的多层公寓楼，让单身工薪阶层也能享受富人区良好的环境和社区物业服务，但更多的情况则是，公寓与别墅区之间可能不久后会出现一道加门的栅栏，有实力的购房者可能会产生利益受损感或不公平感，高档小区的管理者也可能会更倾向于服务出钱更多的人群。

欧美发达国家的经验证明，一旦"居住分异"状况逐渐增加和最终完成，再想回到社会阶层混杂式和谐居住方式，将是无比艰难的。值得注意的是，在已经形成"居住分异"，也就是穷人区和富人区分隔的美国，他们的政府和规划师已经进行了诸多反思，指出了"居住分异"的很多负面因素，并且从规划到管理、从社区大学到社区志愿者活动等，进行各种努力和实验，探讨如何在同一个社区里吸引不同社会阶层的家庭进入，为此还设计了很多吸引不同阶层的优惠条件。

中国目前还处在发展过程中，未来30年仍会是中国城市化的高速发展时期，所以，对于杭州可能的"居住分异"趋势，政府可能需要有所警惕和实施一些政策干预，市民和社区管理人员则也需要通过自己的积极参与，做出自己的抉择和应有调节。我们并不仇富和嫉富，现代社会在由"梨型"朝"橄榄型"转变的过程中，势必会出现一小部分特别富有的人，杭州也肯定会在若干年后自然形成几条所谓的"富人街"，相信国家的税收政策会以高额税收的方式来监管他们的炫富消费，同时平衡大多数普通劳动者的心理感受。问题的关键是贫富差距的拉大不应在社会发展的进程中被固定和强化。

换言之，中国旅客在国外旅游时若乘车看看人家的富人区，那不过是享受一下免费"橱窗消费"的乐趣、享受一下众多凡人看一小撮富人的"围观"乐趣，看完了"橱窗"回到了杭州踏实的本土之后，我们都应能自觉地意识到：假日旅游是假日旅游，日常生活是日常生活，杭州的社区若在将来也想产生几个国际和国内旅游的项目,应该不是什么富人区和贵人馆,不是什么开着车经过还不让随便拍照的神秘街区,而应该是一些拥有丰富居民构成的特色社区。

(《杭州》2011 年第 10 期)

12

"苏荷（SOHO）区"的同城转移

　　9月初的一个雨天下午，有幸参加了一场关于杭州美术博物馆群创新实践模式的座谈会。位于杭州拱墅区的这个展馆群，我已经参观过三次。由于她们是对杭州城北历史街区和工业街区，尤其是老厂房和旧库房的保护性整治，所以众人都特别赞赏这一理念和实践，因为所有的相关规划和设计不仅精彩重现了古运河的历史建筑风貌，而且也切实保留和提升了原住居民的生活质量。这个博物馆群的建设总让我想起纽约著名的"苏荷区"创建过程，只不过杭州的故事是倒着讲的。纽约的苏荷区历史是先实践后承认，杭州的古运河景观保护故事则是先承认再改建。

　　苏荷(SOHO)，原本是"休斯敦街以南"（South of Houston Street）的缩写，指位于美国纽约市曼哈顿岛西南端的三条石径街。19世纪60年代，作为纽约老工业区的苏荷，随着制造业的衰退而闲置了约50幢厂房和仓库，都是19世纪末开始建立的铸铁工艺建筑，充满了将铸铁弯曲、油漆，模仿成大理石的圆柱和拱形的窗户。由于工厂迁移、外观破败，房租低廉，于是一批年轻的贫穷艺术家就在这片废弃的厂区和街区中逐渐悄然聚集，他们将这些厂房稍加改造后就作为自己的住处、画室和画廊。在大约 10 年的时间里，这些艺术家一步步地把这里变成了创作、展示和经营文化艺术的集中场所。

到了 70 年代，纽约市政府宣布要通过拆除旧楼将此处改建为现代化的办公大厦和高级公寓，遭到了民众的强烈反对。因为艺术家们已经先行将它们改造成一个我们今天所说的"历史老街"和"文化创意园区"了。于是，市政府最终顺应潮流，决定将"苏荷"一带列为历史文化保护区。现在"苏荷"（SOHO）也是世界通用的当代艺术代名词。

今天人们若能去纽约的"苏荷"区参观，会发现它虽然仍是历史感和艺术味的完美组合，但如今也更是一个文化商业区了。原来的居住、工作室与画廊的三位一体，已经让位给近 600 家各具特色的百货、服装、饰品店和名牌豪门的集中展示地了。但是驻足"苏荷"的店家也都很聪明，知道如何借助尊重历史和艺术，来抬高自家商品的身价。比如今天名牌名店云集的"苏荷"仍有些历史性的街道，外表古旧，建筑风格粗犷，道路不太清洁、光线略显灰暗，但一旦走入其中，却会让你看到一个个充满创意的艺术家世界。对许多游客而言，那些廉价的店面装饰与里面昂贵的商品之间所产生的巨大反差，反而是这个区不同于相邻不远的华尔街的特有美学品质和视觉效果。

漫步"苏荷"区，多数人都会体会到，你只要留心观察就会不断有所发现，因为在"苏荷"到处都充满了创意与设计，每一个街角、每一家商店、每一细节里其实都有着精心的设计和艺术的发掘。据统计，经常逛"苏荷"的人中间，海外和国内的外地游客只是一部分，更多的钟情者是纽约本地人，是从世界各地来纽约修学艺术专业的学生，许多人甚至经常上班、上学特意绕道而行，为的是能时不时经过这里。他们的逛街理由不是购物和参观，而是长时间沉浸于艺术的氛围之中和天天享受生活的乐趣，当然从专业上讲，也是为了经常从生活和他人的创意中汲取灵感和创作素材。

今年暑假，我在赴纽约的旅行中无意中发现，著名的"苏荷"区已经又开始在城中转移了。在距离曼哈顿不远的布鲁克林区的布什维克（Bushwick）区块，在另一个被历史文化抛弃的老街区，新一代的苏荷区正在悄然生成。在这个区域，历史性的简单盒式仓储建筑、露天的堆货空间与随意搭建的遮挡用的铁皮板随处衔接，并不悦目也不整洁。但艺术家们已经在这样的条件下自由创作了。目前，单是处处可见的各式壁画就已经够亮丽夺目、精彩纷呈了，新的内部设计还吊足了来访者的胃口，而且最关键的是：租金真的是便宜！

从一个"老纽约"的华人口中我了解到：这个街区原来是纽约黑帮和毒贩们经常占领的地盘，许多以纽约为背景的犯罪片，都是讲的这个区域近年来发生的真实故事。在纽约警方多年的集中整治和严厉打击下，如今黑帮团伙和犯罪集团已经渐渐退出这个区域。当然，另一个结果就是，这个区域的原住民已经越来越少，店家和商铺也已经关门和消失得差不多了。于是，这个区域的最新特点就是人气不足、房租低廉、街景破败、房屋老旧不齐，卫生状况一般甚至会出现局部的脏乱差。从某种程度上讲，这个城中区域房屋价值下降的困境，有点接近于杭州今天讨论的"城中村"或"城郊接合部"问题。

有意思的是，随着老"苏荷"区的房租越来越贵，后浪一辈的艺术青年们早就承受不了那里的昂贵房租了，在老的成功者们纷纷被迫迁出了这些老厂房建筑之后，他们也只能当当这条艺术街上的过客了。老"苏荷"区在大都市中的不断转移，不仅捧红了一批批的艺术新生代，而且也让一个又一个区块的房价节节攀升。这处房价的上涨又赶走了更年轻一代的贫苦艺术家。另外，在遭遇严重金融危机的今天，确有许多纽约的中产阶层丢掉了高薪工作，原来的日常生活水准变得难以为继，他们不得不考虑如何找到和迁居到房租更低廉的"不安全"区域，暂且度日。

幸运的是，纽约当代的艺术家们又开始行动了！他们的敏感和主动介入"贫困街区"的布什维克精神，迅速地改变了这个街区的困境和房价下跌，并且在很短的时间让这个区域的房价和租金都变得增值空间无限了。这种效应正在奇妙地放射和发酵，周边的人们和区域都感到了这个上升的势头和艺术带来的温暖。许多怀抱不同梦想的人已经开始经常到这个区域来闲逛了，他们从每个星期都会出现的外景巨大变化中获得了许多信息和灵感，都变得兴兴奋奋、跃跃欲试了。

正是从这个角度，我感到杭州运河边的老城区改造虽然理念超前、效果显著，但是其他区域的建设思路也是可以像"苏荷"区的城中转移或再复制一样，倒过来做的。就是不一定非要由政府先认定这是有历史意义的街区，然后政府牵头花人力物力地去重建和改造它；也是可以让那些开始变得老旧的城区、街区和社区，以其自身的廉价和地段优势，吸引和鼓励艺术家和各种创业者自由入住和积极创业，借用市场的杠杆和民众的智慧去重建和改建的。这其中，政府需要供给的公共产品就是良好的治安状况，当然之后，也可以进行"重建"效果评估确认和相关规范制定。

（《杭州》2012 年第 10 期）

13

富人魄力的主观与客观效果

记得 2013 年 2 月胡润全球富豪榜出炉时，人民网财经频道就有文章评论说："中国已成为全球第二大富豪出产地。" 2014 年 2 月这个说法仍在升温，各种报道都预测说：2020 年以前中国的百万富豪可能暴增至 330 万人，取代日本成为世界第二大富豪产地（美国仍可能是第一产地）。中国顶级富豪多了，我们身边的富人人群也自然水涨船高、风生水起，难免要让我们看到他们的活动或行踪。比如 2014 年 1 月，我们听到了杭州诸多会所紧急关停的消息，于是就知道了江南会、西湖会、莲庄、抱青会馆、柳莺玖号等潜在知名的杭州商人高级会所，知道了一点记者打听出来的相关投资数额和他们选址的精心。

中国历史上几千年，对成功商人和少数富人的公开主流评价都不算高，谈人论事中的德才兼备说总是将"德"字放在"才"与"财"之前，将主体"人格"放在客观"成就"之上。这个传统与西方现代文化中对商人的重新认识和评价就有了区别或差距。所以近期的一些新闻评论栏目也开始讨论是否今天的中国人要努力尝试从新的角度认识"富豪"和非政界却很有社会影响力的成功人士。虽然眼下，"土豪金"和"羡慕嫉妒恨"的说法已经极其流行，揭示了不少大众看富豪的矛盾心理和扭曲心态，但那确实只是一种情绪反应上的集体"热身"，哪怕针对类似"富人们为什么需要会所？"这样的明确问题，理性上的思考也需要更持久和耐心的观察与对话。

比如杭州商人的会所中，最著名和投资最大的应该是马云主持的"江南会"。这次紧急关停也让我们知道它是 2006 年发起和投资建造的，作为杭州最高档的会所它其实也是最渴望"低调"的一家。它选址在杭州三台山路的浴鹄湾一带，隐没在青山绿水之间。它没有其他西湖周边景点来得喧闹，一般人即使有钱也不允许随便进入"高消费"。不过由于建筑面积约 2000 平方米，此前是杭州旅游景点先贤堂所在地，里面供奉的都是杭州的历代先贤，所以还是突显其选址和被批准上的富人魄力和影响力。

不过江南会的这种各地富人活动地的影响力也体现在它可被利用的"带头作用"上。比如自中央下发严肃整治"会所中的歪风"的通知后，江南会就是杭州首批"主动关停"单位，随后其他约 20 家会所见状也纷纷正式关停。日前这些场所都改成了大众茶饮和餐饮之地，一普通工作者对记者说得直白："不让腐败了"直接成为相关新闻报道的关键词，但同时大家也都知道，阿里巴巴创始人马云和其他人的能量和资金，只不过暂时更多地转向了其他地方。我们势必会在政治、经济、社会、文化等不同领域听到他们带头喊出的不同的话题和声响，而我们的媒体也确实在不断地发掘和传递出更多有启示的信息。

比如富人与政府的公开争执不下。2013 年 5 月美国苹果公司被控巨额海外收入避了税，而苹果公司 CEO 蒂姆·库克（Tim Cook）则坚称："苹果为其赚的每毛钱都交了税。"美国参议院为此发布长达 40 页的备忘录，称苹果利用美国对海外企业在税收方面的漏洞（企业海外所得延迟纳税制度），规避了大约 440 亿美元的税务支出。"即便是像苹果这样身为世界上利润最丰厚的科技企业，也存在着利用子公司进行避税的行为。"美国参议院的这份报告也代表了政府的一种通常做法，就是剑指像苹果、微软和惠普这样的国家领军企业，责令它们必须带好头、做好事。不过像蒂姆·库克这样的人回答起来也很强硬。首先是强调公司的巨额纳税已经达到美国企业前几，其次就是直述自己的要求："看看今天，要将现金收入带回美国，就要缴纳 35% 的税，这个数字非常高，我们并不是说应该一分钱不交，我觉得这个税率可以更合理些。"虽然苹果的避税行为对其国内竞争对手而言，破坏了税法公平，但如果可能，苹果公司的竞争者也肯定会那么做。

所以影响力大的富人不仅要与政府斗嘴，更要时时刻刻与对手干仗。最近马云与马化腾在互联网上的竞争就日趋白热化，虽然他俩也强调说：网上的竞争如家常便饭，正常激烈的竞争才能促进用户体验和整个行业的进步，才能促使大家都找到各自不同的位置；但就像杭州的各种"会所"最近不过是歇业、停业和接受整顿，势必还要有个"新出处"一样，商业激烈的竞争中也总是要不断地生产出新的胜者与赢家。为避免"出局"，富人和能人们想在类似会所的场所里相聚的理由，除了消费、娱乐和炫耀自身已有成就之外，肯定还有些迫切的真实需求要满足。由此，最近重看美国《镀金时代》的小说也体会到这点，就是我们过去对商人和商战的认识仍是传统的和简单的，从反思的角度看，首先的一个问题就是我们能否承认和赞赏成功商人的惊人魄力和影响力，其次就是如何从主观和客观的不同角度去认真评估这种魄力产生的复杂结果。

比如美国著名小说家西奥多·德莱塞的《欲望三部曲》，就以 19 世纪末 20 世纪初芝加哥金融业的一个真实人物为原型，写一个具有超人特征的大商人考珀伍德。历史上这个名叫 T. 耶克斯的百万富翁曾一度完全掌握了整个芝加哥，但进入了文学的这个人物就显现了复杂的个性和收获了太多截然不同的评价。作者强调他个性中的粗野和掠夺成性，但又很欣赏他在冲破传统和与其他寡头斗争中所表现出来的勇敢和自信。现实中的 T. 耶克斯一生从未尝过败绩，但小说中的他因为做事无所顾忌，所以发达得很快，失败得也很惨。在几次大起大落中，他的超前意识和过人魄力从客观上给予了芝加哥这座城市的现代化以极大推进，但从主观上看，小说家却要强调两种主观结果，一是说他不顾一切的做事风格最终触怒了上层也得罪了下层，二是说他灵魂道德上的日渐沦落无人可帮、制度上的监管一时也同样是奈何他不得，需要他自己运用同样的魄力去意识到和洗刷干净。

（《杭州》2014 年第 3 期）

14

城市黄金地段的硬性混居

记得是 2010 年左右，国内舆论曾热烈地讨论过一次城市的贫富混居事宜。当时就觉得奇怪，为什么更多代表"公益"的新闻评论却发出了更多的质疑之声。就在兰州和武汉两个城市相继推出"市政府主导的保障性住房建设实行贫富混居"之后，好像记者的随机采访和调查，都发现这个贫富混居计划哪头都不讨好。开发商觉得一个是"优居"，一个是"有居"，需求不同，供给也应该不同。自称是城市经济研究者的人士指出，这是政府的"硬性"行为，动机虽好，但过于理想化和简单化。低收入者说，虽然觉得房子质量好，房租便宜，但也担心自己和孩子可能看人家进进出出开豪车，天天受刺激。高收入者则对记者坦言，恐怕不会去买和住了，毕竟，如传统故事中"孟母三迁"所说的，先富的人主要追求之一就是花钱择优邻而居。猛一回头会发现，虽然当时的舆论没有得到充分支持，但今天中国各个城市的经济适用房、廉租房和限价房，显然已是城市管理中最重要的"政府工作"组成了。

最近又读到华裔美国学者薛涌的一篇文章。介绍最近纽约市发生的"穷门"事件及激烈争议，觉得不仅有启示和参考价值，也说明了这个问题的支持和反对意见其实一方面是针尖对麦芒，永难妥协，另一方面是各有侧重，分享重叠共识。

"穷门"说的是一幢已计划在曼哈顿寸金寸土地新建的贫富混居公寓楼。该楼将有约 219 套豪华公寓按市价出售。每套至少要 400 多万美元。另外，根据纽约市政府政策，还必须包括 55 套经济适用型的公寓，针对的是年收入在三五万美元的家庭（接近 5 万美元收入的家庭需要至少有 4 个成员）。为了新建这样的混居经济适用房，开发商可以从政府得到可观的税收返回。也就是说购买三四百万美元一套豪宅的人，最后可能发现邻居不过是一个月交 1000 美元房租的穷人。由于该房产商清楚有钱人的心理，所以在设计上别出心裁，有意建造一堵墙，把贫富两两分开。可恨的是，经济适用房面朝着马路，豪华公寓则大都面朝河景。两种公寓的电路等设备都分开设计。更让人难以接受的是，贫富房主各走两个门。富人从前面堂而皇之地走进自己的豪华公寓。穷人则从后门，也就是所谓"穷门"进入自己的经济适用房。而且，穷人对楼里的健身房、儿童娱乐空间等公共设施也无权使用。

现任纽约市长白思豪属于美国更多代表穷人利益的左翼，当然不喜欢已被媒体抓出的"穷门"这一丑闻，对之公开表示不快。但这个设计是在前任市长布隆伯格（右翼）任上已经定下的，一切合法，市政部门只好批准了这一建筑方案。于是骂归骂，建归建，这座拥有"富门""穷门"的曼哈顿著名街区新公寓，即将开工。

薛涌教授的文章再次强调了不管喜欢还是不喜欢，混居是城市生活的基本特点。任何一个城市，不管多么现代或富裕，都需要低收入人群的服务。如司机、厨师、清洁工、售货员、保安、饭店服务生……只要这些人为富人社区提供了必要的服务，就应该被就地安顿。让他们因为房租而被迫住到城郊接合部，首先是加剧交通的压力，其次是让他们每天长途奔波，等于延长了劳动时间。更重要的是，只有这些人把自己的工作地点当作自己的家园，才会在工作中有对本城和本社区的责任感。不能安置为城市提供关键性服务的人口，只会造成各种各样的城市病。

说来我特别同意"混居"这个做法，尤其是政府"硬性"地去做。因为自己的留学和打工经历，也因为自己在大学做教书工作，要接触很多即将走上社会的年轻人。现代社会是一个经常流动的社会，年轻人大都需要到不同的城市去发现自己的归属地。任何一种"陌生地"和"流动"方式都可能立即造成一个暂时或相当长一段时间内的"穷人"。所以，虽然这幢位于黄金地段的纽约公寓有着"富门""穷门"，但我相信更多的人会更在意它的"黄金地段"，而不是它所造成的所谓"刺激"。

（《杭州》2014 年第 10 期）

15

展望全球文化的"决裂式"大变局

求新求变是人类本性

"变化是人类的 DNA，古今无不如此。"加拿大思想家让 – 路易·鲁瓦在他的新著《全球文化大变局》中，用一种适合这个"向前看"时代的明快笔调，强调人类正经历一场迅猛异常的文化巨变。如全球已经肯定出现了多个新兴"文化极"，政府和私人都在积极扩大传统文化服务、生产和流通（包括创建创意经济）的投资规模，这些投资极大地丰富了全球范围的文化供需，文化产品的总量和多元性对各种国际文化盛会的日益增加做出贡献，上海、伊斯坦布尔、孟买、迪拜、马拉喀什、圣保罗及许多城市正日益成为最热的文化目的地，上述这些都推动了国际艺术市场的扩充及大规模迁移。于是，"一种巨大的能量以史无前例的规模，将人类创造财富和推动发展的能力从西方转向亚洲，从亚洲转向拉美和非洲。这一全球性的链条改变了世界地区间和国家间的关系以及数十亿人的生活，影响着整个人类，并创建一个浩瀚的全球空间"。其中，最神奇的应该是"虚拟世界"这一挡不住的"全人类共享新空间"。

虽然鲁瓦先生在一开篇就肯定人类对变化的偏爱，但他预测的我们正在走向的那个新世界，不是赫胥黎笔下具有反讽意味的"美丽新世界"，因为"我们这个时代发生的情况不属于变化范畴，而是一种决裂"。作为一个西方学者，他认为这个"决裂"是全方位的，源自西方又脱离了西方中心，惠及众生又取决于人人如何参与，尤其是"虚拟世界"首次成为全人类可以共享的现实世界之外的"新空间"，所以，这个已经开始的"新世界"是一个现实与虚拟并存、经济与科技双飞、多元文化交相辉映的"理想世界"，她神奇强悍、无所不及，而且越是能准确预想、共同参与制定发展规划，我们也越是能够让她早日到来、共享其福。

该书在写作思路上并不复杂，但情绪乐观，笔墨酣畅，视野开阔，论证依据翔实而又丰富。由于旨在及时报道世界文化格局的变迁方式，所以该书在写法上采用了有组织有计划的全面实地调研，书中大量的数据全部来自"驻世界各地特派员提供的资料"，所以作者谦虚地认为读者也是在分享这些遍布全球特派员的出色工作和现场体验，从而切实掌握不同语言文化圈的最新资讯和变革趋势。从这个角度看，书中提供的大量信息确实是鲜活生动而又涵盖甚广的。尤其是对正处于"一带一路"大举建设中的中国读者而言，不仅可以汲取其丰厚的第一手重要资讯，更值得学习其收集材料的视角和具体方法，以及分析和运用这些素材的思维与观念。

一项"专利"变成了普通技艺

由于学识、经验背景及身份兼历史学、国际关系学、文化官员、新闻记者而有之，鲁瓦先生从头到尾都强调一点，就是"现代化"作为西方的"一项专利"已经变成了稀松平常的社会发展技艺。"西方在过去五个世纪用以控制全球的能力，已逐渐被从中国到巴西，从土耳其到印度，从墨西哥到印尼，从南非到越南的整个人类所掌握。"作者用一种目光敏锐但也态度温和的语气在全书结论中强调，西方现代化的两大"法宝"，即"市场经济和数字化科技"这两大"万能动力"，带给人类的福音非常大，因为这种发展方式的普遍致富一方面超越了以往任何时代，另一方面，这种从创立、到模仿再到共进的世界性现代社会发展进程，总体而言或到目前为止，是一个和平地共同致富求福的进程。

"必须看到，正在发生的转变，其多个阶段（无论是结束的还是决定性的）都未造成动荡和悲剧。"全球性的财富和历史上最重大资源和知识转移；数字科学的普遍应用和世界各地对它的掌握；国家力量关系的逐渐逆转，让一些国家（包括中国）从发展的末尾跨入增长的行列；亚洲、非洲和美洲上亿人口脱贫；以牺牲北—南关系为代价的南—南关系（尤其是文化方面）的戏剧性崛起……这些重大事件在四分之一世纪里都以互补的方式几乎同时完成。至于未来，鲁瓦先生的强调是：由于文化对经济的贡献，与技术的关联，对就业市场的贡献，尤其是提升文化大国的全球声誉和影响的能力，多元的世界文化必将处于未来发展的中心位置。

鲁瓦先生对文化的基本理解，显然不是视文化为"高于"经济基础的"上层建筑"，而是看到了今天各国的文化事业早已经与经济和科技无法区分，它们融为一体的目的也是兼顾精神与物质、内涵与技术。他的观察发现，文化产业和文化消费的巨大潜力不仅被精明的商家和各类高智商的才艺之人所青睐和追捧，更被各国政府所前所未有地重视。各方为之制定了大量有利于创意和传播的公共政策和发展战略。所以，书中既有详细解说，更有精到总结，说明现代国家和地区文化的迅猛发展，"方式到处都一样：弘扬文化遗产，规划国内市场，对侨民群体予以新的关注，掌握创意经济的要素，介入流通服务并培育旨在占领部分地区和国际市场的创举"。

技术正为文化创建一种"万能系统"

鲁瓦在著作中多次坦言：有人认为目前的"突变"暴露了西方文化霸权以及美国超级大国短期霸权的结束；也有人认为，恰恰相反，它标志着西方的胜利，其技术进步、经济体制、自由理念和文化模式将一统天下。还有人认为：西方的这种胜利十分脆弱，它更像是其强盛一时的结果，而非深刻影响，最终只在世界表面留下一层薄薄的油漆而已。所以他也从"席卷全球的经济和科技海啸正在颠覆它波及的一切"的角度提醒众人说：世界其他地区不是（也不再是）西方利益在地理上的延伸，因此站在各自角度去思考世界将不再可能。"今天，思考世界，必须是整体思考。"

在作者看来，人类如此企盼的、带有普遍性的古老理想，这一次或许能梦想成真。因为借助电子网络和便利的手机，"虚拟世界"神奇地诞生了！它以丰富的内容吸引了数十亿人。从此，数字人类与全球性融为一体，彼此不可分离。从此，人类的多元文化会彼此交流和充分释放其能量，成为变化的核心参与者，并使世界文化全球化，将全球各类公众联合起来并加以丰富，无论是老的还是新的，也无论是当地的还是国际的。虽然作者仍以西方文化的深厚功底强调多元文化的共生共存，必须确定娜达日代·曼德尔施塔姆所说的"人类法则"，"在这些法则中，所有的东西都应相互承认，这便是辩证法的普遍性和特殊性的永恒问题"，"就像保罗·利科建议的那样，普遍概念的理论需要实践。它不是也不能成为设定权力者，而是调节者"，不过这些哲学价值观的辩证性与对话基础并不是本书的重点，让作者对未来充满乐观情绪的还是那场"席卷全球的经济和科技海啸"。

他用精准的概念写道："虚拟世界"在这场全球文化巨变中并非是现实世界的拷贝或投影，而是作为一个特殊实体存在的，我们不再只是我们自己，每个人从此都拥有一个储存在世界各地数据库中、属于统计学范畴的新自我，成为人类事件永久性索引的组成部分。这样的表述也说明作者对未来的向往很大程度上是建立于对科技力量的预测：一直以来，世界性的乌托邦孕育着最持久的幻想，吸引着人类精神并受到大量哲学、法律和宗教体系的影响，它们将乌托邦视为终极目标，但因人类的物质和非物质过于分散而屡屡受挫。技术是否能够通过创建一种万能系统（全人类都能获得并领会）来克服这种分散？也许如鲁瓦先生所说，让人类全面有效地进入网络的尝试成为一场史无前例的冒险。期待技术为世界多元文化创建一种万能系统，最多是在说文化的发展和共享在数字时代会拥有更多更好的交往平台或合作手段，真正可以喻为史无前例本质变化的新世界文化，还取决于人类亿万个体是否真能自由自主地踏上文化奥德赛之旅并有真正出色的表现。

主要参考书目：

让－路易·鲁瓦. 全球文化大变局 [M]，袁粮钢，译. 深圳：海天出版社，2016.

（《中国图书评论》2017 年第 3 期）

16

一本西方明星学者的所谓名作

《城中城：社会学家的街头发现》是一本名气不小的社会学专著，附在书中的简介说它不仅被扎克伯格这样的名人推荐，而且已被列入一些中外大学的指定参考书单。近年与之相似的"非虚构"及"田野调查"类写作越来越多，阅读和创作两头都热。由于每个人都在持续地亲历各种生活场景，也因为"时尚化学术"的"田野调查"不像传统的"记者调查"，非得有个可靠的证件才能采访式交谈和深度调研，所以"非虚构"或"田野调查"仿佛名声更好，且创作门槛低，阅读乐趣高，毕竟写家和读者都可以借此名义，毫无惧色地"嵌入"基层社会的方方面面，甚至"深入"黑暗空间和阴暗心理，然后说自己不是在偷窥，不是在嗜黑，而是在进行社会问题"科研"。比如这本《城中城》的作者素德·文卡特斯（Sudhir Venkatesh, 1966—）就被誉为"流氓社会学家"，因为他"亲自"打入黑帮内部，冒生命危险周旋在黑帮老大、打手、毒贩、军火贩子、牧师、警察、社工以及各色人群之中。他所取得的第一手资料，能让读者"真正了解并体验"芝加哥贫民区的日常生活。他也因此不仅完成了芝加哥大学的博士论文，而且成为哥伦比亚大学的知名教授。但是我在阅读这本当代明星学者的"名著"，尤其是这样的中文简介之后，感觉作品的质量和在中国的传播方式很有问题。

作者素德·文卡特斯是出生于印度的美国社会学者，主要研究方向是城市犯罪组织、毒品交易，以及卖淫等地下经济现象。二十四五岁读博时追随一个全美巡演的流行乐队（the Grateful Dead），借此研究"青年自我认同"问题。后无意中发现芝大附近就有一个著名的黑人区。"罗伯特·泰勒计划区"觉得不妨试试"田野调查"，于是年轻不怕羞和累，他后来就写出了博士论文"副产品"《城中城：社会学家的街头发现》。可能也出乎他自己的意料，此书让他一举成名，成了美国部分媒体所说的城市地下经济的研究专家。他还有同类专著问世，一直好卖。看了这本《城中城》，会知道他的学术经历本身就是当代美国的问题。因为这个作品写得真的很一般，作者说自己深入了城中城 10 年，其实仔细看，他也就是在 10 年中，陆续去了那个学校附近他一人建立的调查"据点"。真正认识和被那个特殊圈子认可、被特别"接纳"，仅仅花了他 20 多天。在那几十天里，他多少是与自己的调查对象打成一片，"同吃、同住、同劳动"。原因就是他不是一个传统的调查记者，也不是一个卧底警察，而是被贫民区的人看出就是一个想投机和找门路的菜鸟式、书呆子式年轻学生。由于他的博士导师是社会学专业和研究城市地下经济的，所以，他撞上的"大运"就是，在一个正确的时间去了一个正确的地方。神奇的是，他遇到了一个权力十分有限的年轻黑帮老大 JT，这个老大竟然也上过大学，还曾听过社会学课、明白他要做的事情，于是愿意成全他的社会调查。这个 JT 的私人目的，据作者说是想让人写自己的传记，但读完作品的读者会知道这个老大是个聪明人，他虽然是想成为"名人"，但更准确地说，是他确实有自己严重的矛盾心理和道德纠结。所以他俩在精神、道德、情感、背景和阅历上相互借力，彼此成全。由此而言，这本书的真正学术贡献和社会价值十分有限。

强调一下这位教授作者的印度文化背景和写作宗旨，对我而言，很重要。因为跨文化语境去评价一个"他者文化"的作品，要冒"偏见"和"误解"及"政治不正确"的风险。但是素德·文卡特斯是皮肤黝黑的印度人，他进入黑人集聚区没有外观上的太大障碍，这对其他肤色的学者或读者来说，是运用天然优势来讨巧，只能说是无法复制的幸运；同时，印度式大大咧咧、马马虎虎、唠唠叨叨的风格，也确实体现在这个作品中。这既让他本人显得不太危险，更易融入调查对象群体，也让他的作品在内容上浅尝辄止——危险不介入、视野不开放、思考不深入，没有可信的结论和解决方案建议，在语言上也多少有些油滑和浮泛之气。虽然豆瓣上不少书友喜欢他的文笔生动、人物鲜活和坦率的自嘲与幽默，但他挪用的是小说式叙述的亲和力和情节性，放低的是社会科学研究的基本标准。作为博士论文和当上名教授的资本之一，此书记录的是一些并不新鲜的事实，加上的是一些亲历时的现场感和画面感，放入的是一些诸如"我当了一天黑老大"的猛料，让读者觉得两三个小时读起来还蛮有趣、挺开眼界，但这都不说明它是好作品，只说明它是这个"轻文明"时代的一个典型代表，而且还是这个"失智时代"西方文科知识分子缺乏担当又自以为是的一个衰败表征。

关于街头黑帮、种族歧视和贫富差距的真实内情，其实已经有太多的好书（理论和纪实）和影视佳作。这都是千年传承的大问题，这些积重难返的大问题又添加了全球化时代的新困境。但是，面对复杂的现实难题，人们总会感觉沉重，缺乏足够的时间全面了解。像这样，读一本行文轻松的、略有卧底式潜入感，又不费时费力的知名新著，反而迎合了这个时代读者的无痛伦理和自恋自欺习俗，也因此这本书有了炒作的商机和反复利用类似喜好、营造特殊市场空间的价值。但是，重大社会问题的学术研究一旦可以通俗化撰写、消费式阅读、自慰式遐想，就不再可能鱼与熊掌兼得。一切都是有代价的。

在现代文明社会中，人与人之间确实需要相互尊重和理解。但是，特权、毒品、性交易、贿赂、暴力……包括美国政府长期扶贫政策的反复失误、福利发放中的诸多漏洞导致的巨额资金打水漂、危险区域的警务维法和公共医疗的几乎失能、社会组织和公益团体的表演式抗议活动，等等，都不是因为日常生活中仍有暖意和仍存在好人就可以轻松面对、回馈同情的事情。在这些关键问题和现实困境实录上，这本书都有些浅尝辄止，缺乏更广泛的采访和更深入的调查，也没有真诚投入的观察体会和可靠可行的建设性思路。

比如这本《城中城》从头到尾都在传递或暗示一个可悲的信息：对很多人来说，这一切都很糟，简直是太糟了，但是这里的生活就是这样，个人做不了什么。这样的基调和隐含的结论对社会和读者都不是积极、健康的，也不符合真正的美国现实。所以我感到：在这类"伪学术"畅销书让大众放轻松、感觉亲近和被理解的时候，它们也在不知不觉中用其学术名声和知识背景规训着我们的认知。

如果说中国目前正需要好好破除一下西方社会更"先进"、代表人类理想未来的迷信和迷思，那么我们也不要被一些"西方学术名作"的外宣和包装所误导甚至欺骗，被"芝大"和"哥大"热门专业、名教授、名著所忽悠，以为他们的写作和成名总有什么客观评判背景和什么高大上的道理。

（《杭州》2020 年第 11 期。此为原文，杂志刊登因为版面有限有删节。）

17

"老牌"大国的骄傲与自信

如果说 20 世纪 80 年代恢复高考后中国学校普遍采用的历史教科书，让我们知道了英国曾经是引领欧洲进入现代化的"日不落帝国"；那么阅读近期风起云涌的"全球史写作"新著，会让读者更多地意识到，近代的第一个欧洲"帝国"其实是西班牙。现代式社会开拓创建并不仅源于英国的工业革命和市场化管理经验，而且有西班牙 800 多年跨宗教、跨种族艰难磨合共存的历史进程，其直接导致今天欧洲及世界的民族国家格局。出于之前对这个"老牌"大国知道得太少的原因，笔者近期翻阅了英国《卫报》驻西班牙记者贾尔斯·特雷穆莱特撰写的《西班牙之魂》（南京大学出版社 2013 年版）。

读这本英国资深记者花 20 多年时间写成的新闻体《西班牙之魂》，首先，会觉得西班牙和中国有太多的相像之处，太需要这样的深度对话与坦率交流。比如面对一个"非我族类"的古老大国，需要多次和耐心的拜访，需要上心和走心的游历，才能略知一二。这位英国资深记者最终发现当代西班牙才是自己养育后代的"黄金国"，从而移民西班牙安家他乡；比如历史悠久的

141

传统强国有太多的东西可以写，有太多的历史事件和文化符号需要不断地重新解释；比如一个外国人在西班牙（或中国）居住20多年后，极可能会迷上这个记忆久远、丰富到怪诞的热闹大国；比如作者出版此书是在2006年，正值西班牙启动新经济革命约40年，这个时候的西班牙一切都生机勃勃、百废初兴、商机无限，与今天的中国非常相似。如果说中国人不懂"9·11"事件对美国意味着什么，反过来美国人也不明白"改革开放"对中国人意味着什么。由此而言，这本书所记录的西班牙人民在新经济改革约40年前后的骄傲与自信，中国人反而会更自然地懂得和产生更强烈的共鸣。对我这样的中国读者而言，中国与西班牙之间，无论是文化要素上正面及负面的相似，还是传统与现代交织关系上的并存与处理方式，都让此书记录和点评的西班牙文化方方面面，变得五味杂陈、妙趣横生而又常常入木三分。

其次，相比西班牙学者自己写的历史专著和纪实报道，这本采用跨文化"转角"看不同社会图景的专著，也让读者多了一分收获和快乐。因为这就像是中国读者最熟悉的一个故事：庄子正在看一条鱼，他的一个朋友正在问他是否能"知道"这条鱼。读者也在同时阅读和审视多个对象：英国人眼中的西班牙，书中与作者对话的众多西班牙人，以及"非西班牙人"面对邻近"老牌"大国重新崛起的种种欣赏、羡慕、嫉恨交织的心态，等等。而我们之前对西班牙"野蛮落后"的"刻板印象"主要源于英美主导的"经典"历史书。1588年西班牙的"无敌舰队"被英国打败后，西班牙就被简单解释成进入了难以自拔的"衰败"期。正如《西班牙之魂》的作者所说："近400年来，散播西班牙的恶名是英国人的大不是。""西班牙原始落后、山高路陡、危险重重，有盗匪山贼出没，暴动频仍，血雨腥风，无像样菜馆，无可口饭盅。游客归来，传言儿童衣不蔽体，蓬头垢面，人民栖身岩洞，无室可容。"由此也可以说，各国的历史撰写原本都是集体自我本位，加上国际政治难以摆脱的"赢者为王"恶俗，经济富强大国总能更多掌握话语权，在诋毁他人撒布谣言之后，更好地包装宣传自己的国家形象。再进一步结合我们自身的外国难题讲，就是在当今势头强劲的全球经济一体化进程中，不仅仅日本有"教科书问题"，每个国家都有自己的教科书问题。这大概是当代中国年轻学者们大有可为的学术创新处女地。

再次的一个阅读体会是：过去我们觉得自己的工作和生活中出现严重问题，容易以为发达国家系列的"他者"做得比我们好，制度更先进和施策更合理，有所谓"灯塔思维"和"赶超意识"。而且对于我们自己的问题，会以为发达国家的顶尖学者们是"旁观者清"和值得追赶的科研标杆，因为他们的学术训练也比我们更严格和"高级"。现在中国的经济大为改善，国民视野广为开阔后，则会明白大国和小国、强势和弱旅，其实是各有各的好，各有各的问题或代价。我们过去的阅读理解，过于集中于欧美或英、法、德、俄，未来我们也要更多关注欧洲其他国家和世界其他地区。确实没有什么能够"救世"的国家和政府，历史的诸多迷雾和困题需要我们自己来清理。所以，今天的中国人也自然拥有了比之前更多的骄傲和自信。就像此书作者所说："西班牙当然与众不同，所有国家都是。大部分会为之欣喜，甚至引以为荣。"当然，作为一个盛衰起伏和重新崛起、再次富强的"老牌"大国，我们可能也要坦然接受新的现实，就是"他人"开始用非虚构的"新闻体"报道和评价你的各种信息，"他人"开始觉得你让人欲罢不能又琢磨不透，甚至发现你也是　样的可能逐渐变得"傲慢"或强硬。

《西班牙之魂》一书可讨论的内容实在太多，但在这篇小文中若是聚焦于"大国的气质"，则它也提醒或启示我们，大国国民的骄傲是很自然的现象，关键是要有与国民自信相互匹配的东西。那是什么呢？值得思考和需经受历史的考验。就像此书所写的20世纪初的西班牙，就像今天我们的日常工作和生活，也是"日新月异，不知疲倦，相关的故事怎么也说不完"。一方面，无数辛苦的努力实现了美好的初衷；另一方面，有些则是不幸地结出些恶果。在这本书中，作者认为与西班牙特有的骄傲最融洽的就是其国家文化上的丰富和高贵。丰富是指国家文化的活跃度和宽容度，正面和负面的都能够承受和消化，既渴望与其他欧洲大国一样发达，也坚持和热爱自己的"与众不同"。高贵是指国民追求上的气质高尚和整体精神面貌上的乐观自信。

"就算不能容忍，至少学会理解。在现代西班牙，理解他人既是最深的信念，也是最深的隐患。"因为身处迅速改变的西班牙新历史时期，西班牙人民仿佛不用商量地就自然达成了前所未有的共识，那就是面向未来、拥抱变化、再创辉煌。"西班牙人帮了我大忙，他们喜欢谈天说地，发表意见，聊聊自己。一来，不少人觉得这里是人间胜境，逢人便说美食美酒，独步天下；二来，他们坚信自己的意见即使不算最好，也比其他人高明，然而，大部分情况下，是因为他们性格开朗、热情好客。西班牙世界旅游强国的地位，不只靠阳光沙滩、果酒饮料。"正是因为绝大多数西班牙人都爱上了"全新"的生活，所以人人都在以全新的自我方式，付出着"连命都可以不要的超人努力"。哪怕，在国家文化特性与超级多样性并存交织的年代，如何处理西班牙国家内部的分歧和不同意愿，仍是经济和社会成就斐然、意义重大后的新一轮考验。

（《杭州》2021 年第 1 期）

18

"肤浅的道德"及危险和问题

近期读到一篇热门网文，作者自称"何大伯"来做"自白式"叙事。文章说自己和老伴都已年逾八十，客观上生活起居已需要有人照顾。虽育有三个相继退休的儿女，本有尽孝责任，但三子女也都有些自己的退休梦想和打算。文章公开两老的退休工资约是每月一万二，并说他们共商决定拿出其中的六千作为每天两百的现金报酬，另外的六千就是每月的伙食和生活费用；"聘请"孩子们轮流照顾自己，这个决定说出之后，三个子女很高兴地接受。从此三人轮班，精心买菜做饭、洗涤打扫、陪伴散步或居家聊天，家里充满了天伦之乐。有时某个孩子家中有事或另有安排，他们还会自己预约换班，确保照看父母的正常运行。我看到文章下面的网友留言，有赞成欣赏说这个方法不错的，更多的则认为这种让金钱与孝道挂钩的事情只会让世间子女都不再尽心报答父母的养育之恩。与此相似，给做好事的人发红包，也会被认为是培养一种太过肤浅、表面甚至虚伪的道德，所以这样的话一般人就不敢明说。

林语堂在类似的事情上说话比较大胆，比如他在《生活的艺术》中说，与西方人特别重视产品质量不同，中国人对自来水龙头滴水可能并不那么在意，任其滴答渗漏直到真正需要更换，留下时间和精力先做其他更重要或喜欢的事情。林语堂还说中国历史上之所以让一个富有或成功的男人娶"三妻四妾"，是因为这样就可以让天下女性的绝大多数都能拥有一个家庭，这与西方现代式一夫一妻制同样道德。林语堂说的这种中式古代道德，可能也比较表面和不符合现代人理解，但他巧妙地将之说得引人注目和值得讨论。

俄罗斯大文豪列夫·托尔斯泰写的《安娜·卡列尼娜》也由表入里地写出了一种道德上的肤浅，并指出这会导致危险的人格缺陷和社会变迁。伏伦斯基与安娜的爱情起初是让人意外和击掌赞叹的，因为当时的俄国上层社会尽管人皆偷情、荒淫无耻，但平时不断出入高级社交场合的安娜·卡列尼娜却结婚八年没有任何绯闻。安娜会注意到年轻军官伏伦斯基并爱上他，是因为他在同类人中具有一种特殊德性，为一个因养不活全家而卧轨自杀的父亲，他立马掏空了自己的钱包，递给火车站站长请他转交遭遇不幸的穷人。但随后，列夫·托尔斯泰就一点一点地描写他在情商和德性上的肤浅。比如虽然他们因为爱情引发的压力而不得不去巴黎躲避，但伏伦斯基想到请一位画家来为安娜画像，自己则可以更自由地出门社交。比如这个画家十分激动地完成了画作之后，小说的另一位男主人公列文看到这幅画后也震惊画上女性绝世罕见，并在见到安娜真人后，觉得人比画中更加美丽；但伏伦斯基则觉得这就是一张常见的人物画而已。读者由此慢慢地看到，伏伦斯基对安娜虽有真爱，但只是一般的肤浅的爱，他更多的是享受自己的胜利，也就是成功获得了他人没能追求到的女性。虽然他在火车站第一眼看到安娜时，确实惊艳其天香国色，但内心其实并没有真正意识到画家和列文所感受到的安娜的内在生命活力和真诚心灵。列夫·托尔斯泰之所以被誉为文坛巨匠，就在于他能从容不迫地把这段不寻常的个人爱情和人间交往，写成传统俄罗斯面对现代西欧价值观挑战的一个缩影，对"个性解放"和"民主自由"一知半解的伏伦斯基，虽然激活了安娜压抑长久的生活热情、虽然也在安娜自杀后有了真正的觉醒，但正是他道德和人格上的幼稚和肤浅，亲手葬送了安娜和他自己的所有前景。托翁因此为全书做的题记是"申冤在我，我必报应"，强调俄罗斯的现代化之路需要持久的深刻思考和不断的谨慎选择。

近年来一部印度裔英语作家的处女作《白老虎》引起了中外学术界的高度关注，今年奥斯卡还为由这部小说改编的同名电影提名"最佳改编剧本"。小说的年轻作家阿拉文德·阿迪加出生于印度、在澳大利亚成长，从西方名校毕业，曾在英美多家知名媒体当过专栏作家和记者。所以他也写活了一个印度式学了他人文化皮毛就"食洋不化"、自以为是的人物。小说的主要故事是一个印度农村的低种姓穷小子巴尔拉姆，不甘于社会体制以及主人们的多重压迫和残酷剥削，最终通过杀死小主人阿肖克、谋得其贿赂之财，成为一个城市企业家。巴尔拉姆出生于"黑暗之地"，命运就像是鸡笼里的鸡。阿鹳作为村主掠走了全村三分之一的收入，他的大儿子猫鼬与父亲阿鹳一样欺压村民。所以当阿鹳的小儿子阿肖克从美国回来显得彬彬有礼时，巴尔拉姆突然意识到"这才是我的主人"，一个接受了现代教育、可能改变罪恶旧秩序的印度新男人。

"杰出穷人"巴尔拉姆拒绝了奶奶为他安排的婚姻，学习开车并成为阿肖克的私人驾驶员。他随时关注和领会阿肖克的一切"先进"生活方式，包括学习接触网上信息。阿肖克也渐渐把他当作特殊随从，会亲切地将手放在他肩上，让他不叫"主人"而以名字相称。他和巴尔拉姆一起练网球、打游戏，一起品尝底层人的饮食和体会他们阴暗破烂的住处，甚至还会和妻子平姬学着他的方式对神祈祷。从纽约来的平姬还诅咒该死的种姓制度，告诉巴尔拉姆必须通过学习改变自己命运。不过随着故事的进展，读者会逐渐读出他俩表演式的道德一钱不值，那些模仿西式民主的习惯性动作，根本无法掩盖他内心的愚蠢傲慢和永不会根除的主人意识。

所以，关于这部小说可以讨论的问题很多，但其中的一个另类角度追问就是：像阿肖克这样的"半吊子"是不是本该死或必然被杀？有许多情节和细节说明阿肖克这个有着煤矿资产家庭背景又留学美国名校的小少爷，对自己国家和西方世界的认知有多么肤浅可笑，对印度和个人的前程又有着多么不切实际的幻想。他曾在车中对夫人说："印度的一切已经发生了翻天覆地的变化，我觉得我留在这里比待在纽约更有作为。按照印度现在这种巨变的速度，十年后这里会和美国一样。还有我更喜欢这里，这里有这么多人服侍我们。我们有司机，有门房，有按摩师，我们躺在床上就有人把茶点饼干端上来，这在纽约能行吗？"因此，他放弃了纽约、留在了家乡，一次次帮助家族生意去向各种衙门送钱行贿，他烦恼的不是印度旧政体的公开腐败和新民主的彻底虚假，他讨厌的仅仅是收下钱的人总是贪心不足，拿了钱还常常不马上办事；他憎恨的是自己的司机竟然会给一个要饭的一个卢比，他以为一百卢比就是他应该给仆人结婚用的"慷慨"施舍。他竟然以为所有的庶民都会对他的西式宽容感激涕零，都像巴尔拉姆一样老实愚忠、智商低下和百依百顺。所以他既不愿像父兄那样对村民凶狠，也不懂像女友乌玛那样对所有陌生人都充满防备，用巴尔拉姆的话来说就是：小少爷"脆弱无助、孤立无援、胸无城府，而且丝毫没有流淌在地主血液里的那些本能来保护他。要是在拉克斯曼加尔，这种人就叫作待宰羔羊"。表面上阿肖克死于自己的疏忽大意和草率轻信，实际作者也通过这个精英式弱智儿来解剖印度的现代化为何会在陈规新俗中污浊不清，让极少数人的豪夺巧取能够变本加厉并让整个国家误入歧途。

极简或一般地说，生活中"肤浅的道德"总比不道德要好，但肤浅道德也有许多不同的程度，如正常但可接受的、奇怪但可理喻的、不可宽恕的、不可饶恕的，等等。社会精英往往要根据社会人群的肤浅德性来制定普惠的政策，如鼓励生二胎、支持家庭社区养老、奖励义工和献血捐赠等，包括提倡平等自由博爱。但与"肤浅的道德"相关的危险和问题其实很多，需要每个人自己重视和管理起来，比正常的肤浅道德更恐怖的问题，也许是对自己和他人的愚蠢无知和莫名其妙的道德优越感，它们可能引起的不仅是言行失误和误用政策，而且是更严重的生存权威胁和集体利益折损。

（《杭州》2021年第5期。因为版面有限，发表时有删节，标题为《道德上的肤浅与优越》）

19

迅速膨胀与发展埋下的隐患

从新闻中不断看到一些当代"老牌帝国"在疫情下突然"崩溃"的现实惨状画面，曾遇一位老邻居拦住我问：

"你觉得美国是不是马上就要完了？"

"你是说像电影《日本沉没》那样再过几个月就没了？"我也问。

"可不是嘛，就白茫茫大地真干净了！"

他说完就有点自我愉悦地扭头走了。这样神奇的日常问答让我发现，人们其实对一个强大文明也可能瞬间倒塌还是有点担忧的，毕竟在大自然的时间观里，几个月、几年，甚至几百年，都不过是一瞬间。人造的文明其实一直很脆弱，如何可能抵抗"老天爷"的地老天荒？不仅人造核武器可以实现一键毁灭地球的邪念，而且一些生性活跃的小动物们也可能突然携带莫名病毒，让整个现代文明世界几乎停摆和陷入混乱。只不过人们常常感觉危机还好发生在他乡，幸庆自己的脚下仍是一切安好。由此也想到一本不被文学界重视的奇特小说，彼得·德鲁克的《行善的诱惑》，就讲到了类似的一个普遍心态和人间常景。

德鲁克作为开创现代管理学的大人物，容易让人以为他是企业家的最佳导师，在论述提高生产力和绩效管理上特别有一套，其实他的思考广度、深度和敏感性少有人企及，而且在清晰表达的简洁透彻上也无人能比。如果说中外高等教育的很多"内卷"就体现在对相同问题的无休止挖掘上，好比一个观察对象不变，总在变的不过是一套套理论与方法、"放大镜"的高精尖和最新制作材料，那么德鲁克的一生就是珍惜自己和他人的每寸光阴，从不卖弄知识和自视甚高，永远针对真正迫切的大问题进行较真的探讨。《行善的诱惑》是德鲁克73岁时的创作，由于他深知文学叙事与一般理性陈述的区别，所以才用小说来概括提炼自己积累了一生的思想成果。小说故事既不惊艳，也不俗套，看似平稳，实则惊魂。

圣杰罗姆大学的传奇校长海因茨·齐默曼神父，用20年时间务实创新和举贤任能，将一所眼看就要被时代淘汰的教区学校打造成与耶鲁、斯坦福齐名的全球领先研究性大学，却因为某个精神反常者的一封诽谤信而遭遇信任危机，并最终离开。这个故事已经被中国读者充分阅读和解释了，如认为故事中主动和被动卷入"咖啡杯风暴"的多数人都是"乌合之众"，虽然人人都因为神父的20年努力获得过自己的诸多好处，但在舆论危机中却个个都在抱怨、猜忌、憎恨他人、想看名人笑话或只管保住自己的切身利益。如认为这部文学作品说明"现代管理者"大不易，齐默曼神父身为企业化现代大学的管理者，专业高效、能筹巨款、始终保障学校的迅猛发展，但自身却还是未能做到完美，未能洞悉人心、谨言慎行和避免误解，也忘记了管理者的一切作为都必须按照应有的组织程序进行，等等。

在2020年的全球疫情暴发之后，再来回看这部篇幅不长的小说，不由地感到其象征意义和寓言特征更加突出鲜明。这所经历危机考验的大学，也象征所有人类的企事业单位和组织团体，也寓言化了所有现代人身处其中的现代困境。如果说故事的结尾是一个小挫折就让一所著名大学和一群知识精英都突然原形毕露、前程难料，那么疫情导致的世界各国危机和攻关不易的现实，不也让我们看到相似的诸多无奈和震惊吗？那么，顺着这样的视角，思索近五百年建设"发达国家"越快越好的现代文明历程，究竟埋下了什么隐患呢？德鲁克起码用了三个方面的情节反转，让我们认真追寻隐患或问题到底是什么。

首先是故事男主齐默曼神父的隐忍不争，引导读者跳出个人恩怨和管理方式不当的表面烟雾。小说通过自小就认识他的教务长瑞特之口，说齐默曼神父从个性上看是一个高傲好斗的战士，遇险时总是勇猛对峙、绝不退让，从成长经历上看是曾经痛改前非、弃暗投明，从工作方式上看是锐意进取、明智兼顾，那么他为何此次，却在一个铁定的诬告面前保持沉默了呢？虽然读者会在这个小说叙事的上帝视角中，看到他的同事好友们都无端指责、心怀恨意或临阵逃避，但他自己重点做的事情却是反思20年和重新认识自身。虽然读者会清楚他反省学校的快速发展和伟大成果其实"全是空的"，也包括了自己利用他人"满足了虚荣心"，但就像他的朋友和精神医生博格维茨所说，"今后他将像我们其他人一样"，回归生活普通也更真实的状态。不仅如此，由于故事中像他那样在突发危机中进行类似深刻反省的人并不多，所以小说也暗示，类似齐默曼校长的经历其实无法避免。现有的建设成果不是这次坍台，也会有下次的崩盘。只有读者，才会意识到齐默曼已经为学校和他人全力工作20多年，克服了多少困难，贡献了多少才能，才建立起今天的局面，而具体受惠和享有特殊待遇的人们，却大都认为自己得到的岗位和平台是因为自己有才、本该如此，现成而又自然。这难道不是我们多数人对今天各国物质文明水平的一般看法吗？

其次是齐默曼在反省后对教务长的唯一重要建议，就是那位批评自己最厉害的改革派代表说得也有道理，不妨让他来顶替自己留下的空缺。故事中那封诬谤信不过是导火线，引燃的是大学各层领导者之间和他们与老师们之间的权力关系及权责归属问题。改革派代表提出的修正条款是：各系主任采用不记名投票的方式选出三名委员，成立"教职员决策委员会"。委员任期三年，可以竞选连任一次，决策范围包括聘任、解雇、升迁、终生职之决定、薪酬以及奖惩等，委员会具最终决策权，但仅听命于校董会。所有人事决策的相关申诉、投诉或争议均由委员会受理，其仲裁将是最终决定，并具备约束效力。对这样的新提案也有人看不下去："在我看来，你的建议是将行政管理的工作整合为仅此一项：找钱。而教职员，或者更精确地说，系主任们——则决定如何用这些钱或用在那里，对不对？""没错。"改革者回答，"管理层的任务的确应该被局限于募款、招收有水准的学生以及打点好日常事务，其余的政策和人事问题留给教职员处理就好。"最终，人们吵成一团、莫衷一是。有趣的是，在一堆花哨语词和"政治正确"的民主程序解释之后，改革派代表的真正意思就是：校长负责筹款，教师代表们负责用款，这十分类似于 2008 年美国"华尔街运动"中的一个信念：让富人和能人们把挣的钱交上来，让凡人们去自由地花！齐默曼校长认为这也有道理。这个构思独到的情节确实拍案惊奇、击中要害，直击了每个当代"经济人"的中枢神经。

由于小说结束时圣杰罗姆大学的前途悬而未决，所以我们并不知道改革派的建议是否真能实践，但是读者确切知道的是好几个年轻人做出了重大的人生转向选择：曾经想辞职保护齐默曼荣誉和得到公开爱情的女秘书爱格妮斯，却选择了不追随他，不再当贴心秘书，而去担当圣杰罗姆的副校长。曾经充满自信的心理医生博格维茨终于意识到，生活里不只有病人，还有罪人，从而重新确认自己必须有信仰。前途无限的主教秘书汤姆·马丁尼放弃了被提拔高升的机会，选择回归一线做普通神父，或也准备回归家庭企业当负责经理。这些决定都出现在男主角齐默曼反省和学校领导权变更战役未决出最后结果之际，有意外，但更在情理和作者的良苦用心之中。

因为德鲁克心中的现代管理学不仅是帮助致富、协助成功，而且是通过好的组织和管理，让所有的现代文明中人，成为更好的人。所以小说通过一堆扁平人物的乌合和衰败情节，映衬出另一些少数人的清醒和觉悟，强调类似圣杰罗姆大学 20 年高速发展埋下的隐患，其实就是人的建设赶不上和配不上经济实力上的腾飞，所以那些伟大成果可能"全是空的"，仅仅满足了人类相互利用、征服自然和胜过他人的各种"虚荣心"。

运用现代社会赋予我们的和平仁慈、自由平等价值观，管理和建设好自己，承担起应有的责任，做好小劫大难中的重要抉择，大概是德鲁克给我们的提醒和建议。看似平常却是震撼！体现的正是德鲁克的思想和文学风格：瞄准真问题，弹无虚发。

（2021 年 6 月）

20

"大小由之"与人的发展

2021年5月初，美国有史以来最大的基金会，即比尔及梅琳达·盖茨基金会联席主席比尔·盖茨宣布离婚。作为万众偶像或一代人的标志，他们夫妇要结束的是长达27年、育有三个孩子、看似极其幸福美满的婚姻。在举世震惊之后，网传各种信息主要指责的是这位男性家长。比如这个超级工作狂平时其实完全不顾家，结婚时也从来没有考虑过感情，只考虑利益和资产的得失，理财高手梅琳达不过是他的双重高级助手。比如在婚后，他仍长期与大自己9岁的初恋女友安·温布莱德保持亲密关系，同时又与已经有正式男朋友的女下属斯特凡妮一直有十分投入的地下恋情。比如这个科技巨头其实从大学起就一直是"好色之徒"，甚至此次离婚的导火索就是梅琳达发现他与亿万富翁、涉嫌组织未成年少女性交易的爱泼斯坦有交往。2019年10月，比尔·盖茨与爱泼斯坦多次会面并参加了由他组织的某些秘密聚会。还有一种猜测就是这是一个"假离婚"，是这两个巨富需要像亚马逊总裁夫妇一样避税。

不管真相如何，比尔·盖茨的"人设坍塌"是铁的事实，确实让人内心崩溃，我也很难接受一个为世界做出巨大正面贡献的名人，还有这样的另一面人格。这也让我想到了德鲁克的一句名言：小说写的是人和人的生活，管理的目标是人和人的发展。如果德鲁克还健在，他会如何评价比尔·盖茨这样的人和他的人生自我管理呢？

德鲁克写于 70 岁高龄之后的两部小说一直是我的床头书。《行善的诱惑》基本是虚构和简洁的情节，而《最后的完美世界》就与他的另一本回忆录《旁观者》接近，写的是真人、友人和他们的家族，所以写起来更不容易。为了不影响这些若还健在、应该年纪在 90 岁上下的人生相知和他们的后代，德鲁克聪明地把这部小说写得虚实相兼、情节复杂、人物关系众多，许多事件的"后来呢？"都只有清晰的逻辑，没有明确的结局。因而从阅读效果看，这部小说更易产生歧义，尤其是四个故事主角，对其才干和社会贡献虽会有共识，但对他们的人品和婚姻则会评价不一。

如翁华安先生的解读就强调第一个故事主人公索别斯基拥有真实的历史身份。他在家族势力的压力下，运用自己的能力和远见，与同样杰出的辛顿和莫森索尔一起，组成无往而不利的三人创业团队，用 30 年的时间打造了一个惊人的跨国金融公司。在如何将个人的商业梦想从创造财富，转为贡献给国家和社会、让人民富足的远大目的上，三人心有灵犀、步调一致，体现了那一代"贵族"精英的高贵人品和责任担当。虽然这前三部分的故事险象丛生、环环相扣、耐人寻味、常读常新，但与此同时，在这几位主角的家中和朋友圈中，则都充满了各种阴谋诡计、欺诈欺压和纨绔子弟们的胡作非为。比如在一号男主索别斯基的家里，有着一个不断向生父索取的私生女亨利埃塔，一个养尊处优，并包养年轻情人欧文的妻子玛吉特，以及夫人的闺蜜同学、聪明神秘的约瑟法，她竟是索别斯基事业上的秘密高参。

所以网易上有篇笔名"米其林出的冰淇淋"的网友写的读后感就说："这是个多么荒唐的故事，如果用一个词，那就是下流……或许我们会说，那是发生在欧洲上层贵族的故事，当然是这样子的，让人觉得荒唐。作为一个现代管理学之父，彼得·德鲁克为什么会写这样的小说？我想不通。"对此，另一篇写得精彩的文章也许就回答了他的疑问。笔名"亚特兰蒂斯的水手"在

《读彼得·德鲁克札记》一文中说：这几位拥有贵族身份的商人、学者、艺术家，各有各的野心和情欲，但也各自坚守使命、责任、趣味和分寸感。他们的生活并不纯然高尚，也不纯然鄙俗。他们总是面临人生抉择，也总在决断时刻担起责任。旧日的欧洲文明，曾经在家庭、家族、宫廷、军旅中培育了这样的人物。他们是那时文明的代表。而新世界，"通过参与管理，人类将重新认识自己，产生影响和建立关系"，这是它培育自己的人物的唯一机会。

我们都知道比尔·盖茨最大的贡献之一是开创了计算机图形界面操作系统，即我们今天几乎人人都在使用的微软公司的 Windows 系列。由此他获得了无尽的财富，早已与他能干的妻子一起，用新型基金会的名义，致力于在世界范围内的普通人的健康和幸福。2021 年 6 月 3 日，比尔·盖茨离婚后首次以视频形式"现身"中国，在浦江创新论坛上发表主旨演讲。盖茨表示，他相信中国在包容性创新上做出的长期而坚定的努力，将有助于全球尽快终结新冠肺炎疫情，补救经济损失并帮助到那些弱势群体，让每个人都有机会过上健康而富有成效的生活。这样的消息也让我反省自己在中国大学的讲台上一直引导学生们要做一个"大写的人"的观点，无论是出自马克思还是引自鲁迅，"大写的人"都是强调大公无私、胸怀坦荡和利国利民的，但是德鲁克也同时坦荡地写出了"小写的人"，或者大人物的隐秘私人空间，它们是充满复杂人际关系的、很难平衡和调停矛盾的，甚至是放纵自我和随性而去的。所以，我其实也要反省、管理和发展自己。

我小时候拥有的第一支毛笔是父亲用五分钱买给我的。拉开淡黄色的毛竹笔套，就可以看到洁白的羊毛笔尖。我看父亲挑选的时候，首先用手滚动竹制笔杆看是否平直。每支笔的笔杆上都有四个手工刻下的大字："大小由之。"父亲说：你把笔尖用水泡开后，站着写，可以写大楷；坐下写，可以学中楷；以后提笔写，还可练小楷，大小由之。那支笔我用了很久，尤其对大小由之、小大由之、可大可小、可长可短这样的中国式灵活思维特别喜欢，常挂嘴边，因为这样，就有了生活和人性的丰富性和自由伸缩的可能。

从这个中式思维去理解，德鲁克心中的现代人之"参与式"建设与发展，也是提倡尊重生命和人性的自然多样性。《最后的完美世界》不仅赞美大写的人和他们在大事情上的德性、决断和行动力，而且也欣赏他们天性上的真诚和率性，自然和自在。尤其是在私人生活空间中，能人和要人的生活肯定会更复杂，会与更多不同层次和特点的人有更错综的关系，所以，在德鲁克的笔下，现代文明社会之所以管理得让绝大多数人更幸福和人生更完美，就在于他们在社会抱负和责任上可能有更大的施展空间，同时在个人人品和生活方式上，也更可以冷暖自知，大小由之。

（2021 年 6 月）

21

亚马逊公司的功过一瞥

2021年2月的最后一天，中国女性导演赵婷凭《无依之地》获金球奖最佳导演，创造了新的华人金球奖历史；2020年9月，她也因为这部片子获威尼斯国际电影节最高金狮奖，成为第六位获得该奖项的华人导演。《无依之地》改编自美国女记者杰西卡·布劳德的同名非虚构作品，其早已及时地被译成中文。估计观看这部电影和阅读这本书的中国读者都不会少，这真是太好了，会让更多的人增进对现代商业文明的仔细观察与认真思考。

电影与书的内容相比，已经有了很大改变：电影的主要故事线索更清晰连贯，突出了演员的个性呈现和特殊感染力；书则是多线条叙述，内容更丰富，作者的评判立场也表述得更直接。这也是近期文艺界的一个普遍现象，就是可以在原著的改编过程中立即进行全新的创造（不再纠结是否忠实于原著），让文字的力量与影像的力量各具风采、各显神勇。现代社会的日常生活确实需要更多的个体创意、大胆选择和网络化的自由信息交流，这样才可能更多更快地实现理解、沟通与互助，让人们共同面对复杂的现代化挑战和普遍小康化生活的得失利弊。

与《乡下人的悲歌》一样，《无依之地》聚焦了贫富差距越来越大的现代世界的严重困题。同时，这部作品也强调了现代商业发展进程中的另一个同类普遍问题，就是在国家经济腾飞或者在全球化贸易越来越快速之际，地球上有很多资源性小城镇，迅速地崛起又飞速地衰败，只留下一堆边缘化人群与被破坏了的生态。发达国家早就出现过这种挣钱的狂欢和之后的失落，形成所谓的"铁锈地带"，但大国地位让其国民误以为自己还优越于他者，可惜后发国家也仿佛很难不重新经历一遍。在这些有自然资源和条件的地方，一部分人可以通过努力实现阶层跃升，但大多数人则只能在小康之后就发现自己已悄然降级。曾经的一个全日制工作可以轻松度日，但中产阶层生活在标普化后，人们则可能面临工作不稳定、医疗费用高、人情不如从前、退休担心养老等更多忧虑。谁之罪？还是谁都躲不过？这考验我们每个人的观察、预测、思考、选择和处理能力。

我很高兴地看到导演赵婷没有追随女记者杰西卡·布劳德的一个重要观点，那就是对亚马逊公司的不信任和严词指责。电影中虽然有女主角在这个公司运储仓库的工作场景，但镜头不多，也没有像书中强调那类工作的"杀人"气氛。若是阅读文字版则会读到：亚马逊公司认为露营打工者是一种即插即用的劳动力，非常方便用于季节性临时工作。他们在被需要的时间和地点出现，一旦工作结束便会马上消失。他们不会留久到能够加入工会，他们所从事的工作使他们的身体疲惫不堪，甚至不想参加社交。在福利和保护方面，他们的要求也很低。这样的叙述也让我们记起福耀玻璃在美国建厂的经历，很多工人现在特别痛恨"资本家"，同时也怀念曾经的"好工作"。

针对这样的矛盾心理，亚马逊公司的招工广告就是一种励志口号："认真工作，玩得开心，创造历史。"亚马逊公司针对今天的历史需求，不断尝试开创季节性临时移动工作场所。他们会强调这类工作的无形报酬：你的周围是同一项目的同事，他们聚集在一起结交新朋友，重新认识老朋友，分享美味的食物、动人的故事，一起度过一段好时光，这比金钱更重要！杰西卡·布劳德在记录这些招工宣传内容时是带有嘲讽意思的，但非虚构写作有其客观性和对不同人物的现场采访，所以读者也会读到，对健康尚可且想工作的老年人而言，亚马逊公司是最稳定和工资最好的。它的工作环境有很多问题，空间太大，工作方式太机械、太累、对老年人的身体有危险，但另一方面，确有不少老年人特别感谢它和认可它，所以说，这也有一种双向的认可。

杰西卡·布劳德的疑惑是：为什么亚马逊这样的公司会欢迎年纪较大的人来做本该适合年轻人做的工作？"因为年纪更大，员工的职业道德感更强。我们有一些八十多岁的员工，他们的工作做得非常棒。露营打工者族群普遍年龄较大，这最大的好处就是他们已经工作了一辈子，明白什么是工作，所以工作起来专心致志。他们知道这是一场马拉松，而不是一次短跑冲刺。这有点像龟兔赛跑，我们也有一些年轻员工，他们总是匆匆忙忙、草草了事。而老年人的工作却有条不紊，按自己的步调工作着。不管你信不信，到了下班时分，老年人和那些年轻人完成的工作量是差不多的。"这真是特别值得深思的事实。

我生活在杭州，是淘宝网的第一批客户和忠实认可者。我一直赞赏从杭州起步的阿里公司为这个城市和整个国家常年努力逐渐创建的"功勋"。在2020年初新冠疫情突发之际，全体中国人心里所拥有的一种镇定，包含着淘宝网开创且已经稳定发展的中国式电商模式。亚马逊公司和很多中国大小企业也一样，它们本身不是恶魔，资本主义或者说市场经济体系可能是内含危险的，但我们不能因此放弃让每个人都富起来的时代性大机会。从《无依之地》我们也可清楚地读到，仓储零工最大的痛苦不是累，是单调和心灰。如果只是劳动强度太大，手持扫描仪太笨重，是可以通过管理和技术的改进来迅速改善的，如大小机器人已经大举进入并开始替代了。但《无依之地》的主人公之一还告诉读者：他第一次在亚马逊度过销售旺季时，已经近距离观察过美国人买的各种垃圾，并感到很恶心。那次经历打消了他的所有幻想。在他离开仓库工作之后，亚马逊公司的业绩却依旧在挣扎。我以为这是这本书和这部电影的另一精彩之处，那就是认真思考消费文化以及人们在短暂生命中囤积了多少没用的东西。由此，这个作品也已经成功地启示人们：认真重审我们日常生活中那些最大的开销！用极简主义和小房子运动来反对盲目的消费文化；正视变迁、热爱工作、保持清醒和坚持努力，过一个丰富的人生或晚年，而不只是天天挣扎着生存或致富。

（注：在此书出版的过程中，我很高兴地读到这个新闻：2021 年 9 月 10 日，在新冠疫情期间扩招了 40 万员工的亚马逊公司宣布：将为其 75 万名在公司工作超过 90 天的美国时薪员工支付全额大学学费、学杂费和教材费。同时，亚马逊公司最新的教育计划还将支付员工的高中文凭、GED（普通教育发展证书：General Educational Development）和 ESL（英语作为第二语言：English as a Second Language）费用。在这之前，亚马逊的主要市场竞争对手沃尔玛公司（Walmart）和塔吉特公司（Target）也采取了类似行动。塔吉特公司将为 34 万名美国员工提供免费上大学的机会，而全美公司规模最大的沃尔玛已经为其 150 万员工提供了同样福利。）

（2021 年 5 月）

22

疫情危世需要警言，也需要吉言

"国家不幸诗家幸"，中国的这一著名诗句曾指在中国古代，内忧外患和国破家亡之际，往往会有更多的优秀诗人和诗作因此被激发和成批涌现；其实国外也一样，比如1832年一场霍乱疫情席卷巴黎，仅仅几月就有2万多人死于这场大流行病。他们主要是挣扎在底层的贫穷工人，早就因为又脏又乱的生活环境而心怀强烈不满。最终，愿为民众利益说话的拉马尔克将军也丧生大流行病，他的葬礼引发了反政府游行和在被封锁街道上出现的大暴乱。维克多·雨果的传世名著《悲惨世界》，记下的就是那个疫情加剧社会震荡的惊心动魄时期。

但在今天，"国家不幸诗家幸"这话的意思，已经不再仅指杰出"诗人"的创作能"先天下忧而忧"，而是早已成为自然科学、社会科学、人文学科工作者和一切有心人的共同志向，那就是做任何研究、思考、创作和向公众发声，都应该努力让其对人类文明和国家社会具有一种预见性、"提前量"和贡献智慧。借助现有的信息环境和科研条件，杰出的智者们应该能够更准确全面地预估可能到来的各种状况和民众苦乐，并能以真正击穿相关议题真相和实质的勇气和灼见，以及不断更新、发人深省、利于传播的创意形式，来呼吁和警示天下所有人，鼓励人们耳聪目明、头脑清醒、精诚团结，共同防范那些不断逼近、逐渐增量的社会动荡风险。

2021年2月一篇三人署名刊登在《IMF研究视角》的文章《新冠疫情的长期影响：大流行病带来的社会冲击》，用一组量化数据分析，说明人类文明史上有很多疾病暴发对社会产生深远影响。大流行病不仅可能破坏政治形势和社会秩序，暴露或加剧社会中既已存在的薄弱问题，其中一些还可能最终导致社会动荡。从时间点上看，在流行病暴发或刚结束时，以动荡形式体现的社会创伤可能不会很快出现，因为面临疫情压力的公众舆论，一般都更倾向于呼吁团结一致地抗击疫情。但从更长期来看，社会动荡的风险会大幅上升，并且通常发生在严重疫情后的两年内。"两年内"，是数据研究得出的一个准确时间段预估；会发生什么，也只能是根据已有淤积问题进行一些"毛估估"。在这个可能充满险情的时段中，社会的各种潜在"大浪"都在相互推搡、试探抛头露面的成功时机，社会突变前的成功人士和挣钱行业也　样，需要不断变换模式及风格才能保证存活，保持活力和影响力。

在这疫情反复时期，媒体舆论也一再提及2005年获得诺贝尔经济学奖的托马斯·谢林的名著《微观动机和宏观行为》（中国人民大学出版社2005版）。无论是戴口罩、打疫苗，还是如何隔离、何时需要封城，政府和精英们在做决定和选择，普通人也在进行日常选择与各种应对。在这个全球遭遇疫情，也普遍拥有无线网络的年代，正如谢林所说：你的每个选择不但会影响到别人，而且很有可能会影响到整个社会。个人的偏好、温和的想法、个别极端言行，或极少数人的不自觉，都在流行病暴发时期更快速地产生群体性影响，让微观动机和宏观行动呈现出复杂的互动和无法简单预判的情境。

最近的阅读和上网浏览让我惊喜地发现，托马斯·谢林也是我喜欢的另一个特别乐观的经济学家泰勒·考恩的研究生导师。与许多盛世警言的知识分子不同，泰勒·考恩是那种认为杯子里已有半杯水的性格，他"话唠"式的频繁发声，基本都可说是"危世吉言"。他的《商业文明礼赞》《创造性破坏》《大停滞》《再见平庸时代》都已经被译成中文，讨论的都是值得惊喜、触手可及的周边变化和生活文化的微型改进。

作为一个大学教授，他不仅是受人尊敬的经济学家，而且是多产的博主和业余美食评论家，还是个极有见识的采访者。他的播客"与泰勒·考恩对话"有许多合作学者和稳定的听众，风格是特别励志、乐观向上和紧扣现实问题。在他看来，今天的我们大都已经没有道德基础来贬低"他者"（如年轻人或异文化）价值，但我们对自己的幸福和后人的福祉承担同等的义务。由于每个个体的微量言行与社会宏观趋势是一种长期的复合作用，所以在尊重基本人权的前提下，经济增长就是我们影响当下和未来的最有效手段。因此，我们思考和努力的主要目标就应该是最大限度地提高可持续的经济增长。

比如关于 2020 年以后全球性新冠疫情蔓延期间，少数巨富变得更富，绝大多数国家和人民的经济状况都变得更弱和更不稳定问题，泰勒·考恩认为政府和个人各有义务。对个人而言，应该承认大的趋势无法抵抗，现在拥有的就是你的最好（最好不是过去、也不是未来）。泰勒·考恩建议我们：必须学习"享受"目前的"混乱"，发现对自己有利的新机会新条件，这只不过是一个"奇怪的和平年代"。

比如：如何享受"奇怪的和平年代"呢？泰勒·考恩建议大家要学习信息时代的提升素质方式，如通过网上免费的指点或网课更新自己的技能，尝试在家上班，放下"高大上"的传统追求，探索真正的自然生活想法，包括重新思考工作、医疗、教育、城市建设、贫民窟和疫情导致的新聚集区等等。泰勒·考恩甚至通过亲自品尝和推介各种街边普通小店的日常美食，来说明花更少的钱，其实也一样可以享受很多疫情之前没有看到过的美好生活。

泰勒·考恩的观察思考不拘一格，被赞也被骂，但肯定是一些充满了有趣有料有建议和振奋人心的见解。即使你不接受或不相信，也仍会让你以不同的方式看待疫情危世。

（2021 年 9 月）

23

法国获奖小说《异常》中的当代中国形象

国际政治学的"国家"定义更注重国家的客观物质基础，如领土、人民、社会制度等，现实中的"国家"对于一般民众来说，更多的是感受、印象和联想。正如本尼迪克特·安德森所说，"国家"是"想象的共同体"，是诸多信息和符号的复杂集合。文学类小说作为语言符号最重要的载体，它所释放的海量信息、所具有的传播规模、所引发的无边想象和定向联想，正是国内外民众形成对自己和他者国家印象和认知的主要来源之一。

从这个角度看，最近阅读的 2020 年法国文学最高奖（龚古尔奖）获奖作品《异常》中文版[1] 中，当代中国形象真是不仅相当正面、高大、德性，而且充满神秘感和定力，相信这一定会让中国读者们惊喜异常。如果说一个国家的形象在国际传播过程中，主要由实体形象、虚拟形象和民众印象所构成，那么在这部小说中，当代中国的虚拟国家形象，较之赛珍珠、毛姆、博尔赫斯、赫尔曼·黑塞、贾斯汀·希尔、安德列·马尔罗等人所描绘的形象，明显

---

1 艾尔维·勒泰利耶 . 异常 . 余中先，译 . 深圳：海天出版社，2021.

有了极大提升。

以高票夺得龚古尔奖的《异常》被评论界认为是一部宏大的复式小说。主体故事的背景是即将来临的 2022 年 3 月，一架载有 243 名各国乘客的法国飞机从巴黎出发，中途因奇异气漩而短暂失踪后，安全降落在美国纽约。但 3 个月后，又一架载着同一批乘客的法国飞机飞到了美国领空请求降落……机场地面工作人员迅速报告国安局和应急指挥中心，直到惊动白宫最高领导人，商议如何应对这架前所未有的空中怪机。

以国家安全名义、被连夜紧急召唤前来帮助总统决策的，有三批重要人物：一是各学科最卓越的科学专家，二是各种信仰的宗教高层代表，三是顶级水准的心理危机处理团队。由于科学家团队提供了三个被广泛认可的科学解释，强调这一模一样的飞机和 243 个有个体"复制品"的乘客，并非不可接受的"异常"现象，而是涉及整个科学界正在全力推进认知的人类文明存在真相，比如"虫洞"、人体"复印"和仿人脑设计"程序"（这部分太考验阅读者的科学素养）；也由于各种宗教代表在争吵不休中勉强达成"暂时的共识"，就是保留这些非天帝创造的"异常"生命，为的是保留多元的人类文明现状；也因为 200 多个乘客在遭遇另一个自我或另一个陌生"他者"时，会出现极多不可测的反应，但是美国自认已有足够的心理学家来监测和帮助他们调整好自己的精神和心理；所以，这部小说也借此主体故事的框架宏大和超前式新奇，同时写了大约 8 个相互自由联结的小故事，来展示众多人物的"原本"与"复本"、相见与对话，以及一个个离奇的事件和超常变迁的人生。最终，小说所要探讨的，恰是今天这个世界上，各国在共同经历了 2020 年初出现的新冠疫情之后，人们需要每天面对的、大量的、超乎了太多人预期的各种社会和精神"异常"状况。

让中国读者在阅读中感到惊喜的是，由于这 243 个特殊乘客中有 20 多个中国乘客，所以故事中的应急行动最高军事指挥官西尔维利亚将军觉得，遇到这样的突发事件，必须首先联系的其他国家领导人，当然是中国。所以他们立马拨通了给中南海的热线电话。故事中的未来中国最高领导人，很平静也很理解地听完了那个美国顶尖科学家做出的"异常"事件解释，然后多少为美国人的大惊小怪感到莫名其妙（这里有文字游戏）。他语调坚定也情绪平静地告诉美国人：我们最关心的就是这个飞机上的20多个中国人，所以首先请尽快发送他们的名单给我。

中国读者的惊喜还不止于此，这部小说也告诉读者：如果今天这个世界上发生了什么特别的事情，他们已经不是最先发生在美国，而是会首先发生在中国。所以，小说作者用上帝视角的叙述方式告诉读者：异常的飞机降落事件在法国和美国之间发生在3月和6月，但是在中国，却是发生在4月，在北京至深圳的航班途中。在法美的异常飞机上有243名乘客，而中国国内的异常飞机上却有322名乘客，也有国际乘客，包括15名美国人。

于是，小说就让读者看看对比：当同一法国飞机两次降落美国纽约时，美国最高领导人的第一反应就是：应该把它击落和消灭？但是当他们联系中国领导人的时候，他们才意识到，中国已经"领先"于其他国家地应对好了。他们把那些拥有复制版本的322名乘客，以遇事不乱、谨慎从容的方式，悄悄收容在了一个特殊军事基地。在中国掌握名单上的15个美国人，美方根本没有询问（法方也差不多），或者是没有发现异常，或者是毫不在意。小说在此情节和细节安排中无情地嘲笑了美国和法国的领导人的个人人品，如"美国总统一直纹丝不动，似乎成了被击垮了的拳手"。并用一种虽感到神秘难测但却真诚认为必须尊重的陈述基调，强调了当代中国国家实力的客观存在和中国文化传统特别珍惜生命的德性所在。

那么，为什么一架神秘的异常飞机会让美国和欧洲国家都紧张万分、慌忙应对，而中国做事的方法却让作者感到了神奇和了不起呢？作者艾尔维·勒泰利耶继续用数学逻辑式的丝丝入扣和上帝视角叙述说："离那里一万多公里之远，中国领导人瞧了一眼平静地降落到中南海的夜幕。湖边有好几百棵银杏树，空闲时，他喜欢一边眺望它们，一边沉思。这种原始的树木总让他惊叹不已，它已经在地球上存在了好几亿年，甚至在恐龙出现之前就存在了，它还将活到人类灭绝之后，简直就是一个植物版的活化石。"

他是在强调中国人遇到神秘事件时，会把它作为几千、几万年中地球和人类变迁的一部分和文明发展的一种可能。万物有大美而不言，人类面对大自然的万千神奇也不用畏惧、不需着急，我们需要慢慢得到答案和最好的应对方案，那就是尊重生命、"和而不同"地真正解决遇到的任何问题。

同样会让中国读者高兴的，是《异常》还表现当代中国在科技水准和经济文明上的已经遥遥领先。比如小说写到美国人正在蒙大拿州拼命与中国的赣锋锂业集团进行激烈竞争，在孟买与中国的建筑业进行紧张较量。比如小说还写到降临在中国的异常飞机已经迅速地被中国的科学家和企业家拆散成零件，经过一番仔细研究后，所有的零件都已经被迅速地重新安装到或者说运用到其他需要的地方了（中国速度啊！）。

另一个有趣的人物，就是在这个故事中高级科学顾问团队中有一个特别重要的女性科学家"蒂娜·王"，对中国读者来说，这个王姓女数学教授肯定是华裔或有中国血统的亚裔！首席科学家阿德里安·米勒教授希望聪明的蒂娜·王能在"图论"方面大力帮助他，因为他在该领域稍稍有些外行。蒂娜·王曾是麻省理工的教授，现在担任应急处理的高参。虽然在工作中她好像并没有得到政治和军事指挥的特别重视和足够尊重，但是她却体现了中国人的不亢不卑，一直顶住压力在高效工作。她和英国、美国专家迅速地列出了多种可能的"被攻击"情况和相关的国家安全应对预案。小说还强调，正是 2000 年的"9·11"事件，使得科学顾问成为美国政府解决社会问题和国际问题的重要顾问团队。而女科学家蒂娜·王也正是在那之后，与英美和其他各国顶级科学家联手合作，讨论面对未来的科技文明新挑战，必须做好怎样的新思路复杂预案（新冠疫情为什么不这样呢？）。

对一些年轻的读者而言，这部由数学小说家完成的当代力作，估计主要魅力在于它高深"烧脑"的科技内容和科幻式悬疑魅力，但对人文小说家来说，太阳底下没有新鲜事，所有的新鲜事都不过是围绕着人性很难改变这样一个永恒话题。这部小说虽然在实验性写作方法上进行了比较多的创新和尝试，语言上有许多文字谜和"能指"与"所指"互动的游戏，故事之间也运用碎片式、杂糅式、复合式讲述，很多内容和段落都非常幽默、风趣、多义、费解而又充满智性挑战，但换个角度看，这部获奖小说也仍然紧扣经典文学的基本要素，探讨"战争"与"和平"、"犯罪"与"情感"、交流与沟通的当代文明重大问题，体现了对这个世界已有乱象的忧心忡忡和人文关怀。至于这部小说中的虚拟中国国家形象，一方面，不仅没有简单妖魔化，而且抓住要点（历史悠久、文化自信）、相当正面（实力超强）和强调德性高尚（关心每一个中国公民），另一方面也多少夹杂着转型中国留给他国民众的复杂印象和西方视角难以避免的刻板印象（如中国人数学好、擅长拆机器零件、做事神秘莫测等）。由于这部小说目前仅法语版就已经销售超过97万册，并有37个国家购买了翻译版权，相信它所传递的虚拟中国形象也会因此引起广泛的关注，并更好地引导欧美国家普通人对中国的认知兴趣和感受方式。

（2021 年 9 月）

Part 3

文化问题思考

01

正当途中的"现代化"

第三次全球性行动

美国历史学家 C. E. 布莱克在 20 世纪 60 年代写的《现代化的动力》一书中，称正在发生的"现代化"是人类历史上的又一次伟大的变革。"在全球各种不同的社会中，人们正在寻求用迅速发展的科学技术发现来解决古老的生存问题。"这场社会变迁的广度和深度，在整个世界文明历史的进程中，只有两次可与之并提：第一次是约 100 万年前的原始生命进化成人类，即史前生存到人类生活；第二次则是约 7000 年前左右，世界上大约 7 个地区的人类早期文明发源地相继由原始状态进入文明社会。这两次变革的共同特点，就是人类在一种全新的认知水平上达到了人类精神的全新态势。知识发展的巨大活力，使人类的文明社会出现了两次质的变更，并在此精神变更的基础上得以更加迅速的发展。人类的第三次冠之以"现代化"的变迁，同样源于科学革命以来知识的惊人增长，和人们对知识的前所未有的渴求，这一时代特征使人类历史上已经形成的各种社会制度都在发生着急速的功能变迁，这场变迁也使人类共同面对的机会和危机，又一次地具有了全球性。

虽然资本主义社会的首领们从未宣布"资本主义"的结束，中国改革开放的领导们也从未设立超越"社会主义"的改革目标，但关于"现代化"的普遍共识却为我们打开了历史的通道，让世界各国的知识界看到本国传统与现实的接合，以及对未来预测的起点。

既成事实的"中国式"

在世界历史的漫长画卷中，"现代化"作为一种仍在进行中的动态形式，是布莱克教授所说的"对于历史悠久的改革过程"。这个改革过程的发端在12—18世纪的西欧，从那时起，传统中世纪的西欧社会制度受到了现代化的挑战，这种挑战既是内在自生的，也是逐渐在几个世纪中持续发生的。而对许多其他"迟现代化社会"而言，这种挑战的发生则是由于西欧经验的传播，以及资本主义发展到一定阶段后出现的对外侵略扩张，而由外来的影响导致的内部矛盾的激化，它们有时显得更加迅猛和突兀，如日本及亚洲"四小龙"在1970年到1990年间的经济腾飞，有时则显得更加艰难和漫长，如印度在现代化的道路上始终步履蹒跚、徘徊不前。不管怎样，"现代化"的变革在今天世界的各个国家都仍是一个正在进行中的革命。对这场革命的认识深化，促使曾经势不两立的东西方关系渐趋弛缓，并最终宣告"冷战"结束，整个世界由两极对抗演变成多元并存的历史格局。

多元的并存，首先否定的就是"现代化＝西化"的普同进化观点，否定了可以用资本主义制度作为绝对尺度测定各国现代化进程的可能性。虽然整个现代化变革以英国工业革命为先驱，以工业革命在欧美等一些资本主义国家的类似成功为先例，显示为一种西方文明对其他传统社会的挑战过程，但"传统社会"在各个不同的国家和地区里是许多复杂的存在样式，仅就19世纪前半叶的世界而言，就有中国、印度式国家的社会组织形态高度成熟，经济技术状况则相对落后，俄国、日本式国家国民经济相对发达，上层领袖及社会精英已受西方教育并意欲改革，西非贫困国家尚处于部落纷争，状况不同的社会环境，这就使得全球性的现代化进程也是一个各种传统社会对"现代性"的应战过程，它们以各自在特有历史中形成的社会模型迎接来自西方世界的猛烈冲撞，适应新的"现代性"国家的管理要求，并赋予未来现代化社会以个性特征。

在中国的历史上，从未有过一次被异族同化的经历，在中国近代，也从未有过一次完全被殖民化的遭遇，中国在人口和领土上有着最为悠久的历史延续性，中国在政治社会的组织形态上也有着最为稳固的文化传统。从 1905 年起，中国就努力建立一个稳固的现代化的政治体制，这个目标的初步完成以 1949 年中华人民共和国的成立为标志，并继而开始中国经济和社会的现代化转型。从这个意义上讲，不仅"西化"不可能成为全球各国"现代化"的努力方向，而且"中国式"的现代化也不是一个正在努力中的未来目标，而早已是一个存在了的既成事实。

马克思主义和社会主义在中国的出现实际上就是中国人做出的不同于"西化"的"现代化"道路选择。不仅五四运动是对西方文明的一次中国式应战，或是对西方影响的一种中国式接受；而且新中国成立和之后的社会建设历程，也是对现代化变革之路的艰辛曲折探索。由此，我们今天高扬的"建设有中国特色的社会主义现代化"口号，是力图将自己的历史衔接在一起之后"开放"给世界。中国人正努力建成另一种"成功"的现代化模式，这种模式将由中华文明以及通过这种古老文明实现的巨大物质实力来证明中国的存在价值和现代活力。

没有"成功"的榜样

谁是已经"成功"的现代化国家呢？也许我们可以把目光扫向一些"发达国家"，如美国、日本、德国、北欧诸国、韩国、新加坡，但如果我们将这些国家的具体制度和操作方式加以细致一点的比较，就会发现它们中并不存在统一的"制度样板"。美国作家梭罗最近一部名为《头碰头》的畅销书，就指出了发达国家体制之间互相抵触和矛盾的混沌场景。不仅统一的"西方资本主义"概念已经被抛弃，而且"成功"的西方工业革命经验和市场经济思想也受到来自西方知识界本身的不断抨击。福特主义式的大工业曾经以"不断降低单位成本地大批量地生产单一产品"而在美国工业发展史上立下卓越功勋，但今天，密集型、低技术的福特式大生产已成为西方各国努力挣脱的囚笼，包括中国在内的发展中国家正在小心翼翼地回避这一资本主义初级阶段的陷阱。日美之间贸易大战由来已久，且愈演愈烈，美国总统的政策研究班子在这种范围不断扩大的贸易摩擦中也早已建议政府加强"看得见的手"的作用，以阻止单凭市场经济规律调节时可能出现的失控。

应该看到，"西方中心主义"的瓦解，与其说是非西方国家的拒绝认同，不如说是由于西方知识界自身的批判和反省。早在100年前，尼采就对西方社会刚刚形成的现代性特征做出了美学和哲学的批判，在此基础上，以马克斯·韦伯为代表的西方知识分子又从社会学的角度对资本主义现代社会的危机做出了批判性反应，并引出西方现代人文—社会科学界对这个问题持久而深入的研究。作为当代美国思想界代表人物之一的丹尼尔·贝尔以《资本主义文化矛盾》一书剖析了当代资本主义世界在政治、经济和文化领域里出现的机制裂变和精神危机。在这种强烈而忧郁的"危机意识"逐渐在西方学术界扩散的同时，"现代化"的理论也日益失去信誉，德国当代社会学家U.贝克以"反省的现代化"理论，强调西方资本主义工业社会的出现并不等于现代化的完成，而只是"埋藏在现代现象中的一个反现代形态"，对照19世纪形成的有关"现代社会"的设想，今天资本主义的经济奇迹，不过是"在半途的、残破的实现"。一方面，人们因为工业化社会的稳定、正常而感到生活的实在，另一方面，前工业社会的封建残余并没有因工业化社会制度的建立而得到制服，相反，人们的实在生活却在工业社会制度基础和运作中出现裂散和游离。由此，贝克提出了对"现代化"的新的理解，即"现代"只是一个社会转变过程本身的一种标识，而不是社会转变所要达到的目标。"现代化"是指一个社会的开放性转变过程。对整个西方资本主义世界而言，现代化尚在半途，而且可能报废，这就是现代的现代性危机。

西方现代化理论中有"后起国家优势说"，意指后起现代化国家的优势在于它们可以借鉴现成的先发达国家经验，从而避免西方国家曾为现代化初期探索阶段付出的高昂代价，并在经济上以更短的时间获得更大成果。事实上，这个理论在现实中的实践性是很有限的。就中国目前的改革而言，西方资本主义国家一不能提供一个统一的制度模式，二不能提供一个统一的经济模式，三不能提供一个可为中国人认同的未来现代世界构思。大部分西方工业化革命的"经验"是由爆炸式的大量信息、仍在收集的历史事实和无数各有所长的学术著作组成的，因而"中国式"的现代化主要还是一种没有真正榜样的探索，中国式现代化的成功势必建立在中国人自己的分辨力、想象力和创造力之上。

另外，现代化社会的个性特征是指实现现代化成就的制度性工具和政策手段，而就现代社会的功能目标和实现这些目标的必要条件而言，世界各国却必然拥有前所未有的普遍性。首先，现代化是一个有着统一标准的人类共同目标，虽然这一标准本身仍在随着现代化进程而逐步完善。已发达国家所实现的"硬性"经济指数和"软性"国民素质状况对后起现代化国家具有接近目标的楷模作用。其次，现代社会虽存在传统观念和社会制度的差别，但在诸如自由、平等、法制、民主、和平、男女平等、人伦道德等价值理念上，现代社会将使人类越来越具有普遍共识。再次，现代化也使人类面对共同的危机，现代化一方面将依靠各国之间不断增长的共同知识储存为人类创造物质的丰富性和生存的舒适性，另一方面也将以前所未有的变迁程度威胁人类已接受的全部价值。应该看到，中国五四运动以来对传统文化价值的多次论争和西方学术界对"现代化"的不断反思，在更新价值观念和建立未来目标上，有着内在的一致性。

从这个意义上讲，现代化的普遍性将蕴含和体现在现代社会制度的个性之中。以为用一次"经济大革命"就可以弥补"文化大革命"的方向路线错误，或以为打破"制度拜物教"就是依靠中国传统制度满足现代需求，是不可能实现成功的中国式现代化的。现代化之所以是一个漫长而艰巨的历史变迁，就是因为它将借助现代科技人文知识来促成各种社会环境中人们的政治、经济、文化、心理等精神物质生活的全方位的根本性变革。

历史的双重重负

中国从正式面对现代西方世界的一开始，就始终肩负着双重的历史职责。第一阶段，西方对非西方国家的霸权采用的是领土侵略和移民方式，中国在面临"被殖民—反抗"的抉择中奋起反抗，以捍卫民族的完整性和国家的主权。同时中国传统封建制度的腐败没落也在反抗帝国主义侵略的斗争中更加暴露无遗，"反帝反封建"的口号表现了中国老一辈革命家对历史使命的清醒认识。第二阶段是二战胜利以后世界各国民族独立运动兴起，西方转用政治控制与经济剥削相结合的手法，在许多经济落后的国家地区强行推行资本主义制度和经济渗透。中国在"开放—封闭"的思路中走上"自力更生、奋发图强"的自救之路。但同时，一场政治、经济、社会体制、法权体系的全方位现代化改革却在一起虚狂的"文化大革命"的简单盲动中引出了中国现代史上的最大悲剧。第三阶段是 20 世纪 70 年代以来，西方发达国家进入了后工业时期，对市场的需求超过了对原料的需要，而非西方国家中出现了严重分化：一些国家经过前一阶段接受西方国家的"输血"或介入西方经济贸易活动而在经济上得到飞速发展，甚至在国民收入和消费水平上接近西方；另一些国家则在西方经济势力的控制下出现更大的两极分化和畸形发展。中国在 1978 年终于打开国门，在"选择—拿来"的非对抗性新思路指导下，尤其注重引进西方现代科技成果和现代知识，从而利用开了眼界后人们新知识的爆炸性增长，引发中国的"现代化"新进程。虽然只经过短短十几年时间，但中国经济腾飞的速度和中国经济发展的规模都明显地对全球性现代化进程产生了深远影响。与此同时，中国人在每走一步的过程中都必须清除"文革"中遗留下来的极左思潮，清除根深蒂固、弥漫在各个现实、精神角落的封建残余，而且还必须顽强抵抗西方资本主义社会对中国这个巨大的非西方国家的市场占领和文化影响。

美国作家 C. E. 布莱克在分析中国现代化发展史时曾说："中国在面临来自国外强大的现代化压力情况下，能保持自身的完整，但也通过各种方式耽误了转型过程。"这个写于 20 世纪 60 年代的结论至今也尚未完全过时，中国学术界在打破"中国中心主义"看西方和打破"西方中心主义"看世界的过程中，一直在力图建立自己现代化的批判性的主体，而这个现代主体性的建立，始终面对着两个制度"他者"，一个就是建立在古希腊罗马文明基础上的西方体制，一个就是有着几千年文明传统和独立历史的中国传统体制。在这两个制度"他者"身上都同时具有强大的生命基因和顽固的致命因子，这使得中国的"现代化"始终处于思维和实践的波动摇摆之中，缺乏现代社会应有的效率；同时，这两个制度"他者"又将为世界文明发展提供了必不可少的精神资源，这又使中国式的"现代化"特别具有"模式"的效应。

不应该仅是"对话"

也许我们在思想和心理上都还没有准备好，但我们实际上已进入中西交流的第四阶段，即所谓"多元—对话"时期。当下有一种普遍共识认为，虽然中国的现代化尚属起步阶段，而西方知识界也发现西方发达资本主义社会的现代化实现也不过正在途中，为了避免共同可能面对的"半途而废"，中国人在"学习"西方的同时，西方和其他国家也在研究中国。近年来，五四以来的"国学"大师被重新关注，如对王国维、熊十力、马一浮、陈寅恪、陈垣等人著作的进行重新解读，由此，中国出现了一股"国学热"，对五四时期新文化运动进行重新评价也与人文精神的热切呼唤一起，成为中国学术界的最新思潮。应该看到，这场"国学""原论"的学术研究思潮，不仅吸引了许多国内知名学者的参与，而且引来日本、韩国、新加坡等海外集团的赞助，以及西方理论界倡导加强"本土文化"研究的呼应。避开这里面可能具有的"制作话题""经济买办"和"文化殖民"等时代疾病的嫌疑，应该承认这是中国人参加国际经济文化对话的开端。

"对话"格局的形成，有其充分的时代需求和现实意义。首先，当"现代化"成为全球性的一种漫长进程，当全世界必须为了生活得更好而共同分享同一个自然资源和有限空间时，人们就不能不破除各种"中心"和"亚文化"概念，而坐下来进行对话、讨论和国际整合。其次，当人们认识到相同的现代化制度样板不复存在，"制度的永动机"或称一劳永逸的最佳制度不可能存在的时候，以各具特色的现代化制度为前提的多元并存大局就势不可挡，平等对话和公平交流的趋势就必然取代各种政治、军事、经济和文化霸权及殖民倾向，成为人民互相了解沟通的唯一方式。除此，"现代化"已经被证明不是人类文明发展的目标，经济富裕只是"现代化"的起点。那么"现代化"的终点又在哪里呢？关于理想世界，我们可以想到柏拉图的共和国、托马斯的乌托邦、周礼规划的理想政府、康有为的大同世界、马克思的共产主义和当代美国未来主义学说，东西方人民曾分别想象他们佛教式的西天极乐世界和基督教式的上帝之城，但今天，当"现代化"把地球变成一个村庄时，人们就不仅要共同建立一个更为强大的社会理性，来制服那个在改变我们生存状况革命中同样十分强大但也极其盲目的科技理性，而且要从各自文明的精神资源中，通过对话和商讨，来给这个"社会理性"注入具体可行的内涵。

问题在于，"对话""讨论"的多元化是否就是 20 世纪末中国知识界的主要任务和主要形象呢？"discourse"（对话、讨论）这个词本身源自西方当代论坛的符号学，它在西方的流行是有其自身背景的。回顾 19 世纪末，西方思想界研究得最多的术语是弗洛伊德的"性本能"，处于资本主义社会理性化控制之外的人性本能，曾被当作个人反抗社会的基地，但在性开放也被纳入"合法化"的今天，"大众文化"已将人们的意识和潜意识统统变成标准化、同一化的娱乐节目。针对这种由符号化的大众媒体渗透一切领域的"后现代"社会，西方知识界人士自称站在社会文化的"边缘"，与掌权的国家官方势力争夺同台"对话"和"讨论"的机会，将现存体制的能指和所指之间的矛盾揭露出来，以达到对资本主义社会中心势力的"解构"作用。在这种"解构"资本主义社会的西方造反方式中，"中国"以及其他非西方文明的代表都可能成为西方学者建构自身批判性主体的参照性"他者"，并希望在与非西方知识界的"对话"和"讨论"中发现拯救西方现代危机的灵丹妙药。从这个意义上讲，一方面，介入"多元式对话"是中国人以新的姿态参加国际讨论的开端，另一方面，这种对话和讨论的目的，对中国人来说，首先应放在"中国式"现代化的问题和出路上。

如上所述，中国与西方世界的交往过程中始终肩负双重历史职责，中国人在建立自己的现代性批判性主体性时，始终面对西方文明和传统中国文明的两个"他者"。从"主体性"讲，中国人必须让自己的人民尽快富裕起来，加入"现代化"的全球进程；从"批判性"讲，中国的现代化迄今仍是既反封建又反资本主义的独立进程；从"现代性"讲，中国式现代化不仅是一种对旧势力的破坏，同时是对人类理想世界的一种建设。由此"多元式对话"不仅指中国开始与世界对话，而且还更应该指中国开始在内部进行多元讨论。

对于正当途中的全球现代化，早已有汗牛充栋的理论和学说，但在这之中，有三个前人已经谈到过的话题特别值得关注。首先是布莱克教授所说的：在一般或绝对的意义上，"现代社会不见得比传统社会更为文明"。现代社会在保障人类物质幸福方面具有很大能力，但在个人和社会关系这些固有问题上，也具有更大的暴力和破坏力。对正当途中的全球现代化而言，机会和危机是并存的。其次，康有为先生在描述他的大同世界时，曾回答过当物质生活极度富足后，人们还想做什么的问题。他认为"得道成仙成佛"将盛行于天下，这个回答虽在表面上有些可笑，但却明确涉及了现代化的终极目标问题，它表明，中国传统文化思想在对人生最后归宿的思考上，与西方及其他非中国思想的一致之处，在于将人生最高境界定在人的终极关怀。最后值得注意的是：20 世纪 90 年代美国法学界在对美国自由主义宪政建立的历史的重新回顾中，否定了美国没有封建传统的旧论，指出美国现代史上曾具有充满"封建性"的劳工制度，同样，德国当代社会学家 U. 贝克也指出：西欧前工业社会的人际不平等和等级制度并没有在工业社会得到克服，它们依然是工业社会的"产物"和"基础"。由此可见，在追求共同的现代理想世界时，反封建和反资本主义的双重职责可能逐渐为东西方人民认同。

主要参考书目：

①C. E. 布莱克 . 现代化的动力——个比较史的研究 [M]. 杭州：浙江人民出版社，1989.

②刘小枫 . "风险社会"与现代化 [J]. 二十一世纪 . 1994（24）.

（《浙江社会科学》1996 年第 1 期）

02

论工作与休闲的关系及意义

一、工作与休闲之别

尽管人类文明的蹒跚步履已经越过了原始狩猎、传统耕种和原始资本积累的漫长岁月，逐渐进入了工业化、都市化的现代大门，但时至今日，世界上的绝大多数人仍然必须依靠"工作"才能维持生计、养家糊口。我们只有围绕着工作这个主题才能谈论我们的生活和感受，不仅年轻人在未来的工作中寄托了自己的幻想和向往，不仅成年人在正从事的工作中获得了成就感或委屈感，不仅老年人在曾经的工作中珍藏了无数的回忆和遗憾，就是我们已经争取到的每个人每周两日的"休闲"，实际在安排和享用上，也还是围绕着那五天工作的业绩和心境，根据那五天积累下来的困顿和艰辛情况，才决定自己是睡觉还是出游。

林语堂因此在《生活的艺术》第七章中感叹："人类是唯一在工作的动物"，"世间万物尽在过悠闲的日子，只有人类为着生活而工作"。他因此还做了这样的结论："人类的危机是在社会文明。"当然，没有人相信林语堂会希望人类放弃进步，放弃工作，像动物一样"悠闲"，他的偏激言论中所包含的一点点"片面的真理"，无非是说人类已有的文明还不够文明，而这些不够文明的地方主要体现在人类的"工作"活动之中。

美国经济学家凡勃伦在《有闲阶级论》一书中，对人类的"工作"习俗和传统观念做了历史的回顾。首先引起他关注的内容是劳动分工的最初意义和形式。在现存的北美洲任何一个狩猎部落里，在真正不劳而获的剥削者出现之前，高职位的首领仍须从事生产，但是这些部落中的工作却有明确的职能分化。这种分化主要体现在男女的劳动分工和对内对外的区别。在人类由原始野蛮部落向未开化的初级阶段转变的时期，劳作主要分为两类：一类是用武力或计谋征服野兽，抵御生存环境的可能性危险，抵御外族部落的进犯和抢劫等；另一类则是保存和维护已经获得的生活资料，保证部落自身的种族繁衍，也就是妇女通常所做的生儿育女、做饭洗衣等日常劳动。对这个时期的人类而言，男子从事的前一类工作是值得尊敬、高贵而光荣的，因为这是对付"有生气的"（animate）事物及力量，是利用和"侵占"非人类的自然资源来作为生存的资源，男子因而并不认为自己是"劳动者"，"劳动"是指妇女们的苦工贱役，是平凡琐碎的辛勤工作，是利用"无生命的"（inert）自然提供的事物，是生产性的粗鄙劳动。在男人的工作里体现了人的强壮、自主和应付意外的能力，而女人的劳作则被认为是奴性的、屈服的、低微和不体面的。

建立在分工基础上的歧视性工作对比，在今天看来是十分不公平和不民主的。但这种对比却使人类在"不得不工作"的羁绊里创造出工作的最初"意义"。当工作还没有成为马克思所说的共产主义社会中的"人的第一需要"的时候，人们只能用自己的智慧和才能来减轻工作带来的负担，并在工作中制造竞争和不平等，以寻求部分人的、在特定时空范围内的、超脱"工作"的快感，使少数人在不平等的基础上首先成为不劳而获的有闲阶级。这些少数人的"快感"对其余的大多数人来说，是一种现实的希望和可为的幻想。

"侵占"是人类早期工作的第一追求。男女工作的差别首先体现在侵占与劳役的差别上，狩猎部落的男子在射中猎物后就很快离去，死了的猎物就由妇女拖回部落和加工处理。侵占的含义是主动和有威力，是战胜或征服自然，侵占者的勇敢、有实力和卓有成效表现了人类最早对自己队伍里的"强者"的崇拜，可以说人类工作的第一要义是体现人自身的力量，尊敬"胜人一筹"的成功。早期工作的第二意义是"财富"的意义。侵占和掠夺能力在部落成员中得到公认和尊敬后，被侵占的战利品就具有了证明获得成功和优势的象征意义。强者对战利品的积累逐渐导致了所有制的形成。最早积累的财富主要是人或劳动力，被俘的女奴首先在占有式婚姻中成为侵占者的私有财富，随后男俘和弱者也逐渐沦为做工的奴隶，侵占者在继而占有妇女和其他奴隶的劳动成果后，就获得了对人和一切事物的所有权。于是工作的意义就指向占有和积累财富，占有的财富又很快地与权力密切地联系在一起，体现为人与人之间不同的地位和价值。由于不断占有和积累的财富意味着不断增长的权力和荣誉，所以早期的人类就在各种可能的歧视性工作对比和相互竞争中，尽可能地炫耀自己的力量：精神和物质的力量，这就是早期人类工作的第三个意义：炫耀。炫耀风气和心理的出现是建立在少数人财富的"剩余"上的，炫耀的方法不仅是向其他人"展示"自己的剩余财富，而且是当着其他人的面"挥霍"这些多余的财富。在炫耀自己财富的同时，这些少数人还挥霍他们的时间和精力，从而炫耀他们在时间和精力上的"有闲"和消闲方式。

　　早期人类对工作和休闲的认识显然都不是其本身的意义，而是人通过工作得到的，或者说人赋予工作和休闲的意义。劳动分工不仅是自然物质条件对人生存状况的一种"决定"，也是人在面对自然环境的威胁时自己做出的一种"决定"和选择。人不仅在改造世界的工作中获得体能和智能的不断更新，而且也用自己创造的观念和习俗塑造自己的工作文化和休闲价值。侵占、财富和炫耀成为人类早期工作的基本意义，是基于以下的一些根据：一是当时人类将自己对自然环境的斗争视为更重要和更具挑战性的工作，而人为环境的维护和管理则还没有放到议事日程。二是困顿、贫乏、艰辛的物质生存条件，迫使人类不得不在竞争中优胜劣汰，首先适应大自然基本的生存法则。三是"非生产性"男子的工作之所以被认为比妇女的纯粹劳动更高级和优越，是因为人类对工作的认识并不主要基于它们是否困难、危险和劳累，而更在于工作是否能给人带来实利之外的乐趣和荣誉。人们在工作中最初逃避的东西，是那些纯粹为了谋生而千篇一律、日复一日、年复一年的苦役；在后来男子首先享用的"高级"工作和休闲活动里，即在战争、政治、运动比赛、宗教崇拜、学术研究和工艺操作等工作中，人们追求的是创造精神和文明的奇迹。因此，人类早期追求的工作意义也有其超越现实和崇尚创造性的价值因素。

维特根斯坦写道："早期的文化将变成一堆瓦砾，最后就成一堆灰土。但精神将萦绕着灰土。""一种文化犹如一个大型组织。它给每个成员分配一席地位，使这些成员按照整体的精神进行工作……"[1] 我们也许已经告别了人类早期的工作状况，但我们仍会按照人类长期积累的工作精神和闲暇文化生活和生存。在以等级制、私有制为核心的人类古代社会，生产性的工作越来越被认为是屈辱、苦难的象征，物质和金钱也愈来愈被认为是幸福和安乐的保障；由于下层社会的成员无论如何也避免不了劳作一生，工作是他们唯一可以选择的竞争方式和晋升可能，由于上层社会成员保持自己身份和礼俗的必要条件，就是绝对不做"不值得做"的生产劳动，安闲度日，因而人类社会长期以来所形成的一种大众心理和社会风习，就是在工作与休闲之间划出鸿沟：躲避工作，向往休闲。

二、现代休闲的各种价值

在农业文明的自然经济形态下，少数人的作威作福和绝大多数人的艰辛劳动构成了基本的社会图景，整个社会的财富还有限得仅够少数人享用。当这些少数人与绝大多数人的差距越拉越大时，工作与休闲的分离和对立也越演越烈。一方面，"工作"的意义从来不是其本身的意义；另一方面，"休闲"也极少有其自足的内涵。当少数有闲阶级悠闲度日的时候，他们休闲的意义不过是从工作的意义中派生出来的。而绝大多数人更是只能在有限的闲暇里恢复一下最基本的工作体能，他们的闲暇是绝对依附和从属于工作的。但工

---

1 维特根斯坦. 文化与价值 [M]. 楼巍，译. 北京：清华大学出版社，1987：5.

业文明给人类带来新的生存状态，使人类工作与休闲的历史从剥削和压迫阶级逐渐走向新的大众社会阶段。萌芽自西欧14—16世纪的现代化进程，在19世纪的工业革命中形成社会变革的高潮；建立在更进一步劳动分工基础上的机器化工业生产，使整个社会的财富积累急剧增加；生活必需品和最低限度生产资料的私人占有，在突破了曾经必须控制的范围之后，就迅速地普及社会大众的各个阶层。虽然工作在今天依然是绝大多数人必须从事的主要活动，但高质量的休闲机会已不再被垄断，而逐渐为大众和社会所有成员共有。虽然人们所从事的各类工作依然在社会舆论和心理上被"白领"和"蓝领"划分着歧视性的等级，但"休闲"已不分彼此地，或者说高低错落、并行不悖地被鼓励和广泛动员。休闲文化正在成为现代大众文化和社会文化的重要组成部分。

在物质文明尚不够发达的时期，少数人对休闲的独享是令人憎恶的，这些少数人不仅侵占了别人的劳动和劳动成果，而且在他们的休闲里制造了病态、庸俗的休闲文化。在诸如社交、住宅装潢、服饰首饰、纸牌棋艺、划船滑雪、高尔夫球等一系列曾经只有少数人才能享用的消闲项目里，他们有意地浪费人类共有的物质财富，挥霍自己的时间和精力，以达到炫耀自己和博取荣誉的目的。这种被凡勃伦总结为"挥霍性消费"的消闲方式，在今天仍有许多沿革和变异。不过除了将休闲与奢侈消费混为一谈外，在工作与休闲的关系认识上还有许多历史性的盲点和理解上的误区。

许多人把休闲等同于"不工作"。首先，闲暇的意义在一些人看来就是通过休闲实现与工作的分离，且越远越好；休闲的日子若还"劳动"，就是"放弃了节假日的休息"；休闲的时间若只是在家里闲坐或睡觉，在"档次"上就不如"出门郊游"或"出国旅游"；休闲的日程若没有发生一些次日上班可与同事"吹嘘一番"的情节和轶事，就显得面子上总是有些丢份或者让人觉得陈腐呆板。对此，另一些人又呼吁自然休闲的需要，他们呼吁大树下古道旁席地而坐的惬意，呼吁小河边草地上会友谈心的优雅，呼吁烈日里摇芭蕉扇的淳朴，呼吁寒风中室外打雪仗的野趣。这些正不断冒出来的呼吁令人想到几十年前林语堂在大洋彼岸写的杂文，与挥霍性消费式的消闲相对，中国人一直存有对远离尘世的"悠闲"的浪漫崇拜。

"美国人是闻名的伟大的劳碌者，中国人是闻名的伟大的悠闲者。"依林语堂的意思，美国人傻就傻在以为只有物质充分富足之后才能休闲，因而身在福中不知福，每日仍为物质而劳碌；中国人聪明就聪明在哪怕生活贫寒困顿，也能在精神的悠闲中体味人生乐趣和意境。所谓"盛名多累，隐逸多适"。苏东坡"江上清风""山间明月"，陶渊明"夕露沾我衣""采菊东篱下"，追求的是心胸蕴有伟大的美，袋里却不名一文的"艺术家的性情"。就林语堂而言，他一方面享受着美国在工业文明基础上建立起来的富有，另一方面却为古代寒儒文士宁愿辞官弃禄、不愿心为形役的"高尚的自负"所折服，在心态上不能不说是自相矛盾和尚虚务实的。鲁迅当年曾对林语堂式的闲富文人十分憎恶，但今天林语堂文本的流行畅销，正说明大多数人已远离鲁迅式的贫寒孤寂和严酷时势，而有了一些林语堂式的闲暇和无聊。正如林语堂自己在书的序言中坦言的那样，他书中的"思想并不怎么深刻"，在工作与休闲的问题上，他不过是强调了与西方贵族消闲生活迥然不同的中国文人式远离尘嚣的悠闲，并企图用后者批判前者；但实际上，无论是挥霍浪费式的潇洒还是"自然休闲"的清新，工作与休闲都是分离的、互相对立和瓦解的。

其次，休闲也被等同于"休息"。这是一种非常朴素、浅显的认识，也是最为传统的想法之一。在大多数人"日出而作、日落而息"的年代，休息的确是闲暇时间的首要任务，并且几乎是唯一的追求。但今天，当我们所有为谋生而工作的人同时也属于"有闲阶级"的时候，当我们都有充足的时间无须劳役而有闲、可以休息却不劳累的时候，我们就应该把休闲时间用在比"休息"更多更合适的目的上去。我们在历史、文学、电影电视上时常看到那些古代社会的统治者，由于有太多的闲暇无所事事，而逐渐变得虚弱和堕落；但在实际生活中，几乎没有人感到自己的闲暇时间已经"太多"，大家在好不容易等到的两天休息里忙得不亦乐乎，不仅没有时间读书，没空写信，而且可能没法准时回家，没有心思坐下聊天。现代工作的劳动强度虽然普遍减弱，劳动环境普遍改善，但令人昏眩的机器速度、令人烦躁的都市噪声、让人眼花缭乱的人造景观、看不见的空气污染和看得见的水污染、造成公害的食品不安全，以及各种来自内部和外部的竞争压力，都使人们感到疲惫、紧张、焦灼和渴望解脱。所以无论是积极的休息，还是消极的休息，休息始终是最终的目的；无论是出游还是睡觉，都是为了摆脱工作中的紧张和压力感。工作一直是为了获得休息，而休息却未必是为了工作。

再次，休闲常被等同于"玩乐"。游戏和玩乐是一种纯粹的消遣，与积极的休闲活动不同，它更追求无欲无求地消磨时间、摆脱工作。从功能上讲，玩乐与睡眠一样，具有生物的实益，也能使人松弛和消除疲劳。在人人可以休闲的现代大众社会，休闲的空间和内容都急剧膨胀，休闲的方式也变得不拘一格和百花齐放。目前出现在我国城乡的各种休闲场所都因为商用的目的而过分地集中于"玩乐"的主题，无形中引导人"把闲暇用在没目的、消极的玩乐方式，以及自暴自弃的途径，用以杀却那沉重地垂挂在他们双手上的时间"[1]，这种纯粹的消闲既无益于个人，也无益于社会，甚至可能导致堕落和腐败。马克思曾指出：资本主义工业化的生产和管理方式，把工人和一切工作的人都变成了畸形物，人为培植的片面技巧不仅压抑了人的多种多样的志趣和才能，而且使人成为"局部机器的附件"。同时，科学技术和市场经济又使生产产品的成本大为下降、产品数量急剧上升，资产者为此也必须"培养社会人的一切属性……把他作为尽可能完整和全面的社会产品生产出来"[2]，换言之，资本主义制度又内在地需要占社会绝大多数的生产者逐渐富足和休闲起来，成为工业化产品的购买者和消费者。由此看来，现代商品化、大众化的休闲活动并没有成为与异化性工作相抗衡的另一种精神空间、另一种更符合"人的本质"的活动，相反，它也可能成为工作异化的另一种延续和变奏，给人以虚假的安慰和解脱。这种虚假的安慰和解脱在现代资本主义社会和我国当前的大众休闲方式中都有一些体现：在流行歌曲、畅销小说、卡通片、游戏机房、棋牌室和无所不在的电视和网络上，荒唐、庸俗、肤浅、刺激性、千篇一律、单调嘈杂、夸张重复、香艳肉麻、矫揉造作、超豪华、玩粗俗等等，无奇不有，各不相谋。人们在五花八门的娱乐方式中，不仅一如既往地消除工作的劳累，而且也不自觉地消解自由休闲的意义，义无反顾却又毫无

---

1 阿德勒．西方的智慧 [M]．周勋男，译．长春：吉林文史出版社，1990: 82.
2 转引自：E.A. 瓦维林，福法诺夫．马克思主义文化范畴 [M]．奚洁人，译．上海：上海人民出版社，1992：141-142.

察觉地瓦解休闲时空的价值。

三、尊重劳动与享受休闲

历史正在迫使今日大众社会的全体成员重新领悟工作和休闲的关系及意义。社会的进步不仅体现在政治体制、经济格局和正规教育的变革上，而且也反映在大众闲暇文化的水准和质量上。虽然闲暇的核心是个体的日常生活方式，但正如爱因斯坦所说：人的差异在于人的业余时间。人类社会发展的最终目的是人的自由和解放，闲暇文化之所以被认为是一个社会政治、经济、科技、文化的发展动力，是因为它为每个社会成员提供了创造的源泉和"人的现代化"的可能性。每个人的潜能和需求都是丰富多彩的，工作只在某一方面开拓了人的才能或满足了人的某一部分需求，闲暇文化则为人的全面发展和完整的人格塑造提供了时间和空间，使人们有可能在各个领域里丰富和完善自己的生活、展示和发挥自己的才华。闲暇文化既为个人发展的完善化提供了自由支配的时间，也为各种现代信息的交流和传播提供了必要的时空条件，从而也为社会的整体发展和科学文化的创造活动提供了最基本的文化氛围。

有效地利用时代赋予我们的闲暇，创造和享受新的闲暇文化，首先就必须清除以往不良的闲暇文化观念，正确认识工作和休闲的关系及意义。凡勃伦将人们在休闲中的"挥霍性浪费"归结为人的"虚荣本性"，林语堂以为现代文明只有物质丰富、精神堕落，反衬出中国古代文人的物质匮乏和精神自由，类似的文化批判都没有真正地切入问题的实质。马克思说过，"在文化初期，已经取得的劳动生产力很低"，人的需要"不是纯粹的自然需要，而是历史上随着一定的文化水平而发生变化的自然需要"[1]。这些需要也许是不完全、不合理的，甚至是畸形变态的，但随着人类的进步，这些需要也会出现变革和进步。深受马克思影响的德国法兰克福学派的代表阿多诺在论及凡勃伦的观点时指出："人类实际追求的幸福，不可能与挥霍浪费分开，不答应

1　转引自：E.A. 瓦维林，福法诺夫 . 马克思主义文化范畴 [M]. 奚洁人，译 . 上海：上海人民出版社，1992：141-142.

去实现一个社会所形成的愿望就不可能有幸福。但这种满足中如果不承诺一些质的不同的东西，也不会有幸福。"[1] 即使是人类被扭曲的追求身份地位的欲望，也在其中包含了合理的因素，首先这是对现实幸福的追求，其次是这种过分的追求方式中必然包含批判和反抗的成分，尤其是对禁欲主义、保守主义的批判和对抗。从这个角度看，人们在工作和休闲中表现出的商品拜物教倾向是一种社会现实与心理现实的交织，在人类通过工作达到"占有"的活动中体现的是人类对"拥有"的渴望，在财富被用来挥霍和浪费、闲暇被用来玩乐和享乐的做法里，体现的是人类渴望摆脱生存的压力和渴望得到尊敬、得到荣誉的精神追求。

中国古代文人式的悠闲，虽然强调了休闲不是建立在物质基础上的享乐，而是心智和精神上的一种态度，强调了恬静的心地、简朴的生活和与大自然的和谐，但在今天看来，这种以精神追求对抗物欲的做法，不仅在观念上以独善其身的清白摒弃了应该承担的社会工作和责任，而且在实际的历史现实中也只体现为一种"以苦为乐、以苦为荣"的虚拟价值。马克思在《资本论》里明确指出："事实上，自由王国只是在由必需和外在目的规定要做的劳动终止的地方才开始，因而按照事物的本性来说，它存在于真正物质生产领域的彼岸。"[2] 在工作的"此岸"没有实现真正的自由和价值之前，悠闲的"彼岸"都无法真正被抵达和被实际拥有。

工作与休闲的整合统一，是我们对未来的希望。这个希望也就是马克思所说的到了共产主义社会，在物质的普遍满足和共同拥有的休闲中，人人各尽所能，各取所需，全面发展，"以劳动为人的第一需要"。这个"劳动"并不是传统意义上的体力或脑力劳动，而是工作与休闲的整合，自觉与自由的统一；是人在各种各样的工作和休闲活动中"三天打鱼、两天晒网"，多方尝试和提高自己的素质及能力，充分满足自己丰富的兴趣和需要。只有这样的"劳动"才可能是人的第一需要和必然选择。当工作与休闲在今天仍是分离和对立的时候，我们的文化满足与我们的物质满足就依然是分离和对立的。但工作与休闲的整合统一不是只有在我们不必"不得不"工作的时候才能到来，

1　马丁·杰．法兰克福学派史 [M]．单世联，译．广州：广东人民出版社，1995：207.
2　马克思恩格斯选集：第二卷 [M]．北京：人民出版社，1995：33.

事实上，人类自踏上文明之途起，就既不是普遍拥有休闲，也不是绝对没有闲暇，而是在以休闲为中心的工作中首先创造了"业余时间的文明"。过去这种创造被垄断在少数人手里，现在却为大众所共同分享；过去是少数有闲阶级在闲暇时光里拥有专门创造和享受文化的权力，今天是大众在自由支配的时间里共同创造和享有文明的财富。

维特根斯坦认为："时代疾病要用改变人类的生活方式来治愈，哲学问题的疾病要用改变人们的思维方式和生活方式来治愈。"[1] 我们的工作方式已经出现了重大变革，而我们的思维工作和休闲的方式还没有真正地、普遍地随之改变。"如何用有意义的内容填塞我们的闲暇在目前是一个严重的问题，在以后还会更严重。"[2] 市场经济、信息时代、大众社会、双休日等，正在使我们每个人都开始一边浪费时间，一边抱怨时间不够，报纸、杂志、书籍、广播、电视、录音、录像、旅游、宾馆、餐饮、茶楼、歌舞厅、俱乐部、文化之家、十字街头……我们会逐渐感到休闲方式泛滥中的无聊和乏味；会逐渐认识到休闲不仅是一种自然本能，而且是一种心灵的基本能力；会逐渐发现"工作比起消磨时间，不仅在社会意义上，就是在较高的人性层次上，都来得更重要"[3]。经济的发展和文明的进步并不仅仅意味着我们的工作将愈来愈轻松，我们的休闲方式将愈来愈丰富，而是使人的工作和休闲都由自在向自为逐渐演进，使工作和休闲的对立关系日益模糊和逐渐消失，使人在工作中有休闲式的愉悦，在休闲中有工作式的创造热情。

亚里士多德曾把人的活动分为两种：严肃活动和闲暇活动，他说："做苦工是为了有闲，苦工是必要的，但本身只有成效，不会使人丰富和高尚；对照之下，闲暇包含所有增长人的道德、智性和精神生活的德性活动，是使人值得活下去的活动。"[4] 阿德勒更明确地把现代工作分为"谋生工作"和"闲暇工作"，从而强调闲暇也是一种困难的工作，因为人既需要在闲暇中消除疲劳，也需要通过闲暇摆脱厌倦和无聊。工作使我们得以谋生，闲暇则使我们

---

1 维特根斯坦. 文化与价值 [M]. 楼巍，译. 北京：清华大学出版社，1987: 8.
2 阿德勒. 西方的智慧 [M]. 周勋男，译. 长春：吉林文史出版社，1990: 82.
3 皮柏. 节庆、休闲与文化 [M]. 黄藿，译. 北京：生活·读书·新知三联书店，1991: 9.
4 转引自：阿德勒. 西方的智慧 [M]. 周勋男，译. 长春：吉林文史出版社，1990: 83.

感到"值得活下去"，工作仅使我们"安身"，闲暇才使我们有可能去"立命"。实用性的活动以满足具体的生存需要为目的，非实用性的活动则直接体现了人的目的、人的自由。在工作中我们追求效益，开拓外在世界；在休闲中我们追求价值，开拓自身内在世界。工作使我们理解生活，休闲则使我们理解美好的生活。

由此看来，我们应该努力让自己在闲暇中"工作"，把空下来的时间用在继续学习、加强修养、发展能力、滋长心智、锻炼体魄和参与社会、文化活动之中，使自己愈来愈接近"人的本质"的自由发展和全面开拓。当然我们也需要玩乐和休息，娱乐是我们在谋生工作和闲暇工作之外的第三种主要活动，是为了洗脱我们在两种工作中的劳累和紧张；但我们要达到的娱乐目的，不仅是在逸乐中获得充分的休息，而且是使自己在两种工作中都充分发挥才能去取乐。

德国文化学家皮柏认为，休闲与工作不是相反的关系，而是直角关系。[1]我们越是在休闲中开拓自己，也就越是能在工作中表现出色。反之亦然，对工作的创造热情和敬业精神，不仅需要通过思想教育、职业教育来外在地灌输和培养，而且可以通过人们在闲暇和娱乐中的自我素质、能力的提高，而内在地生发、逐渐地养成和不断地巩固。健康的闲暇文化不仅将促进人的素质的现代化，而且也将改变我们已有的工作文化和工作态度，当休闲不再是纯粹消费和娱乐的时候，工作也就不再被认为是纯粹的谋生劳动和苦役；当工作和休闲的关系逐渐整合统一的时候，它们都将成为人类的自由创造性活动，成为人类不可或缺的愉悦性活动。懂得工作的人不一定懂得休闲，无所事事的人更不会懂得休闲，而真正懂得如何尊重劳动和享受休闲的人才能真正享受完整的人生。

（《浙江大学学报》1996 年第 4 期）

1　皮柏. 节庆、休闲与文化 [M]. 黄藿，译．北京：生活·读书·新知三联书店，1991: 9.

03

论当代文化市场的生成、影响和管理思路

经济学通常把"市场"定义为供求双方交换活动的总和，商品市场的核心内容是围绕着物质产品的交换活动。从这个意义上讲，"文化市场"是一种古已有之的现象。中外历史上记载的那些流浪剧团和流浪艺人，就是在城乡各地的文化市场上出售自己的文化产品，迎合和满足不同人的文化及娱乐需求，从而挣取可能的经济和声誉效益。与这种隐形存在的文化市场相比，各国数百年来对学校、书店、图书馆和各类影剧院的建设，就是把过去隐性的、零散的文化产品交换活动提升为一种全民共享的公益事业，使文化产品的精神价值和经济效益更有效地为民族和国家的建设服务。这些现代公共文化设施的建设，一方面使文化产品的交换纳入了稳固畅通的渠道，另一方面也将文化的市场局限于有限的时空和统一的场所之中，使文化产品的供求双方都必须通过指定的中介环节才能进行合法的文化产品的交换活动。时至今日，社会公众对文化产品和文化活动的浓厚兴趣和创造热情，使上述"文化市场"受到进一步的冲击。一种新的、开放而流动的、全民参与的大文化市

场显然已初具规模，并在文化产品的生产、流通、消费和效益的各个环节上产生一种规模效应，从而呼唤着新的文化理论和文化管理思路。

要认识我们眼前的这个新生的大型文化市场，我们首先可以借助经济学的研究视野，从市场的供求双方以及它们之间的相互作用关系，来了解文化市场的生成机制。

一、当代文化市场的生成机制

与一般物质生活产品相比，文化产品在主体上是一种思想感情产品。它不仅指某种有可能进行交流、交换的思想感情及生活情趣，而且指表现这种思想感情或情趣的具体形式，以及供求双方进行的交换活动。比如一个作家在头脑中构思的小说，就还不是文化产品；他把这个构思写下来并印刷出来后，如没人愿意购买和阅读，也还不是文化产品。甚至如果这个作家赠送自己的书给他人，却没有得到他人的欣赏，也不能称该书是文化产品，而只能承认这部书是文化作品。文化作品要成为文化产品，必须借助这一作品的供需双方的交换活动。无数种表现思想感情、审美情趣的文化产品的交换活动的总和，就构成了文化的市场。从当今社会对文化产品的需求来看，大众化的需求和消费热情是当代文化市场形成的重要原因。法国学者路易·多洛认为：20世纪在世界范围内出现了一次普遍的"文化革命"。这场革命主要受政法革命、科学进步、经济变革三个方面的深刻变化影响，文化的内容、文化的传播方式因此都发生了天翻地覆的变化。（1）政法革命的影响主要体现在各国不同方式的民主化进程之中。普及文化教育运动和"文化宫""文化广场"的建设，使"文化应该为人民服务"，"享受文化的权利"是"人权"的重要方面等观念，在20世纪已深入人心。文化的社会效益和舆论功能受到各国政府的普遍重视和全力"扶助"。（2）20世纪科技的进步对文化的变革也影响深远。不仅科技文化已经成为当代文化不可或缺的组成部分，而且技术的广泛应用已经使得当代人的日常劳动和生活变得愈来愈轻松容易和舒适便捷，也使得当代人愈来愈有可能在闲暇中从事文化活动及消费文化的产品。由先进科技产品支撑的大众传播媒介还使文化的"大众化"传播及交流变得可能和影响深远。销路广泛的报纸杂志、频道繁多的电视广播，以及电影录像、多媒体电脑，使整个地球具有了"都市化""一体化"发展的共同趋势。（3）20世纪经济变革对文化的冲击，主要表现在"文化工业"的兴起和势不可挡的发展趋势。大众传媒不仅是一种有效的政治和思想教育手段，而且也是影响人们消费行为和购买心理的有效工具，因而，在视听传播媒介的相互竞争和彼此配合中，一个个具有鲜明经济活动色彩的文化商品部门应运而生。它们按照赢利的原则进行设计和操作，以文化的市场行情和大众的消费热点为自己的工作重点，以追求利润为自己的工作中心。文化产品的生产和消费方式不再是少数人的特权，也不再仅仅属于国家和地区政府的工作职权范围，文化活动正在通过经济的杠杆，成为民间和大众的主动追求和自发活动。

以平等权利为轴心的政法革命，以富国强民为宗旨的科技革命和以经济效益为中心的经济革命，促成了现代大众社会的迅速形成和共同享受文化产品的大众心理需求。这种需求在大众传播和文化工业的日益发展中，逐渐形成规模大、范围广和不断增长的文化消费需求，从而为当代文化市场的生成营造了热烈的氛围。

从当代文化市场的供给方分析，工业革命以降，文学艺术家地位的变化和当代文化工作者队伍的明显分化，是文化市场生成的另一重要原因。在这一点上，美国当代思想家丹尼尔·贝尔的《资本主义文化矛盾》一书对我们颇有启示。在贝尔看来，当代社会发展具有多原则分立和多元并存的性质，当代西方社会已经出现了经济、政治和文化领域分离独立的趋势。在文化领域里，早年资本主义制度的兴起，曾使艺术家摆脱贵族的政治经济庇护，充分发挥想象的自由和自我解放的追求。但这些自由和追求的内容，与资本主义成型后的消费社会特征是相互矛盾的。"经济冲动力"维持的是稳定和标准化，反对自发倾向和多变趣味。曾让传统艺术家引以为豪的"个性化""独创性"精神，已经在经济主宰社会生活、文化商品化趋势严重、高科技成为当代人类图腾的压迫局面下，变得软弱无力和松散零乱。文化阵营不得不强化自身的独立和自治能力。到20世纪60年代左右，许多西方艺术家就开始与大众化和文化商品生产合流，将对传统文化的叛逆和对当代文化市场的控制联系起来，力图巩固与"经济冲动力"相抗衡的"文化冲动力"。贝尔虽然指出了西方现代主义艺术家由于"信仰"的虚无而只能在标新立异和大众走势里维持生计，但他还没有更明确地指出当代文化阵营本身，也已由曾经有过的高度一体化走向分化和冲撞。为艺术而艺术的作家与为市场而艺术的作家之间出现了相反的追索，前者因一味创新而使自己的作品失去了大众接受的可能，后者因商品崇拜而在艺术的工业化生产中呈现鱼龙混杂的局面。

以文化市场的重要组成文学市场为例，美国学者罗伯特·斯皮勒认为，当代美国文学创作呈现为两个较极端的特征。一端是表现神秘及宗教激情的深度和广度，一端是喜好表现纯粹的喜剧、幻想、堕落和暴力。英国的现代文学史也表明，虽然精英作家群的"现代主义"流派种类繁多，但20世纪以来，各种通俗小说，尤其是侦探和惊险小说更为吸引读者，柯南·道尔的福尔摩斯探案故事、阿加莎·克里斯蒂的比利时大侦探波伊洛特的故事，都以人为的虚构、丛生的悬念、迭起的疑团假象，让读者如痴如醉。在它们被介绍到中国文化市场之后，也立即召集起大批的欣赏者。中国当代文坛自改革开放和市场经济实施以来，也同样出现"探索文学"和"消费文学"两强相争、交替流行的局面。在西方现代主义被引介之后，许多颇有知名度的专业作家都在自己的作品中刻意创新，烘托"圈内"的热闹，以"第五代"导演为代表的探索性电影也因其在国际上的获奖而名噪一时。但与此同时，以港台言情片、武打片和西方商业片为主要阵容的消费文学在实际市场占有率、流通速度和经济效益上都远远超过名流精英们的探索，并诱使许多文人纷纷下海，争取名利双收。文化工作者的分流并不只是两极分化和双向对流，同时也与大众化文化需求相呼应，在类别上呈现多元和流动的趋势，在规模上形成愈来愈纷繁庞杂的态势。经过外来影响和市场经济不断洗礼的中国当代文坛，一方面正在逐渐形成新的现代精英文化，形成以文化的创作和传播为自己生命和终身事业的文化人队伍。另一方面，文化产品所产生的巨大经济效益也引起各界人士的关注和参与兴趣，各种打着"文化"旗帜的旅游景点、餐饮娱乐和团队活动等争相入市，鱼龙混杂，使文化与经济的关系变得更加模糊不清。在这两个极端之间，文化产品的生产、流通和消费方式都将越来越多元化和层出不穷。

总之，文化市场是由文化产品消费者和生产者的相互作用促成的，文化需求的大众化和文化工作者队伍的分化导致了当代文化大市场的生成。文化市场的生成，工业化、市场化的文化产品生产和流通方式，以及大众传媒、科技产品的全民共享现实，对我们今天的文化工作和文化工作者队伍产生了深远的影响。

二、当代文化市场的影响探讨

文化市场的出现，不仅体现了文化的时代变迁，而且反映了文化概念的不断拓展和充实。当代文化市场的首要影响就是进一步促使我们以广义的文化观念去替代传统习俗中狭义的文化理解。所谓狭义的文化是将文化视为人类的精神活动和精神产品，而广义的文化通常被定义为：文化是人类的基本生活方式。这个定义一是强调文化的人造性，二是突出文化的社会历史继承性，三是肯定文化的可学习性。在这个大文化的概念里，文化市场反映的只是我们这个时代文化的特点之一，文化市场的生成及繁荣还将强有力地影响我们对当代文化特点的认识和把握。这主要表现在以下三个方面：

第一，文化市场的明朗化，放大了当代文化的公共性。文化的作品之所以在以往不被认为是一种"产品"，既是因为古典文人们大都以洁身自好和鲜明个性为荣，以"应市之作"和迎合潮流为耻，也是因为传统的文化产品在流通和交换过程中很少直接以经济的价值观"明码标价"；相反，官方的赏识、民间的声誉和友人的共鸣，总是更能体现文化作品的档次和文人的级别。尽管如此，文化的作品在其本质上是具有公共性和潜在的共享属性的，文化的产品不像苹果，张三吃了李四就无法享用了。中国古代的一些文人在街头卖画，与今天聚集在纽约中央公园附近从事卖艺活动的各国艺术家一样，他们虽然给自己的艺术活动标上某种价格，但在最深层的愿望上是追求艺术的一种分享和共同拥有。长期传播文化的学校、书店、剧院，也都是建立在这种文化共享的民众基础上的。因而，当代文化市场的出现，是放大和强化了文化产品的这种公共性和共享特征。

第二，文化市场的热闹，强化了当代文化产品的可估价性。我们曾习惯地以为文化的产品因其精神生产的特征而不宜用纯数字的价码来衡量价值和相互比较，只有物质产品才可以进行精确测定和量化评判。尽管今天具有世界影响的苏富比拍卖和小城镇花鸟集市上的工艺鸟笼都已经借用纯粹精确的金钱价码成交，但仍有许多艺术家对这种艺术品的商品化操作和泛滥喜忧参半。应该说商品化的估价对文化产品而言，只是衡量评判其价值的一种方法，但文化市场的广泛延伸已经使这种经济化的评价方法被迅速地认可和强化了。在文化的产品被频繁地在市场和商场里进行钱物交换时，文化领域里的商业理性和科技理性也被同时地认可和强化，而传统的人文理性在地位和观念上都被相应地削减和弱化了。

第三，文化市场的漫布，还拓展了当代文化产品被利用的不确定性。传统文化产品一旦产生，其效用既是明确的，也是不确定的。比如我们通常所说的"观赏性""欣赏价值"，对人们精神生活的"陶冶"作用等，都表现了以往在评判文化作品效用时的非实用性、非功利性价值取向。这类评判掩盖或者说有意贬低了文化产品的实用性和功利性。文化市场的出现，以极具诱惑力的经济效益，驱使人们对文化产品的功能进行多方尝试和市场营销测试。在永不疲倦的市场追逐中，文化产品的实用性功能被前所未有地开发出来，并且不断冲击着我们头脑中已有的文化概念。

文化市场的生成反映了时代的一些巨变。我们已经可以强烈地感受到它在文化领域里引发的诸多从未有过的矛盾和冲突。

首先，文化精英的独立性与文化接受的大众性之间，出现了前所未有的矛盾和冲突。当代大众对文化的浓厚兴趣和产品需求，一方面使文化拥有了比以往多出几十倍的接受者和爱好者，另一方面这些爱好者队伍中又主要是消费者和实用主义者。其一是因为当代大众虽然普遍受过教育和拥有余暇，但近两个世纪以来的教育本身，已经在时代的变迁中变得愈来愈偏重于实际技能和谋生手段的训练。二是因为经济的迅猛发展既使大众普遍分享日益充足的物质财富，也不断培养了追求享乐、讲究消费的社会风气。三是因为在民主平等观念日益成为大众的生活信念时，原来少数文化精英的"精神领袖"或"社会精华"地位也被瓦解和销蚀了。在信息社会、通信社会的特征越来越明显的今日，文化人不得不抽出相当的精力关注社会、大众和流行时尚的变化，以适应这个时代的思想、感情和趣味走势。他们呕心沥血创作有深度、厚度文化作品的心态和希望，都很容易被市场这只看不见的手所扭转和破坏。

其次，文化产品的两种价值评判标准之间出现了前所未有的矛盾和冲突。其一，虽然大多数人在不知不觉中已经习惯了各种文化作品的商品化标价和市场化交换，但事实上，文化的产品，尤其是文化精品的价值是无法估价的。诸如目前一些颇有声誉的老艺人不计报酬低廉为基层演出剧目，和一些所谓"明星"的漫天要价之间，就体现了截然不同的文化价值追求，并将影响人们对文化的深层次理解。其二，大众对一个文化产品的市场接受程度，只在一个方面反映了人们对文化的真正需求，而且主要是表层面、即时性的当下性需求。文化产品对大众的服务不仅体现在文化产品生产者的市场意识和群众观念上，而且更集中地体现在一个国家和民族对文化生活、文化产品的本质需求上。文化市场反映的大众需求仅仅是国家和民族精神建设需求的一个参照系数。从价值上看，国家政府对特殊文化产品的价值定位与文化市场对同类产品的价格定位，是不能同日而语的。因而，任何一个国家的政府都不会以文化的市场导向来规划本国的文化发展蓝图。一方面，文化的精神价值无法在市场的席位上与文化的经济效益进行竞争或比较；另一方面，文化市场的总体建设必须纳入和服从整个国家、民族文化活动的发展规划。其三，目前及未来我国的文化事业发展重点不是文化市场，而仍是全民的文化教育事业和全国各地城乡的文化设施建设。但我国的教育事业和诸如图书馆、博物馆的文化设施建设不仅存在较大的数量差距，而且存在很大的资金缺口。教育和基本文化设施如何从民间募集资金，以及教育和文化场所能否民办民营和进行企业化经营，在最近及将来的一段时间内，都会是我们文化建设中的焦点、热点和难点。

最后，文化人队伍的内部思想交锋会出现前所未有的激烈局面。文化市场的出现，既为文化领域引入了公平竞争的竞争机制，冲击了我们目前实行的"专业作家"体制和"大锅饭"式的剧团管理方法，也促使原来较为一体化的文化工作者队伍出现分流、分化的细分趋势。但与此同时，文化产品的"工业化"生产和"市场化"交换，也助长了许多人的抄袭、盗版恶习和急功近利的投机心理，文化产品的供应在总体上出现了数量剧增、质量骤降的势态。毅然"下海"的文人、岸边徘徊的作家和坚守孤寂书斋的学者，在价值取向、认识视野、思维方法和生活方式上都出现愈来愈深的裂痕，甚至可能出现彼此间的敌意和不满。由于目前文化工作者队伍的分流和细分倾向还处于一种急剧变化和充满矛盾、动摇、迷乱的时期，"两栖"文人、"边缘"文人等新的文化人形象仍在不断涌现，因而各种意见的交锋和探索也会因此而显得格外紧张和激烈。

三、当代文化市场的管理思路

在对当代文化市场的生成和影响做出一番快速的扫描检索之后，我们会发现这个时代的许多巨变正在迫使我们开阔视野、更新观念，去认识当代文化市场的特殊规律、文化产品交流交换的特点及难点，形成文化市场管理的对策和思路。

首先，对文化市场的大众消费者管理而言，应该加强对文化消费行为的细化分析和广义消费行为分析。其一，由于消费者总是在市场上寻找、获得、评定和享受能满足其需要的产品和服务，因而对文化的消费既是精神追求，也是经济行为，故应把每个消费者的个人兴趣及权益（self-interest）作为研究重点之一。比如目前在图书市场上出现的豪华"礼品书籍"包装和在照相馆、美发厅出现的"明星照"和"整容"热潮，在消费倾向上虽带有奢华和虚荣的因素，但也具有求知求美的文化追求。文化市场的管理者职责不是简单地限制和制止一些文化产品的上市，而应利用舆论和经济的手段，一方面禁止"暴利"和协助"打假"，另一方面不断探索如何将大众消费者的个人兴趣与国家的利益、人类的全局利益协调一致和自然转化，探索如何将大众对自我形象的美化热情和对自己居室的装潢热情与整个国家和地区对环境的美化和生态的保护联系起来等。其二，每个消费者又可在其具体的消费行为中被细分为不同的角色，担负不同的任务，这些角色包括发起者、影响者、决策者、购买者和使用者。一个消费者可能是其中的一个或一个以上的角色。因而任何一个文化产品的生产和被消费背后,都可能有着丰富的社会心理内容和时代心理特征。文化管理工作者需把大众消费文化产品的经济活动同大众的心理变化过程和转变特征结合起来看,研究和理解文化消费活动的行动过程、决策过程,以及在这种消费活动中积累的影响和经验等。其三,以个体形式出现的消费者同时也是社会群体中的一员,他的消费行为必然受到社会文化环境的制约和影响,因而文化管理者还应运用社会学、文化学、人类学、传播学的知识,关注作为文化消费者的大众群体,探索他们之间的相互影响方式和社会文化环境对他们的影响。

其次,从文化产品供给者的管理来看,文化管理工作者应该密切注意各类文化产品供给者的行为动机和行为方式。一般说来,一切经济行为的动机都主要是围绕着自身经济利益的,文化产品与一般商品生产的不同之处,就在于文化产品制作者的创作动机可能是为了追求个人名誉和社会效益,也可能是为了追求经济效益和个人利益,还可能是追逐"名利双收"。过去我们习惯于将文化活动的经济目的视为"非艺术动因",但文化市场的形成和文化商业部门的出现,已经引发了原有文化"事业单位"与自发文化"企业"团体间的对比和"双轨"制运行机制。从发展趋势上讲,现有的许多民间文化团体和单位,都将逐步走向完全市场化和永久性独立核算经营,因而文化活动的名誉动因和经济动因都应得到一定程度的保护和支持。管理者应通过产品结构的分布、产品数量的调整和产品质量的监督,来规范不同文化团体和不同文化工业企业的活动幅度、活动范围和行为方式。

同时,文化管理工作者对文化产品生产者不仅负有规范管理的职责,也负有重大的指导和引导职责。这种指导工作主要体现在利用文化理论和文化史的研究成果,指导文化创造者。其一,关注时代的变化和时尚的变更。从深层次上讲,时代的特征会影响文化消费者的欣赏兴趣和需要内容;从表层次上讲,时尚的变化会影响文化接受者的欣赏口味和消费热点,因为每一轮文化产品的"流行"都不过是前次流程的一个结果。其二,文化的创造者必须密切关注文化接受水平的变化。从满足大众的文化需求上看,"雅"和"俗"的文化都不可偏废;但从文化市场的健康和繁荣发展上讲,提倡精品、贬斥赝品和消灭废品应该是文化工作者的职业道德。其三，文化管理者既应重视和保护文化活动的大众参与，又应珍惜文化工作者的个性特征和独特奉献。因为在最终的目的上，文化的生产和消费都是为了促进每个人的全面发展和自我实现。多元化的管理方针对每个文化工作者和参与者的主体意识和创造热情是一种最基本的保证。

最后，从文化市场的独特市场特点来看，文化管理者应对文化产品的独特性和文化市场规律的独特性有较好的认识。其一，文化产品的思想感情内容必须通过一定的形式展示出来，诸如小说、诗歌、戏剧、电影、音乐、美术等，都可成为文化产品的具体物质形式。这些形式既可以是一件文化产品的有机组成部分，也可以是一件产品的具有"艺术性"的包装。从这个意义上讲，我们既无法在文化市场与一般商品市场之间划出一条鲜明的分界线，也没有必要阻止文化市场与其他产品市场之间的相互影响及产品流通。相反，应该促使文化产品对广大消费者的外部影响和感染、渗透功能，活跃城乡的文化氛围和精神文明建设。其二，文化市场的产品分布与一般市场相似，虽然不同的文化产品经营部门应追求自己的经营特色，但在整个市场的宏观控制上应坚持百花齐放和扶持各类精品相结合的指导思想，既讲究各类产品的齐全、繁多，又追求每一类产品都能做到有质量、上档次。面对大众不同的年龄阶段、受教育水平、不同的消费习惯，应尽量避免特定品种的长期空缺，避免非文化、反文化和伪文化产品的乘虚而入，并有目的、有计划地组织一些高水平的文化工作者及时创作符合大众当下需求、能提高大众欣赏水平的优秀作品。对传统的文化品种应有意识地发掘保护，因为任何过去存在的产品样式都已有一定的消费群体支持，都是新产品诞生的先决条件之一。对外来的文化和来自非文化领域的外部刺激，也应有选择地引进和研究，因为它们也会提供许多有价值的参照和可供对比的历史经验，从而有利于激活文化产品的更新和变革。其三，当代文化市场的消费者虽然呈现大众化趋势，但文化市场的需求和服务对象不仅是大众，还包括政府和文化工作者团体。文化市场的管理者应随时注意调整国家、民族的"两个文明"建设需求与大众的文化需求之间的主次关系和比例关系。文化工作者内部的互相交流和他们与外界的互相沟通，也应在文化市场上拥有足够的场地。其四，文化市场的类别划分和性质定位，既应大胆借鉴经济学、市场学理论，又应坚持文化建设的精神价值取向，认真探索文化市场与一般市场之间的异同。虽然当代文化市场的性质定位尚在探索中，但管理者应随时调查和关注文化市场运行规则对生产者和消费者的决定性影响。其五，由于文化市场的建设发展既需要引进竞争机制，又需要符合国家的整体发展计划，因而对文化产品的质量评价和奖惩制度就是文化管理工作的重要环节。由于管理者对文化产品的外部评价主要是通过其可提供的政策、资金和名誉实现的，因而在管理观念上，文化市场的领导不应忽视文化市场的经济回报也是一种客观存在的外部评价和奖惩形式。但如果管理者手中的政策、资金和荣誉证书总是与文化市场的经济获益情况叠加在一起，就会造成错误的市场导向。因为与一般商品营销的规律一样，那些迎合眼前利益、一般需求的"贱而众"产品，那些标准化、通俗化的批量生产产品，总是能够在经济的"炒作"中迅速流行起来，并获得即时性的经济和社会效益。而那些基础性的理论研究和有深度、有厚度作品的创造，由于耗资巨、费时长、无确切成功保障，总是要承担更大的市场风险并可能被长期忽略。因此，文化管理者应该通过政府领导的权威和感召力，将自己的政策和奖励（名誉及物质的）长期倾斜于那些从事"贵而稀"文化珍品创造的文化工作者，为民族文化素质的提高和升华，保存最基本的思想资源和尽可能厚实的文化遗产。

主要参考书目

①丹尼尔·贝尔.资本主义文化矛盾[M].赵一凡，等译，北京：生活·读书·新知三联书店，1985.

②路易·多洛.个体文化与大众文化[M].黄建华，译.上海：上海人民出版社，1987.

③约翰·皮克，弗朗西斯·里德.艺术管理与剧院管理[M].甄悦，等译.北京：中国戏剧出版社，1988.

④阿诺德·豪塞尔.艺术史的哲学[M].陈超南，刘天华，译.北京：中国社会科学出版社，1992.

⑤罗伯特·斯皮勒.美国文学的周期[M].王长荣，译.上海：上海外语教育出版

社，1990.

⑥米歇尔·莱蒙．法国现代小说史 [M]．徐知免，杨剑，译．上海：上海译文出版社，1995.

⑦ Schramm W, Porter W E. Men, Women, Massages, and Media: Understanding Human Communication [M]. New York：Harper & Row Publishers，1982.

⑧ Gans H J. Popular Culture and High Culture [M]. New York：Basic Books，1974.

⑨ Rosenberg B, White D M. Mass Culture: The Popular Arts in American [M]. New York: Free Press of Glencoe，1957.

⑩ 张旭昆．思想市场 [M]．杭州：浙江人民出版社，1994.

（《浙江社会科学》1997 年第 3 期）

04

对现代大众主体性的重新描述和思考
——从霍布斯《利维坦》的一个基本命题谈起

当今，在人类世界逐渐迈入物质条件相对丰富的现代化阶段之后，人民的意愿和大众的需求就受到愈来愈多的关注。这种关注既有来自各国政府的决策改善，也有来自各国知识界对大众文化的孜孜探求，其中，对大众的内在主体性的阐述是一个关注的焦点。虽然我们都熟悉"人民是历史的主人"这样的名言，但这个观念的理论依据，这个思想在每个具体"人民"个体心目中的确切含义，以及这些含义在物质生产、政治权力和日常生活实践中的实际体现，都还是一个开放和进行中的课题。

（一）

从概念上讲，通常我们对"人民"或"大众"含义的理解是建立在它们与其他语词概念的联系上的，比如"大众"是与"精英"相对而言的，"人民"相对"统治者"来说是被"领导"的。这种约定俗成的语义影响了我们对大众主体性的理解。以英国经验主义哲学家托马斯·霍布斯在 17 世纪的英国资产阶级大革命的背景下写下的《利维坦》一书为例，作者洋洋万言讨论的基本命题就是人民大众为何要对统治者忠诚的问题。霍布斯的变革首先体现在他的科学分析精神上，作为早期启蒙思想家，他力图用自然科学的研究方法研究社会现象。与西方古代政治等同德治的传统相违，霍布斯对大众与统治者的关系做了科学的和不具人格性的讨论；从无神论和唯物主义的角度出发，他提出国家不过是人们的一种理性选择和人为创造。一方面，这种创造不是根据神意，君权也不是源于神授；另一方面，这种选择也是由于别无选择。霍布斯认为所有的人依其自然状态都是平等的，并且各自都设法以牺牲别人来保全自己，因而人类的自然状况就是众人反对众人的战争状况。为了避免这种如虎狼之境的可怕状况，人们不得不联合起来，遵循自然法，即受理性的驱使，把自己的权力授予一个核心的权威，这就是国家的诞生过程。只有当人们与这个自己选择的权威达成一种人为的协议或契约时，他们才同意或者说自愿顺从这个权威。这样，霍布斯用严格的机械术语研究了人和人的心理，用人类建立国家的目的是依靠人的自然理性满足人的自然需求的结论，彻底推翻了"君权神授"这一封建专制的理论基础。

霍布斯对专制统治的批判是从解剖语词开始的。他以同样的科学态度和接近现代语言分析的方法，检查了当时人们认识中的许多概念的发生。全书的第一部分"论人类"就是从人们普遍的"感觉""想象"现象出发，揭示语言中人类的想象序列和系列，并从建立在语言上的推理来追溯当时各种知识主题的来源，以及权势、身价、地位、资格等观念的形成，最后考察自然法和契约法的含义和意义。霍布斯不仅揭示了统治阶级对自然法和宇宙规律的控制兴趣，而且进一步指出了在一个专制国家里，抽象的知识是如何成为一种不可否认的公理，成为大众所必须接受的基本认识观念。由此，他对一个哲学观形成过程的批判就同时成为一种政治制度的批判。虽然霍布斯的本意是让语言的定义像几何学一样准确无误，是希望统治者在制定定义和法规时不要用自相矛盾的概念，但他也毫不留情地指出了古代哲学概念中的许多含混、纠缠和不准确，指出了这些充满矛盾和谬误的抽象是如何混淆视听地维持着一个疯狂欺压人民的封建专制制度。

然而霍布斯在观念上和逻辑上都是自相矛盾的。他将人民与权威的契约视为一种一旦实施就无法逆转的现实，他认为受这个契约约束的只是大众而不是统治者，只有当统治者无法提供安全保护时，人们才有理由宣布契约无效。霍布斯感到这种以契约为基础的社会或国家就像一个巨人（"利维坦"），它像上帝一样巨大有力，无所不能。这样的国家政府虽然大权独揽，但能抵御外寇、消除内乱、维护社会和平，因而是一种理想的政治状态。从观念上讲，霍布斯一方面对君权神授和教会大加鞭挞，另一方面又对集政治、军事大权于一身的君主制竭力维护，因而是"矛盾丛集，唯物主义的自然观和唯心主义的社会观纽结在一起，资产阶级的社会经济要求又包容在封建专制制度的外壳之中"[1]。从逻辑上讲，霍布斯畏惧人们一旦脱离国家就会回到争战不已的狼与狼式的自然状况，但他所推崇的社会状况，即统治者在获得授权后就拥有了绝对的、至高无上的、不可转让的权力，而人民只能绝对服从义务的图景，却依然是令人恐惧的。虽然霍布斯的自相矛盾有其具体的社会和个性原因，不过他把人民与统治者作为一对矛盾的基本命题却使后来的思想家对"大众"的理解始终围绕在"国家权力"的周围，人民大众推翻统治者并建立自己的权威的斗争成了历史的基本规律。换言之，大众的主体性只有通过国家权威，通过契约转让和授予，才能被确立。即便是霍布斯以后的西方民主主义运动，也旨在坚定大众的自由、平等观，强调大众对统治者的监督和批判权力。大众的主体性一直是一个二元对立的命题。

（二）

始于尼采并一直延伸至海德格尔的当代西方思想变革，已经将贯穿西方文化的形而上学传统作为重点反思对象，"他们都看到了传统的二元对立对于所有生活和思想领域的腐蚀作用"[2]。比如深受海德格尔影响的当代解构主

1 　参见：托马斯·霍布斯.利维坦（中译本）[M]. 黎恩复，等译. 北京：商务印书馆，1995：出版说明.

2 　理查德·罗蒂. 后哲学文化 [M]. 黄勇，编译. 上海：上海译文出版社，1992：100.

义鼻祖德里达就认为："我们可以依赖语言本身来背叛任何想超越语言的企图。"[1]解构主义继续了索绪尔的语言学研究方法和结构主义的诸种探讨，强调结构的开放性、语义的歧义性、交叉的可能性、可能的无限性，以此摆脱传统的二元对立。例如在大众主体性的命题上，解构主义就已在方法论上对霍布斯发起了以其之矛攻其之盾的质疑。

首先，解构主义强调语词概念的交混。其研究认为，语义的抽象化与言语的歧义是相关共存的，认识的绝对化与观点的多元化也是相互依存的。人们为一个事物命名时必然要面对语义之间的交混，概念与概念之间的相关、变迁、逆转、替换、更迭、误解、双关、多义、谬误、无主格等。语义的不确定性，与语义的确定性一样，也是有基础性和决定性的。依照霍布斯的逻辑，任何统治的规则都不能以某个阶级的需求和兴趣来界定，也不能让这些兴趣和需求将国家权威的其他可能性偷梁换柱，使自己成为牢不可破的中心。与此同时，当霍布斯用"利维坦"来定义"国家"的概念时，我们无法确定他是在有权威的社会与无权威的自然状况之间作一个比喻呢，还是在作一个语义的抽象化处理？如果说"利维坦"是指"国家"或"公民社会"，那么这个社会也是"人造的"概念。如果这个建立在人造语言形式上的利维坦被认为是绝对的，那么它依然是一种形而上的错位、转换和替换，它也是以一种抽象的绝对化制止了所有其他的不确定性。要摆脱霍布斯的自相矛盾就应该将社会视为一个整体。解构主义认为整体就是部分与部分之间"永远的革命"，就是开放的、包含的、变动的物质世界和人类社会。引申过来说，大众与统治者之间不是二元对立的等级关系，而是部分与部分的关系，是随时可能也可以替代的平等的联系。

其次，解构主义承认并维护差异及内争。霍布斯当年拥护绝对君主是为了坚决制止一切可能的内争，因为内争表现了人们集体对阵集体的本性，而专制则以大众的服从来换取对他们的安全保障。解构主义式的逻辑解说则认为应该维护必要的内争和差异，因为统治者本身就是内争的一个方面，只不

---

1 理查德·罗蒂. 后哲学文化 [M]. 黄勇，编译. 上海：上海译文出版社，1992：105. 另：对解构主义思想的理解还主要参照：伊·库兹韦尔. 结构主义时代 [M]. 尹大贻，译. 上海：上海译文出版社，1988. J. M. 布洛克曼. 结构主义 [M]. 李幼蒸，译. 北京：商务印书馆，1987.

过这个方面抑制所有的其他方面；专制就是将统治者与被统治者的划分绝对化，也就是将这种划分绝对地内部化。依照解构主义的阐述，生活中的每个人都有自己的生活方式和特定位置，每个人的生存方式往往说明其"内在地"需要这样的形式，比如被排斥的社会成员往往以与众不同的活法才能把自己区别出来并生存下去，同理，统治者也"内在地"需要反抗者来证明自身存在的价值。

再次，解构主义追求对"虚构"的瓦解。正像霍布斯所说，绝对权威的存在依赖于一种形而上误导的"连续性"，一种坚固而有效的"结构"（语义的和社会的）。如果某个规则的建立是一种形而上的误导，那么所有企图维护这个误导规则的过程就是一个排斥其他可能性歧义、努力建立系统的意义体系和规范准则的"结构"，也就是一种"虚构"（fiction）。解构主义不遗余力地证明我们现存的政治制度、经济制度、性别认识等整个文化生活方式，是由"连续性"传统观念和制度建立起来的一种"虚构"，它们必须被新的观念所超越，即二元对立的观念必须被永远开放、变动、调整、并存的观念所超越。显然，现代大众主体性的位置和功能已经在这里显露端倪。

（三）

如上所述，德里达式的解构主义观点不仅使当年霍布斯的理论失去根基，而且已经具有相当激进的变革今日社会的倾向。虽然解构主义的激进政治倾向可能只是解构主义学派的一个方面，但却表明人们认识领域的开拓将会引起大众自身认识和社会管理方式的变革，这种变革的一个直接影响就是使现代大众的主体性在一个全新的视线里确立起来。

首先，这是一种自主平等的主体性。以往的大众被认为是被统治或被领导的社会绝大多数，大众不仅处于与精英相对垒的另一社会阶层，而且是一种附属和处于中心外围的混杂阶层。这个阶层虽然也有许多杰出人物和惊人创造，但都是在精英文化的熏陶下完成的，是在精英人物的认可中被发现和被传播的。大众的追求总是朝着更高、更自觉、更完美的精英文化方向努力。而现代的大众概念已经开始摆脱这种隶属性和被动性，强调大众和精英都是整体中的部分，彼此之间既没有绝对的划分，也没有永久的界定，只有许多交叉、更迭、替换、牵制，并共同构成一个开放而变动的整体。大众文化始终与精英文化保持着非一致性和非一体性，这就是大众主体性的自身体现。没有大众的存在和认可，同样也没有统治者和精英的特殊位置。

其次，这是一种多元共生的主体性。现代大众的主体性表现的是整体的无限可能性。整体的观念不仅解构了大众与精英的二元对垒，而且也解构了公共与个体的严格划分。一方面，每个人的政治、经济和文化观念都是出于大众心理的；另一方面，大众的政治和哲学也是通过个人传播的，个人在这里虽是由文化、历史、社会、家庭和语言系统塑造的个人，但所有的个人都可以根据自己的主体性需求远离正规系统和公共中心。这种"远离"由于建立在否定权威和中心的绝对性上，因而这种远离本身也不是绝对的。每个属于大众的个体可以在政治、经济和日常生活的各个方面与社会中心保持不同的认同关系。现代大众主体性的这一特点不仅开放了大众个人的认识渠道，而且也将开放大众自由组合和集体活动的空间，使大众主动地为自己建立多元开放的生活内容。

再次，这是一种灵活多变的主体性。现代大众的主体性不仅具有平等性、自觉性和多元性，而且具有当下性和变动特征。正如霍布斯曾解剖的那样，权威和中心的建立在人类历史上是有其自然性和必要性的，而解构主义对霍布斯权威观念的击破，指出权威是永远无法自足、无法绝对化和永久性的，每一种必要和自然的权威都必须面对抵抗权威的内部因素、面对权力位置变化的可能性。霍布斯曾担心的失去权威的恐怖状况即所谓"无政府主义"的混乱局面既是曾有过的史实，也是一种语义概念形而上的交叉和替换，即是由于一种连续性语义体系塑造了人们的这种认识。其实，"无政府主义就是权力的真空，是权威的伪对立面。……只有从权力的角度看，权力的分散才是危险的。"[1] 只有当一种权力从众多权力中被抽取出来，绝对化，并拒绝其他权力替换可能性的存在时，这种权威才可能成为其反面的形式：法西斯主义或无政府主义。由此，解构主义思想暗示，现代社会的管理方式变革不一

---

1 参见：米歇尔·瑞安. 解构主义与马克思主义（英文版）[M]. 巴尔的摩：约翰·霍普金斯大学出版社，1984：导言部分.

定是激进的革命方式，不一定是微观和宏观的全面颠覆，而是多元并存权力之间的不断交替和变换，以及许多局部和点滴的改革。

这个思想为现代大众主体性的多元并存和自主自足提供了理论依据，使大众与社会中心诸方面的多元认同方式不再具有"无政府主义"嫌疑或"离心力"的担忧，而被认为是一种正常的、持续的、科学的现象。应该看到，对现代大众主体性的研究将更关注其现实问题和当下性，而不是寻求某种统一的、涵盖的结论。由于大众主体性的力量和活动都将是不断变更和转换的，因而现代社会的管理和领导方式也将是各个领域里的具体、务实的工作。国家事务中社会、政治、经济、文化等局部的、先后的调整及变革不仅将会变得可能，而且必须不断满足大众的各种新的需求和愿望，以吸引不同大众的关心和共同努力。大众主体性将越来越成为社会生活和管理的中心。

当然，认为解构主义式的现代哲学已经为我们提供了足够的有关大众主体性认识的理论依据是不准确的，解构主义所做的工作主要是方法论上的突破。事实上，无论是解构主义还是更早的结构主义的主要代表都无法回避马克思提出的课题和论述思路，美国学者伊·库兹韦尔就曾在他的《结构主义时代》一书中探讨过马克思主义对结构主义思潮的深刻影响。马克思主义与解构主义之间既有内在联系，也存在客观差别。这种基本差别体现在"大众主体性"这个具体问题的解释上，就是解构主义是从逻辑分析的角度给予现代大众主体性以理论依据，而马克思主义主要用社会历史的分析方法预见未来社会的主体将是人民大众。

（四）

马克思在谈到人的主体性的时候，突出强调了人的社会属性。马克思认为：每个人都历史地处于某种经济地位，并在此位置上接受社会的教育和文化的影响，因而"人"或"大众"的概念都必须作为一个历史的、发展的概念来论述。其实这个强调早已对霍布斯的命题提出了挑战。在资产阶级取代封建主义的历史阶段，市民与其他中下社会阶层共同作为与贵族文化相对立的"大众"，代表了社会发展的希望。但在资本主义进入成熟阶段之后，以资本为基础的生产条件则为自己生产了新的"大众"。马克思指出：劳动分工既"培养社会人的一切属性……把他作为尽可能完整和全面的社会产品生产出来（因为要多方面享受，他就必须有享受的能力，因此他必须是具有高度文明的人）"，同时又"把工人变成畸形物，它压抑工人的多种多样的生产志趣和生产才能，人为地培植工人片面的技巧"，使工人变成"局部机器的附件"，成为标准化、规范化的"大众"。用历史唯物主义的方法，马克思揭示了资本主义生产方式所固有的内在矛盾：作为整体的社会生产方式越是包罗万象，作为整体的社会物质财富和精神财富就越是丰富，而这种丰富与每个直接生产者的本人状况的对比也越惊人。生产者越来越成为机器系统的局部职能的承担者，在千差万别的局限性和片面性之外，每个生产者都变成了不完善的主体。

值得注意的是，马克思并没有把"生产者"的概念仅仅局限于"工人"，"不仅是工人，而且直接或间接剥削工人的阶级也都因分工而被自己活动的工具所奴役，精神空虚的资产者为他自己的资本和利润所奴役，律师为他的僵化的法律观念所奴役，一切有教养的等级都为各式各样的地方局限性和片面性所奴役，为他们自己的肉体上和精神上的近视所奴役，为他们的由于受专门教育和终身束缚于这一专门技能本身而造成的畸形发展所奴役——甚至当这种专门技能纯粹是无所事事的时候，情况也是如此"。马克思在这里也谈到了整体与局部、全体与个体的关系，但马克思所说的"整体"是"一切社会关系的总和"。在资本主义的具体社会关系总和里，生产了"大众"的资本主义生产方式与被生产的"大众"之间存在着对抗性的内在矛盾，因此，大众对资本主义生产方式的逃避和反抗就将是资本主义制度不可回避的内部革命，因为"自我异化的扬弃和自我异化走着同一条道路"，"劳动和资本的这种对立一达到极限，就必然成为整个私有财产关系的高峰、顶点和灭亡"。[1]

由此我们可以看到，马克思主义的中心思想之一，就是指出人类历史的全部发展都是围绕着"人的解放"这一大众的共同需求的。一方面个体的解放不能离开全人类的彻底解放而单独谈论，另一方面大众的主体性必须通过

1　转引自：E．A．瓦维林，等．马克思主义文化范畴论 [M]．奚洁人，译．上海：上海人民出版社，1992：137-143．

确立每个个体的主体性才能真正实现。理想社会的本质，就是使每一个人成为社会发展的自觉主体，个体的全面发展是理想社会的核心和目的，也是整个人类社会生活和文化进步的基本标志。与解构主义不同，马克思向我们指出了：人的主体性的问题不仅是一个解除人的外在压迫、改造社会结构的现实问题，而且是一个解放人的内在需求、完善人的内部品质的历史课题。解构主义虽然瓦解了权威意识对人民大众长期以来的精神束缚和无形控制，但这仍然只是大众解放的一个方面。纵观资本主义社会现状下的大众文化，虽然有多元并存的五光十色、个人至上的光怪陆离，但潮涨潮落的"流行"追逐和低级趣味的娱乐方式都说明大众主体性的真正确立还只是刚刚开始。摆脱"权威"的大众在趋同的生活方式和游移不定的欲望满足中暴露了他们自身内在素质并不完善和丰富的弱点。

关于这一点，马克思既肯定日益觉醒的现代大众主体性将是反抗资本主义生产方式异己性的基本力量，又把资本主义社会作为一个必然要被超越的历史阶段，从而强调资本主义式的现代文明只为大众主体性的真正确立提供了必要的物质基础和一定的认识基础。现代大众主体性的确立问题一方面是我们时代日益重要的课题，另一方面也是一个长期的不断发展的历史任务。从根本上讲，现代大众主体性的问题不仅是一个多元大众社会取代权威专制统治的问题，更是马克思所说的人类越来越自觉地解放自我、完善自我的历史必然趋势。

（五）

依照马克思研究问题的社会历史分析方法思考，还有必要探讨一下现代大众主体性确立的社会环境基础。首先，现代大众主体性多元并存的局面只能在一定的物质和历史条件下存在。自霍布斯时期以来，资产阶级的财富积累已经推翻了中世纪封建权威的物质基础，现代化的各国进程又将促成新的人类社会管理方式。当年霍布斯在社会事物上是期望于对人们意识的控制，而今解构主义的研究却让我们看到政治权力上的平等和位置交换是一场持久而开放的革命。其实马克思主义更明确地告诉我们促成这种革命的动力是物质力量的不断解放，在人们违背常规、嘲弄标准词义和句式的言行背后，是由物质力量的解放所唤起的人们的新的需求。

不仅如此，物质性本身就是多元和差异的，物质的世界充满了分离和变迁。世上万物由于生成条件的千差万别都不可能为任何一个永远的权威服务；同样，由物质引发的各种社会斗争必然会导致多元、大众的各种物质需求和兴趣也无法迎合任何一种传统规范下的组织方式，甚至大众的多元需求本身也是无法彼此妥协和互相超越的。从这个角度看，将有愈来愈多的自发的大众组织、民众团体和群众活动出现在我们的生活中，这些团体和活动的组织方式不再是思想和认识的统一，而是更多地由于物质的关系把大家凝聚在一起，比如性别、行业、民族、阶层、专长、年龄、嗜好、平时最关心的问题、工资要求、消费行为等等。这种凝聚可能是暂时的，也可能是长期的，但必然会是愈来愈普遍和多元的。

大众主体性的多元并存除了丰富的物质基础之外，还需有坚实的思想基础。这个思想基础的建构仍需谈到霍布斯的基本命题。解构主义用一种怀疑的态度重新理解权威，提倡用宽容的多元来替代以某种意志假充真理篡谋强权，但仅有怀疑和宽容也是无法组建一个健康的社会的。霍布斯的"恐惧"（fear）从词义的交叉和关联上看，也可以被理解成一种敬畏或畏惧，这既可能是一种心理因素，也可能是一种认识水平，无论怎样，现代社会中每个人对真理的追求和尊敬是现代大众主体性确立的必要基石。我们既要"解构"宗教狂热般的专制性"真理"，同时也要永远保持和维护追求真理的社会氛围。宽容世俗生活存在方式的多元性与捍卫人类历史发展的根本宗旨是互为依存的，二者具有根本性关联，如果为了避免专制而否认真理的存在及尊严，那么人类还是会面对"无政府主义"的威胁。因而，大众的主体性还必须在真理具有权威的社会里才能够多元并存和充满活力。

最后，制度的建设也是多元社会的必要基础。马克思曾在巴黎公社的革命实践中，预想过未来社会的管理方法。巴黎公社的经历就像一个新国家的建构一样，人民的各类代表将之视为一个虚拟的结构，领导者可能是任何一个普通参与者。代表与被代表、领导与被领导彼此是平等的，即便当某一个人或集体的需求和兴趣被授予非同一般的地位时，由此达成的社会认同也仍是一种虚构。当其他紧急的兴趣和需求出现时，彼此平等的代表与被代表就随时可能出现权力位置的交换。巴黎公社的历程是一种现代社会制度建设的大胆尝试，而马克思预想的未来理想社会就是一个大众自主自治的社会、一个多元的开放的社会。在这个未来社会里，物质的基础、思想的基础和制度的基础都是大众主体性确立及生存的基本保障。

（《浙江社会科学》1998 年第 6 期）

05

大众文化的三种理解

大众文化的问题已经在我国得到重视，但由于大众文化在我国是先有了来势迅猛的万千气象，再出现对文化的普遍关切，也由于关于大众文化的概念目前还众说纷纭，所以人们目前对大众文化的关切里有着诸多的分歧和冲撞。无论是批评与击掌、忧虑和欣赏，还是严肃的回避及轻松的笑忘，都基于人们对大众文化的不同理解。本文仅就其中的三种理论做一点述评。

一、雅俗之辨

雅俗之辨在中国源远流长，意指文人创作与民间创作的区别。中国自古讲究文章风雅，摒斥低俗之作，同时也肯定雅俗二者互为依托。美国评论家阿诺德·豪塞尔的大众文化理论与这种雅俗之说非常接近。他在《艺术史的哲学》中将艺术分为精美艺术和民间艺术及流行艺术两大类。精美艺术指精神上高级的艺术作品和活动，民间艺术及流行艺术则是指在乡村和城市大众中流行的艺术。"从民间艺术和流行艺术，我们不能去理解艺术的真正特征，这些特征的本质仅仅隐含在较高层次的创造活动中。""高层次的艺术即有教育的、专家和鉴赏家的艺术。……严肃的、真正的、担负责任的艺术必定会卷入生命和人类存在的意义之类问题的探讨，这些艺术使我们面对着改变我们生活方式的要求，无论在民俗艺术还是在流行艺术中，这种要求几乎是不存在的。民俗艺术常常只是为了玩耍和点缀装饰，流行艺术除了娱乐和消磨时间之外也无其他意义。"[1]

按照豪塞尔的观点，我们可以把大众文化分为两类：一类是民间文化，另一类是流行文化。这两者就有一定的差别。而它们与精英文化又存在着一些层次之差，尤其是精神层次之差。造成这种差别的主要原因是特定历史环境中的教育层次和阶级状况。以西方文化史为例，中世纪的贵族享有教育特权，虽然当时参与艺术欣赏活动的精英与大众的上下层次还没被严格地分开，但不识文字的乡村百姓只能欣赏简单的笑剧、闹剧或浅显的叙事民谣，宫廷艺术、英雄史诗、雅典戏剧和民间艺术自然在精神档次和技巧工艺上存在明显差异。但在中世纪末期，出现了一种新的艺术创作，它既不是为了有教养的高贵者，也不是为了乡下人，而是为了满足相当多的城市中产阶层的需求。于是在原有贵族文化和乡村文化之外，又产生了流行艺术的活动空间。由于流行艺术是一种与购买、交易和市场发生联系的艺术，如原来作为神的贡品的图画及雕塑，逐渐被不太富有的城镇市民购买，接着，这些艺术品的制造商就开始有意迎合市民的艺术需求，不断扩大供给，于是表现城市市民趣味的各类文化产品就应运而生。这些作品在一开始是对精美艺术的一种简单的甚至拙劣的模仿，它们对精美艺术进行艺术掺假和稀释，使伪作产生一点廉价的艺术效果；但另一方面，这种努力也使得艺术比以往更多更快地走向民间。

中国作家韩少功最近在一篇文章中，也谈到造成大众文化与精英文化差异的社会原因，并点出了大众文化被社会认可的特殊方式。他说：大众并非抽象的数字统计，而是特定时间和地域中的具体所指。在工业化消费社会

1　阿诺德·豪塞尔. 艺术史的哲学 [M]. 陈超南，刘天华，译. 北京：中国社会科学出版社，1992：271–274.

被人们重视和研究之前，人们曾以经济的尺度和阶级分析的方法，将工业社会前的少数特权阶级与普通大众的社会地位区别开来，并发现这些少数人不仅在政治经济和其他领域占有绝对优势，而且在接受教育和文化层次上也占有明显优势。不过西方的这些少数的贵族阶级文化人，后来在 18 世纪启蒙主义的思想的影响下，大多以"平等、自由、博爱"为自身理想，以批判性、平民意识和人文主义思想为社会精英的标志。在他们的心目中，不仅大众的苦难和精神需求具有对特权阶层的批判和启示作用，并且在生活方式上特权阶层也应该自觉地向民众看齐以改造自己，比如卢梭极力为平民呐喊，列夫·托尔斯泰在晚年坚持穿农衣、吃农食、干农活、描写农民生活等等，都是具有典型意义的。[1]

正如豪塞尔和韩少功都提到的那样，只有在 18 世纪以后的精英文化描述中，大众的地位才具有道德上的绝对优势，一些上层文化人士中的人文主义者将那些非主流的、非专业化的民间文化也视为文化的重要组成部分，承认其特有的创造性和艺术性。在他们眼里，大众文化被认为是不属于社会权威中心鼓励和支持的，但又是被社会权威和大众双方认可的文化产品和活动，它们基本处于自给自足、自生自灭的自在状态。在维护或保证现存社会的和谐及稳定的前提下，大众文化是被允许存在的一种形式，也是显示社会差异和秩序的一种形式。"雅俗"之辨的首要特点是从精神性质上将文化分为高低雅俗两个层次，确立以精英文化为代表的批评标准。这样的分析虽然对大众文化的合法性和重要性有相当的肯定，但在姿态上却是居高临下的。大众文化常被认为在表现形式上有创意、有灵气，对精英文化有启发，而在内容或品位上则不是稀薄就是平俗，甚至粗俗低劣。它们作为精英文化的陪衬和辅助，既是精英文化不应忽视的创新资源，也是精英们不应滑入的文化艺术边缘。在大众文化向精英文化看齐或靠拢的时候，它们可能是艺术的活动，但当它们是更偏远的和纯粹自发的时候，就被认为是玩耍和消磨时间的一般娱乐。

但是流行文化的兴起和日益强盛使得大众文化的地位发生了深刻的变

1　韩少功 . 哪一种"大众" [J]. 读书，1997（2）.

化。特别是在雅俗之辨中引出了大众文化自身的两种文化比较，它们各自与精英文化的关系研究，大众文化与精英文化的相互影响研究及大众文化管理研究，等等。豪塞尔在谈到流行艺术与民俗艺术的区别时认为："民俗艺术是指那些未经教育，没有城市化和工业化的社会阶层的诗歌、音乐和绘画活动。这一艺术之基本特点是民众不仅是它消极的接受者，而且一般来说又是富有创造性的参加者。然而，民俗艺术品并不带有个性特点或个人权威的色彩。另一方面，流行艺术可以被理解为是为了满足半受教育的大众，一般是指城市及喜爱集体活动的民众的要求而形成的艺术或准艺术作品。在民俗艺术中，创造者和欣赏者是几乎不能区别的，他们之间的界限总是流动和不定的。相反，流行艺术却有着不进行艺术创造、完全是消极感受的欣赏大众，以及完全适应大众要求的职业的艺术产品创造者。"[1]

关于大众文化和精英文化的相互影响是雅俗之辨涉及的又一个重要问题。一般认为二者虽有着互动关系，但精英文化占主导地位，对大众文化具有更大的影响。这是因为精英文化与大众文化实际总是并存的，它们的文化结构由于社会环境的相似性而具有同构性，因而往往是相似的内容有两类文化在同时进行创作和传播。在这样的背景下，大众文化与精英文化之间有着"上升"与"下沉"的两种互动。所谓"上升"是指民间文化被上层文化人士看中并被改造成精品艺术，如许多民歌民谣被改编为现代抒情诗或歌曲，许多民间文化被专业鉴赏家发现和获得业内佳评。这样的改编和发掘在豪塞尔看来一方面是取回了精美艺术被民间挪用的部分，另一方面是促进了精美艺术的内部更新。而所谓"下沉"即指艺术精品的俗化。这种俗化过程又可分为两种情况：一是艺术大师对民间接受水平（精神和物质的）的"让步"，比如巴尔扎克和狄更斯在创作中都适当迎合市民大众寻求刺激和安慰的情感需求，并努力适应报纸连载形式的文体变迁。另一种情况是艺术精品被大众作品低级模仿，从而变得粗俗不堪。豪塞尔称这种情况为精英文化的"猛然下

1　阿诺德·豪塞尔. 艺术史的哲学 [M]. 陈超南，刘天华，译. 北京：中国社会科学出版社，1992：271-274.

沉"，往往导致大量拙劣、野蛮的文艺作品充斥市场。[1]

在工业革命之后，大众文化与精英文化的相互影响还随着市场经济的发展和信息的广泛流通而发生新的变化。不仅文化产品可以像其他商品一样被简单复制和批量生产，而且大众的文化趣味及需求也被文化工业制约和支配，逐渐向非自然的、纯消费的方向发展，这样的"流行文化"的盛行和绝对市场占有率，使得精英文化也失去原有的"中心""主导""高级"位置，滑落到文化的边缘地带或流行文化的夹缝之中，这种位移不仅使得一些原有的"精英"倍感孤独、一些已经成名的作家屈尊为大众文化打工，而且也使得精英文化失去了他们原有的文化动力和创新资源。在精英与大众的两难选择中，雅俗兼顾似乎不失为一种应对策略。如王蒙在谈到好莱坞影片《泰坦尼克号》的轰动效应时就这样认为："商业、教化与艺术独创性的追求，既有相抵牾的一面，也有相作用的一面"，"商业思路与艺术追求也可以并行不悖乃至相得益彰"。[2]在王蒙的口气和姿态中都更多地体现了对大众文化的平等相待，实际也体现当代大众文化地位的明显提高。不过他虽鼓励精英文化坦然地接受大众文化的冲击和影响，但在艺术的成果追求上，依然强调雅俗共赏、共创经典的精英标准。

二、两种文化之说

大众文化的"雅俗之辨"已经触到精英文化对大众文化的长期影响，"两种文化"理论则进一步研究这种影响的性质和特点。这种理论视大众文化为社会中心权威的一部分、主体意识形态的一部分，强调真正纯粹的大众文化是不存在的。工业社会以前只有特权阶级强压给被压迫阶级的民间文化，工业社会以后，只有被文化工业制造和支配的流行文化。无论是特权阶级文化还是文化工业生产的文化产品，都是与人民大众的真正需求完全对立的，尤其是资本主义社会的大众文化，是用来凝聚社会各阶层、模糊人们自身阶级

1　阿诺德·豪塞尔. 艺术史的哲学 [M]. 陈超南，刘天华，译. 北京：中国社会科学出版社，1992：271-274.
2　王蒙. 通俗、经典与商业化 [J]. 读书，1998(8).

意识的文化产品。换言之，这种理论认为精英文化对大众文化的影响往往带有强制性、胁迫性，而大众文化则在长期的被影响和被控制中失去自我认识，或者被改造或者被利用，成为社会统治者的一种文化工具。如《文艺报》1995 年的一篇文章说：

"在资本主义世界里，占统治地位的思想是占统治地位的资本主义的思想，这种思想支配着大量的社会人群的头脑，包括'大众'中的许多真正劳动者的头脑。因此不难理解，'大众文化'作为一种思想支配的手段，其所包含的思想成分或是小私有者、小市民的偏见，或是普通劳动者的糊涂观念，或是通过各种传媒体不断灌输给广大群众的庸俗趣味，总的说来，都从属于资本主义的世界观和人生观。这个内因决定了'大众文化'意识形态的社会制度属性和阶级属性。""意识形态是判别现代文化的重要标准，甚至是主要标准。在这个标准面前，西方社会的'大众文化'和'精英文化'站在同等的地位，谁也不胜过谁。"[1]

这种大众文化理论的讨论常常围绕马克思的两种文化理论和法兰克福学派的诸多观点展开。马克思不仅认为"个人是隶属于一定阶级的"，而且认为："在不同的所有制形式上，在生存的社会条件上，耸立着由各种不同情感、幻想、思想方式和世界观构成了整个上层建筑。整个阶级在它的物质条件和相应的社会关系的基础上创造和构成了这一切。通过传统和教育承受了这些情感和观点的个人，会以为这些情感和观点就是他的行为的真正动机和出发点。"[2]"统治阶级的思想在每一个时代都是占统治地位的思想。这就是说，一个阶级是社会上占统治地位的物质力量，同时也是社会上占统治地位的精神力量。支配着物质生产资料的阶级，同时也支配着精神生产的资料，因此那些没有精神生产资料的人的思想，一般地是受统治阶级支配的。"[3]马克思的两种文化理论主要是针对当时的资本主义社会现实而言，其思想核心是要揭示工人阶级不仅在物质上被剥削，而且在精神上也被奴役的处境。但是

1 杨汉池.大众文化的意识形态性 [N]. 文艺报，1995-05-13.
2 马克思.德意志意识形态 [M]// 马克思恩格斯选集（第 1 卷）.北京：人民出版社，1995：52.
3 马克思.路易·波拿巴的雾月十八日 [M]// 马克思恩格斯选集（第 1 卷）.北京：人民出版社，1995：629.

资本主义社会随后出现了新的发展态势，比如发达国家的中产阶层愈来愈占绝大多数，无产阶级资产阶级之分不再明确，"流行文化"愈来愈占据文化领域的中心位置，并利用各种新的手法使自己与历史上的经典文化难分彼此，结果，原有的上流社会文化和底层文化都成了大众文化的创作资源，原有的"知识精英"则转变为"激进文化"代表或孤芳自赏的"先锋派"，对于这些新的现象，显然需要做出新的解释。而这正是法兰克福学派的主要特点之一。

法兰克福学派被认为是西方"第二代批判的马克思主义"，他们把马克思主义与西方其他学派理论相结合，对西方当代现实进行考察，以极为宽广的视野对发达资本主义社会进行政治、经济、社会、社会心理学、文化学及意识形态学的研究和批判。在大众文化问题上，法兰克福学派与马克思的两种文化理论有着共同点和不同之处。共同点主要指马尔库塞称大众文化是"肯定的文化"，这个意思与马克思所说的"统治的文化"是相似的，都指出了发达工业社会的大众文化具有对人的正常发展的破坏性：它们对大众而言是给予的、强迫的；对社会的表现而言是虚幻的、欺骗性的；从实际的效果而言是维护性、防御性的。不同点主要指法兰克福学派对"异化"问题做了更加突出的强调，对发达工业社会的状况做了新的阐述。马克思的"异化"说强调资本主义社会使人朝非人的方向发展，尤其是向机器化、片面化方向扭曲；法兰克福学派强调技术化、工业化、都市化、专业化使后工业社会变成了新型的集权社会，在这个社会里，各种电子信息无孔不入地侵入人们的闲暇，占领人们的私人空间，使人们在物质需求的逐步满足后不再追求自由和另一种生活。虽然现实是生态被严重破坏，危险武器被不断生产，新的极权阴影笼罩四周，但人们依然感到舒适安然和无忧虑感。法兰克福学派的主要代表马尔库塞认为："所谓肯定的文化，是指资本主义时代的文化……它的根本特性就是维护一个普遍强制的、永远更为美好和有价值的、必须无条件肯定的世界：这是一个根本不同于日常生存竞争的实际世界的世界，但可以由每一个追求自我的个人从'内心'而无须改造现实状加以实现的世界。"他认为这个社会的最大危害性是它使人们丧失了批判的、否定的、超越的和创造的内心向度。[1]虽然马克思和法兰克福学派都把大众文化视为国家体制的一部分，马克思称它是"鸦片"，马尔库塞称之为"社会水泥"，但马克思寄希望于阶级的分化和阶级意识的觉醒，法兰克福学派则视西方现代主义文化是对大众文化的一种对立。他们认为现代主义文化潮流激进叛逆，以个体精神为依托大胆反抗、大胆创新，成为现代社会的一大思想文化张力。在这一点上他们又与传统的"雅俗之辨"有了某种一致，即都认为精英文化在思想深度和艺术品位上不像大众文化那么流俗，对大众文化而言是一种楷模和对抗。

对此，丹尼尔·贝尔在《资本主义文化矛盾》一书中进行反驳：当代资本主义社会的两大相互制约的平衡因素——宗教冲动力和经济冲动力——已经只剩下后者了，由于资本主义已不再能为人们提供生活的终极意义，因而现代主义文艺对资本主义的反叛也缺乏真正的创造性，到20世纪60年代，现代主义和大众文化、商品生产都已合流，它们瓦解了资本主义社会的传统世界观，同时自身也成为这个社会的新的"统治文化"。丹尼尔依然关注大众文化的意识形态性和话语霸权问题，但他的这一解说不仅强调大众文化与精英文化的界限现在已很难清楚划分，而且已经注意到"日常生活"的重要性。他认为文化是相对持久的、超越的、维系的社会组织力量，应该在追求自由、平等和民主之外，还追求生活方式的崇高、和谐及创造性，这种追求将主要体现在现代生活的"日常经验"和体验上。他的意见被认为是文化上的保守主义，即保持文化上的历史与现实连续，推崇用权威原则和合理鉴定来引导日常经验，从而恢复文化本身的丰富意义和持久价值。[2]这个提议仍与雅俗之辨有一种默契。

三、"占领军与游击队之战"

如果说雅俗之辨主要是文艺学的一种理论发展，两种文化之说具有较浓的政治经济学色彩，那么第三种理论则更多地运用了社会学、心理学和大

1　欧力同，张伟.法兰克福学派研究[M].重庆：重庆出版社，1990：284.

2　参见：丹尼尔·贝尔.资本主义文化矛盾[M].赵一凡，等译.北京：生活·读书·新知三联书店，1989：34.

众传播学的最新理论。这就是美国学者德·塞图（De Derteau）提出的"占领军与游击队之战"的说法。此说把主流文化比作"占领军"，把大众文化比作"游击队"，认为大众文化与主流文化的关系是一种权力游戏和抗争。相对于社会的各种权威和中心，大众文化虽然承认和服从那些公开的主宰及权威，但却有力量去对付、逃避或抵抗，因为它"拥有庞大而组织良好的队伍，反应快速，策略机敏，常常突然就袭击占领军最薄弱的环节了"。[1] 大众文化是一种"民间策略"，它与社会的权力中心既不处于完全的合作关系之中，也不构成正面的、激烈的冲突，而是一种全民参与、以展示自身活力和创造力为目的、体现在日常生活领域里的丰富的文化活动。这样的大众文化表现了人民大众亲手改造自己生活和参与社会变革的文化兴趣和精神伟力，同时也证明了大众文化与主体意识形态的合作关系是必要的、和谐的，因为它们相互之间的这种既抵触又兼容的关系使得社会因此保持了活力、多元和开放。

这种观点对雅俗之辨和两种理论都构成了挑战。比如两种文化理论的"统治阶级文化"说实际是把大众仅仅看成是不被授权的、孤立无援的受众，认为现代文化工业创造的只是安静、被动的人民。实际上，文化工业或主流文化的宣传攻势，既可能使处于社会各阶层的个人凝聚，使他们与本阶级分离，造成他们对社会主流文化的忠诚，也可能在满足大众不同文化需求和趣味的过程中，将精英文化普及，将教育普及，同时促成社会文化的多元化，促使大众拥有保持自身特点和价值的可能性空间，从而使得主流意识形态的控制变得日益艰难。虽然在任何体制的国家中，主流意识形态都占据着社会权力的中心，所有的社会资源——电视、录像带、时装、游戏机、语言——都主要体现权力中心的意识形态和经济利益，但权威之所以必要，是因为它拥有抵抗力，所以权力不仅是一种"统治"，而且总是一种资源，同时为控制系统和对抗力量所利用。

大众文化与主流文化这两种力量之间的现代对抗既不是强者对弱者的控制，也不是势均力敌的正面较量，而是一种"意义的抗争"和"语义的抗争"。比如经济效益是商业社会的一种权威力量，当大众必须在商场里购买主要被

1　John Fiske. Understanding Popular Culteure [M]. London：Unwin Hyman, 1989: 19

商人利益决定的各类商品时，他们并不是没有机会做自己的选择的。顾客们可以在大商场里只看不买，妇女们可以借用商场的优美环境消解家务疲劳，游戏机可以使青年人感到逃避学校规章制度的反抗乐趣，戏谈新闻可以使闲聊的人们感到愉快，歌迷可以在自己的选择里欣赏自我音乐水平的提高，球迷们可以借助自己崇拜的体育明星建构自己的人生知识，等等。在这样的语义之争里，主体权威的作用虽没有被动摇，但也已经遭遇逃避或借用。就像电视机和大众手中遥控器的关系一样，主流文化的宣传借助现代传媒变得更加强大，但大众也同时借助现代资讯而拥有愈来愈多的选择权，传统意义上的权威角色在现代大众文化的流行和现代生活方式的改变中将不再威风八面，而更接近于一种"虚构"，是多元选择中的一元或数元。

雅俗之辨的问题是以精英文化之"高雅"批评通俗文化之粗糙或不成熟，但现代大众对文化活动的介入并不立意于追求高雅的趣味，而是追求参与的乐趣；因为"高雅"趣味往往是已被社会或专家承认的、是被强加的，因而恰恰是大众文化有意要逃避或抵抗的。如果说高雅艺术是自足的、完满的、自觉追求高品位的，那么大众文化就是随意寻找不完满的、不自足的、分散的、转瞬即逝的生活乐趣；如果说精英文化是有确定意义的文本，那么大众文化就是未完成的、语义双关的过程；如果说主流文化是通过"生产—购买—消费"的正常渠道发散的，那么大众文化就是在这个渠道里进行逃离和超越的相关活动。正像"正大综艺"和"卡拉OK"都可能长盛不衰或时过境迁一样，这是一种占领军与游击队、向心力和离心力、消除差异和保持差异、中心与四周的相互关系。对此，美国学者约翰·菲斯克乐观地说："游击战是一种弱者的艺术，它从不正面与权威对立，因为那样必败无疑。游击队总是在中心权威控制下的秩序里，保存自己的位置，并反抗这个秩序。我同意艾柯（ECO）先生所说这是一种'语义的游击战'，而且这是理解大众文化的关键。而我要补充或强调的是：大众文化保持了我们社会中不同的社会意识和利益冲突，这些不同，当我们的社会仍在制造而非静态、仍在前进而非激进的时候，是必不可少的。""我相信大众文化对我们的社会有着正面的影响，而不能对它的作用进行准确估价的原因，只能是学术上或政治上的软弱

无能。"[1]

大众文化的"语义游击队"说，也解说了现代主义精英文艺不被大众接受的主要原因，即现代主义文艺过于"革命"，过于"激进"，不贴近生活，而日常生活是大众可以用来逃离或反抗权威的基本资源。大众文化是现代生活意义的不断创造，是全社会参与的、渴望快乐而反对控制、渴望进步而反对革命的创造活动。现代大众文化活动具有意识形态性，但它的政治色彩是跃动在微观政治领域里的。在有意与主流文化、精英文化保持差异保持对立的活动中，大众的无所不在的创新行为扩展了他们的社会文化空间，使得他们有可能按照自己的想法去重新分配各种权力，开拓多元化的文化生活局面，而其结果是：大众文化在现代社会的发展中日益起到不可忽视的积极推进作用。

关于大众文化的理论也许还有很多，仅以上述的三种观点而言，就给我们以许多启示。其中的"语义的游击战"一说，更是突出了日常生活在我们现代生活中的重要性，从而提醒我们：现代"大众"不仅仅是接受者和受众，而且是最广大、最主动的创造者，大众的身份在他们的文化创造活动中实际是变幻不定和"语义双关"的。对于他们在日常生活中的各种需求和努力，我们应予以更高的评价、更细的研究和更多的理解。

（《浙江学刊》1999 年第 1 期）

1　转引自：John Fiske. Understanding Popular Culture [M]. London：Unwin Hyman, 1989：19, 194.

06

反思"东西方文化"的差异和较量

一、"东西方文化差异"的说法是否成立?

虽然眼下书籍、评论文章中类似"东西方文化差异"或"东西方价值观冲突"这样的概念屡见不鲜,但实际对这种说法一直有批评和指责。怀疑类似概念的依据首先是这样的概念太大、太不明确,无论是东方国家还是西欧各国,都在文化上存在着鲜明的差异,怎么能够用一个"亚洲价值"概念把东亚、北亚、南亚、西亚的诸多文化传统、宗教信仰和民俗风习混为一谈? 同样,英、法、德、荷、意、西班牙等国的文化各有千秋,又如何可能让"西方文化"的概念以一持万? 其次,这种说法忽视了人性相通的部分要大于相异的特质,文化间相互合作的可能远比互相冲突的可能性更大。再次,文化是一个历史概念,许多传统是逐渐形成和消退的,这样的分析概念不仅忽略了文化的阶段性差异,而且把文化看作一个静止的现象、机械的现象;实际文化也是一种促进社会发展的生产力,并且与军事、政治和经济力量一起以

227

复杂的互动方式左右社会的特征及变化。

不过，"东西方文化差异"这样的概念既表达了人们今天依然具有的某些现实感受，也是一个被历史认可的习惯用语。它们不会因为不够"准确"或"正确"而自行绝迹，也只有在它们不再能表达任何意义时才会被人们淡忘。所以问题的必要性还在于如何确定"东西方文化差异"的存在、特质和影响。

"亚洲"和"东方"（asia, orient）对于西方文化的祖先古代希腊人来说，是词汇表里有了"欧洲"之后才相应出现的一个词。16世纪中叶，当希腊人首次与波斯人交往后，他们开始用"亚洲人"（asians）这个词指称他们，而由波斯王塞耳克塞统帅的170万"东方大军"中有好几十个国家的兵士，包括腓基尼人、埃及人、西里西亚人和小亚细亚各城邦的与希腊同种的爱奥尼亚人。他们攻打遥远的希腊，目的是想征服整个世界。但发生在公元前472年的希腊人与波斯人的萨拉米斯（Salamis）之战，最后以波斯人的惨败告终。由古希腊悲剧家埃斯库罗斯完成的《波斯人》把这场战争描述成命运对凡人的摆弄，由于天神在这次人间政治力量的较量中站在了希腊人一边，所以骄横狂妄的波斯王最后目睹了万千将士的惨死，羞耻地撕碎了自己织金的王袍，郁闷地走在归途上。

值得注意的是，早在2500多年前的埃斯库罗斯笔下，打响在萨拉米斯岛的东西方文化大决战，就是一场东方专制制度与雅典民主制度的东西传统政治文化较量。从军队的兵力和数量上讲，希腊绝不是波斯的对手，但希腊人利用了他们的理性和勇气，让天神的立场站到了自己一边。一个自称是从雅典军中逃出来的士兵禀报波斯王说：希腊人已经不想严守阵地，只想偷偷四处逃命。于是波斯的水军连夜进入了狭窄的海峡，等待袭击"逃跑"的希腊船只。没想到一夜宁静，直到第二天破晓时萨拉米斯岛的崖石上清晰地响起庄严的战歌，波斯水军才发现希腊人不是因为恐惧而逃跑，而是汹涌地冲出来应战。中了计的波斯水军立即传染了害怕和惊慌失措的情绪，在一片混战中像金枪鱼和一网小鱼似的让人家撞破船身、打击宰杀。呻吟与哀号充塞了海面，直至黄昏才终于停止。

如果说今天的"东方人"大都是西方历史中"失败于萨拉米斯岛的亚洲人"后裔的话，就不难更清楚地看到西方早期艺术中的"东西方文化差异"被置于怎样的悬殊之中。比如波斯人是为一个帝王而被迫参战、为他人而惨死；希腊人则是为自己的祖国和信仰而战、为自己而英勇。波斯军队是一人决策、万人绝对服从；希腊人是各自为战、各个击破、充分发挥每个公民的战斗才华和大智大勇。波斯军队是悍然入侵的，希腊人是清白无辜的；波斯军队的人马多得就像"海滩上的沙子"，希腊的兵士"穿上了精良的铜甲，带着兵器跃下船来"。

最近，类似这种用"文明的西方"来和"野蛮的东方"比对的方式被赛义德先生称为"东方主义"（Orientalism），因为这种最初的描述和定性分析框定了今天西方人关于东方之民主和专制关系的想象方式。自信的古希腊人认为：波斯在这场萨拉米斯战争中深受雅典民主制影响。希腊人不仅发明了民主制度，打败了东方的蛮横，而且把"民主""个人""自由"等属于全人类的新思想传播到了亚洲。因为波斯的王权"已经崩溃……埋葬在萨拉米斯岛上血红的泥沙里"，全亚细亚的人民不再遵守波斯的王法，不再进贡和不再敬畏，"他们不再保持缄默，暴力的钳制既然松懈了，他们便会自由议论"。美国学者多纳德·艾默生（Donald K. Emmerson）先生还指出：冷战后的西方世界又一次因为苏联的解体而感到了类似希腊人打败波斯人的胜利喜悦，并相信西方自由民主制将进一步不可阻挡地被东方国家人民学习和接受。

但是埃斯库罗斯在写作《波斯人》时也保留了西方文化先辈对这个问题的另一种解释。虽然希腊人称波斯人是"野蛮人"，但他们也清楚这些云集在自己国境内的将士不是野蛮人，他们有自己的文化，他们的语言像歌声一样婉转，他们有轻飘的长袍和庄重的仪容，他们对于宗教和人生的观点与希腊完全不同。塞克塞斯的母亲、国母阿托萨以哲理化的思维想道："两者之中哪一种更坏：有了财富没有男子，还是有了力量没有财富？"悲剧特意强调了波斯帝国崩溃前人们的焦虑和担忧，以及这场灾难性失败将给波斯人带去的影响。不仅如信使所说："这些波斯人正值少年勇敢，他们的门第很高贵，他们对国王最是忠心，却很耻辱地死在那不光荣的命运之中。"就是骄蛮的国王塞克塞斯也清楚："厄运打击了我们，这打击要经过百世的沉痛啊！"

剧情结尾时，塞克塞斯父亲的阴魂被歌队的咏叹惊醒，一世的幽灵达勒俄斯（亦译大流士）责备后人不该去打希腊，他预言了波斯的失败，并劝慰皇太后拿一套"合适的衣服"（指新的王袍）去迎接自己的儿子归来。他还提醒大家，不要轻视自己眼前所有的幸福，而去觊觎别人的财货，这样反而毁掉了自己巨大的财富。国母阿托萨也说："我的梦的确应验了。不过现在让我们去做能够做的事情吧。因为过去的事情已经无法挽回，可是未来的事情我们可以好好考虑。"换言之，睿智的埃斯库罗斯并不认为失败后的波斯人一定会接受雅典的新人生观点，他们自己的"亚洲价值观"本身就有着足以拯救残局的知识和力量。况且希腊人与波斯人也分享着许多相似的文化观念，比如达勒俄斯在回到地下的幽暗里去之前，还说："长老们，告别了，你们就在患难中也不要忘了朝朝行乐，到死后黄金难买片刻欢。"

二、关于"亚洲价值观"的新加坡与美国论辩

20 世纪 90 年代以来，新加坡和美国人之间发生了令世人关注的有关"亚洲价值观"的公开论争。1994 年，美国人米歇尔·菲（Michael Fay）在新加坡境内因为破坏公物罪而受新加坡法院判定的四下鞭刑，因为亚洲价值观里有"严惩罪行"这一条。此事不仅引起美国国内舆论大哗，而且当时正在新加坡国立大学做访问学者的美国教授克里斯托弗·林格（Christopher Lingle）指责这种"政治暴力"说："亚洲缺乏保护个人自由和权力的传统"，"亚洲人生活在难以忍受的政体下，这种政体以精心设计的制度压制任何异议，这种政体依赖于唯命是从的法官和腐败的反对党。"但令美国学者感到困惑的是：新加坡的确是依靠从英国殖民统治时期习得的"独立司法"程序进行管理的。这中间产生的不仅是讥讽，而且说明彼此间的了解肯定存在失误。1995 年的《纽约时报》登载了威廉姆·萨樊（William Safair）的文章说："新加坡政府表现出了欧洲独裁主义统治的旧俗。"一个星期后，新加坡专门邀请萨樊去新加坡参加面对面的争论。而萨樊最初拒绝的理由是：他要面对的亚洲本土众人，早已是地区性种族主义统治获胜的机构一部分。对于新加坡前总统李光耀先生所说的亚洲价值就是把社会利益放在个人之前的说法，萨樊说：这也就是说亚洲人更普遍地注定要过分服从，与此相类似的就只有种族主义了。与此同时，李光耀父子还通过新加坡法院起诉英国记者费利浦·布朗宁（Philip

Bowring），要求罚款 93 万美元，因为他在一篇文章中称新加坡是"朝廷政治"。具有讽刺性的是，在布朗宁的文章中却认为亚洲的有些价值观的确比西方和其他地区更重要，比如"家庭的稳定性"就是最重要的亚洲价值。在这一点上他同意李光耀所说的这是亚洲社会，包括中国、日本、韩国、越南在内的社会中最基础性的、独特的价值观。而在反驳布朗宁的"朝廷"标签时，李光耀先生也曾同意：亚洲价值并不是都值得称道的，尤其在不同的亚洲价值之间也有内在冲突，如当亲情与美德之间发生冲突时，儒家的标准往往更占上风，即社会稳定高于个人自由，民族利益重于个体私利。而这些说法如果对照一下欧洲中世纪的历史和文本，则又的确类似西方人曾经历过的"封建"及"旧俗"。

多纳德·艾默生 1995 年发表在美国《民主杂志》上的论文《新加坡与"亚洲价值观"论争》提出：上述争论的双方体现了两种过于明显的倾向，即"极端东方主义"和"极端世界主义"。前者相信东西方的差别从来就没有消失过，也永远不可能弥合这种裂缝。所以亚洲国家要努力地去向世界其他民族说明这些独特的价值是什么。后者则认为有一个道德的世界模式，为此大家都必须超越民族和文化的差异，起码承认这个终极目标的实现是有可能和必然的；由于我们正处于"世界道德"这个复杂连续统一体完全实现的途中，所以各个国家现在应该放弃价值观的纯洁性，追求正确性。

对于东西方文化是否存在差异以及这种差异的存在方式，多纳德·艾默生做了自己的新观察。他的论文开篇记录了亲身经历：自己在夜深人静乘机抵达新加坡后，又乘出租车从机场去市中心。一路上车辆稀少，也不见警察身影。每当驾驶员可能超车时，车的仪表板下就会发出甜美的编钟声，并且只有在车速慢下来后才会停止。这样的装置在新加坡是每辆出租车必备的。于是就在这编钟声时起时伏之际，艾默生先生笑问他的新加坡司机：在这样的路况下，为什么他从没有想到把这个提醒车速的音乐装置暂时断开一会儿呢？这位异乡的驾驶员一脸严肃地回答：如果他这么做，其他驾驶员也可能跟着这么做，很快每一辆车都会超速行驶，城市就会频发交通事故；而交通瘫痪时，国家也会陷入无法无天的混乱。

从这段逸事中艾默生先生想到，在任何社会，都有一些个体看上去比其他人更重视秩序或更担忧无序。在有的社会中，类似重秩序、贬无序的市民会比其他社会所占的比例更高。如果这样，则在这两个社会中描述民主制与个体权力关系的方式也会不同。如果选民们普遍注重个人权力，习惯于有序的社会，就不会在秩序与个人权力之间觉得有什么矛盾或冲突，这个社会的民主制度就不会限制个人的自由；但如果选举人对此缺乏信心，即怀疑像民主制一样的社会秩序有可能承受因个人自由权力增加而出现的冲突，这个社会的民主制度就可能削弱个人自由。简言之，在同样被称作"现代民主"的社会里，东西方国家人民的价值取向既是完全重合的，也是区别鲜明的。一方面，重视社会秩序并不是一种统一的或奇特的亚洲价值，因为在亚洲的每个具体社会环境中，人们对秩序的方式仍是很不同的。另一方面，在"民主制"概念下，不同国家会以相异的方式强调社会秩序与个人权力间的关系，如有的更强调个体自由、权力，有的则更重视社会秩序和政府管制。这位新加坡驾驶员认同他的政府在他保证不超速的同时，也能够促使所有其他司机遵守相同的纪法，所以他的价值取向是更倾向于有了政府管理才有社会和谐，必须服从管理。而同时在艾默生先生家乡美国洛杉矶，与政府相关的个人自由地位就会受到更多的关注。因此，以相对的方式看，民主制在东西方国家是会有不同变种的。

在中国一直向西方世界强调自己"中国特色"的同时，关于"亚洲价值观"的新加坡与美国论辩，也明显促进了西方学者对所谓"文化冲突"和"文化与民主"等问题的重新认识。东西方价值观都是从漫长历史中逐渐形成的，这些已有数千年的价值观仍在变迁。当我们不能以有说服力的方式解释我们意识到的文化差异，当这种一般被称为"东西方价值观"的差异正有可能破坏和谐的国际关系时，我们就还是要用这种古老的相对方式进行必要的讨论，去复活往事、复兴传统，去探究问题之存在方式、内在本质和作用形式，去照亮未来的文化交往大道。

三、调查、结果和坚持"亚洲价值观"的政治动因

出于"东西方价值观差异"的论争常常没有就相同的问题进行回答和论

辩，而是更多地谈它们是否存在、具体内容，以及对这两个问题涉及的方面进行政治性解说和行为方式描述，所以由托奥芬纳斯（F. Trompenaars）主持的一项关于全球商务的调查，就设计了让 38 个国家的人们回答同一个问题：有两个人正在讨论个体如何可能促进生活质量的提升。A 说：显然如果个人具有尽可能多的自由和机会去发展他自己，他们的生活质量就一定能因此提升。B 说：如果每个个体都能不断地关心他人的生存，虽然这有可能妨碍个体自身的自由和发展，但每个人的生活就会因此得到改善。请问在你看来，哪一种生活理性一般而言更好？

被调查的具体个人及所属国家和地区以同意 A 的回答和多少排序时，其中十分之九的人是西方人、欧洲人或其国家人口主要是欧洲后裔；同意 B 回答的则有十分之五是亚洲人。新加坡与美国的对比尤为鲜明：79% 的美国抽样赞成 A（没有比这更极端的国家了），只有 50% 的新加坡被调查者认可 A。但这个调查既不能证明极端东方主义，也不能支持极端世界主义，因为在印度，重视个人自由和机会的人比在法国还多，在日本和在德国这个比例却相同，在中国香港则比瑞士稍多一点。无论在东方还是西方，都有个人主义者和社区主义者。

考虑到在重视权威的东方国家，直接询问人们的社会观点可能是相当敏感的，为此，戴维·希契科克（D. Hitchcock）在 1994 年完成了一个题为"亚洲的价值观与美国的价值观，冲突有多大？"的调查报告。他分别在新加坡、吉隆坡、雅加达、曼谷、北京、上海、汉城（今首尔）和东京，私下采访了 131 个智囊团专家、公务员、学者、商人、记者、宗教和文化界人士，让他们从一张列有东西方国家各种道德价值观的表格上进行 14 选 6 的选择，说明哪些是他们认为在自己国家尤为重要的价值观。大多数亚洲人选取了在预想中的亚洲位置，即坚持认为社会的稳定在自己国家要比个人自由更重要。在涉及"有序社会"的价值时，东西方国家的人们表现出较大的差异。71% 的亚洲被调查者说这对他的同胞而言是最重要的，而只有 11% 的美国人如此而已。在"重视学习"和"维护集体和谐"的重要性上，亚洲人与美国人的选择分别是 69% 和 15%、58% 和 7%；在"个人自由"问题上，亚洲人不像美国人那么重视，差距达 32% 和 82%。但对这个问题认识的最大差别仍在新加坡和美国之间，在 11 个新加坡被调查者中没有一个人认为"个体权力"对他的国民而言是至关重要的。

显然，调查证明亚洲人中间也存在许多差异，亚洲价值并不是铁板一块和绝对的，东西方价值观同样也不是完全冲突和彼此对立的。希契科克调查中的泰国人的价值观念就与美国人几乎一致。不仅如此，调查还发现：在"公务员的责任感"和"多数人裁定"对社会和社会成员十分重要的问题上，亚洲人与美国人的回答大体一致，差别率只有 4% 和 11%。从这个标准看，则亚洲人更多地把民主制看作是回应公共需求和选择的程序化体系，而不是强调个人自由和权力在社会秩序和集体和谐之上的古典自由主义理解。如果这个差别确实存在，则可以说：亚洲的多数民主制作为一个体系化的管理方式，将会比自由民主制作为一种政治文化在亚洲更有光明前途。所以多纳德·艾默生先生在引用了希契科克的调查结果后认为：应该争论的将不再是亚洲国家的政治制度是否可称为民主制，而是说这种民主制中的个人自由度最小可能是多少。他的这个设问再次说明西方学者一方面开始承认"民主思想能在亚洲生根就会凭借完全不同的势力产生效果，而且很可能与美国式民主完全不同的形式"（亨廷顿），另一方面仍会按照西方自由民主制中最重要的"政府与个体"关系来衡量甚至评判亚洲各国政府的政治价值观取向。不过他接下来的疑问更有意思。

类似的价值观比较调查也有它的问题，比如被调查者都是匿名的，他们的回答很可能是口是心非的，或者隐约地仍害怕事后会被追查，或者他们对自己周围的同胞也是不了解的。比如新加坡也完全可能找到另一批观点不同的可调查对象，新加坡的精英与普通大众的想法可能十分不同。那些受过西方教育的新加坡精英也可能说："个体自由和权力"他们自己会行使，而一般民众则还不会负责任地运用这种神圣权力。不仅如此，即使被调查者的回答可能更自由多样，由于上述民主之实践在各个社会的差异，也会使得社会的管理精英倾向于低估其社会基本成员的民主素质和个人能力。由此，新加坡政府有意强调自己与美国政府之间诸多不同的"亚洲价值观"就可能出于更内在的政治原因。换言之：文化不仅是传统和习俗，不仅是环境和条件，而且是身份和尊严。

经常代表新加坡发言的许通美大使在 1995 年春的斯坦福大学著名的"佩恩讲座"中谈道：几个世纪以来，西方居高临下地看待亚洲和其他非西方国家。西方认为自己在经济、文化和道德上都高于亚洲，亚洲国家也默认了自己的从属地位。近来，东亚开始反驳。东亚国家反驳西方的理由主要是：第一，几百年来第一次，东亚的许多国家和地区的经济赶上了西方，它们在同一等级上斗法，所以它们已不再认为自己低西方一等。它们要求能从西方那里得到平等的对待。第二，正如考希坎指出的："东亚和东南亚国家的平民化意识越来越强烈。它们更愿意把自身经济上的成功归因于特殊的传统和制度。"第三，东亚国家觉得它们应该有权利做自己的社会和政治安排，与它们的历史、文化和特殊情况相适应。它们并不期待西方认可这些安排，但的确要求西方认识到它们有权寻找实现自己理想的道路。第四，正像美国前大使斯蒂芬·博斯沃思所说："今天的美国在号召全民下定决心去解决严重的社会经济问题时表现出的无能或者说不情愿，腐蚀了它有效行使其国际领导权的能力。"

由此不难发现，尽管托奥芬纳斯和戴维·希契科克的调查报告都显示，东西方国家人民分享着许多相同的价值观和民主意识，东西方文化价值观的相似部分明显大于相斥部分；尽管我们已经生活在一个经济日益融合、相互依赖和全球化的大环境之中，人们的各种思想和观念都随着商业、情报和技术的跨国交流而积极互动；尽管东西方的社会发展方向都是更大程度的相互靠拢而不是彼此冲突：但是，我们还是会必然地面对类似"极端亚洲主义"和"极端世界主义"的言论和论争。新加坡政府之所以自 20 世纪 90 年代以来，不怕国内大众被新闻披露的国外攻击言辞混淆了是非，而有意到国际对话舞台上公开与欧美学者、记者进行一场场论战，有意强调亚洲价值的确是一种现实而非想象，就是因为他们对亚洲价值的捍卫不仅是一场学术争论，更是关于未来新加坡政权合法性的政治斗争。

一个新加坡的出租车驾驶员认为其他人可能会犯规，这个想法并不是来自现实经验而是出自想象，而像他一样想象的人越多，个体对个体就越不信任，就都只能更相信政府，更重视权威和等级，更认同社会共有意识。而一个美国洛杉矶市的驾驶员不仅比一个新加坡司机更相信个人的自由，也更能想象其他的个体与他一样是遵纪守法的公民，所以他会把社会和谐的希望主要放在个体权力之上而不是政府的管理之上，他们就会对政府始终抱怀疑态度和警戒心理，就会是独立性特别强的现代公民。许多调查都发现，在这一点上，即使是英国、加拿大和澳大利亚也与美国的这种政治文化保持着较大的差异。而所有民主制社会中的公民所具有的这样或那样的想象方式和价值取向都是扎根于特定的国家历史、民族文化传统之中的。作为新加坡政府，它必然要不断加强其公民的"那种"价值取向和思考方式，从而有效促进国民的合适行为方式和交往方式，而不是，也不可能移植美国式的公民教育和政治文化。越来越频繁的相互尊重和相互学习会使东西方国家在求同存异中合作，但也不会使东西方文化完全靠拢或不分彼此。

总之，如同古希腊悲剧家埃斯库罗斯对波斯人的描述和当代新加坡出租车驾驶员对社会稳定的理解一样，每一种文化与其社会成员和社会结构之间都具有一种"价值取向"关系和相互作用关系，每一个社会的政治制度与其所依赖的政治文化之间都具有相当程度的集体潜意识和非理性联系。所以，不同文化间的交流和相互理解，尤其是不同政治文化间的主动输出和相互接受，是谁都无法一厢情愿地预先设定目标的。"东西方文化的差异"或"亚洲价值观"的说法在现在和今后都仍将被人们使用，这样的概念不仅拥有悠久的东西方历史文化根源，而且也是当代亚洲各国与西方发达国家进行政治对话、理论较量和权力斗争的一种基本话语模式。我们必须密切关注的唯一问题是：在人们要运用这种话语方式进行国际政治对话的时候，不应该是为了表达彼此间的敌意，而应该是为了强调各自已经完成或正在进行的最佳实践选择。

主要参考书目：

1. 埃斯库罗斯. 波斯人 [M] // 古希腊悲剧经典. 罗念生，译. 北京：作家出版社，1998.

2. 许通美. 美国与东亚：冲突与合作 [M]. 李小刚，译. 北京：中央编译出版社，1999.

3. 爱德华·W. 萨义德. 东方学 [M]. 王宇根，译. 北京：生活·读书·新知三联书店，1999.

4. Bowing P. The Claims about "Asian" Values don't Usually Bear Scrutiny[N]. *International Herald Tribune*, 1994-07-10.

5. Emmerson D. Singapore and the "Asian Values" Debate[J]. *Journal of Democracy*, 1995, 6（4）.

6. Hitchcock D. Asian Values and the United States: How Much Conflict? [R]. Washington, DC: Center for Strategic and International Studies, 1994.

7. Lingle C. Singapore Repression Reveal Regime's Insecurity[N]. *Daily Yomiuri*, 1994-12-02：6.

8. Safire W. Singapore's fear[N]. *New York Times*, 1995-07-20：A15.

9. Trompenaars F, Turner C H. Riding the Waves of Culture: Understanding Diversity in Global Business[M]. London：Nicholas Breasley Pablishing, 2001.

（《浙江社会科学》2002 年第 2 期）

07

关注当代中国的生活民主建设

不可忽视的中国生活世界变革

在讨论当代中国的民主进程和政治文明发展时，中外学术界和政治舆论界都有学者和记者更聚焦于中国的政治体制改革，盯住类似政体变革、政党竞争、司法独立、舆论开放和中产阶层比例等问题，展开自己的点评、批评和未来走势预言，而有意无意地忽视当代中国人在生活世界的巨大变迁和在思想习惯上的悄然变革。

2007 年 3 月 17 日，美国学者杰明·肖伯特在《亚洲时报》发表题为《中国的第三条道路》的文章，介绍詹姆斯·曼（James Mann，中文名孟捷慕）的新书《中国幻想》（*The China Fantasy*）。杰明·肖伯特认为孟捷慕的如下观点值得重视：中国未来既不会大崩溃，也不会走向民主化和顺利发展，中国未来可能的局面是，经济富有但政治体制中的一些基本因素仍会基本保持下来。[1]2007 年 11 月 18 日，美国《国际先驱论坛导报》又发表理查德·伯恩斯坦题为《以中国为主题的新书掀起轩然大波》的文章，强调孟捷慕的新书虽然不过是重复了自尼克松 1972 年恢复与中国的关系以来对华政策决策者已经怒斥过的一些论点，但仍然引发了今天的中国问题专家们的众多同意和反对意见。反对孟捷慕观点的美国学者批评他过于关注政治改革，因而未能正确评价中国 10 年来巨大的有益变化，在这些有益变化中最令人关注的就是：一个约 2 亿至 3 亿的中产阶层已经形成，他们享受着 15 年前难以想象的一定程度的个人自由。而另一位著名的中国问题学者兰普顿则认为：孟捷慕高估了美国对于中国政治发展的主导地位。如果民主能够在中国生根，那是由中国自身的发展所致，而不是来自外部的压力。[2]

对于詹姆斯·曼或孟捷慕的观点及影响，已有《中国日报》英文版记者周黎明撰文《遂道视野导致的片面认知》(Tunned Gives Partise Vision) 批驳，说它"缺少真知灼见""幼稚得近乎国内愤青网文"，观点"悲观""暗示中国不可避免会成为美国的敌人"，尤其是"逻辑有破绽"。"首先，他只关注民主制度这一项，认为只要有民主，这个国家就不会跟美国为敌。其次，他似乎不关心政治以外的细微变化，而这些变化应该是一个驻华新闻从业人员及中国问题专家应该关注并研究的。"[3]

相似的观点也发自"中国最出名的外国人"马克·罗斯韦尔——"大山"。作为一位在中国有 20 多年居住、生活和工作经历，并为中国人民广泛欢迎的电视节目主持人，"大山"在与英国记者谈及自己的特点时有意以第三人称的口气说："20 多年来，大山的形象逐渐变得有代表性，这种形象不同于偶像，他很像邻家男人的形象，我过的不是名人的生活。但我知道一些外国人认为我过于温和，说大山缺少锋芒。"他对此发表自己的看法说："西方对中国的整体认识过于政治化，因此我们中有人认为政治不代表一切很重要。"马克·罗斯韦尔显然想让中国人也能体会到：西方人也是各种各样的，观察中国

1 张春颖.孟捷慕的《中国幻想》简介 [J].国外理论动态，2007（10）.
2 理查德·伯恩斯坦.以中国为主题的新书掀起轩然大波 [N].参考消息，2007-11-20(8).
3 Tunnel Gives Partial Vision by Raymond Zhou. [EB/OL](2007-03-24)[2021-06-05]. http://www.chinadaily.com.cn/html.old/epaper/cndy/html/2007-03/24/content_5260.htm.

的唯政治化和非政治化视角都应该存在，才可能避免彼此的毛病。英国广播公司网站的记者迈克·布里斯托的分析话中有话："这样的外交语言正是大山今后一段时间仍将受中国人欢迎的原因。"换言之，"大山"的"非政治化"姿态更得中国人的欢迎。[1]

尽管仅从政治体制、人权问题和西方式民主标准角度看中国的发展方向和未来可能，往往并不公正，但中国学术界目前对当代中国民众在"非政治"领域的巨大变化及政治含义的研究也有关注。如俞可平教授指出："我觉得一些学者用'超女选秀'来简单类比中国的民主政治，似乎并不十分恰当，因为日常生活毕竟与政治生活存在着实质性的区别，尤其在中国。"[2] 也许是由于俞可平教授的政治学背景，所以他的观点与美国学者詹姆斯·曼或孟捷慕的观点在有一点上是相似的，即都聚焦于政治体制，而对当代中国人的日常生活方式变迁及意义并不十分重视。

与此不同，另一些学者认为中国的变化和影响力正是因其生活方式的独特性和自主性，而引起世界关注以及部分国家的担忧。比如目前在美国纽约大学东亚研究系任教的中国裔学者张旭东教授，最近撰文多篇批评美国观察东亚和中国的思维方式呈现出"幼稚""自恋"和大国衰退期的特殊防备心理。在他看来，美国眼里的东亚，特别是中国，具有不同寻常的含义，是因为它们在两个方面对美国式生活方式构成威胁。

一方面是东亚和中国的当代经济发展变化令人吃惊。美国公开的官方报告指出：今天的东亚是"国际商务活动和技术创新的中心"；是"过去20年来全世界经济发展最快的区域"；其经济总量占全球的3%；外汇储备占世界总储备的一半；该区域的几个国家"吸引了全球几乎一半的外资直接投资"，并且正在变成国际资本出口的一个主要来源；美国同东亚的贸易额已经超过它和整个欧洲的贸易额。与世界上其他区域相比，东亚地区是一个高度整合的经济实体：它既有丰富的自然资源包括俄罗斯远东地区的丰富资源，大量训练良好的劳动力，又有资金、技术和管理经验。

但更为关键，也更让美国部分决策者担心的是，东亚诸国具有深厚悠久

1　大山——中国最出名的外国人 [N]. 参考消息，2008-6-16（8）.
2　俞可平. 中国特色公民社会的兴起 [N]. 21 世纪经济报道，2007-1-17.

的文化、发达的国家传统（即政治文化和道德文化传统）、强烈的民族认同，一旦走出漫长而痛苦的社会经济转型期，必定在生活世界的所有领域形成一套自主的秩序，在客观上（如果不同时也在主观上）形成对于美国制度的一种"成功的蔑视"。虽然张教授认为这种对于美国制度"成功的蔑视"在欧洲人那里早就形成，但"美国针对中国的种种战略部署，归根结底，在于防范这样一种可能性，即在东亚大陆出现一种美式资本主义框架之外的生活方式和价值理想，一种独立于美国理念的人类历史远景。"[1]

美国约翰·霍普金斯大学国际问题研究院中国项目主任、美中关系全国委员会前主席兰普顿教授（David M. Lampton）新近出版的专著《中国的三张脸：威力、金钱、思想》也是美国学者研究中国的代表作品。兰普顿在2008年5月告诉《环球时报》记者说：威力、金钱、思想这三个均以m开头的单词分别代表三种力量：威力（might）为强制性力量，金钱（money）代表经济力量，思想（mind）代表文化力量。这三种力量的顺序反映了中国几代领导人思维演进的过程。兰普顿认为，中国有一种要成为综合性的全球大国的欲望，但中国不想成为昔日的苏联，只具备一种强制性力量；中国也不想成为日本，只具有经济影响力。目前，只有美国同时具备三种力量，是综合性的全球力量。中国有潜力成为美国这样的综合性力量，中国希望成为一个平衡的具有全球影响力的大国。中国的重点在后两个m上。这样一个发展目标决定了一个上升的中国并不对世界构成威胁。[2]

多元并存的生活世界"自主秩序"

显然，虽然也有不少论者注意到了普通人生活方式的变化对中国政治的深刻影响，这种生活方式变化包括谋生、消费、娱乐方式的变化，也包括居住、交往、自我认知上的变化，但关注到中国日常世界变迁的论者们也同时提出了另一种担忧，即全新的中国生活世界将"挑战"或"威胁"现有世界

---

1 张旭东. 美国与世界 [M]. // 张旭东. 纽约书简. 上海：上海书店出版社，2006：10.
2 冯建军. 中美问题专家兰普顿谈影响中美关系的几本书 [EB/OL].（2008-5-11）.http://www.chinavalue.net/blog/BlogThread.aspx?EntryID=61965。

秩序和美国的地位，因为"生活世界"往往有着与政治、经济、法律不同的、非标准化和普适性的"族群特性"，或者说某个族群或国别的生活世界总是一个自成一体、自足自洽的"自主秩序"。而根基于这种不同"自主秩序"的未来国别竞争，包括未来世界秩序模式和处理冲突模式的竞争及直接冲突，可能比现在的地缘政治、能源竞争和军备竞争等，更显得不可避免和难以运用权力或利益机制进行协商和协调。

事实上，中美之间、东亚与西方之间，肯定存在着文化上的差异，但因为彼此的历史差异和当代竞争，就将对手视为"你死我活"的敌手，已经是30年前美苏冷战时期的旧思维模式，今天仍顽固坚持这种思维模式的人虽然还有，但肯定不是多数。如果不是从简单狭隘的民族主义出发，不是从单纯的国家经济利益考虑，则会看到不仅中美之间、东亚和西方之间会有各自"在生活世界的所有领域的一套自主秩序"，就是其他非西方国家和地区，也必定有各自的生活世界和相关自主秩序。甚至同一国家或民族的内部也会出现一些地方性的经济、制度、文化、习俗上的差异，显现一些地区对地区的"成功的蔑视"。不同生活世界的"自主秩序"并不被地域和国界所圈定，全球化和信息化时代更是如此。当然，国家内部的地区性、城市间差异和发展不平衡，不会如国家间贫富强弱关系那样让人产生集体义愤和激发民族情感，因为在中国被称为是"人民内部矛盾"的差异和不平衡，往往能够通过中央政府的相关统计数据和监管程序，及时得到关注和调控。

但这并不是说国家间的关系变化及走势，对国家内部的地区间、城市间关系处理没有参考价值。比如：中美之间的内在紧张，也常常被解释成是东西方文化之间在现代竞争中的内在紧张。这中间的差异和矛盾又总是与"现代传统""普遍特殊"这两个对子结合在一起，形成彼此的先进落后假设。由于以美欧各国为主要代表的"西方"社会是率先开始现代化的国家和地区，所以在现代化逐渐成为全球现象的过程中，西方的政治和社会制度曾在相当长的一个时期内，被普遍认为是更多地代表和体现了一种具有"普遍"意义的"先进"制度。相比之下，现代化的"后进"国家如中国等，其社会特征和政治体系就更体现了"传统""特殊"和"前现代"的许多症状。同时对诸多非西方的"发展中国家"而言，现代化的一个严峻挑战就是：不能让自己国家的现代化变成"西方化""美国化"的历程，一定要坚持自己的民族和国家特色，坚持自己独一无二的文化传统和历史记忆，不能被富裕的发达国家"和平演变"成它们的附属国。

应该重视的是，这种理解已经被重新反思，以及得到知识界的集体修正了。虽然今天的东亚仍保留了一些李光耀曾经总结的"亚洲价值观"，今天的中国也确有不少人提议尊儒教或尊"新儒教"、穿汉服、背古书、大学建"国学院"、城市建"儒教圣城"等，但同时在近代以来的中国历史变革和生活世界变迁中，也早已将西方的智慧和其他的外来文化连续不断地融入自己的"自主秩序"之中了。换言之，当代中国的现代"生活世界"里既有与欧美等西方世界一样的普遍性东西，也有与他们同样的本国家或本民族特殊性。全球化时代的现代中国已经开始拥有和追求一种既有特殊又含普遍、既有自我认同又以天下为怀的"生活世界"。

张旭东教授在 2002 年为北大学生所做的演讲中强调说：中国人自鸦片战争后遇到西方社会经济政治体制和文化价值体系的全面挑战，经由一个半世纪，中国人的生活世界已经由这一开始时是"外来"、现在是"全球性"的力量所决定和界定。从这个意义上讲，现在的中国完全是一个现代国家；当前的中国文化问题完全是现代性文化的内部问题……19 世纪的西方带给我们的器物和技术层面上的冲击，即工业革命以来的纪元性变化（其"普遍性"也许只有从石器时代到铁器时代的跳跃可以比拟），业已被中国社会吸收，"现代"在这个意义上已经"去陌生化"。与此同时，原先只是作为一种"他者性"的"西方文化"，却在全球化时代日益作为"文化本身"，成为当代中国文化的时代性问题。在这个新的历史关头，中国文化的自我认同不在于如何勘定同现代性和"西方文化"的边界，而在于如何为界定普遍性文化和价值观念的斗争注入新的因素。

作为一个生活世界和一个文化政治主体的当代中国，必须寻求按自身的逻辑将这种自我理解和自我认同在时空中展开，而不是依附于任何普遍性或个体性的修辞。但同样不言而喻的是，近代以来的中国历史的展开，只有放在批判的世界史的语境里，才能显示出它自身的逻辑。20 世纪后期以来，全球化以前所未有的速度和广度在扩张，并集中表现为全球经济的扩张。全球化从经济上为世界带来了巨大益处，但这只是对整体效益而言的，不同的区域经济、不同社会和不同阶层所受到的影响和结果是不同的，所以目前率先进行的经济和市场的全球化也是冲突的根源，因为它寻求的是以标准化的体系来改造世界，这使得现代化的全球化与地域性社会的特殊性之间会长期保持某种矛盾状态，而最终的结果只能是二者的结合，即地域性社会不可能完全保存，全球势力也无法完全主宰。[1]

这类对西方启蒙运动以来世界现代性思想观念史的批判和反思，提醒我们超越"现代传统""普遍特殊""先进落后"的划分和假设，注意西方和中国的现代化经历和经验教训里都有普遍意义的东西和特殊的东西。所以既要避免用先验的、无须论证的"中国立场"或"中国意识"思考问题，又不要将"他者"的立场和意识简单地当作自己的一定要与之抗衡和竞争的"对手"，现代化全球化以来的中国和诸多他者世界，是相互区别更是相互联系的。与其说为了维护国家利益，"没有永远的敌人，也没有永远的朋友"，不如说在国家利益和全球共同利益越来越显现密切相关的当代，人类必须共同放弃"敌人／朋友"式二元对立思维，寻求全新的相互理解和相互合作关系。在全球化、信息化时期更被人们普遍提倡的政治开明和道德宽容，应该不仅容忍和理解与自己可能沟通与合作的"陌生人"，而且可以允许与自己十分不同又极难沟通的"陌路人"存在，并努力与之沟通和相互了解，保持这种沟通和理解的过程是多元并存、和而不同的，并且在经济和文化上是互通互惠的。

同样，作为中国的地方政府和某地居民，不仅要超越"现代传统""普遍特殊""先进落后"的划分和假设，不仅要以国家立场和国界意识看问题、看他国和听不同意见，而且还可以站在自己相对微观的"生活世界"和"自主秩序"中观察问题、思考问题。现代化的全球化进程，使得国家间出现了错综复杂的经济、军事、政治、文化的不均衡、不平等关系，当代中国的内部发展多样性也使得中国的经济"崛起"具有自身的不同阶段、不同层次、不同需求等的复杂含义。

所以我们应该意识到：在每个当代中国公民自己的"生活世界"里，目前

1　参见：张旭东.全球化时代的文化认同 [M].北京：北京大学出版社，2006：新版前言、绪言.

享受到的许多现代化成就与遇到的现代性问题，与整个世界的工业化、城市化、信息化、市场化等全球化进程是密切相关和彼此互通的。无论是外国部分学者或政要，还是中国的名人和普通人，如果不是仅从"划界"和"敌对"方式，即担忧被对手打败和暗算的角度看中国经济与文化对美国构成的挑战，看中国部分先富起来的地区和城市对其他地区和城市的挑战，而是从全球性的共同市场发展、不同经济与文化的相互影响方式变迁、世界性的共同问题变化等更高层次的眼光和胸襟去讨论问题，则大家都可从中获得许多启示。民主也将是一种中国生活方式。

印裔美国学者法理德·札卡瑞亚在他的近作《自由的未来：美国国内和世界各地的民主制度》一书中说："我们生活在民主时代。"在他看来，"民主时代"的含义除目前已有 119 个民主国家、占全球国总数的 62% 之外，还有更广的意义。从希腊字根看，民主意为"人民自己管理自己"，目前我们可以从各国的每一生活层面都看到权力的分散和下放。此种现象就是所谓的"民主化"，其范围远远超过政治的单一层面。因为权力在各个层面分散和下放，包括上层和下层的阶级意识崩解、传统的封闭生活系统开放、民众的意见和意愿压力成为社会变化的最主要的动力等。总之，"民主从一种政府的形式，变成为生活的方式"[1]。

不仅民主已经从一种政府形式变成为生活方式，而且民主在当代中国，也正在成为一种中国生活方式。自从被迫接受西方枪炮攻门送进来的他者文化冲击之后，中国已经拥有了从"制度先行"和"启蒙先行"，到"经济先行""民生先行"的百年遗产。这虽然是一条救亡高于启蒙、生存重于抗衡的曲折和痛苦的现代化之路，但就中国生活世界的千年"自主秩序"而言，却也是一种持续进步。因为从口号高喊到思想真正解放、实话实说，从将民主视为强国"工具"到以"市场经济"的具体实践"下河摸着石头"探索通往现代民主之路，中国的政治改革已经不再是自上而下、精英主义、被动和受动的进程了，而是上下齐进、"以人为本"、主动变革已有机制、中央政府和地

---

1 法理德·札卡瑞亚. 自由的未来：美国国内和国际间的偏执民主 [M]. 孟玄，译. 台北：经联出版事业股份有限公司，2005：2. 法理德·札卡瑞亚（Fareed Zakaria，1964 年 1 月 20 日—）是美国著名印度裔记者，时事评论家和作家。

方政府及普通民众逐渐共同介入和分工共建的一件共同事业了。

中国人的日常生活世界也开始变革和越来越"民主化"，这既是一种进步，也是一种政治文化上的新挑战。因为"从经济层面来看，今天资本主义的最特别之处，不是全球化、资讯丰富或技术驱动，而是通过经济增长让亿万人致富，把消费、储蓄和投资变成普遍现象。经济权力不再掌握在少数生意人、银行家和官僚集团手上，而是在中产阶层之上"。另一方面，"文化层面也民主化了。今天社会文化的中心是流行歌曲、卖座电影、黄金时段的电视节目，由此三者构成的现代文化经典，成为现代社会每个人都熟悉的参照系。与过去的歌唱家相比，现代出名的关键是歌迷的多少，换言之，质量已被数量取代了"。所以说"技术和资讯的民主化使每个人都能联系，但没有人可以控制"。"暴力的民主化"和"民主化暴力"已不再是玩笑。"民主的好处虽多，但也有其黑暗的一面。"[1]

不可否认的是，民主、公民、政治参与等，确实是一些被长期讨论、反复争论，以至于最终有些含义过于广泛和分歧的"大词"。正因为民主政治在时间和空间上都经历了漫长而又复杂的演变和发展，所以今天的人们对于民主政治的概念理解肯定是多种多样的，只不过这些现代多元理解与古希腊民主的最早传统仍然分享着最核心的东西，即民主的核心内涵可以简明归纳为三层：价值观、政体和生活方式。

生活方式民主是民主价值观认同和民主制度实施的前提、基础和继续保障。生活世界的民主化进程是微观的政治建设进程，这种生活民主的发展进程是低调、低门槛和有些细碎的。生活民主的探讨和生活意义的追寻，虽然必须是全体社会（包括国内社会和国际社会）成员共同参与的公共事业，但它们无法进行宏大理论的宏大叙事，因为它们常常是细致的、分散的、持续不断而又摸索式的小叙事和多元多头叙事。强调生活世界的民主建设，对于今天的中国民主建设和社会和谐，对于中国普通民众享有更高的生存价值，有着特殊重要的意义。同时，民主化的现代生活世界也展示了许多复杂的图景和新的困局，提醒我们依旧要重视政治学一直强调的人类行为的一些普遍

---

1 法理德·札卡瑞亚. 自由的未来：美国国内和国际间的偏执民主 [M]. 孟玄，译. 台北：经联出版事业股份有限公司，2005：3-5.

弱点。对探讨尚处民主建设初级阶段的当代中国而言，普通人基本政治素养的普遍提升、理性思考习惯的逐步养成和法治文化的全社会辛勤培育，是政治体制变革的前提和必要准备。当代中国政治的现代化进程将因为自身的文化传统和特殊制度环境，而更多地从关注"民生"也就是"生活世界的民主化"着眼和入手，不断推进政治和行政领域的民主化进程。努力培育和建设城市化进程中的普通公民参与愿望和具体参与渠道，将会是当代中国式"生活世界民主"的主要建设路径。

目前我们对生活世界民主化这个方面的研究仍是很不够的，理论资源和学者观点也相对分散。不过民主作为一种生活方式的微观政治建设，更多需要的不仅是政治家、领导层和知识分子的重视，而且是所有公民的参与渴望和亲自体验及实践需求。生活民主更是一项公众性、社会性、参与式、探询式的公共事业，所以事实上，在今天中国的生活世界里，民主化、理性化和公民主体意识等现代要素，已经萌发和生根"于无声处"。西方民主的经验和非西方国家的民主建设将为中国的"生活世界民主"建设提供丰富的参照，但中国复杂问题的解决也将会不断寻求自己合理而又可行的路径依赖。这种寻求和探索，将会是既有中央政府的宏观调控或统一规划，更有众多地方政府和普通民众的切实探索和具体问题思考。

（《杭州师范大学学报（社会科学版）》2009 年第 1 期）

08

从中西文化差异看杭城如何迎接 G20

G20 峰会明年将在杭州召开，杭城将作为当代中国文化和城市文化的一个典型代表，为世界各国政要的来访当"东道主"，杭州市民真的是太幸运了！因为我们将一路"在场"地参与和体会这个重大"时运"的到来，我们将目睹和亲身体验这个全球化时代给予我们所有杭州市民的历史机遇。这个机遇中不仅富含具体而又详尽的中外政治和经济交流的内涵，更承载着太多城市社会和城市文化建设的可能性空间。当年韩国通过成功举办汉城（今天的首尔）奥运会，极大地提升了整个国家和普通国民的国际化意识和文明礼仪，相信我们杭州也一定会借助这个机会来很好地建设和提升杭城各方面的国际化水准，因为其中不仅有政府和大公司的意愿，更有杭州市民自身的现代人生梦和主动有所作为的追求。

经过 30 多年的改革开放，中国的强国形象和现代大国心态正在一个个国际交流事件和积极作为中逐渐建立。中国经济的实力要求当代中国人必须走出中国范围、跳出自己的所在地，从全球的整体视野和人类共同体的高度去思考问题。所以首先，作为现代强国的国民，我们不要根据中国人擅长的直觉、经验或者即兴的情绪来做判断和决策，而要学会用科学和理性的态度，来分析自己和他者文化，来进行我们的城市国际化建设，来输出我们的价值观和文化特色。

杭州确实有我们大家都极为自豪和酷爱的自然山水、历史人文和现代城市设施，但正如我们西湖的"申遗"经过了一个艰难的解释终于获得认可的历程，我们杭州与目前"国际性"高标准的各种差异，也需要认真听取不同的意见和建议，在不同文化的差异和交锋中，看到自己的努力方向。而不是简单地从自己角度出发、按自己的口味建设，凭一腔热情展现风采，然后等待他人的好评和盛赞。在这样的心态和行为方式中，一旦听到批评或不同想法时，很可能立即认为对方不友好，对中国有敌意，故意抹黑杭州。应该看到，做一个有"国际范"的杭州人，首先就是勇于迎接全面的挑战，善于倾听国际多元之声，真正承认世界上是有普遍价值和国际性公共意识的，这些概念不是空话套话，是可以实实在在地体现在人们的一言一行和城市建设的每一个环节和细节之中的。

其次，我们要学会从文化"他者"的观察，认识清楚自己文化的"庐山真面目"。比如说：为什么不排队？为什么有的地方那么脏？为什么有的公厕会又脏又臭？为什么人们讲话那么大声？为什么那么多的人不分场合随便抽烟？这些来杭州的外国专家学者和留学生最初都会碰到的问题，一般我们的现成回答是什么？是说你们提到的那些现象都只是少数的，甚至是极少数的情况，你为什么不看看我们中国人大多数人都是非常文明的，大多数地方都是十分干净的？是说我们中国人多，比你们不知多几倍，林子大了什么鸟都有，这个你们以前体会不到？还是就是在背后说，时间长了他们就不再抱怨了，外国人在杭州生活得时间越长，就会越来越喜欢杭州的，所以不用理会那些最初的不良印象？

当我们试图讨论中西文化差异的时候，不是为了仅仅对比中国与发达国家之间的文化差异，而是要真诚地认识到，世界各国的文化都各有千秋、万紫千红；在众多文化相互尊重、彼此促进的前提下，要借助全球化时代信息交流的极大便利，来更好地认识自己和认识文明。最新的关于文化的共同探讨显示：一是"人种"并非是对文化差异的恰当解释，因为从真正科学的生物学角度看，世界上不同的人种其实是很相似的。二是自然环境和历史发展的差异也不完全能解释文化现象，因为对历史事件和进程的总结是由不同文化价值观构造，还常常因为新的心理需要而经常改变的。三是经济决定论和政治体制决定论也不足以解释日常生活中人们的许多言行，因为人和文化既受政治和经济的极大影响，但也经常"超越"这些东西而进行创新。极简地说来，世界范围内的全面跨文化认识和比较，目前仍只是正当其时、方兴未艾。从现有比较被认可的一些文化比较理论看，中国文化的主要特点是集体主义、喜爱确定性、权力距离大、重视数量型生活质量、做人做事有长期导向、高语境、多项时间观、交往空间的近距离，等等。这些运用理论比较后的文化特色都是客观的，不设定前在的道德优劣；或者说，任何文化都是有长有短、自足自洽的，其长处会有一些他者文化可能无法承受的代价，其短处则也会有许多有效的内部制约方式。

再次，通过现代式的文化交流和比较，也说明我们进行文化或城市的"国际化"建设时，主要不是为了较量高下和比拼实力，不是要做给别人看，让他人承认我们，而是要积极主动地与他者共同建设一种超越现实和有理想追求的"第三文化"（third culture）、一种符合未来人类发展共同需要的全球文化。美国学者多德最初提出第三文化时，强调这是一种由交流双方或多方共创的文化环境。在此环境下大家共同寻找共同之处，互相建立信任，努力适应新文化。而最新的研究趋势则强调，第三文化或全球文化是一些以具体文化流动方式（人员、技术、资金、媒介形象和意识形态）为载体的共同分享文化，为的是警惕任何形式的霸权文化；同时全球文化的建设依靠"整合"和"差异"这两种不同驱动力的相互作用，而不是单一地同化。第三文化或全球文化涉及世界上一切文化，而非主要的（如七种或九种）文化。

由此，"第三文化"的主要建设策略和技巧就是：将文化差异性化为动力，利用相关的他者文化社会习性、行为规范和价值观念知识，采用相应的传播策略和技巧，鼓励大家都主动适应环境和对方。而理想的跨文化传播效果就是：完成具体任务、建立良好人际关系、增进了解、相互适应。落实到杭州迎接 G20 峰会的具体建设内容，我个人认为总体上我们要有文化自信，要用杭州人生活的"原汁原味"来展现城市文化，不要专门为了 G20 和亚运会去突击建设什么临时的"文化景观"；而在具体改进工作的细节上，则需要很好地动员杭州市民的主体意识去更好地完成各自的本职工作，尤其是将各自工作的专业化水平向国际一流标准提升。比如杭州的主要公共标识要有中英文和图像三种语言，杭州的道路交通指引（开车、停车、等车、问询等）要采用国际通用的科学方法，杭州公共场所的卫生要消灭那些以为"外人"会看不见的"死角"，杭州公共场所的基本礼仪要加强传播一些其他城市的做法，并用有效有趣的方式解释背后的文化价值观。需要强调的是，文明礼仪的养成也可以用文化培训的方式，比如自我评估、真人示范、角色扮演、模仿游戏、跨文化练习、对比文化讨论、跨文化对话、精彩的演讲、电影分享、视觉想象法、分发文字材料、艺术与文化展览、个案研究、突发事件演习、组织参与以计算机为基础的培训，等等，相信我们每个市民都有太多的可能空间可以参与和为杭州加油！

（《杭州》2016 年第 1 期）

09

跨文化译者与文化间对话

　　飞白老师的新著《译诗漫笔》[1]，体现了他那一代人永不言弃的远大抱负，那就是为中国人如何更好地与世界各民族文化对话，尽力贡献自己积一生翻译经验总结出来的真知灼见。虽然此书聚焦的是翻译学，我不是这个方向的专业人士，但飞白老师在此书明确提出的"翻译的三分法"，阐释的应该不仅仅是翻译。正如他开篇所说："'信达雅'是经典翻译引领的时代的产物，如今到了信息时代，翻译世界多元化了，单一标准已不适应翻译多功能的实际。乱象由此而生，为消除乱象就得承认不同翻译类型有不同的规范。"

　　信息时代的多元化翻译，此话语背景是我们这个时代密集的跨文化交流，无论是由旅行和游学产生的海量人员流动，还是由于中国电商领先发达，带动了科技产品和各种商品的全球性大汇通，开放的中国与世界的互动幅度和交流规模都绝对是前所未有的。但飞白的"翻译的三分法"提醒我们这种跨文化对话的层次多样和语义多层。他在书中分析说翻译主要有三种

1　飞白 . 译诗漫笔 [M]. 北京：外语教学与研究出版社，2016.

类型：

1. "信息译"，主要体现指称功能。
2. "艺术译"，或我曾提出的译诗应为"风格译"。
3, "功效译"，对受众有效说作用的意思。

　　思维的独特和原创往往在于作者表述方式的明晰和透彻。最新获得诺贝尔文学奖的石黑一雄在分享自己创作中的词汇选择时曾说，他总是在寻找可以很容易实现语际翻译的词汇。换言之，他的小说已经是在自觉地追求世界性通用语言和促成人际交流，这样可以尽量减少阅读障碍和误读的可能。由于生活在当代的石黑一雄明白什么是信息化，所以他会更深刻地理解当代跨文化对话的必要性和不可回避性。但对于许多翻译者而言，他们要翻译的文本是那些作者们还完全缺乏这种跨文化主体意识的文本。所以飞白老师也与石黑一雄相似，有意地选择了极方便中英文互通的普遍化形式来表达：

　　这样把翻译归并成三型，简明扼要，三分天下，关系就理清了。信息型翻译属"it"型，艺术型翻译属"I"型，功效型翻译属"you"型，正与三人称对应。

　　三种翻译对所译文本的处理差别巨大，以"水"为例，在信息译中是"H_2O"，在艺术译中可能是"秋水伊人"，在功效译中成了"可乐雪碧"。若拿一个人为例，在信息译中是他的个人资讯数据，在艺术译中是他的情感生活、音容笑貌，在功效译中则是他在职场上的职能业绩，这代表了一个人的三个方面。可见，三种类型翻译的目的、方法、策略、标准都迥然不同，不可混淆，却又协同互补，相互渗透。所以我以为，做翻译不能只知其一不知其二，应当全知其三而专攻其一，就好比做医生必须实习全科而专攻一科一样。

　　也正是在这么明晰透彻的表述基础上，"翻译三分法"不仅让人"眼前一亮"，而且确实达成了中文所追求的"心明眼亮"。"水"之译法案例，科学译法的"H₂O"可以在中外说明书中广泛使用，基本不会被误解，有了也很容易修正；商业用法"可乐雪碧"则虽广泛使用，但多少已经会有差异，比如仅仅中文中的大陆译、香港译、台湾译，就常常在重要商标、厂家名称，乃至重要领导人和文艺名人的译法上出现较大差异，而且常常是"有意"保持的差异。这样的有意为之，其实已经是文化较量，甚至是文化对抗式的暗藏锋芒。但真正需要重视的则是在艺术译中需要转换的"秋水伊人"含意，在飞白老师看来，多数情况下是只能试译、强译和因为翻译先误解、再误解，直到误解逐渐减少，比较理想的是实现"传神之译"，但永远不可能完全理解，只能是承认艺术译或文化对话多数情况下是极为困难的。俗语说"鸡同鸭讲"或"牛头不对马嘴"可能反而是容易修正的"信息译"和"功效译"，最难实现的"艺术译"，才是老子所说的"鸡犬之声相闻，老死不相往来"。从语言相通到心意沟通，总有太长的路要走，而人生苦短。

飞白老师在书中勇敢承认，文化艺术的翻译不同于科学和商务信息传递，要两种语言之间"信息等值"，几乎是不可能的。正如苏联象征主义诗人和翻译家勃留索夫所说："把诗人的创作从一种语言转到另一种语言是不可能的，但是放弃这种追求也是不可能的。"夸张一点说，译诗可以比之于把达·芬奇的油画译成水墨画，或把贝多芬的奏鸣曲译成中国音乐。好在音乐语言、美术语言可以不经过翻译这道难关，而直接为各国人民所理解；可惜诗歌语言却没有这样的幸运。但是，为了使诗成为各国人民的共同财富，诗歌译者从来没有放弃也永远不可能放弃把诗译得传神的向往和追求，经过许多世纪孜孜不倦的实践和探索，他们果真在"不可译"的悬崖陡壁间开辟了诗歌"可译性"的途径。

飞白还在书中回忆自己曾与外研社的编辑做过一次译法上的交流，对方希望他的《哈代诗选》中修改 New Year's Eve 的"除夕夜"译法，建议他最好还是译成"新年前夜"。而他在再三思考之后，仍坚持原译。在阐述了详细的理由之后，他写道：

翻译的"异化""归化"是一对争执不休的矛盾。但在我看来，既然翻译是两种语言和文化的联姻，是两个视野的融合，对这二者就必须同时并举，设法做到对立统一。"脚踏两只船"是一句贬义话，说的也是其不可操作性。但在诗翻译中这却似乎应该是追求的理想目标。——马戏团里不是有人脚踏在两匹马背上奔驰吗？

飞白老师其另一本专著《诗海游踪：中西诗比较讲稿》（2011）中就曾强调，人是语言动物，自从牙牙学语就开始生活在"语言之屋"中。一般人并不感到"屋子"作为"笼"的性质和它的硬化与变暗，但翻译者和跨语言交流会因为从事语意转换而深切"感到墙壁的限制和束缚，感到自己是被囚的动物"。尤其是文艺译者对语距的敏感和对精神生活的酷爱，当他们在民族语言之屋里看到外国的风景后，会更加不愿意"待在黑暗陈腐的屋角里"，更加不能接受日常"无意义地喋喋不休"和"被说"，而要致力于试图打开新的窗户，让丰富的文化之间进行密切的有效的交流。……外国文学的翻译引进扩大了我们的视野，引进了外来基因，从而显著地影响了我国文化的演进，这是一个方面。与此同时，外国文学的翻译引进也显然受到政治、经济、文化条件的操纵和制约。

翻译并没有双方并轨对接的高铁可搭直通车，而只好在拧巴中前行。每种文化有自己的文化"格"（grid），拧巴是由不同文化"格格不入"造成的。遇到这种"方凿圆枘"现象，只能在文化交流中磨合，或是外来概念磨削掉一点，或是本文化的"格"扩大一点（这要靠群众的语言实践来决定），慢慢地也就兼容了。那就让这种拧巴在不断扩大的文化交流中渐渐磨合吧。翻译是两种文化的碰撞、交汇和反应，所以不得不考虑两面。翻译中取向（bias）的选择，大都也只是偏重一侧而已，不见得就要排除另一侧。作为一座桥梁就要跨两岸，如果你只跨一岸而不跨另一岸，不是就掉到河里去了吗？

在跨文化和语言阅读、翻译、理解时，一个人肯定不能同时跨越中外"两岸"，而只能在"两岸"之间通过翻译之"桥"不断来回。这个对跨文化翻译的妙喻确实传神达意、恰到好处！因为翻译就是搭"一座桥"去"跨"两种语言和文化，译者必须要在这"桥"是以中文为主，还是反客为主（比如以英文为主）之间进行选择，比如电影名 *Waterloo Bridge*（魂断蓝桥）不能同时译成"蓝桥"和"滑铁卢桥"，必须在"归化与异化"之间反复斟酌，最后决定忍痛舍弃其一，而选定另一来呈献给读者（尽管觉得它仍是不全面、不完美的）。飞白还在此书中强调说："归化异化两种选择"是非常简化的说法，其实远远不止。他在本书中专门就此问题归纳了翻译者面对"选项"的真实复杂状况，即大致有 3 种翻译方法和 20 个取向。

跨语言翻译是在做一种引入屋外风景或送出屋内信息的传递、对话、文化交流活动，这必然会让翻译者碰到语言之"笼"的墙壁，他们的开窗行为也必然受到国家或民族文化传统的特定制约。由此而言，跨文化对话和交流，不仅是浪漫、潇洒、穿梭四海、风度翩翩的"使者"生活，翻译家、语言学家，甚至包括外交官，也不仅是文化间的"人桥"和"大使"，他们还是夹在文化之"桥"和语言之"笼"间的"夹缝中人"。

翻译不仅是一种跨语言跨文化的交流，也是一种文化互动和互相影响的过程。由此产生了一系列问题，包括翻译受意识形态和经济因素操纵的问题，文化间的强势弱势问题，文化渗透、文化归化、文化阻抗、文化屈从等问题，让翻译者处在诸多矛盾的张力场中。就像飞白老师所说："译诗永远是一种在得失取舍之间'患得患失'的艰难选择。"民族语言之"屋"所形成的"笼"既可能会在翻译和跨文化流中被逐渐消解，也可能因为过多的失败对话和阻碍交流被双方构筑得更加坚固。这不能不让人们对翻译和跨文化交流保持更多的谨慎和耐心。

一方面，交流和对话体现的是文化的本质和精神所在，标志的是人类的理性和德性；另一方面，真正的文化对话绝不是科技术语和商务报价表格的内容翻译，而是各族历史文化的深度对话。在这样的深度对话中，相通性是抽象意义上的、形而上的，差异性则是现实地大量存在的，无论是在国家间，还是在国内的各种文化之间。

除非我们拥有人类学的广阔视野，真正像法国著名人类学家列维－斯特劳斯那样，在大量收集各种不同民族神话的基础上，通过发现其中的关联，从而知道各文明的神话其实环环相扣，地缘上相隔甚远的部落，在思想上却颇为相近，就如层层玫瑰花瓣围绕花蕊生长。除非我们也像列维－斯特劳斯那样自觉地认识到：人类的思维如同万花筒，里面装的彩色塑料片是有限的，因此形成的图案看似千变万化，实质上则是相同元素组成的不同变式，否则我们也很难跳出语言的"牢笼"或信任那些可能看不见的文化之"桥"。

本雅明（Walter Benjamin）在《译者的任务》一文中说，可译性取决于原作的水平，即原文语言的质量和独特性。一篇原作的"语言的质量和独特性越低，其作为信息的程度越高，它对翻译而言就越是一块贫瘠的土地"，相反，"作品的水平越高，它可译性也就越高"。飞白老师在书中借助本雅明的话，也强调了"艺术译"中的一个重要问题，就是翻译和互译活动，不仅是肯定"有益"的文化交流活动，而且是真正会产生"竞争"和"较量"的文化行动。这种竞争和较量，既体现在语言的词汇量和表达力上，也体现在文本的质量或者说文化含金量上。由此，高质量的翻译和丰富的译本，不仅可以促进文化间的充分交流和深度沟通，也可以提升中文的原创性表达资源，加深我们对深刻中国智慧更为通透的理解，并不断地加强我们的跨文化传播能力。

（《书城》2018 年第 2 期。原题"读飞白《译诗漫笔》"，此次有删改）

Part 4

第四部分

他者文化体验

01 写在前面

多数人的一生都是些漫长的细节，琐碎艰辛杂味但希望能一直保持尊严。只有极少数幸运者和虚构作品中会有所谓"高光时刻"。这是一组关于我1989年9月至1992年6月到美国访学（半工半读）及回国后重新找工作经历的"非虚构写作"。现在读下来，这组短文记录了当年的所见所闻、经历体会、心境和思索等，重视的是公共性，回避的是私密性。由于这类非虚构写法的客观性和诚实性，所以也具有历史的真实性和可分享性，主要是有供自己和他人一起反观、反省、反思我国40年改革开放经历的价值。

我要特别感谢我当过记者的先生徐岱老师的小学同学、曾经的《舟山日报》记者同事赵宏洲先生。是他从我回国后，每次联系和聊天都提醒我把经历记下来。1994年的某一天，他更是盛情邀请我为他兼职的一份《东方信息导报》撰写"异域散记"的专栏文章。当时人们的联系方式还主要是手书的信件，单位的办公室一般有个公共电话，有时也可以让人传个话。赵先生热情地邀请了好多次，经常帮助传话的我先生也鼓励我多次。我觉得真的有点推不掉，就先抽时间试写了一篇寄上。

我用的是方格信纸，手写，然后邮寄。他那边需要请人辨认、打字、校对、排版，工作量很大。但很快，他就寄回来了 1994 年 8 月 21 日的第一篇见报文章，我的专栏取名《我在美国三年》，他加了"编者按"：

在一个金色的秋天，作者结束了三年的异国留学生涯回到了祖国。当时有许多人曾动员她把那一段生活写下来，作者没有立即答应。时间又过去了两年，一切浮光掠影都渐渐消逝了，留在记忆里的都是那些最难忘的。应本报之约，作者用简洁朴实清新的笔触写下了那些难忘的人和事。

放上了我的"题记"，还特别加了"连载"的字样。

我所说的都是真实的经历，
但这只是我所经历的真实。

看到文章变成铅字，心里还是挺高兴的，能够做一点促进跨文化交流的事情，也是我一直的追求，尤其是从那以后赵先生还经常告诉我一些读者的反馈，说读者喜欢的就是真实和简洁。从此，每周写一篇或两篇，就成为我百忙之中必须尽力完成的一个任务。每到有一定时间可以坐下来写时，上次写的是什么专题并不一定记得，现在要写什么也有点基于记忆和境遇的变化而随性或即兴。"我在美国三年"，一直是半工半读，自己感觉是读了两个大学，所以或者写工作，或者写学习，有很多体会和收益可以交流传递。到 1995 年 9 月 9 日，我一共在《东方信息导报》的周末版面上写了 35 篇文章。之后赵先生不再在那家报社兼职，如果不是他很好地保留了当年的报纸副本，我今天也无法再完整地看到自己当年写的东西。

我在这个写作过程之后，也为《杭州日报》《浙江教育报》《学习与思考》和其他一些报刊撰写了内容相关的一些短文（可惜有的已经找不到了，这次汇集时也添加了几篇必要的补充），包括再过些年之后为《中国青年研究》撰写了一批大众文化和青年文化的短论文（借此，也要特别感谢这些杂志报纸的编辑们）。写着写着，我发现这其实是我的"自选动作"，就是关于现代大众文化、流行文艺、日常生活建设和普通人感受的短文写作。

如果说我这一生的主要"本职工作"是高校的文科教学与科研，那么我在高校里做的一切基本上是"规定动作"。比如你必须先确定自己的专业、研究方向、院系科、研究所，然后你上的课和你写的论文，必须要为自己所在的单位增添学科评估的"计分"，否则你就是不够称职或贡献不够的。由于高等院校总是选拔精英和培养优秀人才，所以我为学校做的"规定动作"也会更多地关注一个社会的各种顶层设计和精英人群。但是我的域外求生和求学经历却提醒我：现代化的建设中，普通人的命运也能够靠自己的力量改变，这才是真正的时代性大变革。正是因为科技、信息、经济、商务等元素可以被普通人所用和消费，才有了今天全球化时代的社会快速发展、国家和人民普遍富强的局面。

现代商业文明带给全世界人民的机遇和挑战是非常复杂多变和利弊并存的，每当遇到问题、看到困境、感到人生无常的时候，我最欣赏的就是那些永远奋力做"个体突围"努力的现代人。当然最不愿看到的就是各种"甩锅"和逃避责任的言行。那种遇到问题就马上发作、把自己的失败或失意都简单地归结于外在原因、怪罪于"他人不善"和"其他文化团体"的习惯，本身就是违背现代文明精神的，也只会辜负生命和愧对人生。

所以，这组"非虚构写作"文章其实也鼓励和启动了我的"自选动作"，那就是跨越特定的专业或学科界限，自觉关心当下社会的"大众文化"变迁和"现代生活方式"的变革。警惕高校文科科研中的自我设限、抽象虚空和自以为是，倾心尽力关注快速多变的事实和真问题，介绍和探讨各国解决思路与方案尝试。在这类"自选动作"式的写作中，我感到很多的快乐和安慰，因为对自己的作者定位也是"自选"式的，那就是求真、寻智、向善、务实；即使是微不足道，也要把自己的力量尽到。

02 天上掉下的馅饼

1989 年，我已在杭州的 H 大学中文系任教了八年半。我教的是外国文学。在 H 大的"外国文学教研室"我最初几年被指定的重点教学内容是俄罗斯文学。在俄罗斯文学中，列夫·托尔斯泰当然是我最敬仰的作家。我最敬佩他的《安娜·卡列尼娜》能从关注世界文明之未来走向的高度来讨论复杂的现代化生活方式变革。同时，高尔基的人品和作品也是最给我以励志作用的。因为他没有任何家庭背景，也没有任何经济力量支持他去读什么"名校"，甚至一直是连生存都艰难无比的。他说自己从小读的是"社会大学"。他的自传三部曲《童年》《在人间》和《我的大学》一直给我以极大的鼓励。它们让我意识到，每个人的运气和出身可能很不一样，但是如果你自己坚持努力，一切皆有可能。这与歌德的《浮士德》的主题相似，就是人一定要每时每刻地坚持努力，然后才可能享受每一天的人生。

作为一个高校的外国文学老师，高尔基也是另类榜样。因为他的特殊经历，所以他并不懂外语。但是我读到的他对其他外国文学作品的评论，都非常的精彩。这也让我认识到：真正的理论和评论水平，并不意味着饱读诗书或强闻博记，我的记忆能力就特别有限；更重要的是你要通过自己的不断努力和谨慎选择，真正地体会和逐渐地懂得生活、懂得社会，并且懂得文学、懂得自己。从这个角度讲，1989 年出国之前，我的主体性仍是很不够的。

1989 年时我已经 32 岁。我的儿子刚两岁半。那天突然系办公室通知要我去领一个表格。找到领表格的外事处，发放表格的老师对我说："你随便填填吧，这件事情你是不可能的。"我看那个表格，才知道这是一个中美两个大学之间的合作项目，我的指定任务就是申请一下互换"访问学者"。因为发表格的老师说了那样的话，我也只能就对照一下对方的院系设置，"随便填填"我可能"访学"的"比较文学系"。

没有想到的是，谁也不认识的"制度"竟然起了作用。在这个批次的最终对方接受名单中，"双向选择"的制度设计，让我这个"不可能"的人得到了对方的选定。这真的是一个天上掉下来的馅饼！我收到了美方大学的正式信件，通知我可以到美国中部的印第安纳大学当中国访问学者9个月。后来思忖起来，偶然中也有必然：一来可能因为我是女性，女权运动已经在美国兴起；二是之前H大学送出的几个批次中主要是科技和经济专业的教师，很少推荐"文科师资"。我的先生对我表示全力支持，我的父母立即同意帮助我们带孩子。

9月乘飞机出发，坐飞机还是人生第一次。由于太忙于相应安排和准备，所以先是一路晕机，随后就是马上面临"经济危机"。9个月的访学，每个月合同规定给400美元。而美国大学帮助安排的学生宿舍是360美元一个月，余下的40美元是不够吃的。所以必须立即着手另找更便宜的住所。幸运的是，去的时候就有同校的老师同行，到了那边还有刚刚完成访问的同事们可以咨询。然后就了解到其实"访学"有三种类别，3个月、9个月和读博士。

那9个月过得有点慌乱，基本上就是"找不到北"和努力适应。在找到新的住处之后，就听说访问学者也可以合法地在校园内打半工，几乎能打工的同事们都在做各种专业对口的半工，也就是一周5天、每天不超过4小时。当时我在国内的月工资是65元。美国的校园工作是最低工资起步，4.5美元一小时，扣掉税，一小时也有4美元，汇率是1：10以上。打半工一星期的收入就超过我国内的一年工资。第一次算出这个结果时我在那个夜晚悄悄哭了一场。上海那位著名的"丁尚彪先生"，1989年6月借钱到日本"留学"，发觉"上当"后，毅然前往东京打黑工为女儿挣学费，与家人分离整整15年。丁先生的经历已经有人为他拍了纪录片，他在影片中说："在国内一个月赚不到100块钱，到日本一个月就能赚1000块钱，当时觉得连觉都不应该睡了！"他是真实地说出了我们那一代人的内心感觉。

我做的第一份工就是校园图书馆咖啡馆的洗碗工作。不算累，也太好挣了。时间段自己选，一点不影响访学的正事，工作期间还有定期可更换的干净工作服，还提供相应的免费餐饮。丁先生在日本打工，主要是为了他的家人尤其是女儿将来能够出国留学。我当时也不是想为自己赚钱，而是想要为家庭，为下一代尽到自己的一份天责。同时，两个国家间这么大的差距，也让我迫切地想去了解：什么是"现代化"了的"发达"国家？究竟差距在哪里？说起来，周恩来和邓小平等先辈当年在法国就是通过半工半读"取经"的，所以我若在美国也能半工半读，肯定是明智的。这就是幸运的我可以上的、高尔基所说的"社会大学"。

后来我在美国中部小镇的第二份校园工作是到图书馆给东亚国家出版的图书上架，这两份工作还让我学到了完全不同的工作文化。我曾担心过我的第一次工作"面试"，可能老板不会接受我，因为我的英语不够好，也没有什么劳动技能。但事实上进了那个办公室，那位大约五六十岁的男老板（后来知道是一位退伍军人）只是直接问我：你什么时间有空？然后就立即让我有了工作。工资是每个星期发的，很快就拿到了自己劳动挣得的美元。所以我第一个看到的差距，就是作为一个"发达国家"，应该可以为普通人提供很好的工作机会，让无论什么年龄的他或她，随时可以经济独立、自食其力和拥有个体的尊严。

03　很有收益的留学体验

访问学者的首要任务和"特权"就是可以去自由听课。最初几个月，我过得有点浑浑噩噩，因为去了人家的大学课堂一听，觉得非常吃力。尤其是比较文学专业的课程，当时或者是在运用"新批评"理论进行文本细读，或者是在将诗歌、音乐和小说之间进行"比较"，让我听得都云里雾里，而且一点不切合中国的国情。我周围的很多同行者则好像不会。他们准备得更好，专业方向特别明确，或者是学自然科学某专业的，或者是学经济或工商的。听课回来总说自己有满满的收获，这就更加剧了我的焦虑。

一些同行给我建议：不妨更自由开放一点。所以我也就去了不同的专业和不同的课堂试听。当时你只要拿着一个你是"访问学者"的证书，多数美国教授就会同意你进入旁听。但仅仅是旁听，不能发言、不能交作业去接受老师的评判。在这样几个月之后，我逐渐下了决心。那就是通过打工来赚取学费，争取让自己在这片土地上读第二个硕士学位。在美国读一个硕士，学费是以学分计算的，不同的大学有不同收费标准。一般都要 1000~3000 美元 1 个学分，一门课 3 个学分，一个硕士学位起码修完 12 门课或者 30 个学分，国际学生一般第一学期都要加一门英语，如果一学期学下来通不过，还要继续修一次。所以我最终决定还是要到纽约去读。因为跟大城市比起来，美国中部小城镇的打工挣钱机会实在是太少了。

犹豫了一段时间以后我最终决定，给母校 H 大学发信，说明我希望从访学老师变为正式的留学生，开始"自费求学"的旅程。留学生与访问学者的身份不同：访问学者只是一个时间长一些的旅程；而正式注册的"留学生"，就可能逼迫你自己把之前已有的一切都暂时"清零"，进入一个全新的"陌生人世界"，开始最基础和纯粹的求知进程。

我听了不少专业课、查看了不少专业的课程设置后，最终选择"亚洲研究"这么一个硕士专业去进行攻读。那是因为当你听到一个外国的老师在谈与你自己国家有关的历史、文化和问题时，你有一种特别的亲切感，也特别能听懂。而且你也特别能够提出与众不同的观点。另外一点就是美国的"亚洲研究"（这类地区研究也有"非洲研究""美洲研究""中东研究"等）是一个多学科或跨学科的专业，这些专业课程，会有研究亚洲政治、经济、历史、文化和宗教的不同专业学者任教。老师们会跟你从不同的方面讨论亚洲和美国、欧洲的差异以及关系问题。这也是我特别欣赏的。大学的专业界限对管理者是好的，对文科的研究者来说有时是一种人为障碍。

在美国读书其实是非常辛苦的。每一门课的每星期指定阅读量差不多都不少于 4 本书。所以我在纽约半工半读时，每天清晨 4:50 起床去一个批发公司做收银，那家公司的中国老板和工友们都特别好，因为我同时是个学生，所以老板同意我从 6:30 开始上班，上到下午 3:30 提前下班，其他员工则需要下午 6 点才下班。然后我马上坐公交车赶到学校从下午 4:00 开始上课，用一杯浓咖啡提神，上到晚上 8:00。上完课回到自己的宿舍时，一般都是倒头就睡。晚上 9 点半左右起来吃饭、看书和写作业。每天晚上 12 点，我一般打开电视看半小时节目，周末也认真看电视，有不少免费的频道有好栏目。看电视可以让我很好地了解社会和提高英语水平。我回国之后，曾经有朋友问我是否去过"夜总会"，我只好苦笑说"没有"。

美国大学奉行的实用主义也让我印象深刻。凡是仍可以使用的建筑、设备和道路，都不会随便拆掉换新的，所以有时外面的"观感"确实很一般。我所在的纽约 S 大学，主教学楼是各科集中使用的一幢高楼，一年四季恒温、隔音效果很好，桌椅看上去都旧旧的，但坚实耐用，且都可自由摆放。每个教室的早上和下午 4 点之前，是本科生专用；下午 4 点到 8 点，是研究生专用。8 点之后还有社会团体可以付费借用教室。本科和研究生课都向社会开放，你可以仅仅交了相应的学费去学习一门课。哪怕一门课，学校也会给你一个修完的证明。所以在课堂上看到年纪大的学员是很正常的，他们估计就是来给自己充个电或完成一个独特个人计划的。

其实，实用主义是美国的主体精神之一，纽约的城市景观就是新旧夹杂、豪华与原始并存，与中国式整条马路的统一规划和一律翻新十分不同。所以，无论是怀旧还是渴望新奇，不同的游客和市民都可以在纽约的大街小巷和名店与杂店中，建立自己的偏好或发现自己的兴趣点。纽约人做起修建工作来真的是不讲速度，修路或修房都很慢很慢，每个工序都可能换一拨人、一类车辆和一大批工具；但一旦完工，可以用很久。纽约的地铁，已经使用 100 多年了，虽然里面是有空调的，但是各种换车要经过的通道，常常让人满头大汗或冰冷冻脚。地铁的车厢在行驶的过程中会发出震耳的"咣当、咣当"声，站在晃动激烈的车厢里，每个人也必须手抓拉杆才能保持平衡。但若是仍能基本安全，那看上去破旧的地铁是不可能随便更新的。多年前，中国游客看到纽约的百年地铁会赞叹它的神奇和长久，近两年听到的更多是嘲笑和不解。

其实 2008 年"金融危机"发生之后，我因为探亲又去过一次华盛顿，发现白宫前面的大草坪竟然坑坑洼洼，杂草丛生，惨不忍睹。在我们中国人想起来，再穷也不能什么门面都不打理，毕竟这就类似首都北京天安门前的景观吧，怎么会弄得无人管理？外国人看了是多么丢脸的事情。一旁的朋友很坦然地说："没钱了嘛，只能如此。"我的体会也是，"金融危机"的时候，中国的新闻不断安慰老百姓：菜篮子是没有问题的。但"金融危机"对美国经济的冲击是迅速就反映在各种社会"表面"的，比如在那之后，菜篮子也没有问题的前提下，纽约原来基本免费的博物馆和展览馆，就都因为缺钱而开始收费，包括"9·11"纪念馆也是收费不菲。一般人们在批判"美国梦"时都强调这个国家的"金钱至上"气息，但出现经济险情，政府和公司会立即让普通人开门就感受到国家面临的"金钱"危机，这也是一种可以观察和思考的实用主义文化。

04 当时回国并不怎么被欢迎

如果我想读美国的博士的话，我一定会读金介甫教授的博士。但是从时间和客观条件上来说我已经不可能在美国久留，所以我在1992年完成了我的第二个硕士学位学习之后，6月份就回了国。当时的杭州还只有老旧的笕桥机场，私人的出租车也才刚刚出现，车也很一般，起步价5元。普通人家里没有电话，电器也很少。我回来前还在纽约曼哈顿的一家中国人开的特殊商店用美元定购了一台彩电和一台录像机，可以在国内提货。这一下子就提升了我们家的"消费水平"。说实话，虽然我在美国做过多种短工，但是最大的挑战却没有机会经历，那就是从高校毕业后找一份正式的能够让自己满意的工作。我尊重那些最后能在异乡"扎下根"生存下去的每个人，那真的是很不容易的事情。

我回国的时候，听说国家对回国留学生有一些新的政策，所以我就去了杭州人都知道的"省府大楼"。我先问前台有没有相关的留学生办公室人员可以咨询一下，然后我就见到了一个年轻的公务员。我问这位女公务员：国家是不是对留学生有新的政策？她一时无法回答我，于是我就问了一个很具体的问题："听说留学生回国可以不回原单位工作，这是真的吗？"她说："你等一下，我去问一下。"然后她回来的时候告诉我说："对的，是有这么一个规定。"然后我再问她："那么对留学生还有什么优待的政策吗？"她说："如果你觉得有什么单位对你不公平了，你可以向我们投诉。"于是我就离开了。这位年轻的女公务员当时看我的表情是特殊的，而且她没有请我留下联系方式，连我叫什么、住在哪里都没有问，我随身带着的毕业文凭也没有机会拿出来证明一下。也许我让她觉得是个"怪人"。毕竟1992年回国的留学生还很少，多数人觉得"出去了"就应该在"更好的"那边留下来。

在那之后，我就享受了这个仅知的留学生"优惠政策"，没有回到原来的H大学，而是继续在中国大学以外的"社会大学"延续了一下我在美国喜欢上的半工半读生活。当时美国的一个调查数据让我觉得很有启发，就是多数的美国中产阶层一生中会"跳槽"3~5次。如果以35~40年的工作年限看，就是平均8~10年会换一个工作场所，为的是让自己的业绩和人际关系不断"清零"后工作状态更好和收益更高。回国后这段体会"中国式改革"的3年时间，也要特别感谢我先生和年仅5岁多的儿子当年给予我的特别理解和鼎力支持。

3年后，1995年我进入了杭州的Z大学任教。当时Z大学的人事处老师对我说："由于你的情况特殊，所以我必须告诉你，你5年之后才能申请副教授，你同意的话，签字，不同意的话，我们把你的档案退回人才中心。"我说："好的，我同意。"我清楚Z大学是以工科为主的大学，文科的师资从来不缺，能够录用我，已经要感谢了。从那之后，我在Z大学任教过数个专业的不同层次的课，包括坚持上全校选修课，直到60岁退休。

逐渐地，中国对留学归国人员的欢迎程度和待遇都有了巨大改变。我听说H大学后来就宣布，凡是留学回校的就直接升一级职称。后来听说国家也给所有的文科留学归国人员以2万元的科研资助。再后来，就是各个学校和公司花重金引进归国人才，甚至比拼奖励方式抢留学人才了。

1993 年 9 月，《北京人在纽约》的电视连续剧在中国内地首播，轰动一时。我记得自己还被杭州的两家电视台请去讨论这个热播剧，当时我从自己的体验和观察出发，认为剧中三个主人公分别代表了三种中国面对外来文化冲击和冲撞的反馈方式：男主王起明（姜文饰）代表的是通过挑战和残酷的跨国竞争、最终学会"战胜"对手的精神，女主阿春（王姬饰）代表的是保持自身文化特质、逐渐学会与他人共处之道的态度，宁宁（马晓晴饰）代表的是不顾一切尽快融入新世界（现代世界，当时是以西方为"榜样"）的急切心情。我的基本结论就是：美国与中国，都是各有优势和各有自身问题的现代大国；纽约与杭州，两个城市间的差别也类似。若是一个真正优秀的好人，则应该在任何地方都能过好，都能做出对社会的贡献并获得美好人生。

05 全新的工作文化

美国中部的印第安纳大学，差不多就是那个名叫"鲜花盛开"城镇的唯一大型单位。我感觉那个大学城里的所有当地居民，都以能与这个大学为邻和为这个大学工作而骄傲。印第安纳大学图书馆的一楼大厅及地下咖啡馆，是唯一的校园里可以边说话边学习的地方。这个造型朴素结实的图书馆除一楼大厅和咖啡馆之外，还有多层，也有很多座位，但都是要保持绝对安静的。甚至你看书看得累了，低头趴在桌子上打个 15 分钟的盹，都可能有管理员过来喊醒你，让你先出去休息好了再进来。所以印大图书馆咖啡馆的生意挺不错的，学生们可以在那里高声说话聊天，身边摆着的是书本和文具。我在地下咖啡馆的后台做的第一份工作是洗碗，不是后来中餐馆常见的戴上手套手洗，而是配合一个巨大的流水线似的洗碗机来洗涤各种餐具。学生们的午餐时间，有大量的碗碟需要快速清洗。如果学校办会议或宴会，那就更需要高效的流水线服务。

蒂姆（Tim）是我第一个认识的美国工友。他是一个19岁的男生，个子瘦小，手脚灵活，工作效率奇高。作为"师傅"，他很简单地给我示范了工作的一些方式，比如要把不同的餐具放在不同的筐子里，还要把餐具各自放在筐子里的合适位置，才能让这一个个筐子通过流水线进入有好几道洗涤工序的洗碗机器间。最初的两天还刚开学，工作的任务也不是很重。但是第三天我就遭遇了一次让我终生难忘的工作经历。

那天学校有一个规模巨大的盛会，然后图书馆的咖啡馆就爆满。到了某个钟点之后，海量的杯盘碗碟从楼上顺着流水线向我们这个洗碗的工作室喷涌而来。那个气势，真的是像海啸一样铺天盖地、隆隆作响，一浪浪叠加着、一道又一道地喷涌而来。

这个时刻我真的一下子不知道应该怎么办，碗碟很快就可能哗啦啦地铺满地。蒂姆的工作能力简直是让我大开眼界！他就像一个传说中的神勇小子，用一种普通人的眼睛都无法应接的超级速度，将各种碗碟杯具和调羹之类的东西飞速分类、装筐、推入洗碗机器间，然后又马不停蹄地把它们从滚烫的流水线上取下来、按规律堆放好。在整整两个半小时、一口气都无法喘的工作效率中，最终我俩一起洗完了成山成堆的杯盘碗碟。那个工作方式和气氛让我觉得工作真的不仅是美丽的，而且是壮丽的！人和机器的配合真的可以让人的工作效率高到让自己都感到无比自豪。

我跟蒂姆的聊天不多，他不会主动与我谈话。但是他愿意简单地回答我的问题，就像他愿意教我如何工作一样。他的经历还是让我大吃一惊。他当时虽然只有19岁，但已经有了两个孩子。他说他在17岁的时候就恋爱了，然后很快就结婚了，然后就生孩子了。所以19岁的时候，他已经是这个大学咖啡馆洗碗工作上的一个"资深长工"。他说他喜欢这份工作，他也觉得这个工作挺适合他。

后来我还在这个岗位上认识了一位年纪不小的女工，少数族裔，母语是西班牙语，只会少量的日常英语。她的工作效率比蒂姆慢多了，比后来也成为熟练工的我，也慢多了。但她需要这份工作。这种对员工的录用方式也让我很感动。我临走的时候，她还专门送我一条塑料制作的黑色小珠串项链，祝我好运。

蒂姆的经历和工作方式让我意识到，"发达国家"并不是说人们在经济收入提高之后，"从此就过上了幸福的生活"。相反，"发达国家"的人们的日常生活依然是十分艰辛和非常劳累的！甚至比不发达国家还辛苦！但是他们的那种工作方式，确实脱离了农业生产的传统方式。室内、恒温、机械化、高效率，而且，管理者可以经常地对你的工作进行极其严格的检测和评估。这些都是当时我在中国没有看到过也没有办法体会到的工作文化。

在这种工作文化中我发现，虽然我自己觉得是一个好工作者，但是跟他们比起来，我做事情的效率还需要提高，必须又快又好！而不是又好又快。甚至，我可能被他们认为是容易偷懒的。因为在用餐时间未到、碗筷还没有堆积的时候，在一定的工作空闲时间，或者在辛苦了好一阵之后，我会本能地想找一个地方坐下来休息一下，闲聊放松一刻，但是蒂姆从来不会。他的工作理念就是：公司给我4个小时的工资，那么这4个小时的每一分钟我都应该用来工作。所以在空闲的时候，我发现蒂姆就找出一块干净的抹布自觉地到处擦洗。他真的是不会随意地坐下来随意地聊天。这样的工作态度在我后来的打工经历中也经常能看到。

离开美国中部来到美国最大的城市纽约后，发现那里到处是公司和商店，到处有店家贴着招工的广告。我在纽约找到的工作主要是中国移民经营的公司或商店。中国留学生在外打工经常会找中国的老板，虽然这些老板不一定对留学生多么的好，甚至骂人骂得太难听，但对留学生来说，肯定是相对安全的。另外，饮食文化的差异，使得中国留学生也往往一下子很难进入其他餐馆，因为光是那些菜名和用餐佐料，就不是一下子能够学会和听懂的。

06　伍德太太和她的丈夫

　　为了挣学费，我在学校还没放暑假之前就开始寻找一个能连续打工 3 个半月的地方。起初因为工钱，曾打算去一家附近的中国快餐店，电话讲定工资是每月 1200 美元。但到那边一看，居住条件差，十几个人仅一个洗澡的地方，每天下班已是 11 点，等轮到洗完澡就该凌晨 1 点多了。于是第二天下班我就径直走向公用电话亭，给在纽约的哥哥打电话，他有个朋友在俄亥俄州的一家旅馆做管理工作，早就答应可以去打暑期工。

　　我和哥哥在 3 分钟内商定了一切，我给了他我所在中餐馆的地址，他打电话给朋友让他开车来接我。黑夜中，我在那家仅仅打了两天工的小城餐馆门前单独地坐了近两小时，等到了哥哥的友人，在凌晨两三点的时候，来到了俄亥俄州麦当那大道上的贝斯特韦斯特旅馆（Best Western）。就是在那儿，我认识了伍德太太（大家平时就直接叫她伍德）。

　　在我读过的域外小说中，伍德都是男人的名字，但第二天站在我面前的这位"领导"则是一位标准的西方老太，金色夹着银白的头发被美发师梳理成十分高贵典雅的发型，身着一套普通 T 恤衫裤和一双平底皮鞋，围在身前的"女服务生"（maid）围裙已经薄到透明但漂洗得极其干净。哥哥的友人给我们简单地介绍了一下之后就忙自己的事去了。伍德给了我几个客气的微笑后就丁是丁、卯是卯地进行工作"培训"。

　　清理旅馆房间的工作初学起来并不难，主要是容易忘记一些小细节，像桌上烟缸中应留下一只实用和加有广告的火柴盒，几个抽屉里应始终保持有客人可能需要的盛物袋，等等。我们几个"maids"每人每天负责 18 个房间，这个工作最消耗人的腰背力量。我体会到若要做到 60 岁才能退休的话，对身体无疑是非常危险的。负责人伍德主要帮旅馆清洗被单，然后到临下班前的一小时检查几乎所有的房间。清洗被单的工作其实极其辛苦，伍德会把每一条床单、被单和枕头套在投入巨大洗衣机前全部一一过目，检查上面是否有污迹或是否已经破损。然后，对这些床单做特殊去污处理后再放入适当消毒水和洗衣液用机器进行彻底的清洗，然后她一个人又要把它们全部折叠好备用。那些逐渐挑出来的"问题产品"，是准备定期转给附近一家层次更低的汽车旅店去的。美国人的实用主义精神在这里也真实可见，公司的任何财产都不应该被浪费和乱用。伍德对清洗后房间的检查也是非常苛刻的，开始那两天，我经常因为镜面上的一个水迹、浴缸里的一根极短的头发丝或床下地毯上的一个圆形针而返工。大约一个月后的某一天，伍德捶着她的老腰对大家说："好啦！诺拉（我的英文名字）的房间下面可以'免检'了。"

伍德太太是这里最老的雇员，整整工作了 32 年，从一个普通的"maid"直至现在的领班。混熟了之后，我跟伍德也常在休息时间聊天，我发现伍德的语言、思想、观点都是特别简单、坚定和传统的。伍德对中国可说是几乎不了解，她坚信美国是世界上最好的国家，她在询问了我在国内的丈夫及儿子的情况之后就坚定地说："尽快把他们接过来！"不仅如此，她也坚信俄亥俄州，或者说我们所在的这条麦当那大道区域是世界上最美丽、最安全的地方！当她听说我有意转学纽约时，她认真地劝我："千万别去芝加哥啦，纽约啦，这样的地方，这都不是好地方。"令我惊讶的是，伍德在美国这个每秒钟就有 5 架飞机起落的现代化国家里竟连一次远门都没出过，竟连俄亥俄州的其他城市都没去过，竟连飞机都根本没有坐过。"我不想去！我也不喜欢飞机！"她的回答很简单，简单到好像根本没有道理。

伍德对任何公司来说都是最佳雇员，她对工作的负责精神可以说谁都比不上。一家旅馆的春夏秋冬，客来客往，淡季旺季，保持维修，这里面的工作表面上不像餐馆那样杂乱匆忙，实际上更为繁重和细致。伍德在每日每月的安排工作、适时进货和人员管理上体现了她的聪慧和思路清晰，但这一切又特别像是一个母亲对家的管理。

伍德的丈夫是伍德从不提起但我们谁都知道的人物。伍德太太不会开车并拒绝学习开车。32 年来，是她丈夫每天早上 6 点半把她送到旅馆，每天下班又把她接回家的。每天下班，伍德总是换好衣服步行到旅馆边上的麦当那大道旁等她的丈夫，仅这么一个 32 年如一日的"漫长"的细节，就使我充分意识到伍德有着一个多么传统而温馨的家庭。有次我问伍德："昨天傍晚，都 6 点多了，我还看见你站在路旁，是先生来晚了吗？"伍德看了我一眼，并未马上回答，在其他 maids 走后，她突然说："诺拉，你看我昨天完成了所有应做的工作，站在回家的路边，看看四周熟悉的风景，等待丈夫来接我，心里一点也不急。他的老福特车又出毛病了，所以晚了。"当时伍德的表情是极其神圣的。

伍德后来就在我打工的那个暑假退了休，由我哥的朋友暂时接替了她的工作。对善良、传统而又有点固执的伍德太太来说，我是不可能继续向她学习了，对我这一代及再下一代人来说，伍德的生活也许已经太单调和保守了，但对伍德太太来说，这种传统的生活不是一种人为的、强加的信仰，而已是她的性格和她的人格。回想起她的那种思路和心境，感觉就像是傍晚站在俄亥俄州的麦当那大道边，那种田野的风光景色和那一阵阵顺道而来的晚风，它们让伍德太太感到稳定、踏实和温暖，也让我时常想起和回味。

（《东方信息导报》1994 年 8 月 21 日。后记：从 2021 年 3 月的今天回首，伍德太太和她丈夫都是所谓美国"铁锈地带"的传统"工人阶级"。他们曾辛劳一生并珍惜那样的生活。）

07 离了婚的海苏

　　除了伍德太太，海苏就是这家贝斯特韦斯特旅馆里第二资深的雇员了。她已在这里工作近 20 年，也是这家旅馆里唯一的黑肤工作者。第一次听海苏的名字，我简直就不敢叫。因为那发音用汉语来准确记录的话应该是"黑索"或"黑手"。而海苏对我微微一笑说："对，我就叫黑索。"说起名字的灵感，各国的确完全不同。后来我在康州一家餐馆做工时，碰上一位越南小伙子。他一边打断我的中文，一边快速地用英文说："我不是中国人。我来自越南。我的名字叫 Hou。"当时我也一愣，叫"猴"？后来我和另一位中国收银女孩共同商定，尽量把他的名字叫作"Tou"，于是就成了"头儿"。还有一次我在纽约一家律师事务所工作，因为新来的女速记员问我的儿子叫什么名字，我就说家里叫他"可可"。她一听就大笑，故意咳嗽几声，对身边人说："真好玩，她儿子的名字听起来就像咳嗽。"旁边有几位律师立即用眼神制止她，她才赶快收起这不礼貌的讲法。所以一般中国留学生到美国后，都免不了起一个英文名字，不仅是因为人家欣赏不了你的中文名字寓意，也是因为他们根本记不住。

　　海苏是非常沉默的人。这不是说她从不说话，而是说她总是以微笑、以轻声的笑和点头示意来与人交流。她总是以表情来介入大家的谈话和说笑。从这一种表情上看，海苏不仅友善可亲，而且内心一点也不沉闷。反倒是另外两个中年美国妇女，常在吃饭和休息时抱怨天气、住房间客人的坏习惯和家庭中的一些琐事。关于自己，海苏从不接别人的话题，也从不回答别人问到的关于她家和她的过去的问题。伍德太太和海苏的关系不错，不过是那种普通的朋友。在这家不大不小的旅馆里，白人和黑人之间是客气而友好的。她们既不存在后来我在纽约看到的公开敌对，也不存在很多高校里白人教授和黑人教授之间深层次上的共识。他们是简单的和平共处。所有关于海苏的信息都是伍德太太从她偶尔看望母亲的女儿那里得到的。而所有关于海苏的信息就是两条：海苏在生下第三个孩子后的二十几年前，与丈夫离了婚；她的丈夫在离婚前待她不好。

关于伍德太太走后由谁来接替这个领班职位的问题，几个女服务生私下都议论过。我觉得应该是海苏，因为哥哥的朋友本来就不是管这一摊子事情的，他准备接管的是机器维护方面的事情。但老板最终没有任命她，我的理解是因为海苏对这件事表现得过于平静，仿佛她一点兴趣也没有。

贝斯特韦斯特旅馆是美国全国连锁性中高档旅馆。他们的所有挂牌旅店每两年都得经过总部的一次极其严格的检查，包括合同规定的设备装修、家具更新、餐厅菜单变化和住宿部的清洁标准，等等。为迎接大检查的日子，可把我们那帮子人整苦了。平时每天负责整理 18 个房间已经是日程很满（回国后我了解到当时杭城的一些三星级宾馆是三个人管 10 个房间）。而迎接检查的这段时间你得非常仔细地将所有的窗沿门框、灯架、柜内都清洁得一尘不染。每个人都像得了"洁癖"似的不停地打扫，直弄得腰酸背疼，内心怨声不断。那些日子，新任领班最满意的下级就是海苏了，他把我们所有人都领到海苏刚完成的房间进行"榜样"教育。海苏打扫的房间的确是把一切都做到了最高标准。尤其是浴室的地板光亮照人，是用水仔细冲净后跪着擦干的。那些日子海苏来上班的时间明显提前，她的工作节奏也明显加快，但她依然是沉默和寡言的，依然是以微笑的表情与大家打招呼。只是她的房间和她的工作让我感到了她所拥有的对工作、对生活的热情。

"海苏，你晚上看电视吗？""是的。""你女儿和外孙常来看你吗？""是的。"在我与海苏的交谈中，其他什么信息我都没有得到过，但我得到了一种非常明确的印象：海苏把自己的一切都做了安排。就我这个已步入中年的女人来说，我对大约四十五六岁的海苏怀有一种深切的敬意。因为就我所知道的有关海苏的那两条信息而言，我知道生活并没有给她以什么厚爱，她所经历的往事，无论是普通的还是特殊的，都不能说是不痛苦的。但她这样平静地承受下来，这样把自己的未来根据生活的环境安排好，绝非一件简单易做的事情。一个人在没有喜事可与人同甘，也不愿将痛苦往事与人共苦的情境下，依然以沉默、以微笑待人，依然以内在的热情认真地生活和投入地工作，这足以使我产生深切敬意。

（《东方信息导报》1994 年 8 月 28 日 ）

08 乔伊和他的女儿

美国大学每年长达 3 个半月的暑假，是传统的学生打工季节。不仅是留学生，美国学生们也大都在这个时候，认真找一份自己喜欢的挣钱工作。像男孩子的装修房屋、汽车修理、当送货司机，女孩子的售货员、接线生、当电话推销员，等等。暑假工作中最"高雅"的好像是当中小学生夏令营辅导员，这份工作既是社会工作又有较好的收入。最"浪漫"的就是去阿拉斯加参加捕鱼船的工作。那工作工资惊人，但听说也极其艰苦。如果暑假你能为华尔街某家大股票公司做信息员，或者跟着某位大律师去处理两个棘手的案子，那你就算是特有能力和运气的了。但我觉得暑假到一个旅馆去做份工，对一个外国留学生来说也非常不错。

地处美国郊区的旅馆，对远道而来的打工学生一般都给予一个房间，或允许两个人合住一个房间。条件与我们国内当时的三星级宾馆差不多。不管白天你干得多么辛苦，晚上回来洗个澡后，你就可以提起精神读书或好好欣赏一下电视节目。美国的暑期工作是一个成熟的市场，这点我挺欣赏的，因为可以很自然地培养年轻人理解社会的意识和经济自主能力。

乔伊是这个贝斯特韦斯特旅馆里工作年龄不长的长工。他对任何老板来说都是留着他有遗憾、不留下他也有遗憾的工人。乔伊身高近一米八五，体格健壮，做事麻利。在旅馆里，无论是铺地毯，洗地毯，修理门锁、电灯，还是检修厨房里大大小小的锅炉、烤箱、台灶、洗碗机，他都一通百通，能很快地处理好各种问题。尤其是夏天那 60 余台空调，总是这个声音有点大，那个稍稍漏水，老板于是下令一周内全部检修一遍。乔伊几乎一个人完成了任务，将所有的空调整顿了一番。问题是，所有的工作对乔伊来说都不难，但必须他愿意做。

乔伊每月的工资总在 1200 美元左右。我们是每两周发一次工资，于是乔伊就每两周来一次大的情绪波动。刚发工资的那两天他情绪高涨，工作做得又快又好，夜生活也过得又快乐又晚。等到第二个星期，乔伊的面色就逐渐阴沉，直到情绪极不稳定，衣冠不整、长发蓬乱、疲劳困顿的样子很像是得了什么大病。乔伊的晚上都是在酒吧过的，不是这个旅馆的酒吧，而是开车去一个他喜欢的酒吧，总是很晚回来。他也有一间旅馆的房间，曾有一个新来的女服务员工推开了他未锁的房门，结果大叫一声逃出来。她说，乔伊在一进门的过道口安放了一个极其逼真的纸版女模特儿，几乎是全裸的，正对着来者微笑。

我工作的那段日子曾来过一个三十四五岁的女服务员工叫珍妮。她说她是乔伊的女朋友，有一个 3 岁的女儿。但她又说这个女儿不是乔伊的。女儿的父亲已经跟她分手有 3 个月。她说她在酒吧里认识了乔伊，很喜欢他，因为他才特意来这个旅馆做工的。她认为乔伊幽默滑稽，大方豪爽，像个男人，又是个好人。我承认她对乔伊的评价是对的。乔伊起初对珍妮的到来好像还挺高兴，但没几天后就开始公开与珍妮吵嘴。他俩吵架，可不管旁人不旁人的。乔伊让珍妮不要再进他的房间，珍妮哭泣着对我们说：乔伊虽然喜欢她，却不愿意与她结婚。大约 3 个星期后，珍妮走了。乔伊依然每两周来一次情绪大回转。

我对乔伊没有任何反感，但也敬而远之，因为他对人说话常常太随便。不过乔伊对我这个外国留学生自始至终都是非常注意礼貌的。那天中午在走廊上，乔伊突然兴高采烈地对我说，"诺拉，今晚我要跟我女儿通电话了。"我说："我不知道你还有个女儿啊。""哦，伍德没有跟你说过吗？我结过婚，有个女儿，今年 8 岁，正在上学，我们约好今天晚上通电话。"乔伊说完就兴冲冲地走了。第二天，我问伍德太太关于乔伊以前的婚事。伍德说："去，他那种人，乱糟糟的，上帝不该给他女儿。"我想伍德太太这么传统的人与乱糟糟的乔伊自然是两条道上的人。海苏也从不跟乔伊正经说话。

乔伊昨天对我表达他对女儿的思念，说明他也是希望有人分享他的喜悦的。于是下午休息时，我有意走到乔伊身边问他昨晚与女儿的通话怎么样。乔伊竟很平淡地说："嗯，就那么随便说了半个小时。"我看乔伊不是很高兴的样子，就问他："乔伊，我知道你的两个女人了，你到底有多少个呀？"乔伊一听就笑了："诺拉，我的女朋友是不少，可没有一个是认真的。"

暑假结束我要离开的时候，哥哥的朋友执意要请客送我。乔伊那天也对我说："诺拉，我今天要去买一个大比萨，你吃不吃？"我随口应道："吃啊。"谁知我赴宴回来时，乔伊守着半个大比萨饼在等我，我赶紧道歉。乔伊这时面色阴郁地说："祝你一路顺风。"

尽管我和乔伊不属于一类人，但我还是无意中伤了他的自尊。我因此非常内疚。

（《东方信息导报》1994 年 9 月 4 日）

09 乔伊吃了回头草

麦当那大道上的这家贝斯特韦斯特旅馆选址很有一番心计，它设在离法兰克福市大约 1 小时的高速公路边。每到夜晚，旅馆的招牌就高高地亮起，门前的华灯也透亮晶莹，好像是在无意识地展示柔光下的古典式迎客大厅。在这里留宿的客人大多为再开一个小时车而感到不堪忍受，并且确信在这城外的中档旅馆能得到高级的享受和一般的收费。

对麦当那这个小镇的居民来说，能在附近这家旅馆里谋一个职位，既是体面又是稳定的。乔伊对他当旅馆维修工的工作其实是较满意的，在他心情好的时候，他的工作十分出色。但乔伊曾经只是个连高中都读不下去的任性男孩。成年后经历了一次婚姻失败以后就独来独往。没人管束的他，谈吐总是缺少话题，爱开玩笑，但总是粗俗不堪，所以旅馆里的人都有点看他不起，爱理不理。我倒是能理解乔伊为何因此而交一些不三不四的朋友。在熟人圈里名声不怎么好的乔伊，跟那些人在一起时，他的豪爽和乐观才能被哥们儿认可。只有在那些酒吧里出入的姑娘，才会对乔伊高大的身材、还挺不错的肌肉投以爱慕的眼光。旅馆里工作的人常暗地里指责乔伊老是换女朋友。对乔伊来说，他一方面工作在一个正派而友好的环境里，另一方面又交一些不够正派的朋友，这二者的距离，正是他自己不清楚的矛盾。他或者再往前迈一步，或者就可能再堕落一步。

乔伊总感千余元的工资不够用，美国很多底层工作者都打两份工，他也曾想再干一个半工来弥补。但晚上洗碗又使他无暇去酒吧，于是他渐渐控制不了自己的情绪，而且在工作上开始马虎。部门经理不断的提醒、老板的责骂也慢慢地失效。终于他竟提出他要走了。我想乔伊一定是没有想到老板立刻答应了。没有一个老板会对一个能干而不安定的员工姑息的。每个团体都需要纪律和规矩。乔伊是一个人在晚上走的。当他把自己的东西搬上他那辆破车的时候，我无法知道他的心情和他的去向。我只知道他扔掉了一份工作、一个住处和一个他每顿中餐都要去的餐厅。但我想他当时一定充满男子汉的豪情和怨气，也一定有一个他认为更好的去处。我在心中祝他成功，一个人在一生中下这样的大决心，也是屈指可数的。

我在离开一年后遇到旅馆部门经理时才知道，乔伊后来回到了旅馆。"他回来的时候态度完全变了，一句粗话也不敢说，只会点头。现在我让他干什么就干什么。"部门经理的语调里有着成功的得意。而我那晚不知怎的却为乔伊而难过了一阵。一想到那个眼睛发亮、满脸通红、为自己粗俗的笑话而"嘿嘿"不停的乔伊，变成了一片蔫了的菜叶，我心里就有点不踏实。"好马不吃回头草""浪子回头金不换"，中国人的很多"老话"实在是矛盾，或者说是狡猾的。乔伊先是好马出走，而后不知是浪子回头还是吃了回头草。反正他好像还没有解决他自己的个性问题，他之后会或者再往前走一步，或者……旅馆的经理也因此另外找了一个叫提姆（Tim）的新人来准备接替他。

（《东方信息导报》1994年9月18日。后记：从一个中国人的角度看，不少普通工作岗位上的美国人仿佛无法控制和管理好自己的天性，乔伊只是其中之一。他们大都善良、活泼、聪明、能干，生活中有不少快乐时光，但不一定真正满意。可能是从小的家庭养育方式，就是强调个性自由和尽早独自上路，整个社会也更提倡个人主义文化和快乐消费文化。所以当他们面临自身成长和成熟后的各种问题时，往往有一种他人，包括父母、亲人和朋友，都不能随便评判，唯有让他或她自生自灭的现象。）

10　能人德瑞

大家都知道开餐馆是特别辛苦的，其实经营旅馆的人更为辛苦。你的大门必须24小时敞开，你的房间也必须24小时不能发生问题。由此，找一两个忠实而能干的机修电工，对任何一个档次的旅馆来说都是至关重要的。麦当那大道上的贝斯特韦斯特旅馆的老板就为这么一个关键人物而经常伤脑筋。乔伊不在的时候，接替他的电工提姆是个矮小结实的男子，忠实而肯干。但他似乎经验不足，或者说技术有限，常在配电线路和锅炉、管道煤气等问题上陷入困境，于是老板就只能打电话把德瑞（Derry）叫来。

德瑞大约四五十岁，留小胡子，穿着精心而又随意，总显露出一种派头。他每次来都背着一个军绿色的工具包，走进我们清洁女工休息室时，悄然无声而又面带微笑，领班伍德太太对他的态度大都是不冷不热的。在把需要处理的问题交代之后，德瑞就从包中取出两三样工具出门检修。望着他有力而潇洒的步伐，我总是想不通他为何仍能做到悄然无声。

德瑞要的工钱总是很高，让老板心疼。而他每来检修一次，其实只花去他一点点时间。我能和他认识是因为他每次都能在我们休息的时候，坐在我们的休息室里与我们一群人分享饮料和闲聊。他的轻而易举和悠闲自在，显然令老板很不舒服。那天我听见老板对提姆说："你现在长进了多少？我希望我们能尽早地不必叫德瑞来了。"而提姆显然在每次的挫折之后都从德瑞那里学到几手。

也就是那天，德瑞在临走时对我说：

"我们一起喝杯咖啡好吗？"

"好呀，我给你去冲一杯。"我以为他想休息一下。

"不，到餐厅去，如果你也饿了，我就买晚饭。"于是那晚德瑞为我买了一份美式正餐。

"诺拉，你打算长做下去吗？"

"哦，不，我只是在攒学费，然后我准备去纽约读书。至于读完书干什么，我想到时候我应该明白。"

"我今天请你就是想告诉你，你不应该在这里做工。你问出的几个问题，就知道你是另一种人。"

"谢谢！"像德瑞这样的能人，能认为我也不错，我自然非常高兴和感激。

"那么您呢？您的技术远近闻名，可您却在打散工。"

德瑞笑了："诺拉是个问出来问题，我就得认真回答的人。"那天的晚餐，德瑞跟我谈了他的越战军涯，他对各种技术问题的偏爱，与他刚离婚的妻子，还有已经独立生活了的子女。显然德瑞正处在他生活中的又一个关口。

"这个旅店的老板以后大概不会再叫我来了，所以今天特意请你一回。很高兴认识你。"

"我也很高兴认识你。"

德瑞果然再也没来过，我为此感到非常遗憾。

我遗憾天下老板与德瑞之间，往往只能是相互利用，而无法成为朋友。

(《东方信息导报》1994 年 9 月 25 日)

11　青春的冲动

凯宾（Cabeen）年方十六，是高中的男生。暑假在父母的压力下来到旅馆打工，为的是能学习独立生活和懂得怎样用钱。凯宾喜欢说话，中间休息的时候，他总是主动开口，希望与别人交谈。但伍德和其他女工都不愿意搭理他。因为他的谈话语无伦次、没完没了。凯宾的话题总是落实在一些他根本不懂的大事上，比如总统竞选、国际重大赛事、中东战乱。英语刚会几句的人听他谈话是最容易被吓到的。因为你仅听懂一些字词，却听不懂他的意思。

凯宾虽然年幼好强，但有一点却让我惊讶，他对外国人有一种明显的轻视和冷漠，我只好另眼看他。每天他自己开一辆旧车过来上班，他的一切都十分情绪化，有时候他一早进门兴致勃勃，有时候则睡眼蒙眬，满腹牢骚。

伍德太太负责派凯宾帮助乔伊和提姆干各种杂活。凯宾总喜欢干一些一学就能独立操作的事，对打扫卫生尤其头疼。但总体而言，凯宾对这份短工是认真的，因为他需要钱。那几天，凯宾不知道为什么突然讨好起提姆来了，他跟着提姆打扫大厅，清理地毯，每天都弄得满身污垢，汗流浃背。可他一点都没有平时的抱怨，而是跟提姆说说笑笑，形影不离。但当提姆不在时，他又好像所有的人都不在了，公开地跺脚，狠狠跺脚，自言自语，尤其用拳头砸墙，表现出他正处于极度的焦躁不安之中。而这种不安的心思又跟提姆有关，我对此只是有一些猜疑。而当我听到乔伊对提姆说的一番话时，我还是没有能弄懂凯宾的心思。只听到乔伊挺认真地对提姆说："我劝你别干那件事儿，那可是违法的。他求过我，我没答应，所以他求上你了。他不止一次干这样子的事，只是这次还想干得体面一点。哈哈！"乔伊和提姆发现我可能听见这番话时，笑得很诡秘。乔伊甚至显得有点不好意思。

我终于从乔伊和伍德太太以后的一些闲聊玩笑中听懂了凯宾的窘迫。凯宾想和一个新结识的女朋友约会。她听说凯宾正在旅馆干活，就要求把约会地点放在旅馆的某个房间。当时凯宾就答应了，但在美国，各州根据自己的州情况立法，比如可能会规定未满18或20岁的男女青年不得单独开房间。眼看周末将至，约会的日子就要到了，可房间却开不出来。凯宾为了爱情，为了面子，为了青春的冲动而苦苦央求提姆帮忙。他早已经筹足了开房间所需要的40美元。但是到了周五下午，提姆才对凯宾说，他不能用自己的身份证替别人开房间，因为这事查出来，就是违法。

那个周五的下午，凯宾满脸涨得通红，像狮子一样吼着窜进窜出。我看见伍德在试图说服他什么，但他什么话也听不进去。他的手在墙上砸出了血。下班的时候，凯宾开着他的旧车走了。我不知道他那晚有没有和女朋友约会，在哪里约的会，但是麦当娜大道的那家贝斯特韦斯特旅馆内，那晚是绝对没有他的。凯宾随后就在没打招呼的情况下旷工3天。等他第4天若无其事地来找伍德时，老板已经解雇了他。他显得很气愤，并以十分庄严地神情和语态说："原来是这样，但是不要紧，我会再找一份工作的。"他显然是看了不少西部片的美国少年。

大约过了十来天，凯宾又出现在我们的休息室，正好当时有我和伍德、海苏等在场。伍德太太问他是否找到了新的工作，凯宾回答说，前几天去的几个地方都说不需要人手。但今天有一家超市的人事部经理见了他，听了他的自我介绍后对他说："我们会考虑的。"并说："别打电话给我们，我们会打电话给你的。"一听这话，我们3个人都忍不住暗笑，因为这是最明显的谢绝之意。而凯宾还是接着说："由此我想到我那天离开这儿的时候忘记了告诉你们，如果你们又需要人手的话，请给我打电话。好，再见！"

在美国，中学生恋爱、结婚、生孩子的比率很高。凯宾的这次青春冲动，还不能说明这个复杂的问题。但乔伊和提姆在这件事情上的遵纪守法，使我对美国法律在普通人心中的根基留下了深刻的印象。对凯宾来说，尽管他挣到了开旅馆房间的钱，但在美国这个金钱世界里，也还是有用钱也买不到的东西。

（《东方信息导报》1994 年 10 月 2 日）

12 快餐店的魅力

像麦当劳、肯德基这样的快餐店在美国是最为便捷经济的餐馆，但对省吃俭用的中国人来说，还是不能与自己做饭的开支相比。只是久而久之，尤其是在你囊中不再羞涩之后，快餐店的魅力就开始势不可挡，比如上学路上买一份麦当劳的牛肉汉堡包，中午在教室里打开享受时，那一股香味直诱得满室同学垂涎。

美式快餐店的工作对中国人来说魅力仿佛不如中餐店，这除其需要合法的打工身份、流利的英语外，还因为这些快餐店的工资在一开始都被称为"法定最低工资"，而且这最低的工资还需经银行纳税后才到你的手上，因而其主要店员大都是学生或短工，经常变动。由于快餐店的工作大都经科学研究而程序化、机械化，因而简单易学和人员流动正好是快餐公司最大限度降低成本的妙处。

托尼·蔡主管的 Dunkin Dounuts 快餐店离我的住处仅 5 分钟路途，这个美国连锁店在港台地区被译成"甜圈圈店"，以早餐和甜点为特长，24 小时开放。托尼是中国台湾来的移民，我到他的店里打工的时候，他正在筹划将市郊的另一家甜圈圈店也承包下来，所以我无意中了解了一点点美式快餐店的管理方式。托尼最初申请承包一个店的时候，除了有点资金什么都不懂，但他有较好的学历背景和英语基础，于是他收到快餐公司总部的回信，经初次面试后，他被同意去参加 3 个月的培训，费用自理。培训结束后，他就来到这个店取代前任不够称职的主管。当托尼准备承包第二个店时，他将去参加第二次培训，学习同时管理两个以上快餐店的操作方法。

托尼是个严肃的人，半年的时间我从未听他开过一次玩笑，因而他也是一个最合适的快餐店经理，从不搞标新立异，永远按学到的知识说一不二地进行实践。根据客流量和普通人工作的时间规律，托尼把 24 小时划分成 4 段，并穿插一些短工。托尼每天只出现两次：中午 12 点和下午 6 点。我们每个人收款都单独用一台收银机，每人下班后将钱箱里的钱取出理好后放入牛皮纸信封袋里，写上名字和金额后从托尼办公室门下面塞进去便可回家。每天的营业额和每个人从几点到几点的销售额都只有托尼用密码才能打出来。有一个女孩被解雇，就是因为她每次信封里钱的数目与计算机里的记录都不符。"每个人都可能有小差错，但像她那样出错，不管是有意还是缺乏能力都是不允许的！"托尼在向我解释时仍是一脸严肃，让我不能不敬。

我的硕士班上曾有一位上海来的严君，复旦大学历史系的高才生，曾任一家名出版社的编辑，因为亲戚帮忙而夫妻双双来美，第一学期成绩不错，第二学期却忽然不见人影。原来他亲戚把一家闹市区的美式快餐店交给他俩管理。小家就安置在店的地下室里，吃住全管下了，两人还成了"准老板"，于是他俩决定放弃学业，先成就事业。但一年后我回校领毕业证书的途中意外地遇到严君，他变得十净瘦削和疲惫，询问起来，只简单回答说："没意思，还是先把学位拿出来再说。"我想严君的亲戚大概并没有让他俩真正"管理"美式快餐店，而只把他们当长工用了。

美国快餐店的魅力只有管理者和消费者才能感受到，并乐此不疲。

（《东方信息导报》1994 年 10 月 9 日）

13 轻度精神病

我听一个懂此专业的人讲，精神病人与精神正常的人之间并不存在明显的界限。也许我们可以把这二者视为两级：如果我们把标尺往左移一点，则精神正常的人就多；如果标尺又向右移一点，则世界上的人多少都有点精神问题。

甜圈圈店里有几个常客，不是经常来，而是每天来。每天来两三次，用香港小姑娘伊莱莉的话来说，这都是些"轻度精神病"患者。他们每次来都只就着一杯咖啡消磨两三个小时。老板托尼对这些常客应该是十分讨厌而又无可奈何的。虽然他们从不闹事，举止文明，但他们的穿着、语音、眼神和行为习惯，毕竟是奇怪的，常坐在店里时，其他顾客也总觉得有些异常。

我与这些常客的接触大都是晚上 9 点之后，买晚餐的客人都已散去，买夜点的警察还未到来。窗外夜色渐浓，窗内只剩下我和这几个常客。除了远处飘来时断时续的音乐，我只能听他们聊天或与他们聊天。在这些人中，艾米和萨文是我的朋友。他们都 30 岁左右。如果不是属于轻度精神病，艾米应该说是个美女。萨文则显然是个英俊书生。与艾米和萨文他们谈话，先需注意要让他们主动与你谈，让他们来问好，否则会很糟。

起初的一个月，因为我总是看见艾米和萨文被他们的朋友们安排着坐在一起，并在大家的笑声和叫声中相互亲吻，所以在一次艾米和我单独在一起的时候，我说："艾米你长得很美。"艾米竟是这么的惊喜，她微笑着、羞怯着，继而激动地伸手抓住我的手臂："诺拉，谢谢！"我看见艾米那天心情很好，也愿意说话，就接了一句："凯文也长得很英俊，你会爱上他吗？"谁知艾米抓住我的手掌一下子松了下来，她迅速地站起来，坐到最靠边的一个位置上，好像怕冷似的蜷缩地坐下，不久就在那个角落里无声地哭起来。我一时慌乱无章，幸亏萨文这时极有风度地走了进来，我赶紧请他帮忙。萨文走向艾米，亲切地拥抱她颤抖的双肩，在她耳边用只有他俩才能听见的话，轻声呢喃。大概半小时后，艾米在萨文的劝说和陪伴下离开了。

这次萨文表现得很正常和有能力，其实在平时，他的大部分时间都是一个神经质的家伙。他常常在大家的议论声中焦躁地挥手示意，仿佛想要讲更重要的话。但在大家终于停下来听他说时，他又总是满头大汗地说不出来，并企图用香烟来镇定自己，但他极少成功过。萨文陆续告诉我，艾米在中学时期爱上了他哥哥的一个同学。结果父母反对，然后她就疯了。现在她的父母已去世，她心中的情人也不知何往。虽然艾米和萨文常会当众亲吻，但他俩是真正的面和心不和。艾米的心里只有他的情人，而萨文的兴趣则好像是政治。他总是问我同一个问题："你为什么要到美国来？"每当我谈到美国社会的问题时，萨文就高兴地点头，而当我列举美国的其他特点时，他就烦躁起来。特别是有一次他嘲笑美国的自由，他反复地对我说，在美国并不是你想干什么就能干什么的。在几个回合的同义反复之后，我试图跳出这个语言怪圈。

"萨文，你倒是说说你有什么想干却不能干的？"

萨文的精神和眼神都一下子为我的问题而静止了。他盯着我身后的一片空墙，愣神良久。终于，他缓缓地、轻轻地从齿缝里吐出这句话：

"我想当美国总统。"

萨文为自己能说出想说的话而极其激动。他站起来，两眼放光，浑身颤抖，点着一支烟试图继续说下去，但他试了几次都没有成功。他在店堂里来回走动，坐下又站起，走动又坐下。最后向我歉意一笑后离开。

我想萨文是为自己话中的深刻而激动。的确，"轻度精神病"萨文的这个回答异于寻常，是我在美国与人聊天中为数不多的震撼过我心的话之一。只是后来一段时间里，萨文再也不与我谈政治了。

（《东方信息导报》1994 年 10 月 16 日。后记：20 世纪 90 年代初在美国纽约市看到各种精神不太正常或轻度精神病的人时，吃惊的我还以为是自己不太运气，或者主要是大城市的问题。因为欠发达国家来的移民因为经济情况的迅速改善会有很多喜悦和心安。后来则慢慢体会到，这也是现代商业社会的一个显著病症或可恨代价。事实上，各种精神抑郁、狂躁、不太正常或轻度精神病的人并不少，包括各种"成瘾"的人群，他们也属于金介甫（Jeffrey C.Kinkley）教授所说的美国最难解决的"流浪汉问题"。或者我理解为：是在全社会普遍富裕起来后，个人主义文化圈中一些个体的"个人实现不够"问题。美国的心理医生逐渐成为很热门的行业，美国的大众流行电视剧也反复出现长达数集、十几集的类似《犯罪心理》《识骨寻踪》《真探》的作品，这正是提醒人们，"自由、平等、博爱"的欧洲启蒙主义口号，在价值观念和理想追求上是人人所爱、至高无上的，但在现实中则是难以实践、无法通过现有的政治经济管理以及财政分配，满足所有人被全面拉高的期待的。甚至，可能会越来越拉高人与人之间莫名其妙的互相"羡慕嫉妒恨"，导致普遍的内在不满。所以，这个现象也提醒我要关注这类问题的治愈方式与各国策略的差异，尤其是可以让大众免费获得的自我治愈方式，如爱上阅读、热爱体育、爱好园艺、饲养宠物、学会特殊手艺、当"美食家"，等等。）

14　对面的枪声

我在纽约读书时遇到了一些台湾同学，他们对我这个大陆人又学习又打工的安排总是既惊讶又敬佩的样子。要好的女同学在我当班的周末，常来甜圈圈店喝杯咖啡，聊聊老师和论文，表示对我善意的慰问。但每次晚上9点到12点的工作时间仍是寂寞难耐的。整条街只有我们店和斜对面的一家德利（Deli）小食品以及杂货店还亮着灯火。屋内仅两三个客人还在消磨时光。屋外夜色已经浓重如墨。偶尔驶过的小车轻而无声，只在眼前一滑而过。

"诺拉，你怎么敢晚上12点一个人回家？"这个问题在案件发生率极高的纽约，的确是真实而认真的。但我觉得纽约市是美国人口密度最大的几个城市之一，它的犯罪率与它的人口密度相比起来看其实并不太可怕。这个城市的治安因地区而异，我住的那一片基本还算是安全的。再说要发生的事你回避不了，不会发生的事你也求不来。

那天我傍晚6点去接班的时候，伊莱莉（即从下午4点工作到晚上9点的香港小姑娘）神色紧张地对我说："诺拉，昨天对面德利店死人了。""出了什么事？""一个黑人持枪抢劫，值班店员因不肯开银箱而被打死了。""几点发生的事？""就在你晚上12点下班以后，1点左右。警察今天一直在对面进进出出的。托尼老板说了，如果店里发生类似的事情，马上开银箱，他们要什么就拿什么。老板还要我们相互转告。哎哟，吓死人了。我已经跟男朋友讲过，他以后每天开车来接我回家。而且我也不想干了。"伊莱莉果然几天后就不见了。我觉得她有点大惊小怪。由于那段时间生意一般，托尼老板就让我一个人当下午6点到12点的班。

一个星期后仍是我下午6点去接班，发现托尼正在与一个警察在店里谈话，托尼的表情不仅极其严肃，而且充满紧张和痛苦。我意识到我们这儿也出事了。原来我们的店昨晚遭到了抢劫，抢劫者是店里的职员弗兰克（Frank）。弗兰克是华裔，姓王，是每天早上给店里送货的中国香港移民后代。大约十六七岁，正在念高中。由于我曾替别人当过清晨的班，所以见过他一面。他每次卸下货，如面粉、奶油、糖什么的，之后就坐下来吃一份早点，借机与店里的两个小姑娘吹吹牛。弗兰克希望别人感到他是个了不起的人物。从他们的广东话里我大概可以听懂，他主要是向小姑娘们吹嘘自己如何在朋友中有威信，如何做一些别人不敢做的事情。尽管弗兰克的早餐是免费的，但他每次走时都留下 50% 的小费，让两个小姑娘高高兴兴地与他道别。

从这个案子看，弗兰克的抢劫真是没有故事或不动脑子。托尼老板半夜接到商店被抢的通知后，凌晨 4 点左右赶到店里。正在推测是谁做的，这时家里妻子来电话，说刚接到一个恐吓电话，内容是："我是弗兰克，要是你们敢报告警察局，我就杀了你们全家。"

于是托尼随后就拨通警察局的电话，报告说，弗兰克，男，多少岁，家住哪里，刚刚抢劫了某地的某店，被抢金额为一千多少美元。

3 天后，警察在弗兰克家门口抓获弗兰克。据他自供说，他是准备远走高飞前回家拿点衣服。弗兰克后来怎么处理的我不得而知，这事以及对面的枪声都没有给这条街的正常运转带来任何影响，就像窗外黑夜里驶过的小车，轻而无声，一划而过。

（《东方信息导报》1994 年 10 月 22 日）

15　工作狂

一个人也许对许多事都一学就会，但对某些挑战却几乎无法应对。我就曾在汤米的那家外卖小店里败下阵来。

去汤米的中餐馆打工，是因为那个铺子符合我对半工半读的设想：每周工作 20 个小时，工作地点离住处步行不到 15 分钟，从电话里听起来那店里很忙。汤米在听说我已有中餐馆的工作经验后立刻说："明天晚上 6 点你过来吧。"

这天是临近圣诞的周末，一进门就发现这个仅有四张桌台的小店里，只听见洗碗和切菜的紧张声响，不闻人声。望着里面两个显然是做厨师和油锅的老师傅，我刚想开口，他们却一起在瞅了我一眼之后，立刻把头低下，继续干活。于是我只好把目光转向那个背对着我、头发向后梳得油光锃亮的壮实小伙子。他正以飞速的刀工整治一大筐青椒。"哦，对，你是新来的，叫什么，噢，诺拉，这是威莉，来自马来西亚。你和她一起做前台，动作快一点，我们店是非常忙的。"

我一边麻利地围上围裙，一边向那个从我不曾注意的角落里走过来的威莉小姐，送去初次见面的友好微笑。威莉是个瘦小而精干的女孩儿，大约二十二三岁，她那张毫无笑意的平板的脸，当时曾让我心里一沉。但需要外卖的电话铃已经响了！早就听说马来西亚小姐是纽约华人圈子中的打工劲旅。她们大都富有经验，手脚勤快，尤其在语言上一般起码掌握四种：马来语、广东话、普通话和英语。餐馆老板一般对马来小姐是既佩服又恐惧，因为听说她们中间的一些人，既是工作能手，也是偷银箱的高手，总是打一枪换一个地方。我与马来劲旅遭遇，倒是第一次，虽然我天生不怕挑战，但要在一个新的工作地方找到一个合适的容器或一种特殊佐料什么的，都会使你显得慌乱无章。我当时只好不停地问威莉什么在什么地方，她却爱理不理自顾一摊。让人庆幸的是，到了晚上 6 点半，又来了一位名叫马奇的香港小伙子，是个热情友好的人，于是我马上活过来了。

那晚上生意奇好，我们三个人都忙得不亦乐乎。听说这家店永远这么忙，这个说法倒让我满意，因为这意味着周末的工作会是比较稳的。但实际上这是我在美国干得时间最短的工作之一，仅维持了两个星期，因为我发现我无法与汤米和威莉这两个"工作狂"一起工作。汤米接手这个由他父亲开创的声誉很好的小店后，就不再读书。他在这份事业里倾注了全部的时间和精力，烧菜熟练到精熟烂熟。在他的眼里，所有的工人都不如他利索，所有的人都是在偷懒。于是他身边的油锅和炒锅就永远地在换人。汤米在"炒"他们的时候总是说："吃了饭你回去吧！"我觉得那顿饭对所有的人来说都是难以下咽的。

威莉对我的敌视大概是因为旁人很难相信她在这个不起眼的小店可以赚到2500~3000美元的月薪，还要外加小费。她不希望我插一手，她努力不懈地在向汤米证明：多少人也比不过她一个人。

与这样两个"工作狂"一起工作，这是我无法应对的挑战。于是我只好决定放弃。

（《东方信息导报》1994年10月3日。后记：这是我打工打到想发火或感觉会崩溃的一次，其实还有几次。遇到这样的情况，我一般就是立即离开。所以我也一直关心"现代工作机会"和"工作文化"问题。虽然美国各地尤其是大城市，工作机会很多，但很多容易找的工作都是本地人或有身份的人不愿意做的工作，所以新移民们仿佛是为这类工作专门准备的"苦力"。另外，工资高的工作中，有不少让人压力巨大，身心都累到无法忍受。）

16　圣诞思乡夜

《中国日报》海外版在域外是可以得到使馆免费赠送的。那报常有以思乡为主题的文稿，大都是海外游子谈他们怎样在圣诞这样的节日之夜，孤守寒窗，孑然一身，无限思念家乡父老。不过在我体味起来，这样的思念依然是奢侈的。

当汤米老板宣布圣诞夜小外卖店依然要上班的时候，我不由地惊讶："有生意吗？"西方的大年三十之夜，也应是合家欢聚，谁还来吃外国人做的快餐呢？"我们每年都开门的，生意很好。"这是我唯一一次看到汤米那年轻红润的脸上有了一种略带活力的表情，那是一种期待和向往之情。于是我想，我的这个圣诞夜就不必顾影自怜了。

其实美国人在圣诞夜晚也不都是享受团圆的。那天晚上，整条街的商店都打烊，出奇地静，雪花飘飞。只有汤米的小店灯火通明，摇曳着一团暖意，生意是别提有多好了。在这儿吃年夜饭的，既有孤寡无助的老妇老翁，也有不太会烧饭做菜，又不愿随便自己的男士女士。那些也许是离婚后带一二子女的单身父母，还有那些长得比较差却有一两个同命知己的女友们或男友们，他们都在进门后，高声相互祝贺新年并感谢汤米在这样的时候开门营业。

我感到大多数人看上去对在这个热闹非凡的小店里吃一顿圣诞晚餐是出于别无选择的无奈。唯有那些不时进门来买一杯咖啡的值班警察，才真正为这个小店的今晚存在而感到兴高采烈。电话铃就像着了魔似的响个不停。订座的、订菜的、询问开不开门和询问开到几点的。我和马奇及威莉3个人是轮番接听，应接不暇。快晚上9点的时候，这夜的高潮来临，小店里几乎占满了人。炒菜声和电话应答声混合在一起，谁也听不见谁，谁也无法让自己停下来。当时我正在不断地将排成长队的外卖袋子按照号码递出去，威莉对我说："快去接那个电话，响5分钟了。"我接了那个该死的电话："嗨，你好吗？圣诞愉快啊，生意兴隆啊，你知道我是谁了吧，哈哈。"我想我遇上了个慢性子，在一大堆不着边际的话之后，我问："请问你要什么？""你说我今天吃什么好呢？"对方在那边不紧不慢。我感到汤米已经在用眼睛盯我了。于是我试图再提醒对方："请问你要点什么菜？""今天是圣诞夜，我很想吃点好东西，可是我想不好，是吃甘蓝牛肉还是雪豆鸡丝？而且我还是没有想好是不是要加个汤，还是点心什么的。"威莉走过来夺过我的电话，我悄悄一愣，感谢她解救了我。我发现威莉在稍后就叫出对方的名字，并为他决定了一份再普通不过的晚餐。

大约15分钟后，我正好又轮到接电话："嗨，你没有忘记我的老习惯吧？"又是那家伙。我准备把电话传给威莉。"你是那个新来的吧？没关系，我告诉你吧，我要的甘蓝牛肉请不要放在纸盒里，要放在那种闪着银光、用铝箔制成的圆形的盘子里。上面不要用纸盖，要用塑料制成的、有一定高度的盖子。纸盒里不要放甜酸酱，但请务必多放一点酱油包。"这家伙在说话的时候好像故意用一种腔调，我努力在一片嘈杂中理解他煞有介事的要求。这次是汤米满脸怒气地走过来夺过我手中的电话。这次我不是一愣，而是强忍着突发的怒火对自己说："今天是周末，领了薪水再走，不要轻易被伤害。"

晚上10点多的时候我见到了这个叫山姆（Sam）的男士，一个长得小模小样的警察，一副自以为乐观有趣的怪样子。他向我热情地祝贺圣诞快乐，然后提着他的晚餐消失在夜幕里。我们一直干到凌晨1点多才收拾残局，烧菜的师傅们都已无力再烧什么给自己吃了。于是一条充满泥土气味的清蒸鱼就成了晚餐的主角。汤米和威莉显然既疲惫又满意。我借口回家太晚，领好工钱，先走了一步。

当我疼痛的双脚在雪地上发出唰唰的清晰声响时，我感谢晚风的冰凉，悄悄地抚慰着我因节日而格外发热发颤的思绪。在外打工受气是常有的事，我也基本上是个很能受气的人。但这个晚上不同，这是一个圣诞思乡夜。我一走进家门就拨通了电话，接电话的是店主汤米。"对不起，我不能再去你店工作了。""好，我知道了。"电话立即断了。我长吁一口气，为我从这一瞬间终于摆脱汤米和威莉让我感到的"人生失败"，而大大地松了一口气。

（《东方信息导报》1994年11月6日。后记：回头想想，"打工"的形式确实让我更好更多地体会什么是"资本主义"。没有切身体会，只看看书本，是无法领悟很多商业或经济学道理的。其实我后来明白，当时对汤米和威莉的受不了还是我自己太挑剔了。最"不好"的老板是办企业挣不到钱或失败倒闭的老板，然后才是对员工不够好的老板。老板作为创业者，为自己或为社会创造了工作机会，这是需要肯定的事情。但对员工而言，现代雇佣制度的双向选择，还是给了我们很好的自我保护可能。听说美国大学的商业通识课会提醒学生认真考虑：你适合做老板，还是适合做员工？这真是一个不能回避的好问题。然后还需思考：如何做一个好老板或者好员工。开创一个工作机会或做一个工作，都不能让自己精神崩溃或无法承受，应该也是人生基本前提。）

17 生意清淡的痛苦

随着时间的推移，我认识到美国饮食店的一个重要特点，就是它们总是拥有一批忠实的回头客。这些顾客在喜欢上某一餐馆的菜单、氛围和服务后，就会经常光顾，成为忠实的客群。他们会与那些餐饮店的老板或服务员混得很熟，每当老板能当众高声叫出顾客的姓名，或顾客能像老朋友似的对某服务员说"今天还是老样子，不变"时，买者和卖者的心情都格外地好。宾至如归的气氛和旁边引起的羡慕目光，使整个餐厅都显得情意融融。

对创办餐厅的人来说，如果不在几个月里建立起这么一批忠实的回头客，就说明你的餐馆出毛病了，如果你找到这一毛病而无法克服，或者你根本就找不到问题，那么就像期货的"斩仓"和股票的"放血"一样，你必须尽快关门，否则这个经营过程就会变得十分痛苦。

曾有个设在纽约某汽车总站附近的中餐馆，招工广告在报上连登了约两个月。我最初曾打电话询问过，工资很低，就不理它了。后来很久以后突然接到该店的一个电话，打电话来的是个女性，讲的是港式普通话，但语气温和而诚恳。她说她是这个餐馆老板的朋友，叫陈朱丽。餐馆的老板是内地来的，近期因找不到合适的收银而影响生意。她一直在帮他的忙，但周末自己也有安排，希望我能帮忙什么的。我马上说自己临近期末考试没有时间，但这个女人言辞恳切，并说了一句我无法拒绝的理由，她说：你们内地来的人应该相互帮忙。

周末晚上我去了，老板是从福建来的两兄弟。哥哥 22 岁，弟弟才 18 岁。哥哥炒菜，弟弟开车送外卖。两人都是大男孩的样子，不善言辞，英语也只是半通。我也见到了陈小姐，是个 25 岁左右的成熟姑娘，身材丰满，穿着得体，虽然谈不上漂亮，但感觉有一种风姿。她是从中国香港移民美国的，现在在一家房地产公司担任华人客户群的住房和租房业务主管。两兄弟是她的房客。陈小姐在我来了之后，就开车走了。到了晚上 8 点多，她又来了一次，问我是否适应这个环境，并一起帮忙把餐馆的上下进行了必要的收工打扫。

这个餐馆的生意，清淡得令人难过。从自尊心很强但又沉默不语的哥哥和偶尔天真任性冒出一大串话来的弟弟那里，我了解到他们家是福建沿海的渔民，家境富裕。父亲做生意积蓄了一笔钱，于是将这两个儿子送到美国发展。他们开办这个餐馆的所有费用都是父亲给的。来美之前，父亲还专门送他们学习了厨师、开车和英语。餐馆已经开了大半年，生意一直清淡。冰箱里的东西甚是尴尬，不买高档海鲜吧，怕客人点菜没有货而生气，买了高档海鲜吧，没人点又浪费很大。我大致计算他们的库存、开支和收入，觉得这两兄弟是收支平衡，他们每月开店得到的收入，差不多就是必须用于购货的数额，而他们的投资以及他俩每天 10 个小时以上的劳动薪水，就都无从着落。这个估计后来在陈小姐那里得到证实。

餐馆清淡的原因很多。一是这小店方圆两百米内共有三家中餐馆，过于密集。二是菜单没有特色，价格优惠也没有用。三就是这两兄弟的精神面貌，面对生意清淡，他俩仿佛只能辛苦自己而一筹莫展。从弟弟的谈吐中，我也听出了浓重的后悔来美之意。我在第二天临下班的时候对哥哥说，请陈小姐抽空给我打个电话。我看出哥哥已明白了这话的含义，他的眼神中有一丝哀怨和很多的不屈。后来在与陈小姐通电话的时候，我以考试为理由，表示了不能再帮忙，并告诉她不必给我这两个晚上的工资了。但那位哥哥还是很快把写着餐馆抬头的 30 美元支票寄了过来。陈小姐对我提出的婉转建议回答说，两兄弟的确已决定出手餐馆，只是想等到秋季餐馆旺季时出手，可能价格好一点。

善良的陈小姐依然经常在晚上去帮助他们，我很敬佩她的这种传统美德。只是从人生体验上讲，我以为她的帮助正好维持了一种可怕的平衡。人们总是希望自己挺过某一段就能好起来，可有的时候并不需要勇敢地挺下去，而需要勇敢地放弃。当然，作为局外人，我这么说是容易的，所以我对此也不是很自信，只是离开了他们。

（《东方信息导报》1994 年 11 月 12 日）

18　曾经是山东人的老太

Z 君一直是很能干且很有责任感的人。第一个暑假还没到来的时候，他就给我电话，说他已经联系好邻近州的一家中餐馆打工。"你也可以联系起来了，暑期工不好找的。"当时我还很不知所措，于是 Z 君热情地忙碌了一阵，终于使那家餐馆同意，不仅要一个男的，而且要一个女的。于是到了时间就一起前往。

那店设在一个郊外的大型超市隔壁，采用的是便宜而不必自助的快餐模式。也就是说菜单仅有 8 个品种，每份都外加点汤和点心。顾客不必排队点菜，就可以坐下来享受周到的服务——中国姑娘为他们端盘子擦桌子。这个服务方式让我感到不舒服。它显出中国人不必要的殷勤和低姿态。待发现服务小姐清一色的来自大陆后，我更感到有一种说不出的涩味。

店主来自台湾，在这之前，来自大陆。老太太是昔日的开创者，现在虽把主导权转交给两个儿子，自己却还天天穿着黑丝绒旗袍准时上班。她的脸上抹的是重彩，项链和手镯闪闪发亮。大概也是她的主意，所有的中国姑娘一律穿着店主定购的大红色绸缎中式上衣，配以自己规定备好的黑裙子和黑鞋。

大儿子看起来大概三十岁，已经结婚。说话声音洪亮，体态已经发福。他总是坐在收银箱后面熟练地收钱找钱，与客户寒暄。声音时高时低，听多了全是老一套。小儿子看上去才二十一二岁，长得又高又帅，沉默寡言。在厨房里极其卖力地干活，如不介绍，很难相信他是老板之一。

中午在一起干活的是两个上海姑娘，她们对老板说普通话，对客人讲英语，两个人在一起时，悄悄讲的是上海话——依旧是上海姑娘的口齿伶俐和富有心机。下午两点生意清淡之后，老太太就捧出了一大筐荷兰豆让我们摘。那天老太太好像心情不错，坐下来问了问我来自大陆哪里，然后马上就说出她自己来自山东，并谈起三个月前她如何地回了一趟山东老家。她先谈她是如何受到县政府的隆重欢迎和热情接待，她又是如何地被老家的亲戚们拉来拉去地轮流吃喝；然后她就开始挨个骂她的那些亲戚怎样向她诉苦，撒谎，要钱，怎样贪心不足，并不断地把话题引向当时山东农村的卫生问题。她是那么尽兴地、大声地、直接地对我们三人谈厕所问题，谈厕所没有门，谈厕所男女不分，谈厕所里的苍蝇、难闻的恶臭以及遍地的黑虫。虽然这位老太并没有星沫四溅，但她不时地往手纸里吐上一口，再吐一口，扔进盛垃圾的纸箱，当时真让我感到从未有过的恶心和折磨。

我到过南方的农村和北方的农村，我见过一些基层干部缺乏水平的表现。很多南北方都有让人不想入内的厕所，但我不知道我为什么不能像那两个上海姑娘一样，不经意地去附和几句，去敷衍这位曾经是山东人的老太。如果那些荷兰豆还没摘光的话，我恐怕会站起来发作了。但老太太突然对我说："去，这些豆子让她俩去干，你去帮我按门。"在我按住门，让不断涌入的客人入内的时候，我有一种强烈的寄人篱下之感。

到美国求学，已经是客居他乡，来这里打工，那就只能是寄人篱下。晚餐时间，这家餐馆生意很好，由于来的客人大都是全家出来吃饭和买东西的，所以要求的就是经济、快捷。餐馆一共供应 8 个菜，都是大锅炒的，早就准备好了，其实没什么滋味，但美国人还是吃得很开心。他们大都是本地的忠实回头客。老太太始终站在门口，迎来送往，亲自为美国人开门。这一举动也许已经保留了很多年。显然，所有来用餐的美国人都十分感动。他们微笑着与她打招呼，尽量迅速地走进和走出，以免老太太拉着那扇铝合金大门的手太酸。他们常常对老太太亲切地说："您几岁了？""您今天看上去真漂亮！""您老今天好吗？"但老太太反反复复、反反复复讲的就是两句英语："谢谢，谢谢，再见，再见！"

显然，这位来了美国多年的老太，懂的还是中国话。在这样三四个小时的时间里，我发觉这位老太的脸上虽充满了笑意，但早已是没有真实内容的笑容。她这样坚持地笑上三四个小时，让自己沉浸在一种繁忙的气氛之中，既表现了她的乐趣所在，也表现了她的生活乏味所在。下班之前我有意走上去问她："您这次回山东带上了你的两个儿子了吗？""我是想让他们去呢，可他们谁也不肯去。"正如我所想，这位曾经是山东人的老太，虽然对家乡出言不逊，可还是衣锦地回过了老家。毕竟她也还是这寄人篱下的人之一。而对她的孩子们来说，"篱下"已经成了"自家"了。

（《东方信息导报》1994 年 11 月 27 日）

19　群芳争艳

快要晚餐的时候，两位上海姑娘走了，推门进来的是另四位容貌姣好的大陆姑娘。她们进门的时候穿得都很入时，我是说用大陆的标准衡量。她们穿的都是大陆产的但质地很好的衣服，脸上也略施粉黛，显得白嫩红润和妩媚。第一个进门的那个是中等个儿，说笑声最高，头发向后挽成一个结，特有一种少妇风韵。她的眼神也特别好，一眼就从窗户里看见了厨房里的我，并毫无顾忌地高声说："怎么老板今天又找新人了？"她旁边的那位稍矮一点的姑娘声音也不低，紧接着就是一句同意附和："是啊，我们不是一直说前台的人手太多了吗？"大儿子这时候从收银箱后站起来，忙碌了一个中午的那张疲惫的脸一下子变得一脸春色："哎呀，咪咪，这新来的姑娘是从你们杭州来的，上有天堂，下有苏杭。你们大陆的美女都让我们家给占了。"

　　四个姑娘鱼贯进入更衣室，但是每个人都如陌路人似的向我瞟一眼。我整个地感到很不友好。山东老太走过来对我耳语道："打头的那位是南京来的，随后的是兰兰，苏州来的。另两位是北京来的。四个都是博士的太太。"我想让他们都这么斜眼瞟我的资本，大概就是那四位了不起的博士老公了。

　　晚餐时间，咪咪在柜台里接单和叫菜，她的英语很不错，流利、准确。只是她的声音让我觉得甜美而做作。我和另三位姑娘不停地来回端盘子擦桌子，咪咪一得空就与一旁的大儿子逗乐取笑，让人心里十分不平衡。两个姑娘中有一位看样子也刚来不久，只顾埋头干活。另一位长得清丽动人，有点像电影演员丛珊，有大家闺秀气质。我看见她偶尔投向咪咪的目光里含着蔑视和不屑。

　　凑着一个机会，我问这位北京姑娘："这店并不缺女工，是吗？"她看了我一眼，停了停，说："你不知道，这地儿方圆几百里就这么一家中餐馆。而这附近的××大学里有上百个中国大陆留学生。几十位陪读的太太都想来这儿打份工，结果弄得这老板还特神气。那老太神气得就跟个王母娘娘似的。前些日子只听说登报找男工，真不知道为什么还找了女工。我们这些做前台的都想延长点时间。可这就得开那位大儿子的后门儿了，我们这儿除了咪咪和她那个跟屁虫，每周工作30个小时。咱们其他人都只有20个小时。你瞧，那个女人跟大儿子在一起时的德行，我可提醒你了，别跟那大儿子多嘴，他可是个大色鬼，也别跟那个咪咪套近乎，她那人笑里藏刀，整个就是一个王熙凤。她那个跟班兰兰就像宝钗，做事虽然得体，可也没什么好心的。不过你也别急。"北京姑娘见把我说愣了，赶紧说，"我老公正在办转学手续，过不了这个暑假我们就搬走了，你的工作是不成问题的。"

　　下班的时候可热闹了，四个姑娘脱下店里发的中式大红袄，换上自己的时装，又都整了容妆，个个光彩照人，大儿子这时与四个女子都有说有笑，很有一种祥和热烈的气氛。四个博士老公分别驾车前来接太太，手里还分别提拎着太太们抵御夜寒的风衣。咪咪的老公比较壮实，一样的善于辞令和周旋，他们的女儿打扮得像花儿一样在父母间蹦蹦跳跳。兰兰的丈夫瘦削而富有风度，与咪咪老公交谈时神情严肃而拘谨。北京"丛珊"的先生又是一个出身名门的贵族派头，他俩与别人不多说一句，但先生对太太的眼神是特别的脉脉含情。另一位北京老公的举止也是一副体贴入微样。虽然在我看来，这样的接送，对四个打工妹来说未免过于隆重。但对比自己，还是有点被刺激的。

Z君在厨房里仿佛很快就适应了，我见他与小儿子很快成了朋友。下班时Z君问我怎么样。我摇摇头："不怎么样。""怎么不怎么样？"我告诉Z君，我一直很不适应的一种情境，就是所谓"群芳争艳"。当我看到一群美貌能干的女人在一起时，我就不敢加入进去，而只想退出来。这话让Z君似懂非懂，仿佛还在等着我的结论，我只好再补充说："我觉得在这店里打工，就像是没出国似的。"

"哎呀，你们这些学文科的人就是多愁善感，好了好了，快回去休息了。"

第二天，在我打点好行李向大儿子辞工时，Z君才相信我真的打算走了。Z君一直是我在美期间最肯帮助我的同行之一，我知道这很对不起他，只好十分内疚地看着他。他显然很不高兴地说："其实大家都对你印象不错，你为什么这么任性地要走呢？暑期的工作并不好找。我还跟小儿子说，你是中文系毕业的，将来说不定还要把这里写进小说里去呢。"

我那时很想对Z君说，我这个中文系的毕业生一点点也不喜欢"红楼梦"。后来，我到了麦当那大道的贝斯特韦斯特旅馆打工，Z君则在那里干了一个暑假。在聊天和互通信息的电话里，他对我说，山东老太对我的走，很惋惜，她不喜欢咪咪，本来已经打算训练我一番后，让我顶替她，坐到柜台里去。那位北京"丛珊"已经走了，但马上就有一位来自沈阳的博士太太顶了进来。大家一切都挺好的。等等。

（《东方信息导报》1994 年 11 月 18 日）

20　住到美国人家里去

住到美国人家里去，我一直这样企望。去美国的目的就是了解和学习他国的文化，若能一边在美国的学校里学习，一边在美式的家庭生活，那将是十分理想的。我初到美国中部，曾经与三个一年级的美国大学生合住过一屋。若不是房租太贵，我会很乐意那样住下去。但经济问题在一切尚且拮据的情况下，都是败坏兴致的。我开始寻找另一种可能。

凯尔文太太的家离学校有 30 分钟步行的路程。她的整幢小楼只有她一人居住。丈夫前些年先走了，三个儿女都已成家立业，因而她出租楼上的三个屋子给需要的学生。她并不做广告，只靠朋友和房客相互介绍，而且只接受女生，因为女生比较安静和干净。

我去看房的时候，觉得一切都非常整洁宁静。院子里绿树成荫，离前院不远处就是一家大型超市。但是凯尔文太太只有楼下的一个厨房，她规定住进来的学生不准用她的厨房。我对此很犹豫，因为这又是一个经济问题。如果我不自己烧饭而吃学校餐厅或买现成的，那开支将增加几倍。"你自己看吧，我的房客一般都吃完了才回家，晚上饿的时候他们会用微波炉弄点什么吃的，这是允许的。"凯尔文太太的语气坚决而客气。我发现凯尔文太太的发音特别舒缓和清晰，随口问道："请问您原来在哪儿工作？""哦，我是 B 镇广播电台的播音员，干了 30 多年。"我对此感到十分惊喜，我以为凯尔文太太将会成为我最佳的语言老师。

我搬过来，买了一只 30 美元的电炉和一只小平底锅，天天以面条泡饭对付自己。我力图每天进出都尽量多地与凯尔文太太说话，期待从她家里学习美国人的日常口语。凯尔文太太一直很礼貌但吝啬话语。我本以为她这样只身一人独居，一定寂寞异常，很愿意与素不相识的海外来宾叙聊往事。但事实上，她让我感到她内心充实，每天的日程安排十分繁忙。她在外面参加了两个民间组织，常有活动。周末又大都自己开车去儿女家看望孙辈。加上这一幢房子、一个院子和一辆车子的种种家务事，总令她无暇旁顾。

寂静的夜晚应该是比较好的闲谈时间，我曾几次试图与凯尔文太太一起坐在电视机前欣赏节目，努力让她与我交谈，为我讲解。我问过她为什么不与儿女住在一起的问题，她说自己希望自由，不愿打搅别人。我问过她去世丈夫的职业和脾气，她说他是一个中学老师，为人热情豪爽，让一切人快乐。我还问过她，万一她哪天生病或需要帮助了怎么办，她说到那时再说。这种交谈总是有些勉强，我问一点她答一点，然后就冷场。看电视她总也不主动挑起话题，只问过一句中国家中还有何人后，就不再追问。后来回想起来，我以为我是没有问一些让她感兴趣的问题。我未能与她谈起来，不是她个性孤僻，而是我当时不懂得问。

令我惊讶的是，凯尔文太太虽然一头银丝，苍老瘦小，却是一个极其认真的球迷，几乎每天晚上她都定格在体育频道上，忘情地观看球类比赛。这个爱好让我无法共享，因为体育比赛的解说词是极其快速和专业化的。而我对球赛总是可有可无。凯尔文太太观看比赛时有鲜明的倾向性，她会热情地为某一方呐喊、献计、扼腕叹息，而且几乎听不见旁人说话。这时我就颇为尴尬，耐心地坐在那儿，并不能享受和聊天。她之所以帮某个队是因为她丈夫是体育老师，年轻时曾加盟州篮球队，三个儿女也是运动爱好者，分别参加过一些球队，所以她总能介入这些电视比赛，为丈夫或为儿女曾经的球队助威。当我实在没劲起身告辞时，凯尔文太太也只是稍微点下头，道个礼貌的晚安，从未问过我是否想换个频道看看。

我隔壁的两间住着另两位美国女大学生，一个学心理学的，住得较长。而另一个与我照过几面后，就先我而去。我坚持了近两个月，终于也决定搬家。一来学不到什么英语，二来离学校太远，三来长久不吃炒菜，肠胃也不太踏实。

凯尔文太太的房租是每周结算，搬进去很容易，搬出来也很容易。我临走时她站起来送我，态度仍然是温和而平静。我说，住在这里一切都很好，只是离学校稍远。她摇摇头答我："我这里总是有人住下来，有人离开，没有关系。"我离开 B 镇的时候正值圣诞前夕，曾想过要不要去她家道别。但一想

起她看电视时的那种忘情和她对生活的那种平静，就觉得外在的寒暄问候，
都已不那么必要。

（《东方信息导报》1994 年 11 月 27 日）

21　差点又住到美国人家里

　　住到美国人家里去的念头日渐淡薄，但并未完全打消。一直还这么看
着，看是否有合适的。听说一位中国去的年轻母亲，通过职业介绍所得到了
保姆的工作。到了那家才发现是一大富大贵之家。她住的是豪华宾馆式单
间，管的是房主的第一个公子。这个公子的衣食住行、游玩学习，都分别有
人专管。由于这个中国女子的聪慧、仔细和忠诚，很快被太太看中。一年后
已升为管家，有了身份，并把全家人都接到了美国。给我讲这个故事的女
友，当时是满心羡慕。"纽约的名人多，富人多，你去纽约能找到这么一份
工作，就什么都解决了。"我听了直摇头，觉得这个故事过于偶然和戏剧化。
我希望只是租住别人的闲房，体会异国凡人的真实生活。

　　遇到威廉姆的那天下午，天已经比较寒冷。一位身穿红黑格子棉衣的老
人，一拐一拐地走进我打工的甜圈圈店，坐下要咖啡吃点心。当时柜台上有
好些客人。香港小姑娘依莱丽在接待他。只听见这老人坐定后问："你知道
有人愿意上门帮人打扫卫生吗？""不知道。"伊莱利的回答很干脆。一会儿
之后，老人就走了。但过了两天还是那个时间，他又来了。依然坐到伊莱莉
的面前，买了一杯咖啡一块点心后就问："你知道有人愿意干点零活、帮我打
扫房间吗？"伊莱利有点光火。"我不是跟您说过了吗？"老人倒不发火，只

是低声说："我听说你们东方人中间很多人就是干这活的嘛。"

又过了几天，又是那个时候，还是同样的问题。伊莱莉这次是根本不理他，只站在一边与别人聊天。我从一旁细看，这老人八十来岁高龄，一条腿有残疾，双手已经哆嗦不停，身上的衣服也已长久未洗。伊莱莉这样对他，让我有点于心不忍，便上前问："我能帮你吗？"老人显出喜出望外的神情，马上对我说，他已丧偶五年，现独身一人住在附近，由于家中已经数年未清扫，自己都觉得沉垢蒙面，空气混浊，因而想请人帮助清理一下。我对他说，我也是新来乍到，若仅是帮助你清扫几个房间，我愿意这个周末抽空助人为乐一次。

威廉姆的家离我的住处还颇有点路。说好我自己去找，但到了周末，他却来电话说开车来接我。半小时后，他果然开一辆福特厂的老牌名车来我家。乘一个八旬老翁的车，我心里真慌，因为他的反应完全是滞后的，往往是看见红灯亮后仍开着，然后猛地一刹车，并说："对不起，我刹车晚了。"我花了整整三个半小时打扫他那幢小楼。每个房间的地毯、窗户和家具上的积灰我都打扫了。临走时，威廉姆问："说好5美元一小时？现在你想不想加？"我笑了："当然不想，你给15美元吧。"威廉姆把15美元放到我手上时曾用两眼仔细注意我的表情。我没在意，收下钱，让他送我回家。在车上，威廉姆问我能否以后经常去打扫卫生，我劝他还是找一个固定的清洁工，当然一时找不到，我还是可以再帮一次的。

威廉姆后来常来电话，我也因此断断续续常去他家做清洁。之后屋子基本干净了，也就用不了两个小时。每次为了10美元，前后要花4小时，我还挺心疼的。只是想想这孤寡老人，能帮就帮一点吧，不积德也积个中国人的传统，算是教育教育美国人吧。

第二年开春后，威廉姆来了一个电话："诺拉，经过一段时间的试探和考验，我觉得你是一个勤劳诚实的好人。我已经决定请你住到我家来，我不收你一分钱，你只要帮我搞搞卫生。你上学可以乘公交车，或者我送你，你觉得如何？"我当时心里说不上高兴，也说不上不高兴，只是觉得可能又有机会住进美国人家了。我现有的房子是签到放暑假的。因而，我对威廉姆说，到了暑假我再考虑。

威廉姆显然很高兴，再次见到他时，他仅让我稍作打扫，就拉我出去兜风，乘上他那辆怪怪的车，我心里有点说不出的苦。他带我开上一条我从未去过的道路，说这是他曾经与他去世的妻子兜风的路。道路两旁大都是未经开发的山丘和田野。他一路上手口不停，不断地触景生情，缅怀往事，渐渐地竟拉起我的手放在他的方向盘上，抚摸起来。我立即抽回来，压住心中的气恼，开始向威廉姆大谈中国人的道德和中国的交往习惯。我强调自己是一个中国妇女，我的国家有尊老爱幼的传统。我到他家只是为了我的良心和我的处事原则。威廉姆显然立刻回到了现实世界，他在回来的路上一再道歉，最后让我下车时还怯生生地问："你还准备到我家来住吗？我真的非常需要你的帮忙。"一见他那种垂暮的样子，我的同情心又上来了。"我会考虑的。"我说，不想立即让他太伤心。

快到暑假时，威廉姆在一个晚上打来电话："诺拉，我刚和我在佛州的妹妹通了电话。她已经同意了。""同意了什么？""我妹妹说，威廉姆，你不应该再一个人住了，应该找一个同伴。所以我现在就等你住过来了。"我一听就觉得不对味，我真没有想到帮助一个八旬的半残老人，还能帮出这么一种离奇的假设。我因此常佩服那些能建立起涉外婚姻的人们。就我而言，仅是这么一种浅层次的、单一问题的中西交流，都尚未能有起码的沟通。当然这事虽然不是我"惹"出来的，但还是要我来"收场"。

（《东方信息导报》1994 年 12 月 10 日）

22 防人之心

美国的很多乡镇，都是夜不闭户，路无拾遗。唯有纽约这样的大城市，则是敲了门，都没有人敢开门。有次我和哥哥在零下 21 摄氏度的纽约郊外，遇到车熄火，想打个电话给朋友，结果沿街敲了三家门，才有一家拉开了窗帘。女主人见我俩在大雪中冻得直抖，与丈夫商量了半天后才开的门。我被指定站在门外，我哥被允许进门打电话。那位丈夫和两个儿子都十分警惕地围着我哥。那场景让我充分体验了纽约人的防范心理。

80 岁上下的威廉姆具有类似的防范他人的心理。在闲聊中，他总是回忆起当年在他家举行的一些隆重晚会，并多次向我强调他太太的兄弟都是政府的要员。他俩经常要出席一些名人盛会。从他家那架名贵的钢琴和那些古旧但很气派的摆设看，我相信他所说的是真的。但威廉姆的冰箱永远是空荡荡的，里面会有一些过期的残羹剩汤。他对我的工钱从来都是"能扣则扣"地给。在我打扫房间后，他也会仔细地进屋检查。

三个多月的暑假到了，我把行李寄存到一地，就准备去某个乡下打工，挣个学费也找份宁静（纽约太喧闹杂乱）。威廉姆打来了电话问能否不去。我说不行。因为学费不是小数目，我必须准备好。"那你需要多少钱才肯不出门打工呢？"威廉姆的问题总是这样，希望我说出一个数字，让他考虑划不划算。"如果我是靠工作赚钱，我希望越多越好。"我的回答让他在电话的那一端停住了。然后说："祝你暑假工作愉快。"

我本想 3 个多月的暑假，足以让威廉姆再去找个清洁工了。谁知他还是从我老房东处问到我哥的电话，从我哥处问到我工作的餐馆电话，又因我餐馆老板说我每天晚上 11 点之前没空接电话，而于一个深夜的 11 点 15 分给我打了电话："诺拉，你听到我的声音高兴吗？要知道我是多么认真地对待我认识了你这件事，现在我准备给你寄 50 美元。请你最近一个星期天回纽约时，到我家来一趟做打扫。我还想请你吃一顿晚饭。"尽管我在电话里再三说明我不一定能去他家做清洁，也用不着他出路费，但我还是很快就收到了50美元。所以我只好抽空去了他家。做完清洁后，他很有兴致地开车带我去附近一家颇有名气的法国餐馆。

餐厅的领座是个油头粉面的中年人，也是一眼就可看出的势利小人。他虽然对衣冠不整的威廉姆和来自东方的我并不欢迎，但出于起码的规矩，他不能马上赶走准备付钱的顾客。于是他把我们领到正对门口的一张一般不坐人的等候小桌子上。威廉姆有些不悦，问他为什么那么多靠窗的桌子不能让我们坐。"那些桌子都订满了。"威廉姆听后说了句："这个店的确总是很忙的。"而后便坐下点菜。我不懂法国菜，挑了个价格适中的怪名字就算点了。威廉姆只吃素菜，而且不加盐。所以晚餐马上就开始了。我点的原来是盘嫩羊肉，味道怪怪的。如吃面糊糊，有羊味，但无肉味。

威廉姆显然是到了熟悉的地方，移动刀叉就摆出说话的架势。这时顾客们也陆续进门。我俩坐在正门口，十分扎眼。进门的人都以奇怪的眼光望着我们。我的确感到了那位领座员恶毒的歹意。其实，我们吃完离开时，周围的座位也没有满员。回家的路上，我怒气冲天，一路对那个领座员咒骂不停。威廉姆倒是反应平静，只无声开车。最后他面带笑意地说："看你今天一点没有平日的宽容善良，难道你自己的国家没有这样的小人吗？当你年轻的时候，当你发财的时候，这样的小人就对你点头哈腰。而一旦你老了，你穷了，他们就不再理你。对这样的事我已经习惯了，而你，诺拉，还没有真正遇到呢！"威廉姆的话让我一瞬间没了气，他也的确给我上了一课。那晚我发现自己也有很强的防范心理。其实世上大多数人都有防人之心，这也许是一种动物的本能。

威廉姆一直希望我住到他家去，并有一些含混的释义。而我则希望他能很自然地放弃。暑假即将过去，我又开始物色新学期的住房。这时威廉姆来了电话，说他要到佛州妹妹家去住两个月，希望回来时我能住到他家去。我说这不行，让我住这两个月的房东是不乐意只签两个月房租的，因为那时再出租子就不容易了。我知道有防范心理的威廉姆是不会同意任何人在他不在的时候住他的房子的。果然，威廉姆不知所措，他问我两个月改成一个月行不行。我说这没有区别。我听见他在电话的那一端喘气，他呢喃不清的声音里出现了哭腔。我等了他一会儿，他还是没有能说出别的话。

"很对不起，威廉姆，我祝你旅途快乐！"我先放下了电话。

（《东方信息导报》1994 年 12 月 18 日。后记：这是一段让人有点尴尬的经历，除了跨文化交流体会到的中美文化差异之外，我因此也观察到所谓美国是"儿童的天堂、老人的地狱"的事实。一方面，在让尽可能多的人普遍富裕起来的发达社会，人们的身体健康更有保障，人们的寿命也普遍延长，应该是一件人人喜欢的大好事；但另一方面，人类文明史也告诉我们，人类还是第一次面对超大规模"老龄化"的"严峻"社会现实，普遍长寿导致了很多全新的困境。劳动力活得久、寿命长仿佛又不是一件好事。现代化进程中的这个可怕的"悖论"需要管理者精英和被管理者大众都认真对待。）

23　这是一种规矩

1982 年 2 月我在国内 H 大学毕业留校任教后，曾听说一老同学从某机关愤然辞职，理由是小科长竟然两次支使他出门为自己买盒火柴。老同学说："欺人太甚！"其实类似的事在美国也并不鲜见。

那学期我很高兴又获得奖学金，唯一的要求就是为系里或系里的关系单位做每周 12 个小时的指定工作。我被指派到纽约皇后大道上的一家律师事务所做这份"美差"。该事务所与我们系有些工作联系，临行前，系主任特意唤我去了办公室："诺拉同学，去这个律师事务所工作虽很轻松，但绝非谁都能去的。你是我派去的第一个来自中国大陆的留学生。因为我觉得你与其他人不一样，你比较懂事。要记住，万一出了什么问题，你的奖学金也就不可能再延续了。"我因此请教了上学期去过那里的学友，都该注意些什么。我很在意奖学金为我提供的更多自由时间。来自中国台湾的学友一甩手说："没啥注意的，就是别人让你去买咖啡、买早点，你别觉得委屈。"

美国人的夜生活很丰富，所以早上上班时间虽说是9点钟，也还是紧紧张张的，尤其是年轻雇员，大都进了门就嚷嚷："急死我了，早饭还没吃呢！"这家律师事务所主要是处理房地产和民事案例的。所长是年近六十的父字辈大律师，两个儿子都是该所的要员。这三人都是行色匆匆，不常照面，且都有自己的办公室，一来就与客户一起进屋面谈。老律师彬彬有礼，大儿子总是神色严肃，唯有小儿子是个快乐无比的人，每次打招呼都有一两句笑话留给大家。律师的工作虽然薪水丰厚，受人尊敬，但甚是辛苦，劳神伤体。由于美国的法律均以曾有的案例作为参照依据，因而读法律系时就已是数年寒窗死背卷宗；一旦工作更是检索查找、日积月累。遇上大案例，临上法庭，我见他们都是神经高度紧张，反复假设。而一旦胜庭或败庭而归，又总是反复念叨，相互切磋。最能体现这种费神之处的细节，莫过于父子三人共有的秃顶了。

头一两天倒是没有人让我买咖啡，只有女秘书克拉丽莎让我帮助复印一堆堆的材料和整理文件。第三天早上，小儿子罗伯特挺小心，也挺客气地对我说："诺拉，你现在没事吧？能否帮我到楼下买杯咖啡？""当然！先生。"我心中有底，回答也就流利。在一旁的克拉丽莎和刚从法学院毕业到此来工作的维尔玛女律师一听，马上跑过来说："诺拉，能不能帮我也买一杯？""当然，女士们。"从那以后，我每次去都会有一至两趟代买咖啡的任务。罗伯特随后就吆喝着让我去买早餐，开始还是最简单的三明治，尔后就出现西式早餐的复杂拼盘。第一次罗伯特要午餐时，我说："等一等，我拿张纸记一下。"他乐了，戏说我"工作真努力！"然后就夺笔疾书午餐的A、B、C项各种要求。老律师和大儿子的午餐或咖啡也渐渐由罗伯特一起下单。我常被古怪的外国食品名字难倒，这时克拉丽莎和维尔玛就会很乐意地走过来向我解释或拼写一番。当然她俩从不让我买午餐。要知道，中午的半个小时午餐时间，可是在市中心上班的职业女性上街展示自己的风姿、时装，和好好欣赏橱窗时尚的宝贵时间。

在这家律师事务所里，罗伯特是唯一有点了解中国的人。"我知道中国！"他总是这样高声开头。"你是从中国大陆来的，而不是中国台湾来的，你们有一个毛主席，他是个能人，为中国做了很多事，但他1966年发动了一场'文化大革命'。啊，那可真是一场革命，对不对？中国是一个很大的国家，几乎跟美国相同……"我从来只对罗伯特点头，因为他只有在第三者在场的时候谈中国。他只是想让我证明他懂中国。当然，这已让我感到高兴，毕竟中国还是重要和知名得进了美国法律系的必修课。

转眼一个学期快过去了，我与律师事务所里的所有人都相处挺好，一直觉得挺不错。那日遇到也是大陆来的X君。他问我在律师事务所都干些什么。我说："其实基本可以说没事，每次去就是复印一大批文件，买几杯咖啡。然后在一台闲置的电脑里用自己带去的软盘打论文。"X君长叹一口气，略带忧伤地说："我一直想对你说，你怎么会肯这样去替别人端盘子买咖啡？要是我太太过来，我绝不会让她去做这种事的。""不过，我不会永远做这种事的。"我刚回应了他一句，转身看到X君持续忧伤的神情，就赶紧打住。我明白他并不是在问候我，而只想让我知道他的一种观点。这点与罗伯特谈中国的方式相同。X君是学生物的，在系里的实验室里谋到一份工。其实漫长枯燥的实验室工作也是美国人最不愿干的职业之一。

我以为替别人做事或让别人替你做事都无甚不可，关键在于你自己觉得是否必要，不这样以外你还有什么选择。比如我如果不想要这份奖学金，我就不必替别人买咖啡。比如我已可胜任更难的工作，我就不必干一份普通的工作。可是，如果我暂时别无选择，我需要先在一份最普通的工作中维持生存，那我就得认真地把这份工作做好，这是一种规矩。这不仅是替别人买咖啡的规矩，也是社会人生的基本规则。

（《东方信息导报》1994 年 12 月 23 日）

24 人群中的比率

中国 1957 年经历过反右运动、集体捉拿资产阶级右派。曾有人设计出比率并分配至各基层，结果住 8 个人的大学生宿舍，因为已经含比率之规定名额，而硬让某个出去如厕的人被划入右派。这个案例在研究中国现当代历史的美国教授中传为笑谈。其实，凡是在有人群的地方就会出现差异，出现比率。美国政府在管理人群的时候一样会依照特定的比率安排财政计划，或规范人们的组合方式。

罗伊娜是律师事务所里唯一的黑肤，她有自己的办公室，接待一些非洲族裔和其他少数族裔顾客。罗伊娜属于黑人中的佼佼者。与白人的白领阶层一样，她受过高等教育，有一份高尚的职业。她出入于纽约繁华的大道、一流的办公室，周旋在黑人的白领社交圈。她穿着入时、讲究品位，每日必换，且全身上下每一个细节都注意配套协调。但无论是罗伊娜自己，还是我这个外来人，都明显地感到她是置身其中却又被有的人视而不见的。她的一切行为都是独立的。这种独立，既是她的追求，也是别人对她的疏远。唯一对她总是尊敬、有礼、关心并且略有依赖的，是这家律师事务所的头儿。在纽约，政府对各类企业和雇员的种族性别比率也有严格的规定，即应该含有一定比率的少数族裔和妇女。对这家不到 10 个人的律师事务所来说，罗伊娜无疑使政府的比率要求不再成为问题。

罗伊娜对我很好，这并非仅指她从不让我去为她买咖啡，而是说罗伊娜让我感到她对我有一种真诚的关心。罗伊娜发现我的眼睛总盯着闲置的电脑，就让老律师同意我可以在空闲的时候使用它。尔后，她又特意走过来检查我的存盘方法。"三十几页的论文取不出来的话，那你就惨了。"罗伊娜说话的方式和表情，与我们一般在电影上看到的黑人一样，比较生动和夸张。

罗伊娜喜欢紫色、翠绿和桃红系列的颜色。这在一般纽约白人情有独钟的黑白系列之中，显得鲜艳夺目。这类特点都引起了女秘书克拉丽莎的不满。她常对维尔玛律师发表自己的反感。言辞之尖锐、方式之大胆，常令我这个不作为避嫌对象的外来人听了无比惊讶。

罗伊娜的办公室有一天突然门庭若市，成群结队的黑肤家族成员纷纷前来，祝贺罗伊娜的 35 岁生日。他们相互寒暄的嗓门很高。大人孩子们相互拥抱，亲吻的声音在接待大厅里不断地啪啪作响。克拉丽莎和另一个专门从事磁带录音文字整理的临时工白人妇女简直气疯了。我听见她俩不时用恶毒的话诅咒天气和工作。罗伊娜对这一切诅咒毫不理会，显然她是听到并看到的。人群散去后，罗伊娜的门口留下了一个插满鲜花的大花篮。罗伊娜望着那花篮的眼神里充满喜悦。老律师在快下班时才回来，他赞叹花篮的美丽之后，还送了罗伊娜一份生日礼物。但我没有看见其他律师表示什么。

从第二天起，克拉丽莎就开始嘀咕，该把这花篮扔出去了。"就像这辈子没过过生日似的，还送什么花篮，放在这里不伦不类。"克拉丽莎对我说，我不知道该怎样回答她。罗伊娜的花篮一直放了 5 天，每天上班她都小心地把一些枯萎的花枝拣出来，但余下的鲜花还是渐渐失去光辉。罗伊娜搬走花篮的时候，我问："需要帮忙吗？""不用，我准备把它搬回家去。我丈夫正在楼下等我。"她的回答故意说得很响。

我相信克拉丽莎和罗伊娜从"比率"上讲，都属于人群中优秀的一类。她们中间的任何一位，在单独面对我这个"少数民族"时都十分友好。但她们彼此之间有着难以消除的排斥和不友好。我的许多朋友都有这样的矛盾或两面。可见人群中的各类"比率"，实际是错综复杂，不可戏言。

（《东方信息导报》1995 年 1 月 1 日）

25 动荡不安的感觉

　　金介甫教授是一位受人尊敬的亚洲问题研究学者，他在我读硕士的 S 大学同时任教于"亚洲研究"和"历史学"两个专业。他曾在给我们上的硕士课程中对比中美两国的社会现状。他认为，中美两国各有三大社会问题尚待解决或需要面对：美国的种族歧视、流浪汉和吸毒，中国的人口众多、贫穷和地区差异。他分析说，这些问题各是中美两国的历史遗留问题，它们牵扯到多元文化、经济状况、政治传统、社会习俗等众多的根本性问题。这些问题一方面亟待解决，另一方面又绝非一蹴而就。我还特别赞同他的一个重要观点，即中美两国，包括目前世界上的任何其他国家，都正处在一个变革时期，我们大家都怀有一种动荡不安的心绪和感受。

　　很多亲戚、子女在美国的中国公民，都喜欢喜形于色地向邻人介绍他们在美国的成功"业绩"：他们拥有自己的房子、自己的车子、自己的正式工作，以及拥有美国籍的孩子等等。我也很羡慕拥有了这一切的中国背景的新移民。只是我的亲身体验和旁观视角让我意识到，他们并不一定拥有期望中的那种稳定感。实现了各种指标式"现代化"的先进国家国民，并不是"从此过上了幸福的生活"，只是过上了与以前不一样的生活。

　　我曾工作过的那家律师事务所常接待一些不得不让银行来卖掉自己房子的客户。从另一个角度讲，我这一个学期的打工，也更集中地接触了美国这个富裕国家中人们的动荡不安感。美国政府是十分鼓励人们安家立业的。购买房子的贷款利息和要求总是定得很低，50 万美元一幢的房子，实际一个拥有 5 万元的人就可以购买，只要你能向银行证明你有正式的工作、稳定的收入和良好的信誉。你可以分 10 年、20 年甚至 30 年来分期偿还银行的贷款。买汽车也是一样，你可以先付一部分贷款先用起来，然后每个月支付 20% 直至付清。

　　但不是所有的人都能保证自己在分期付款过程中不发生问题。比如经济萧条、公司裁员，比如自己生病住院，比如子女上大学未能享受到奖学金等。美国的公司、企业与员工签合同的时候大都是一年一年签，甚至时间更短。一旦你无力支付、拖欠偿还您已使用的房子和车子的贷款，都可能立刻被贷款给你的银行收回一切。银行将与律师事务所联手，一起根据你的具体情况制订解决办法——将卖掉你的住房或车子的钱，用来补偿银行损失和帮助你渡过难关。

A 家的主人博士毕业，曾在一家大公司任职，收入颇丰。1990 年，忽逢公司总部经营不善，被迫裁员，不幸命中。这位大博士自己觉得有绝技在身，又有工作经验，一般的小公司自然不愿屈就，一直拖至卖房的境地。走时，罗伯特律师劝其先选择一个普通工作度过艰难。但博士答："我一直在家中辛苦规划，说不定卖房后将开办自己的公司。"

B 家的妻子不幸染病，丈夫花巨资未能生效。眼看妻子的病还将拖延一段，于是也毅然舍弃已经拥有 6 年的新家，重租公寓，以节省开支。卖房签约那天，两个儿子陪着父亲前来。3 个人都神情暗淡而庄重，毕竟是家庭人生的又一大转折。

C 家的房子已住了十几年，地块属于纽约的高档小区，安全而宁静。但十几年后，随着郊区的变迁、邻居的搬迁，他家所在的那片郊区已变得嘈杂和拥挤，周围不断发生失窃和抢劫。虽然房子离付清贷款仅剩 3 年多，老妇人还是忍痛拍卖。辛苦积累的家业因此而受到重大损失。

来签约买房的客户，当然是另一种心情。他们在即将属于自己的房子里寄予了未来生活的梦想。许多年轻的夫妇在贷款买房的合同书上欣然签字，但律师们总不忘提醒他们："这是一项长期的计划，请时刻留意你们的开支，祝你们一路顺风。"我不觉得他们听出了这话中的担忧。

在现代普标化的小康生活中，失去使你不安，得到也使你不安。战争是一种动荡，和平也暗含着动荡。在不断地迎来和送走那些买房、卖房顾客的日子里，我反反复复地体会和掂量着"塞翁失马"的古训简义，也因此对自己后来动荡不安中的每一分得失，都坦然接受。

（《东方信息导报》1995 年 1 月 8 日。后记：2008 年金融危机时期，我不由地回想起那段时间在这家律师事务所看到的客观情况。2008 年前后看到的一些新闻报道和研究文章说：恐怖的"次贷危机"由来已久，非一日之寒，主要是由于金融从业人员的放肆与贪婪，以及通过贷款提前消费的消费者们的盲目自信和不自量力。我看到的情况并非如此，多数从业人员和消费者都是无辜的。也许经济学者更懂得如何解释，我是"门外女"。不过，市场经济这头巨兽，其实是一只谁都不清楚如何驾驭的人造野兽。由此我也见证了美国新闻业的急速变化。20 世纪 90 年代初我刚看到美国的电视节目时，相比国内播音员的拘谨和呆板，我对那些美国主持人兴致勃勃、大胆点评时政的"亲民"风格挺赞赏的。但后来则越来越感到书本上讲的"新闻媒体"是代表人民监督和发言的"第四权力"说，并不符合现实。美国的媒体已逐渐成为相对利益集团，报道的新闻总是偏好"人咬狗"之类的耸人奇闻，缺乏真正深入且全面关注社会真相的调研与观点。毕竟那是需要勇气、耐心，也需要资金的事情。美国的主持人也有不少极想出个人风头、哗众取宠的角色，新闻的用词也太具煽动性，有意带节奏、拉仇恨，拉高社会阶层对立的莫名恨意。这是需要警惕的事情。对大众而言，每天的新闻和娱乐节目都太具有影响和渗透力了，所以，确实要重视每个现代社会成员的"媒介素养"问题。从这个角度看，我对自媒体的出现及其影响力，是欣然接受和很看好的。毕竟这些平台为更多的信息创造了传播的渠道，为普通人的发声创造了更多可能。）

26　歧视的问题

　　没去过美国的人，也知道美国有严重的白人歧视黑人问题。我总以为歧视的现象是普遍存在的现象。虽然我们在理性上能否定这种种族优劣说，但人的感觉依然有许多抹不去的界限。

那日清晨，我在甜圈圈店当班。买早点的人排成长队，轮到一位黑人妇女时，她突然犹豫不决，迟迟不肯开口。我性急，就按中国式的思维和做事方式说："太太，您再想一想，下一位，您要点什么？"当时我并未意识到排在他后面的是一位白人男子，我只想让排队的人不要等太长时间。但这位黑人妇女已经勃然大怒。她说我不愿意等她一下，是为了讨好一个白人，并责问我为什么跟白人说话和颜悦色，跟她说话时却漫不经心。我愣住了，任她大发雷霆，我发现一旦遇到这样的场合，白人也都愣在那里不吱声。而在场的另一个黑人是个男孩儿。他仿佛并不明白发生了什么事，只是认真地排在队伍里。没有其他人走出来说句什么，仿佛一切都很正常。我想这正常之处就是他们都感到我歧视黑人，而我这时感到的是：有人歧视我这个黄种人。

这位妇女最后怒气冲冲地提着早点走了。后来我才知道，她对我还是很客气了。这样的事情自己以后一定要特别注意，非常危险，千万不要让任何肤色、任何年龄的人感觉受到了歧视。

我的一门硕士课程班上有一位来自韩国的学生和两位来自日本的研究生同学。很奇怪的是，这位韩国同学总是寻找机会与日本同学争论，几乎是挑战似的屡屡在课堂上嘲笑日本同学的观点，并且是反驳他俩的所有观点，弄得大家都很不舒服。

那门课的老师是个刚博士毕业不久的年轻教授，每回都劝架似的想化解彼此的冲突。有一次还气得猛搨讲台，否则课堂就将开仗了。历史不仅将史实积淀于教科书，而且还口口相传地渗入人们的意识形态，使一些人有了"天敌"。有次一位台湾来的同学介入了我们几个大陆同学的闲聊，事后他对我挺伤感地说："诺拉，我发现你们大陆同学都把越南、日本这样的国家称为'小越南''小日本'。"的确，除了种族的歧视外，我们还会碰到很多地域的歧视，大国对小国的歧视，岛国对大陆的畏惧以及城里人对乡下人的瞧不起。

那年美国某电视台播放的一则实地采访节目给我留下深刻影响。一个黑人因在公园里屡次企图强奸白人妇女而被捕入狱。在服刑期间的一次记者采访中，他对自己的犯罪动机做了反省，他的主要意思是他从小就接受了很多白人意识形态的教育，无论是文学作品还是绘画作品，无论是无所不在的广告还是电影电视，都向他宣传白人妇女是世界上最美最可爱的人。她们的皮肤、她们的眼睛，她们的身材，她们的穿着，仿佛都是无与伦比的。于是他总是把美和爱的幻想定格在白皮肤的女性身上。但是在现实里，当他渐渐长大、渴望爱情的时候，没有一个白人姑娘愿意走进他的生活。就这样，他既不想亲近黑人姑娘，又被渴望折磨着，越折磨，渴望越强烈……这名黑人囚犯最后表示，要重新学习自己的文化，学习热爱自己的黑皮肤，以及自己周围的黑人姑娘。

他的这段反省让我也注意到，美国的化妆品牌和时装品牌正在急剧改变，多元化的肤色和不同模特的美，开始取代一味金发碧眼的白肤美女。许多电视广告都极为逼真地展现黑色的肌肤是多么细嫩和滑爽。我相信保养得很好的黄色或棕色的皮肤，也一定是同样的美丽和柔舒。

歧视的问题也是一个两相对应的问题，不能歧视别人，也不能歧视自己。而不被别人歧视，则需要他或她也具有与你同等的认识水平。

（《东方信息导报》1995 年 1 月 15 日）

27　被邀请去过节

都说小孩子对过节最感兴趣，初到异乡的我和 Z 君也因新人新地而突然对国外的节日是怎么过的大感兴趣。Z 君首先发现 Y 校留学生活动中心有组织感恩节到美国人家做客的通知，急唤我去报名。写下名字的那会儿也没觉得一定能去得成。通知上写着将挑选申请者中的一部分，好像还有个抽中签才能得奖的意思。但临近感恩节的那个星期，我和 Z 君都接到了中心的通知，于是兴高采烈地如约来到一大教室，按着顺序找到愿意请你去的美国学生。一般都是男生配男生、女生找女生，于是我就认识了学习人类学的玛丽娅。Z 君则另有一位学习物理的大学生邀请了他。大家彼此相互介绍，互表邀请和被邀请的热情和谢意。

玛丽娅约我感恩节的那天下午到她的宿舍楼前等。我坐上玛丽娅的车去她家过节。她告诉我说家中共有四个姐妹，全是 Y 大学毕业。她是最小的一个，因为几个姐姐都参加过学校组织的这类社会活动，因而自己是遵循惯例。转眼就到了她家，家中早已是热闹非凡。两个爱尔兰老人和三个姐姐及姐夫们一起从客厅的沙发里站起来，欢迎我们。感觉一下子就像是进入了人民大会堂，有一种非常热烈的节日气氛。玛丽娅向大家做了关于我的简短介绍，并一一介绍了她的家人。我的心情颇为紧张，并很快就被那一连串的名字弄得头脑混乱。接下去是极其紧张的谈话，大致听得出来，这些兄弟姐妹们也是极难得见面，一见面就有说不完的话。尤其是二姐和二姐夫，他们还要到男方家里去吃晚饭。因为二姐夫是独子，所以他俩还不时看表。我当时很有兴致地听他们彼此打趣谈话，并且极其希望自己是坐在一个别人看不见我的屏幕后面。因为他们中间的某一位常会突然打断谈话，让大家把话题和目光转向我这个特殊的客人，以免我产生被冷落感。其实，正是在这种时候，我会因不被冷落而变得结结巴巴、手足无措。

幸而晚餐一小时后就开始了。玛丽娅的二姐及二姐夫向大家告别后，我们陆续进入餐厅坐下。餐厅很大，长型桌子起码可以容 14 个人同时就餐。主人和主妇首先从大烤箱里抬出感恩节特菜：烤火鸡。那只火鸡足有十六七斤重，主人用刀切削下鸡肉让大家取用，主妇端上用鸡的内脏和各种佐料制成的汤汁，给大家沾火鸡或面包用。大姐和姐夫开始开启酒瓶，所有的晚餐，就是火鸡、蘸料和早就放在桌子上的色拉、巧克力蛋糕和水果拼盘了。这对吃惯了七碟八盘的中国人来说，自然是觉得单调了点儿。

美国人烤火鸡是不集中放调料的，讲究的是火候和时间。吃的时候个人可根据自己的爱好放各种佐料。而我当时除了敢往火鸡上撒盐外，对其他那些粉末就不敢随便下。怕万一弄出个怪味还得当众吃下去。不会喝酒，肯定是一大遗憾，那些酒看上去都很不错。他们大家起初很希望我品尝，不过听我说"不会"之后，就不再勉强。所以我后来就靠细嚼慢咽来陪伴整个节日晚宴的缓慢进程。

晚餐结束后，玛丽娅问我晚上是否还有安排。我赶紧表示还有一点小事，于是与大家热情道别。玛丽娅又开车送我回家。我到家不久后，Z君也回来了，问我感觉如何。我说："就是火鸡不够好吃，肉质又老又粗。"后来在校园里遇到前几年来的留学生，见面就问："听说你也上了一回当？""这话怎么讲？""听说你也去美国人家里吃火鸡了？"

把被邀请到人家家里过不同文化的节日这事说成是"上当"实在不好。一来这是美国人的一种主动好客，是一种很好的新传统。二来也是我自愿像孩子一样对"过节"存有幻想。谁若能经常激起人们这样的好奇前往，他就是众人的节日大使了。现代生活其实是很容易孤独的，小时候过节怕的是没钱，大起来过节怕的是没有兴致。三来，这次经历也让我明白，跨文化交流是很困难的事情，仅仅靠这样的凑个热闹和双方客气是不太有效的，这最多只能算是不同文明人之间一开始接触时友好地打了个招呼。

（《东方信息导报》1995 年 1 月 28 日）

28 年关亲情

第一次在美国过年是刚到美国中部某大学做访问学者后不久。在纽约的哥哥写信来说："过圣诞节请来纽约。飞机票请查收。"当时我极其高兴，逢人就显摆我拥有的手足之情。

圣诞的前夕，我到了纽约。哥嫂立即带我开车逛夜纽约。我当时对装饰独特的纽约各大街道和商场橱窗大为惊讶！中国有"忽如一夜春风来，千树万树梨花开"的著名诗句，但"火树银花"的景象在圣诞期间的纽约不是诗中幻想，而是触目即是的事实。细密透亮的灯泡将冬日枯萎无叶的街树装点得如入仙境，加之各种高层建筑在由下而上、勾出建筑外形变化的灯光照射下，如晶莹剔透的水晶殿堂，柔美的神韵好像要沟通天上人间。

第二天一早，难得有假期的哥嫂便按计划开车陪我去玩首都华盛顿。哥哥一上路就开始担心节日期间华盛顿的各大博物馆是否开放。嫂子说一禾难得来，看不到里面看外面也行，反正那都是最重要的景点——白宫是只能看外表不能入其内的。那天刚下过大雪，车很难开，哥哥还是努力加速，终于在圣诞节的前一天，也就是美国人的年三十中午，驶进了华盛顿市区。

天开始放晴，室内的道路干净和宁静得出奇。既没有行人，也看不到民宅。据说在这里上班的人都住在郊外，而且是越富的人住得越远。我们先是"走车观花"，驶过了白宫、华盛顿纪念碑、林肯纪念堂、最高法院、国会图书馆和五角大楼。一路上都未见什么人，好容易发现前面有辆小车，我哥一脚油门追上去，并轻按一声喇叭。只见三个坐在后排的脑袋齐刷刷从右往后看，三张回望我们的全是中国人的脸，那情景真是喜剧片的镜头，逗得我们双方都开心大笑。

这之后哥哥一看表已经是下午3:30，急忙直奔附近的航空博物馆。那是个尚可入内参观的大博物馆。若带孩子来看，一定会泡上一整天都不愿出去。全套仿真的各式飞机、宇宙卫星、太空舱和火箭导弹发射台，令人大开眼界。只可惜一小时后广播就开始提醒时间。我赶紧去小卖部挑选纪念品，并问一个售货员："明天还开门吗？"那位二十来岁的男孩儿圆眼一瞪惊呼："你疯了吗？"

走出航空博物馆时，夕阳已如血如涂。落日白雪中的华盛顿纪念碑直插云霄，在雄伟中也透露着一种清冷中的肃穆。我们这才感到饥肠辘辘，便开始驶向郊外。那晚吃的是中式火锅，其汤浓浓，其热也融融，我们兄妹和嫂子三人异国团聚，好不开心。直至起身结账时嫂子才一下子高喊："啊呀，我的相机不见了！"原来，精致小巧的相机每次拍完照都放在她的长大衣口袋里，现在却不知何时不知何往了。"快看车上！"我们一起冲出门外，但是车上仍是一无所获。

天上又开始下起鹅毛大雪，厚重的白雪把道路上的一切都遮盖了。估计是嫂子下车时相机滑落在雪地上，悄然无声，所以未被发现。但由于刚才吃饭前，我们在这个陌生的小镇上东转西荡，数次下车，所以根本没有办法回头寻找，我们都有点沮丧。"那相机还是你哥去年顺带送我的礼物呢！"嫂子的心情听上去糟透了。"唉，相机再买一个就行了。可是一禾在华盛顿就没有留影了。"我哥哥沉思了一会儿就说："得了，我们今晚不回纽约了，去前面乔姐家借宿一夜，明天再'二进宫'。用我的备用相机再拍一遍。"我一听就急了："不用、不用了，华盛顿的景点都看进我的眼里拔不出来了。这黑夜大雪的，明天还不知道路上怎样积雪呢，今晚赶快回去吧。照不照片的我不在意。"但哥嫂都坚持不肯，不由分说地把我拉入车厢，继续前行。

哥说的熟人乔姐家住得并不近，夜里 11 点才到她家。虽然事先未能打招呼，但还是得到他们全家的热情接待。我们又围坐一圈，续聊家常，直至凌晨 1 点才各自安睡。第二天，由于雪还未停，也由于主人盛情，我们吃了中饭才启程。开到华盛顿市中心时，又是下午 3:30。哥嫂两个一处接一处地带我把前一天走过的地方一一走到，一个一个重新留影。雪后楼前，取景取形，我把华盛顿又重新温习了一遍。圣诞节的华盛顿虽然路上无人，虽然商店闭门，虽然整个城像座空城，但兄妹手足之情给我的温暖和亲情，让我永远难忘这年关寂静的名城。

照片不久就冲出来了，每一张我都很珍惜。虽然那天由于雪后太冷，大约有零下十几摄氏度，所有照片上我的鼻子，都是红的。

（《东方信息导报》1995 年 2 月 5 日）

29 渴望选择

人是渴望选择的。逛商场，渴望在万紫千红中选择合适自己的衣物。谈恋爱，渴望在大千世界中觅得一位意中人。找工作，也渴望在三百六十行中发现一份自己想做也做得好的工作。而且人不希望选择只是一次性的，重新选择会使我们重新振奋一次。既可以纠正前一次选择的错误或不足，又可以开拓未来生活的领域或前景。当年上过山下过乡的"老三届"，都曾回忆自己出发时的兴奋和投入，以及日后的颓丧和绝望。假设我们党中央当初号召知识青年上山下乡两三年，然后大家重新选择，我想每一个"知情"的心态和情绪就会完全不同。假设我们的校长今天对大学生说，请你们去偏僻山村工作两三年，然后祖国的江山任你驰骋，也许不少同学会极其珍惜那两三年中的每一天。他们会在那些同时具有穷山恶水和质朴人群的遥远山村做出非凡的贡献。也许两年后，他们中的有些人会渴望再续两年，但是任何打破常规的日子，一旦与"一辈子"联系在一起，就会令人畏惧。毕竟人的本性是趋向三天打鱼、两天晒网。重新选择的机会，比曾让你做过的选择更为至关重要。

美国是个移民国家，经历过类似"开发西部"的优胜劣汰进程，逐渐形成了崇尚自由的传统。这种自由的一个重要表现就是你可以选择，不断地选择。美国中小学教育就比中国、日本等东方国家更为松散自在。教师们注重的启发式教育并不旨在让学生理解老师或课本，而旨在让每个学生发挥出自己的天性，认为这样的学生才能在原有的知识基础上做出自己不同的贡献。

美国的许多大学一年级学生并没有专业，也没有绝对的文理之分。所有的新生必须学习世界文明、科技史、文学经典、英文写作、高等数学、计算机、体育等"基础课程"和"通识课程"。而后各自逐渐形成"专业"的概念和选择。学校里还设有许多专门的咨询机构。各科的高年级学生也是新生选择专业的指导老师。在大学第二年，每个学生进入专业学习后，他们仍可随时改换专业。唯一损失的就是你的学分。因为每个专业的必修课程是不同的。我听过课的一位计算机课老师就是学了三年音乐后改学计算机的女研究生。她上课的第一天就以自己的经历说明计算机并不难，谁都能学会，哪怕你曾经整天操练的是钢琴，从未接触过数理逻辑和编排程序。这些都很好懂，但是她一旦开讲计算机原理，我就还是听不懂。

由于这种充分的选择自由，我的室友之一宝琳小姐就已经在美国读了三个专业。她来自台湾，来之前是外语本科毕业生，第一次学习的是与我相同的"亚洲研究"专业研究生课程。因为怕这个专业在美国不好找工作，所以一毕业就转入计算机系学习。辛苦读完的时候又觉得自己在这方面其实并无兴趣，当初读它只是因为这个专业毕业好找工作。而找到的工作不过是电子秘书类的文书打字和数据输入，于是又渴望重新选择。我刚与她相遇时，她正开始第三个专业"药学"的学习。这次选择一是因为 S 大学的法律系和药学系全美闻名。一旦毕业，文凭很吃香。二是因为她认识的一位印度裔留学生是药学系的高年级学生。他大概给她讲了很多学习药学的好处。尤其是后来他俩逐渐形影不离，决心毕业后一起开一家药店，作为终身事业；这更增添了药学系的魅力。唯一可惜的并不是她未能用上已有的两个硕士文凭，而是她的这次选择离原专业太远，她必须从本科一年级从头读起。

宝琳一开始信心十足，她对我说，前两个专业从未读出过这种沉溺其中也乐在其中的滋味。这个专业使她对整个生活都有了完全不同的感觉。原来我们的衣食住行中还有那么多奇妙的道理和秘密。我很为宝琳高兴，她终于找到自己喜爱的专业，以及自己的意中人了。约一年后，宝琳的心情变得不那么好。她的专业书开始由形象的彩照深化为抽象的数据分析，必须背记的内容也越来越多。所以宝琳开始叹气皱眉，还有一次对我坦诚披露：她有点后悔了。要学习的课程很难，而且要学习的东西还很多。家中父母已经连续供她在外求学 8 年了，而她始终未能自立，真有点羞愧和心焦。我那晚认真地劝了她一回，我劝说她不必烦恼，毕竟当初选择药学不是轻易决定，而且这一选择事实上也已经与她的生活和工作缠绕到了一起，除了克服困难，并无别的明智选择。后来我完成学业的时候，宝琳还在苦读她的第三专业的大学二年级下。

没有选择的时候，我们可以抱怨上级和他人，而拥有选择的权利，不仅是一种自由，更是一种要求。它要求我们尽早做出正确的抉择。虽然人生重新选择的机会可能无限，但毕竟人生的岁月还是有限的。

（《东方信息导报》1995 年 2 月 18 日）

30　你可以自由堕胎吗？

20 世纪 90 年代初，美国论坛的很多问题都开拓了，或者说挑衅了美国已有的宪法及法典，表现了公众对人权问题的尤为关注。比如同性恋问题就从过去的遮遮掩掩变为今天的公开对庭。同性恋者要争取的不仅是"自由恋爱"，而且是不被歧视、受到宪法保护的平等权。又比如性骚扰问题，已经从以往的反暴力侵权延伸至今日的反侮辱性语言、非善意玩笑及带侵犯性的动作姿势。还比如，在反吸烟、保护非吸烟者运动日益浩大之际，近日，美国的一些大学又提出反酗酒运动和捍卫自由呼吸权利运动。前者控诉的是酗酒者造成的混乱和喧嚣，后者抗议的是浓烈刺鼻的香水香脂气息影响了周围人的自由呼吸。总之，美国人视人权和自由为人生和治国的基石。

自由堕胎的问题是美国人旷日持久的一场争议。1973 年美国最高法院裁决，宪法赋予公民自愿选择堕胎的权利。这一裁决仅仅表示支持自由堕胎者的暂时胜利。在教会的推动和保护下，反堕胎者又在全美各地组织了规模庞大的"保护生命运动"。为此，支持自由堕胎者也在各地建立全国联网的保障堕胎权的组织。无论你到哪里，都能发现这两大组织的宣传标语和活动痕迹。在纽约的一家私人诊所门口，我看见正门上贴着笔法公正的"宪法保护每个人的合法权益"的标语，但门外墙上则刷有黑色草体的大字："危险！这里每天都在杀人！参与杀人者必受报应。"

这种针锋相对，其实早已导致武力冲撞。据一杂志的报道，美国过去10年中发生的各种针对从事人工流产的医院和诊所的犯罪活动，包括纵火、枪击、捣毁等近两千起。许多医生和堕胎者收到匿名恐怖电话和公开武力威胁，甚至暗枪伏击。关于自由堕胎问题的争论也早已成为美国政界权力纷争的一种工具。从竞选国会议员到竞选美国总统，对这一问题的反对或同情，都将决定其选票的多寡和众多社团组织的支持与否。换句话说，教会和国会的观念之争是美国历史，并可追溯至欧洲历史、追溯至古希腊罗马时代就产生的一种政治权势之争。当政客们谈论能否自由堕胎问题时，早已是"醉翁之意不在酒"。

对一个中国人来说，能否自由堕胎的问题首先是与我们膨胀的人口、紧张的空间和独有的历史连接的。加上中国文化的中庸传统，追求适度和宽容。因而，中国人是断然不会将这么一个问题弄到这样一种极端状况的。曾有一位加盟反堕胎运动的美国人与我聊天，想与我讨论中国的计划生育问题。我对他说："这与你们的反堕胎运动完全是两码事。我知道我国的一部分农村在保证计划生育政策的落实上，有强迫的现象。但那些现象绝没有达到纵火、爆炸和杀人的地步。如果你到中国去体会一下，我相信你也拿不出更好的办法。"这位基督教信徒当时对我简介的中国国情，显然一下子感觉无从说起。他只是坚持说，上帝不允许我们随便杀害婴儿，生命是神圣的。不过我想了一下说："我想上帝保护人类生命的话，一定会有一副宽怀之心和理解人类的上帝智慧。比如一个12岁的女孩因为无知而意外怀孕，或一位40岁的妇女因为避孕失败而怀孕，如果上帝理解拯救新的生命，可能会伤害已有的生命时，上帝也会让她俩灵活处理问题的。"

这位美国朋友很快把话题引向怎样避免可能发生的一切不幸。他听我说，中国的许多单位有专人负责定期免费发放避孕药具时，觉得十分好奇，因为美国许多城市为了防治艾滋病而向中小学生发放避孕套，于是就聊到了避孕药具上去了。他像是想起了什么似的，突然特别认真地对我说："中国的许多产品好像还都一般，不过中国产的避孕套，据说又好又便宜，堪称世界一流产品。"当时一下子就让我把眼泪都笑出来了。

（《东方信息导报》1995 年 3 月 5 日）

31　你可以自由携带枪支吗？

除了正在打仗的国家之外，美国也许是当今极少数的政府允许公民自由携带枪支的国家了。自由持枪问题和自由堕胎问题一样，是美国政坛长期纷争不休的焦点之一，虽然在申请购买枪支的资格上有一整套烦琐的审批手续，但懂得办理的人仍很容易合法地在专业商店里选购一把心爱的枪和若干子弹。一旦这些售枪商人或持枪者保管不严，无数真枪实弹就会散向社会底层。更何况许多有手艺的制枪个体户在枪支爱好者中占有相当市场，更使得美国人的持枪比例变得无法统计和控制。

关于自由持枪的人权问题，我不能不想到曾经引起广泛关注的中国留美画家林林被害事件。林林是哥哥常来常往的好友，所以消息传来时令我特别特别震惊。待我后来详细了解了整个被害经过后，对自由携带枪支的美国社会有了一种不寒而栗之感。

林林那日在街头画画。因为技艺不凡，求画者很多，一直忙到中午过后。这时，前方走来几个黑人青年，大约都在十八九岁。他们一路开着粗鲁的玩笑，迈着浪荡的跳步，不时对路上的行人和左右的橱窗放置指指点点，并不断为自己想出的一些恶毒话语而哈哈大笑。左右的行人都觉得这一帮人如酒后醉鬼，纷纷回避。林林和妻子（也是画家）还在埋头作画。其中一个黑肤青年走到林林身后停下来，开始用极其下流恶毒的脏话污蔑他和他的画。林林十分气愤，但并没有立即反击，仍坚持低头作画。这一帮人见林林不声响，反觉好欺。为首的那个黑肤青年突发奇想，走到一边的垃圾箱里抓出一把垃圾放到林林头上。这下林林站起来怒目凝视对方。在一旁的林林太太实在看不下去了，她开口道："你们想干什么？""干什么？想打你！"那黑人话音未落，对着林林太太就是一拳。这使得林林暴怒了。个子不高的画家为妻子竟被如此殴打而变得勇敢无畏，他向那个黑小子伸出了自己的拳头。但枪声立即响了。黑肤男子在距林林近一米的距离突然拔出藏在腰间的手枪，在林林还没有反应过来时就扣动了扳机，林林当场倒地死亡。

所有在场的人都惊呆了。林林一身鲜血倒在地上，黑小子们却猖狂逃跑。听说目睹这一切的林林太太后来一星期都没能说出话来。

谁会想到这个黑人有枪？谁会想到在和平的纽约的白天，一个中国画家会受到这样的侮辱后还会被枪杀？谁会想到一个刚满 19 岁的男子会向一个手无寸铁的人这样轻率地拔出手枪？在日常经验里，当一个把手枪公开别在腰间的警察要求你做这做那的时候，哪怕这个警察冤枉了你，哪怕这个警察极其无理，你也会先举起双手，因为一切道理与枪下的结果比起来，就可能是另一种立论。但是林林不是。

在我们的生活中，打架斗殴并没有在任何国家灭迹。有许多近亲近邻还会为一点点口角大打出手。但人们在相互厮打的时候之所以敢拼足力气，是因为彼此不过是力气的较量和凶狠的拼搏。而一旦你的对手回厨房抽出一把菜刀来，形势就完全变了。或许你也开始寻找相应的武器，或者周围的人开始拼死劝阻你们。可是林林不是。

在美国人心中，自由持枪的目的是使每个人都可能反抗暴力，惩恶扬善。但杀害林林的凶手不是。谁知道有多少人不是。

林林更不是一个种族主义者。他与这帮黑人素不相识。相反，林林是一个浪漫主义者。他到美国 7 年了，在其他人都努力搬迁至高档小区和安全地带时，他却因为对黑人艺术的爱好而一直说服妻子住在纽约布鲁克林黑人集居区。他一直迷恋黑人的绘画、音乐和舞蹈，认为其中有强烈的青春气息，可以激发艺术想象的空间，他有不少黑人艺术家朋友和友好的黑人邻居。由于他生性豁达乐观，不拘小节，故从未与人有过龃龉，更别说怄气打架。

还有令林林所有的朋友惊骇的事。美国是没有死刑的国家。杀害林林的凶手被抓获后，美国的法律因为凶手那天吸了毒，自称不清楚自己做了什么，仅仅判了他9年监禁。在这期间，如果他的亲人或朋友有足够的保释金，这个凶残无人性的杀人犯，还可提前迈步在大路上。

在自由清新的空气里，还有自由犯罪的污浊，我为林林的死，以及这样的死法感到极其悲愤。指导我课程论文的一位美国教授在了解我感到的郁闷之后，表示深切的同情。他沉重地说："从某种意义上讲，美国比战火纷飞的中东还危险。在那里你还知道自己为什么死，以及被谁打死，而在这里，你却随时可能为莫名其妙的人及莫名其妙的事丧命。"

（《东方信息导报》1995年3月12日）

32　中国人的英语

大多数在美国的留学生在出国之前就花了大量的精力和时间攻读英语，因为高分的 TOFEL 和 GRE 成绩能赢得名牌大学的全额奖学金和美国大使馆的签证批准，但也有许多人在英语尚未过关的情况下就通过各种途径来到美国，然后在美国又因为英语不够应付而难以施展。

我自己在决心再读一个美国学位时，也曾为自己平平的 TOFEL 成绩而难过，我曾以为到了美国后英语自然能突飞一下，但事实上，TOFEL 是一项科学性分析能力的考试方式，在你的综合性水平尚未上一个档次之前，上升50 或下降 50 分的概率都是很小的。半年下来，我的英文水平仍未见明显成效，我因此确认自己在语言上的天分是一般的，并决定选择一所普通的大学和自筹第一个学期学费。到纽约圣·约翰大学报到的那一个星期，所有外国留学生都必须经过一个学校的外语考试，结果是大多数人都得到必须选修一门"英文文法和写作"课的通知，有两个国内外语系毕业的学生也未能幸免。这门英语课不计入学位学分，但收费却与修其他学分一样，而且期末不通过考试的话，还将重读一次。实际上这也是学校结合从严要求和经济目的的一种安排。

第一堂英文课后的命题作文是"我的名字"，这篇回家作业我很认真地打了草稿，并千方百计寻到一位外语系毕业的大陆高年级同学，让他帮我修改文法，当时已是改出错误不少，但等到这篇作文发下来时，我几乎不敢相信那赫然的红色分数是"3"。在老师的讲评中，我发现美国老师对文章的段落和结构有极明确的要求："立论—评论—结论"这种在我想来似乎有点刻板的文章组织方法，与美国学者追求的逻辑思辨有密切联系，并在我以后的写作阅读中证明是行之有效和很有帮助的。等我按英文老师的要求，不断修改我过于散文化的思路后，就很顺利地以"5"分过了大考。

尽管是这样，尽管我在美国完成了数十篇论文和读书报告，并以优异成绩取得硕士学位，但我还是得承认：对我所熟悉的内容而言，我能听懂英语电视广播的 70%~80%，反之则只有 50%~60%，我承认我的英文还是很中文化的。现在，在有中文译著的时候，我绝不先读原著，看一部原著的时间我可以看完三部译著。留学生聚在一起，常谈及谁的英文如何如何棒，有一个室友曾惊喜地告诉我说：她开始习惯用英文思考问题了。而且她在梦中也已经开始说英语梦话了！但我更相信一个获得哲学博士学位的中国留学生的坦言："应付生活是容易的，但真正深层次的交流还是在中文之中。"在大词典、大百科全书都已输入电脑的今天，语言文字的意思转换很快将成为人们对电脑翻译文的一种疏通和润色。当中国开始向世界开放的时候，中国人的英语就像外国人的中文一样，都基于人们对互相交流的渴望，语言本身并非那么重要，重要的是人们通过它传达了自己的思想情感。

我的硕士课老师之一金介甫教授很小就随父母在台湾居住，从而对中国文化产生浓厚兴趣，他的沈从文研究在中国和国际上都享有极高的声誉。针对留学生参差不齐的英语水平，他曾在课堂上强调说："不要为你们自己的英语过多地犯愁，我将首先检查你们的理解和思想。"我不会忘记金教授在我第一篇读书报告上留下的密密麻麻的文法修改笔迹和最后清晰的评语："很好。"听金教授的英文课，你会惊讶一个美国人对中国文化的了解甚至多得超越一般中国学者，你会惊讶他所看到的都是你也看到的，但他所想到的却是你未曾想到的。虽然他已经无数次往返台湾和大陆，虽然他还有一位台湾太太，但他还是很少用中文说话。"我的中文还是不行"，他在下课时与我们中国学生随意交谈，解释自己的中文水平时总是略带羞涩，却也是那么坦然。我想我是从他那里学到了一种对外语的认真和坦然，对没有条件或天分不够好的人来说，点点滴滴的积累和综合能力的提高比单项技能的钻研语言天分更为有效。英语是一种有用的工具，未能掌握它之前自然不能做很多事，但在我们试图掌握这一工具的时候，又可能忙于操练工具而忘了真正的目的，甚至可能对工具本身的精美耐用产生敬畏乃至崇拜之心，从而忽略了工具只有在运用的过程中才产生意义。换句话说，不管你是成功了还是失败了，原因都不会仅仅是因为英语。

（《东方信息导报》1995 年 7 月 8 日）

33 专业与行业

在人人都想受高等教育的现代社会，专业已经成为人们生活中不可回避的选择之一。专业是一个既包含个人趣味又包含社会需要的概念，也是个浸满历史内涵的概念，有的专业传统而深奥，有的专业新鲜而需要，一个数学博士不一定比一个会计中专生收入更高，削减教育系的开支可能是为了扩建更为热门的旅游系。从专业爱好上讲，许多人执着追求，乐此不疲；而从社会需求上讲，许多人被迫改行，以求生存。据统计，美国人平均每个人在一生中都做过两种以上不同的工作。在这种改行的转换中，有的人是迫不得已，有的人则是主动调整。

按原计划，我是到美国I大学的比较文学系访学，但两周课听下来。我就感到这个系的教学内容在整个美国社会生活中占据的是一个"保留节目"的位置，对未来的个人发展来讲，似乎是过于专业。于是我开始利用自己的自由身份去各系旁听，并逐渐冒出换个专业再读一个学位的念头。这时一位很要好的友人对我说：一个中国人在美国读书应该考虑一定的经济问题，对女生来说，最好选择护士或计算机专业，前者因为美国护士奇缺，工资特高，一般美国女生都不愿做这既苦责任又大的工作，后者则因为计算机已经遍布美国的每个角落，数据输入的工作将永远缺人。事实证明我朋友的分析是很有道理的，但我还是选择了自己喜欢但不实用的专业，因为在我看来学习知识与学习一种技能还是有很大的区别，前者需要兴趣，后者需要耐心，而我是有了兴趣才有耐心的人。

有位留学生是学哲学的，也许是尝到了哲学系毕业后极难找工作的苦味，他在千方百计将自己的妹妹办好出国签证后，就替她缴纳了计算机系的学费。这位在国内大学英语系毕业的妹妹就这样进入了计算机学这个集美国精英青年的专业。她读得非常苦，据说大多数作业都是在别人的帮助下完成的。她毕业时，哥哥寄予莫大希望，两人一起找到一家大计算机公司任职，但一年后这位妹妹就在无法回避的工作压力下主动辞职，另寻一家小公司工作。计算机虽仍是她工作的对象，但主要是操作，而不再是设计了。

由于美国大学生中大部分人是自费求学，因而对专业的考虑不仅是"值得读"，而且是"值得投资"。比如医学、法律、药学是经久不衰的热门专业，加上商务系、计算机系的广泛社会需求，也广集全美优秀人才。在其他学科里，人们也很注意针对社会现实所进行的研究，以及根据现实要求对自己的设计。一位在国内读完哲学硕士的留学生在美国读哲学博士时，将自己的主攻定在了数理逻辑上，毕业后成了电脑公司和经纪公司争夺的"专家"。一个在新闻系学习的留学生放弃了新闻理论的研究专题，集中注意力于学习各种传媒技巧的运用，由原来的文案人员变成了文武双全的媒介人才。一个在国内搞教育心理学的留学生到美国后改攻心理咨询，准备在中国这片正待开发的处女地上捷足先登。

有些人从小就知道自己想干什么，有些人却一生都在寻找，有些人干一行就爱一行，有些人却不由自主地渴望"三天打鱼，两天晒网"，我想对这两类人都不能简单地加以褒贬，因为人之本性是一个大概念，这个概念宽广得足以包涵十分专一和完全随意这两类极端追求，以及在这两极之间各有偏向性的芸芸众生相。我以为：尽管专业将决定你在什么行业中长久工作，行业又在特定经济发展阶段不断出现结构性变迁，但对每个个人来说，选择专业还需十分审慎才是。不管你是第一次选择，还是重新选择，都应该是你自己的选择，而不是别人的，哪怕是众人的选择。

（《东方信息导报》1995 年 7 月 15 日）

34 在美国读书和考试

在美国读文科类硕士比在国内辛苦得多。新学期每堂课一上来就是一张清清楚楚的"菜单"，告诉你从第一周到最末一星期的论题及阅读书目，基本上每门课每周都必须读完一本书，并写一篇"读书报告"。下周课开头是讨论上周阅读，讲评作业，并讨论一两个基本问题。这些读书报告的得分合计占期末总成绩的 60%，期末的综合大考占 40%，因而是无一课无一书可以轻视。学校对到课率有严格的规定，迟到更是大忌。我每学期修 4 门课，于是每周都有 4 本书和 4 篇报告要写，这些报告还不能是手稿，必须是在电脑房里打印出来的标准化作业，否则老师可以拒绝评分。这些规定对外国学生来说，在一开始就有相当难度，你必须有快速阅读、快速写作及快速打字的全面技能，并且还要有一个文科类学生最重要的基本素质：有自己的思想和文体。

由于学校的电脑室有一定的开放时间且座位有限，对我而言，阅读是在每个可能的间隙，构思是在每天的深夜，思考则是在生活的每时每刻，每个周末都必须在电脑房里完成最后的定稿。

美国人写的书大都承习欧洲理性主义思维传统，讲究严谨的逻辑和细密的分析，因而我很快就找出一条阅读的捷径。每周一、二的晚上，我会集中把 4 本必读书的前言和结论先细谈一遍，每本书的这两部分就是全书的立论和结论，是主干，而所有中间的部分都是对这两部分进行补充的枝叶。我必须在每周三就基本形成对这些书中论点的基本看法，并在后来的阅读中充实整理或修改自己的观点，周五晚的 4 篇草稿应该已经出来，周末在电脑屏幕前就主要下文字的功夫了。

大陆同学大都在半工半读，忙得很难照面，美国、日本及中国台湾来的同学一般都能潜心读书，不为稻粱谋。第一学期开始，我的表现一般，到期末时才开始在评讲中被引用观点。到第二学期仿佛入了门，连着几门课上都被点名发言，每次读书报告的评分都名列前茅。这引起了旁人注意，许多同学开始来找我讨论，考试前更拉我入伙联盟应考。

美国文科研究生的大考是可怕的，一学期读到书中的任何问题及背景问题都可能被拎出来让你论述，我虽然教书已有 8 年余，但在重进考场时依然紧张和担忧。因而，几个同学合起来讨论一些中心问题，准备一批模拟答案还是很有帮助的。在考卷上回答问题，既要体现你的阅读面广，又要表现你的见解深，还要注意一点教授的个人兴趣。当我把这三点"经验"讲出来时，两个年纪很小的同学还"哇啊"地高喊起来，说"怪不得诺拉总得高分"。其实不管你得高分得低分，我亲身体会到这种密集型的阅读和连续性写作，的确让我长进很快，获益匪浅。

哈齐是我们班上的一位年轻美国才子，性格开朗，学习用功，而且十分好强，在记忆力和写作能力上我根本无法与之相比，但在观点和分析上，我似乎又略占上风。那日期终考试成绩发布后，他在走廊上截住了我："诺拉，这次大考的第二题正是你准备的思考题，我几乎完全采用了你用来交流的答案提纲，但为什么我得了92，你却得了99，是不是你有所保留？"我立即能感到他心中的不悦和怀疑，但也没说什么，只把手中的考卷递给了他，他一声不响地看完，随后释然说："诺拉，虽然你的英文文法还有一些错误，但你回答问题的方式却与众不同。"我收回我的考卷后说："哈齐，你现在是这么年轻和博学，而我比你几乎年长10岁，待10年后你再来解释这些问题，你会写得与现在完全不同的。"哈齐朗声一笑，潇洒离去。

后来我听说哈齐对其他同学总结说："我们往往在应付考试，而诺拉那个人却不是。"的确，我希望的只是求知，关于哈齐提到的那个考题，我不过结合老师临考前的最后一节课，把对这个问题的思考推进了一点点。

（《东方信息导报》1995 年 7 月 22 日）

35　跟布教授读书

第一个学期就有布教授（Dr.James E.Bradley）的课，第一周必读书是20世纪40年代出版的一本专著，我们在图书馆的电脑里检索到它，却发现只有两本，一本是留底不外借的，另一本在布教授手里，于是大家只好从布教授处借来去复印。由于这种每周一书的教学方法使很多书在同一周内必须被一大群学生阅读，所以大多数书都必须以复印的方式确保学生能按时读完。

布教授建议我们组织起来，每人负责一部书的借阅、复印和分发；这样一来果然省事。

第一次读专著、写笔记并不容易，我不知道教授将就这部书讨论什么、怎么讨论和为什么要讨论。这门课叫"日本的现代化进程及问题"，布教授指定的专著谈的是日本近代史上的一些重大事件，其切入点和讨论方法与我原来在国内了解的有很大区别，尤其是许多史料闻所未闻，读来很有收获，但同时心里也不是很有头绪，想到反正是到课堂上听讲，正好听老师阐述。

谁知一上课布教授就让每个学生挨个儿地说出自己的阅读理解和评论，几个未准备充分的结结巴巴，几个没看完的老实道歉，我的发言也吞吞吐吐，被布教授一语打断："下一个！"下一个倒是一位本科政治系毕业的俄罗斯文化背景的留学生，对日本的近代史了如指掌、侃侃道来，令布教授大喜。教授随后一连问出几个尖锐的问题，这位政治系毕业生回答时明显放慢语速，不过他在简述自己的想法后很老练地向布教授客气反问："敢问教授先生的观点？"布教授大笑，开始阐述这本书的出版背景、作者的经历阅历，以及出版后近半个世纪来世界格局的变化。布教授强调这本书的作者在当时发现的几个关键问题迄今仍占有重要位置，他在结束时说："我认为至今还没有这个领域的其他著作超过了这位作者的学术水准，不过这本书的最后一章已经历史性地作废了。"布教授这堂课对气氛、节奏的控制，对学生的点醒和警示，都给我留下深刻印象，当时的感觉很像是被猛地推进一扇从未启动的大门，从此对这个领域里的有关问题和讨论就不再陌生。

转眼数月过去，轮到我负责复印的那本书是部极厚的大著，以 5 美分一张的复印价计算每个人得花 80 多美元，我在那家复印店里足足等了两个半小时才把 11 本大厚书提出来。我请教了哈齐有关这书作者的材料，他说这是当代颇有名气的一位国际问题评论家，其著作一直与美国的对日政策变化有明显联系，也可以说是对决策人士影响颇大的一位名人。因为书很厚，读起来特别费时，当时也对布教授的阅读要求有了一定概念，因而也准备了自以为不错的读书报告。上课的时候，布教授仍让众学生挨个儿发言，并一直微笑、点头、不语，大家开始以为布教授对这堂课挺满意的，待每个人轮完后布教授不急不慢地开始发问，起初的问题和口气都是平缓而冷静的，而后则变得越来越激怒和尖锐。尤其是对美日贸易战的起初、进程和美国对日外交政策的出发点，布教授都对书中的见解进行了激烈的抨击，他一气谈出了许多史实和事实，给当时的我们以强烈的震动。令人敬佩的是，布教授在这一学期的授课中，始终坚持面对历史现实和公正平等的立场，他对美国在处理国际事务诸多问题上的霸道态度表示了公开的抨击，反过来对日本在接受西方政治经济制度进行现代化改革做了较高的评价，因为他认为日本政府始终注意到本国的文化传统和人民愿望。

最后，布教授指着手中厚厚的书说："我认为这是垃圾！我希望你们，尤其是你们来自外国的留学生，不要以为美国一流书店里卖的都是有价值的书，不要以为美国的政治、经济生活都充满了平等和正义。如果你们用大脑思考一下，你们会发现许多垃圾一样的东西！"他随手将那厚厚的一叠复印本扔进教室一角的垃圾桶，宣布："下课。"

（《东方信息导报》1995 年 8 月 5 日）

36　股票经纪人

通过报纸找工作在美国是很普通的事，尤其是每周日的《纽约时报》会有大量招聘广告，是美国毕业班学生常读的报纸。华人虽大都是在《世界日报》上寻找工作机会，但受过高等教育或有良好英文基础的留学生就自然会集中注意力于英文报刊，以求早日介入美国主流社会。我发觉美国报纸上招聘得最多的职位是推销员、驾驶员和经纪人。我起初对商品经济和竞争社会的认识是很少的，因而对这类职业长期招聘且永不餍足深感不解，尤其是招聘经纪人的股票公司,大力宣传他们对未来经纪人的免费培训,以及他们对经纪人收入所用的形容词:"无法估量",当时都令我好奇。

我决定抽半天去看一处这类经纪公司,便挑了个名字像是属于韩国老板的股票经纪公司打了预约电话,因为到了美国,亚洲人就比较容易互相认同。电话那端是极其流利清楚的美国男性声音:"随时恭候光临,包括星期天。"这家公司位于曼哈顿梅西百货公司不远,在一座办公楼里占了3层。走进公司正门,照例有个漂亮的接待台,因为是星期天,里面没有小姐。一位约莫三十出头的美国青年走了出来,他着装笔挺,语气正规:"您是约在10点的×××小姐吗?""正是。""请这边来。"他迅捷地领我走进一个大厅,只见约50台电脑齐刷刷地排列在那里,仍有两三个人正在埋头工作,电脑屏幕上的股票走势图在当时只令我想起了中学课堂上的XY轴,这位青年指着大厅尽头的一排电脑说:"前3台里面是最新的经济新闻汇总和背景材料,中间两台是专家预测汇总,那个角落是历史资料索引和查询。我们公司的信息网络和专家系统是目前最先进的,而且我们仍在不断更新。"在接着带我参观了另两层后,他说:"好了,现在你可以问任何问题。"虽然我当时包括现在,对股票经纪人都是了解肤浅,但我还是马上就问:"做您这类工作的人都是经济学或商务系毕业的吗?"

"不,事实上这里的经纪人来自各行各业。"

"有读人文学科的大学生来这里帮别人炒股票吗?"

"是的,有些人以前是教师、记者,或是画家,这类人的思考习惯略有不同,他们更相信自己对文字信息的感觉,而不完全寄希望于图表,但他们也常成功。"

"那么这些人是怎么学会做股票的呢?"

"一般都是从我们的训练班里入门的。"

"能简介一下你们的免费训练班吗?"

"可以,这个班每半月开始一个新班,每3个月一期,学习期间不准兼职,不准不做作业,不准迟到早退,但允许中途退学。在这3个月里,你可以学到很多东西,而我们在3个月后也会知道您是否适合做这个工作。"

"那这个班的淘汰率是多少呢?"

"这不是个稳定的数字，我说不上来。总的说来淘汰率很高；因为这的确是一份不寻常的工作，需要不寻常的人。"

"我还想问一个问题，女性做这份工作的多吗？"

"啊，不算多。但我们公司最成功的角色里就有一位女性。女性在关键时刻总是更容易下定决心，因而她们也以自己的方式获得成功。"

"好，非常感谢您的介绍，我会认真考虑的。"

"我们的下一个新班将在下周三开始，希望能在这个班上看到您，再见！"

走出那幢高楼时我心里并不内疚，虽然我完全是出于一份好奇，而不是真的来求一份工作，但通过这次访问，我开始渴望了解股票，我对个人投资或请别人帮助自己进行个人投资有了最初的概念。对这个公司来说，不断刊登的招聘广告和训练班，起码有两种功效：一是大浪淘沙，永远在人群中寻找最好的雇员；二是不断通过广告和训练班，培养民众（亦即顾客）对投资的兴趣。对做股票的人来说，委托人和经纪人都希望对方是内行，股票投资与我国民间传统的民众集资，然后放贷借钱完全是另一层次的操作，素质好的股票经纪人永远只是参谋，只要很少出错，他们就会拥有一群稳定的大客户，并不断为股票经纪公司创造利润和名声，也为自己挣得丰厚的佣金。

随着社会主义市场经济的发展，各行各业除了需要推销员之外，也将需要经纪人。自从股票市场在我国重新出现以来，这个市场的波动曲线已使千万人日夜牵挂，虽然已有不少人几乎成为股票专业户，但大部分炒股者都是业余炒作，偶尔为之，更有许多人还不知股票期货为何物。因而我想那些类似美国的大小股票经纪公司会逐渐涌现出来，我们的报上也会出现招聘经纪人的大幅广告和诱人引导词，我们会一方面感到挣钱的机会越来越多了，另一方面则感到生活的压力也越来越大了。现代社会既给我们带来了前所未有的物质条件，也给我们带来了前所未有的精神挑战。类似经纪人、推销员一类自由而高报酬的工作，实际也只有那些具有敢于探险、不畏压力的现代精神的人才能够承担，不劳而获的享受只是神话。

（《东方信息导报》1995 年 8 月 18 日）

37　电话推销员

"推销员是一个企业或工厂的灵魂。"这个观念已经开始见诸我们的报端，并开始在屡次的招聘中占据重要位置。随着社会主义市场经济的蓬勃发展，我国的内贸市场也逐渐由卖方市场转向买方市场。等到人民必需的和比较需要的东西，有的甚至一生只需要一次的东西都有人在生产经销时，顾客自然就登上了所谓"上帝"的宝座，推销员也自然地成了要员。中国人在推销上也许是先天比较弱的，我们的大多数地区都习惯于先自给自足，再谋求外延。大自然给了我们这个条件，封闭的历史也给了我们这个经验。

我第一次接触推销员是在进 Sun Warm 公司做兼职工作，当时并不清楚这家公司是做什么的以及他们登报找的"内务"是干什么工作，只觉得交通便利就去上门去面试。原来这是一家刚开张在法拉盛的食品批发公司，服务对象主要是纽约附近的约 15000 余家中餐馆和亚洲风味菜馆。第一天上班，老板给了我三大本黄页电话号簿，这类黄页是免费赠送给每个纽约市民家庭的，非常实用和方便。老板说："你的第一个任务就是给纽约的 5000 家餐馆打电话，一是向他们介绍我们公司的地址、可供产品和优惠价格，二是询问他们餐馆的邮编号码（美国电话号码簿上只有地址，没有邮编，而美国邮局是不送没有邮编的信件的），只要是问出邮编的，第二天你立即寄出公司的报价单。"这样，我整整打了两个星期的推销电话，寄出了几千封信。

在这个过程中，我感受到了推销的巨大力量和潜在市场，更感受到许多中国人对推销员的强烈反感。虽然我已经挑选一般餐馆空闲的时候打去电话，但还是有许多人以"没空"为理由立时挂断了电话。有的人在电话里说："我们已经有个公司给我们供货了，你们的报价单不必寄来了。"还有的人说："你愿意寄就寄吧，不过我们是不会感兴趣的。"最令人惊讶的反应莫过于一些餐馆老板慌忙夺过电话，厉声问道："你是怎么知道我们的电话号码的？"有个老板在听我说是从黄页号码簿上查到的解释后，竟反问："你是从哪里弄到这种书的？"

　　纽约有许多中小餐馆的老板是从中国南部城乡过去的平民，他们先当勤杂工，后当大厨，再当老板，文化水平的确有限，但一些比较有颜面的"上等华人"也同样厌恶推销。我的一个朋友是学商务的，读书时谋得一份靠做市场调查而挣钱的短工。一家酒类供货商委托大学里的老师学生调查纽约皇后区各种族群顾客对酒类品牌的偏好和欣赏品位的差异，我的朋友自然受托调查中国人的爱好及习惯。那几个星期她也成了电话推销小姐，经常在家按照公司提供的名单向各种职业的在美华人询问有关问题，被询问者在认真回答问题之后将收到该公司的一点酬金。当我在校园里的一咖啡馆里碰到她时，两个人不由大谈一通电话推销的苦衷。

　　她告诉我许多在美华人的第一反应就是："你是从哪里得到我的电话号码的？"一些人在一听完来意后就立即挂断，有的人则问："我回答了这些问题能得多少钱？"还有的人说："我太太马上就要回家了，请你换个时间打来。"由于华人饮酒者大多是男性，故我的朋友屡屡被这些调查对象的太太误解，而对她的调查问题则根本不信。我的朋友被要求筛选出 10 份详尽的有代表性的问卷，结果她足足打了近 300 个电话才完成任务。而她负责调查其他族群情况的同学们则往往只需要几十个电话就解决问题，她因此付了电话费后挣得很少。

　　电话推销员只是推销的一种方法，它在美国的电信业和保险业中运用得最多。可能是因为我工作认真负责，我的电话推销日见成效：一个星期后就有客户陆续上门；两个月后，公司的大门前开始有了无处停车的繁忙。于是我也得到公司上下的信任，员工们都把我当作好工友。不过老板是永远不会满足于现状的，他开始让手下人驱车去附近的餐馆登门造访，由于我没有车，自然免了。我听见老板要求去的人要尽量与客户闲谈，建立起联系，吸引他们的光临，但事实上我知道我的同事们大都只将报价单往人家的柜台上一放便溜之大吉了。

　　销售业在西方已鲜明地经历了"夫妻老婆店"、百货店、连锁店、专业店等数次浪潮，并迎来所谓"第三次销售革命"的直销和经销热。在我国，虽然各种销售方式业已并行不悖、百舸争流，但人们对推销的认识还有许多传统观念的阻碍，其实今后各行各业都必将与推销产生联系，美国教授常与自己的毕业班学生开玩笑说："你把自己卖出去了吗？"美国的大学是非常体现"实用主义"的，任何专业的教学都必须与劳动力市场的需求相适应，任何一位大学生、硕士生、博士生，如果他（她）未能让自己的知识和才能转变为社会所需之材，那他们就只能说是未完成品或滞销品，学校就必须像公司一样做出迅速反应和改进，甚至让一些专业停办和转向。从这个角度讲，许多博士生在美国失业，甚至被迫上街扫地，这对美国人来说，并不显得奇怪。

（《东方信息导报》1995 年 9 月 9 日）

38　日本车与美国的民族自信

不论哪个国家的人民都有自己的民族情绪和爱国方式。日本的产品在美国市场上挣钱挣多了，美国报刊上就频频出现许多讽刺诗和攻击日本人的漫画。大学的教授也在讲台上经常引用雄辩的数据，向学生证明日美贸易的多年顺差是对美国人不公平的。然而与此同时，美国四通八达的公路上，日本车却比美国车多，美国消费者在购物的时候，并不让自己的爱国情感影响自己的经济头脑。

记得那天从纽约的电视新闻中得知日本人正在大量收购美国公司，主持人尤其强调一家日本公司想买下纽约市中心洛克菲勒广场附近的一幢著名大楼。当时我觉得这是一件大事，就好比有外国公司想要买下杭州武林广场附近的杭州大厦一样。我觉得这已经是从普通的经济实力竞争转向象征性的民族力量对比了。

于是我特意去问美国同学哈齐，对此有何感想。哈齐一副无所谓的样子反问我："你觉得这很危险吗？"

我挺费劲地向他解释中国的这句古话："卖者虽无意，买者却有心。"当年日本的洋布运到中国也曾在一片抵制日货的抗议中被阻挡了一阵，但后来数量一大，优势也愈加明显，中国的民族工业还是遭到惨痛打击。哈齐显然觉得我的例子没有说服力，他认为日本人不过是想进行投资罢了，投资什么目标是自由选择，其结果对纽约市和美国人民不构成威胁。

回国约两年后，从报纸的国际新闻栏目上看到，日本人当年购下的许多美国著名建筑，由于近年来美国房地产不景气，价值大跌，许多日本投资者忍痛割爱，包括菲勒广场附近的那幢高楼也重归美国商人之手。日本人虽一直给人以精明、远虑的印象，但这次搏击中他们则大大失策。我回忆起哈齐当时那一副无所谓的表情，觉得美国一般公民对自己国家的实力真是充满自信。

不过日本商人也有自己的商业理念，见机会就投资，见亏损就收盘，并不过于讲究颜面。其实在国际赛事上，某国夺金获银，并不一定就使其他国家蒙羞，国际贸易中的某些盈亏也并不一定反映民族的荣辱。体育就是体育，商业就是商业，爱国就是爱国，各自都有自己的运作规则。若想违背各自自然的规律而进行象征性的或想象中的民族抗争，则容易在假想的意义追逐中暴露出自己的狭隘和自以为是。

（《杭州日报》1998 年 6 月 19 日）

39　经过香港

　　5 年前结束在美国的留学生活回杭州时，我曾途经香港。我特意在半年前就预定了经香港转机到杭州的机票，为的就是目睹一下这片被冠为"东方明珠""购物天堂"的土地。另一个原因说实话，就是担心这次出去也许是我人生第一次，也是最后一次，最好把机会用足用尽，以免后悔。

　　我在美国最要好的女友奈莉也极力鼓动我经过香港，临行前她把她在香港的妹妹的地址和电话号码交给我，再三嘱咐下飞机后就径直去她妹妹家求宿。

　　我在美国已经生活了 3 年，对海外人的那种不再客套和"私私分明"的交往"新风俗"也习惯了。所以飞机一到香港，我就推着行李让出租车司机把我载到市中心的一个小旅馆（我事先预定好的）。20 美元一天，房间比卫生间稍大一点，但非常非常洁净。

　　因为时差，我在那个小旅馆里一倒头竟睡了一天半。第一次醒来时窗外已万家灯火，第二次醒来时又是暮色降临。晚饭后，我取出奈莉妹妹家的电话，按美国华人的习惯"预约"会面。结果她在电话里大叫："啊呀！我们等你两天了，到处查询，刚才我姐姐还从美国打电话来问你到家了没有。好了，好了，马上把你现在的地址告诉我。"

　　半小时后，我在奈莉妹妹充满热情的抱怨声中，在她男朋友满头大汗的搬运劳动中，挪到她家住下。临走结账时，房主说："有亲戚当然还是住在亲戚家舒服啦！"当时我在感谢和后悔中强烈地感到：自己已经回到了最地道的"华人社会"啦！

　　接下来，我先研究地图，然后花两个港币乘上一辆电车，从起点到终点地临窗观光香港市容，然后再换乘另一辆。香港的每时每刻仿佛都是拥挤、有序和洁净的，我想内地现代化飞速发展后，会愈来愈接近香港而不是美国。

第三天，奈莉妹妹和她的老父亲一起趁假日陪我逛街、看电影和品尝中西美餐。我在他们的亲切陪伴下，舒舒服服地享受中国式的现代化生活，一切都真的是太好了。

我在港龙航空公司的柜台前放下行李，两个年轻得像中学生的"港仔"身穿制服走上柜台，其中瘦削的那位先用港味普通话开口说：

"你的箱子怎么介么重呀？"

"我这是毕业回国，很多朋友都托我带这带那，我不能不带。"

"朋友太多，有时也是麻烦的啦！"另一位壮实的"港仔"看上去很开心。

"不过这都是一些在美国帮过我的朋友，我不能拒绝他们。还请你们帮个忙啊！"

我看见两个友善的香港青年就像我中学时代的男生一样，在某个女生认真的求援面前，毫不犹豫地被说服了。他俩低下头，对我那两个无法送进自动传送带的大箱子做了人工检查，然后把盖了章的机票放在我面前含笑地说："好了，小姐。"

这时我真切地体会到：我在回家！

（《杭州日报》1997 年 7 月 1 日）

40　想过中国年

节日的快乐，总是更多地从孩子们的眼中发现。关于这一点，孩子自身往往并不明白，而大人或父母们却应该明白，并应该知道如何有意识地去开掘那些埋在我们心底的欢乐之源。

在我准备上小学二年级时，"文革"就开始了。这之后是十几年"不正常"的生活，所以在我的生活圈子里，春节总是特别"正常"地过着。每到年三十夜，总能吃到平时想也不敢想的美味，比如花生米、芝麻糖和肉粽子。每到年初一，没有新衣服也肯定有一套干净衣服换好后，才开门出去见邻居。初一到初四的亲戚之间互相拜年、人来客往是我在院子里看不完、看不够的人间风景；许许多多的礼貌、客套、方言俗语，各个级别的"干群关系"和亲疏远近都是在那些热热闹闹的寒暄中逐渐领悟的。尤其是院子里大大小小 20 余个孩子时不时的交流和借亲戚关系展开的系列性"吹牛"，是我后来看《红楼梦》理解中国家族成员位置的重要参照。

在与大家共同分享的正常快乐之外，我们家还有特别的惊喜。我父母都是中学教师，收入菲薄而又极少抱怨。父亲长期在外地工作，故而特别珍惜春节的机会，刻意让孩子们有过节的快乐。有一年他竟带回了整整一盒柿饼，让我们真是喜出望外。现在回想起来那个盒子实际只有一只鞋盒的大小，但当时的感觉是可以尽吃三天三夜。

另一年父亲在年三十的早上突然说要独自上街，回来时手边已推着一辆崭新的自行车！我们三个孩子的极度狂喜和跃跃欲试，使母亲的低声抱怨根本无处着落。那一年的春节完全是围绕着这辆自行车度过的。还记得有一年，父亲不知从何处买回一只海南岛的椰子，不管我们问几遍，他都不愿说出价钱。在那个不知道人之旅游、物之流通，只知道"上纲上线"的年代，这只外表还裹着棕皮的新鲜椰子，让我觉得自己正在认识热带的南方以及更远的赤道非洲……那只棕色的坚固椰子被父亲用锯子一点点小心地锯开，现出它神秘的白色果肉和清水色果汁"原形"，简直就是我童年生活中的"魔盒"。

春节的快乐中，总有母亲特意为孩子准备的新衣和丰盛的晚饭，总有父亲特意为孩子带回的惊喜和精心营造的氛围。我想我父母很自然地懂得节日的快乐就是让孩子或自己至少有一点点的过分！就是让不寻常的安排去冲击一下日常生活中的平淡、痛楚或酸涩。

春节的快乐还要充分地与人共享，记得院子里有两户人家比较"富有"，因为他们能为孩子们买许多鞭炮。但其他孩子并不嫉妒，因为这些节日礼花完全是为全院孩子买的。夜晚放鞭炮的时候总有个程序，先放两个响的，把院里的孩子们通知出来。暗夜中只见十几个男生叽叽喳喳地轮流点燃、抛掷和试胆，女孩子们不敢聚成堆，否则就会有吱溜带响的鞭炮突然飞过来。男女生之间差不多不说话，但被礼花偶然照亮的脸上都是灿烂的笑颜。

有一年"负责"买鞭炮的孩子回老家去了，年三十晚上就没放多少鞭炮。但一星期后突然窗外响起熟悉的信号，原来他把他爸买给他的礼花藏到回杭州才肯大放。我想他也很懂得快乐的诀窍：既要有可以玩的形式，还要找到能和自己一样尽兴欢乐的伙伴。那一夜的鞭炮使那一年的春节热闹显得十分悠长。

一想到春节的快乐都享受在童年和青少年，一想到节日的快乐只有在回忆中才显得最为美好，我就不由地感到自己今天为人父母的职责里应含有过节的热情。虽然带孩子走亲访友、拜访长辈是我们千年不变的春节礼俗，但年年为孩子创造欢乐的气氛，已成为我过春节的一个重要主题。

（《浙江教育报》1998 年 1 月 3 日）

岁月飞逝，不知不觉中传统春节的程式已被岁月冲刷得越来越少，使得我们的青年人尤其是孩子们不知道过春节还有什么"内容"。年三十大吃一顿的愿望已经在极为丰盛的饮食中消解了，年初一穿新衣服的冲动也在堆满了四季服装的衣柜里冻结了，放鞭炮"听响"的乐趣由于城市的密集居住和火灾隐患而被禁止，贴门联、舞狮子和扭秧歌的活动也仿佛更适合乡村的小镇，曾经将万众集结在电视机前的春节文艺联欢晚会，在需求的无限和供给的有限矛盾中不断成为人们抱怨的靶子，旅行社攻势凌厉的出游广告也主要看好了那些有钱却没有负担的快乐青年。我想我们是太需要中国年的 CI 策划了。"CI 策划"是个眼前正在商界和集团公司里流行起来的词，最简洁地说，它指一个企业需要自己的企业精神定位和形象标志。中国的春节不也正需要这么一种从民族精神到过年形式的定位和策划吗？

区别于欧美的圣诞节仪式与成功传播，希望中国的工艺美术家们能在红、黄、黑的基调里变幻出联结传统和现代中国人的丰富色彩，希望中国的文学家和史学家能在几千年的悠久文化中推出几个能在年三十夜里讲给孩子们听的故事，希望中国的音乐家们能为平民百姓制作几首春节音乐和歌曲，希望中国的设计师们能设计出无数珍藏在人们家樟木箱里，每年必须翻出来装点家居的春节用品和饰物，也希望中国的商人们能在节日的商场和城市中心，营造出凝聚民心和节日热情的春节盛景。

我们中的许多人还在并不宽敞的居室里与自己的家人团圆，但现在总是与热烈向往的未来混合在一起，使得人们对节日的热爱永不褪色。

春节在中国人的心目中有许多含义，不管这众多含义中的高下雅俗该如何划分，它们都是人们对生活中美好事物的集中性追求，只是最美好的追求也必须通过一定的行为方式体现出来。我们对过春节形式或程式的创造，也是一种对民族精神的理解和创造，这种创造性劳动应会使我们普通的中国人更加地从心里感到："想过中国年！"

（《光明日报》1996 年 2 月 14 日）

41 相声与脱口秀：两人不如一人

中国目前的相声缺乏好本子，这话说了好多年，听的人都觉得不着急了，反正变通的方法很多。相声加道具可以变小品，相声加特技可以拍电影；相声演员为了让观众高兴竟都敢于使自己丑态百出，弄得观众都颇不好意思地赶紧用掌声表示领情。

最近中央电视台《实话实说》栏目的主持人崔永元声名鹊起，因为他不动声色的微讽，让观众欣喜。崔永元的风格颇接近美国电视节目中的"脱口秀"（有人称"单口相声"），虽然有一定的技巧和套路，但总体说来必须把幽默建立在个人睿智和个性风格之上。单人"脱口秀"节目在国外及港台地区的电视上也流行了很多年，可见这种形式不存在英美文化与中华文化之间的隔膜和语言障碍。与这种艺术形式比起来，我觉得中国传统相声起码在两点上不符合现代生活：一是两人说的相声里有一人显得是多余的，配合得不好显得别扭，配合得太好也显得太"艺术"；二是舞台表演的程式化过程太长。现代生活中很笨的事越来越少了，很蠢的人也不多了，思路敏捷的观众们大都缺乏耐心但不缺乏判断力。

马季先生前次来杭州加盟钱江台"开心真开心"晚会的节目，正好被我"撞"上了，我记得他那天妙语连珠、浑身是戏，既是表演也是恳谈，既是有备而来也是即兴发挥。很难想象现在谁还能与马季先生"合说"一段相声，除非他有意要提拔后生。相声界著名搭档反目的事也听了好几对，但我以为这与演员们的思想品德无关。个性化创作和个体化表演的趋势是时代发展的必然。单人"脱口秀"形式自由度大，长短咸宜，更易发挥个性。

美国电视里的"脱口秀"节目也有不少女性，她们对社会时事人生百态的观察透视一样充满智慧和幽默，尤其是对家庭琐事、常人心态，都有自己的洞见和理解。有位女演员的一段脱口秀让我印象深刻，而且每次想起来都忍俊不禁。她说：

"两个美国小学生这一天为了一些琐事发生争执。他们的爸爸分别是美国商人和日本商人。

"美国男孩气势汹汹地说：'你再嘴硬，我一拳就可以让你这个小矮子爬不起来。'

"日本男孩毫无惧色地回答：'我可以回家让我爸的保镖来揍你。他们也是美国人，比你强壮百倍。'

"美国男孩说：'你爸有保镖有什么了不起？我爸拥有10家美国公司。'

"日本男孩说：'我爸拥有15家公司，遍布世界各地。'

"美国男孩提高嗓门威胁道：'我可以让我爸把咱们学校买下来，让学校开除你。'

"日本男孩也蹦跳起来说：'哼！我可以让我爸先把你爸的10个公司全买

下来。先开除你爸！'"

（《杭州日报》1998 年 6 月 14 日）

42 景如美女：过时的表达

一般来说，人们都喜欢给别人留下美好的印象，所以我们在各类"杭州介绍"里就尽量把西湖说得很美。比如："清晨，西湖被一层薄薄的烟雨笼罩，宁静、朦胧，就像是一位清纯秀丽的姑娘。"一位欧洲来杭学汉语的留学生读到这样的句子时对我说：

"这是最有代表性的中国比喻，完全是中国式的比喻。"

"你是指用姑娘来形容风景的美吗？"我问。

"是的，我在关于苏州和桂林的导游书上都读到过这样的比喻。"

"那么你们国家不用女性去形容吗？"

"我们只能在过去的书上读到这样的比喻，现在已经没有了。"

"你觉得这样形容有什么不好吗？"

"是的。"他好像不想再说什么。

类似"西湖像姑娘一样美丽"的形容，在西方人看来是"过时的表述"，这显然有他们的文化背景，但细细想来也不无道理：一是暗示"姑娘一定要美"（好像长得一般就不像姑娘）；二是女士们都成了欣赏对象，男性却占据了欣赏主体的霸权，于是姑娘"美"还是"不美"得由男性说了算。

一旦女性与男性越来越平等，女性的公众形象也会发生变化，女人既可以像男人一样强，也可以像男性一样"坏"。最近 20 年来，欧美银幕荧屏上的"坏女孩""坏女人"快与坏男人一样多了。

可见，用"西湖像美女"这样一种比喻来形容、介绍风景，且不说其表述方法的陈旧，这种评价标准也已经过时了。

（《杭州日报》1998 年 9 月 26 日）

43　毕业与入学

毕业典礼是美国大学里的重大节日。那段时间里，学校的各个服务机构都显得忙忙碌碌。准备各种纪念品、纪念活动、摄像服务、照相服务、核对成绩单发送地址和发放毕业礼服等等，内容丰富得足以让新生们看得羡慕不已。

当然毕业生在这个时期要找工作，要四处去面试，喜忧参半中还有许多焦灼，唯有到举行毕业典礼大会的那一日，大家才一下子都在穿上黑色或红色礼服的瞬间里，突然地变得怀旧和伤感，变得有些神圣起来。

按学校规定，典礼正式举行前的半小时，每个毕业生都必须按照自己的学号到指定的教室集中，安静地坐在本系的一位德高望重的老师周围，等待入场。老师的服装是学校统一定做的，在我看来就像是电影里的红衣主教。

他逐个检查我们的礼服和礼帽，对每个人说很轻但很亲切的祝福词，使大家忘却了所有苦读的辛酸和考试的黑暗，转而感谢恩师的惠泽和学校的哺育。

典礼大厅里，由学校乐队演奏的爵士乐激动人心，走进大厅的每个毕业生都在家人们的一片欢呼声中笑逐颜开，许多人还与看台上的亲人大声对话。所有毕业生都在尽情庆祝自己人生中的一个重要日子，那种热烈的气氛真是令人难忘。

美国的大学教育由于十分普及，因而是"宽进严出"，毕业难于入学，也重于入学。我想能与美国毕业典礼的热烈气氛相比的，大概只有中国高校的入学仪式，对比更鲜明的自然是每年6月临近高考时周围的紧张气氛。从高中学生的三年"吃紧"、高考命题的国家级机密，到连考三日时的搏击人生、录取通知发放时的热泪滚滚，以及9月份新生入学时家长们的涌动人潮，我总为中国高校入学之"隆重"而感到汗颜。

"严进宽出"的现状不仅使入学后的大学生渴望放松，也使任教的老师不忍心再严格要求。每一届毕业生的喜悦虽也弥漫校园，但校门口的一张集体照和系里的欢送告别会就是最基本的仪式，其中缺乏的是真正的狂喜。

还记得美国的家长们对毕业典礼特别重视，穿着正式并一脸的骄傲。多子女的家长总是把所有的弟妹都打扮得神气活现地带到典礼中来，让身着毕业礼服的兄长或姐姐给予弟妹们以榜样的力量。

这样比较起来，好在我们现在基本都是独生子女，高考的辛苦也都独自消受，或与焦虑不安的父母一起品尝，倒还不会让一些弟弟妹妹们早早地萌发放弃的念头。

（《杭州日报》1998年7月23日）

44 集体生活的甘苦

我从上小学开始有家庭作业起，就意识到了在有限空间里过集体生活的困窘。为了在一个仅14平方米的房间里安排出三个孩子可以做作业的位置，我父母动尽了脑筋。当我们兄妹三人开始在灯下学习时，母亲就得起身到她的学校办公室里去备课，直到晚上9点才回来。督促我们入睡后，她就在我们用过的那张家中唯一的书桌上继续备课。

母亲单位的领导后来终于腾出两间房子作为集体宿舍。在密集如林的高低铺里，我被分到了一张上铺，于是和许多在家里睡不下的女孩子、几个乡下来城里依靠子女的老年妇女和三个宁做保姆也不下乡的高中毕业生一起，度过好几年的夜晚。

家庭是个集体，宿舍是个集体，学校里的年级、班组和整个学校也都是集体。作为学生干部，我一直在努力为集体"争光"。父母也极其鼓励我的这种热情，我可以因为学校里的事而免做家务事。邻桌的一个同学曾向我诉说她上学路上没伴的痛苦。她说一个人走在上学路上，看到其他同学成群结队，简直可以羞愧到想死。我因为家住得离学校太近，没法直接帮助她，但我还是代表她去向另一位女同学求情，希望她和她的朋友们能够接纳她。

高中时除了学工、学农、学军的集体活动之外，我们还协助附近的派出所"夜巡"。那样的晚上除了在僻静的黑暗里搜出一些"不三不四的男女"，就是去发现一些夜深了仍在外面独自游荡的人。"这个人这么晚了还一个人在外面，不正常！"领队的民警总是这么对我们讲。

进入工作单位的感觉在一开始还不像是"一地鸡毛"，建立在大学书本上的那点自信，起初还促使我尽量保持独立和中性。我以为工作勤勉和为人随和会使我轻松安然，但一个集体中的原有矛盾很快就像"无形的手"，将我纳入了某个圈子。于是我已经因为某些事而"得罪"了某个人，并牵连进了某个人，我因此还得"感谢"某个人，由于他或她的疏解，我又还没有"冒犯"另一个某人。我在许多互相矛盾的热情中不断感到集体的温暖和"无我"的困惑。

我的一个熟人离婚两年多了，在家人的劝说和介绍下，近期她"见"了好些个男人，有两个眼看就成了，数月后又散了。她的一个邻居有天终于在再也郁积不下的忧愤中把她找回家去谈了一次，含泪训斥她的"生活问题"，让她满心委屈和难过。我问："她是你什么人，干什么要管你？""她说他是看着我长大的长辈。"

所谓"单位"并不一定是有形的，它其实无时不在；而所谓"言论压力"又大都出于爱意的关心，让你承爱不完。

婚姻曾让我以为是进了两个人的小天地，但是随着双方父母兄弟姐妹和其他亲戚的介入，我又懊丧地发现，一切只意味着我走进了另一个家，另一个有限空间里的集体生活。一种我曾竭力想改变的生活结构又牢不可破地矗立在那里，让我在已有的教育里找不出合适的理由去满足自己。同样，一系列我并不想要的关心又不由分说地笼罩着我，让我在无数责任、义务和报答的琐事里日复一日地放弃自己曾幻想和追求的东西。

曾有机会与一位来中国工作的"老外"谈中国式生活的特点，他倒是盛赞中国人的热情好客和亲情关怀，对个人主义文化的自我中心和缺乏交流的孤独感十分忧心。我说："若不是通过批判你们的个人主义，我还真不一定能想出中国式集体生活的好处。从电影上看到你们国家的年轻人单独驾车驶上公路时，我从不羡慕他们对时间、空间的有效控制，只是特别羡慕他们'可以单独待一会儿'的乐趣。这对一个外国人来说，也许是奇怪的，因为你们早就习惯了童年的分匙吃饭、结婚后的分户存款和老年时的分床就寝。但对一个中国的普通人来说，有一个不被打扰的私人空间，却是一种极其难得的感觉。"

与老外聊完回家后，发现儿子作业本上的字又脏又乱，自然很严肃地说了他一通。他竟转身回屋并锁上门，在里面高叫："让我单独待一会儿！"我硬敲开了门说："什么单独待一会儿，我看你是看外国电视剧看多了。""不对，我最近连动画片都没看过！"他说。

（《学习与思考》1996 年第 1 期）

45 形式与生活方式

美国早期的新英格兰礼拜堂简朴而又神圣，人人心向往之，也常常按时前往。但奇怪的是他们不愿称之为"教堂"，而只是说"聚会所"。新英格兰人认为自己对世界的贡献，既不在于自己的"教会"，也不在于自己的"信条"，而不过是提供了一种"新英格兰方式"。不过"新英格兰方式"就是今天所谓美国生活方式的基础。

美国小说家霍桑的长篇小说《红字》以丰富的想象力和象征主义的笔法，记录了早期美国移民的精神历程。虽然面对清教历史，霍桑明白新英格兰殖民地要不断奋斗和生存下去，就必须实行严格的生活方式管制；但他却把小说主人公海斯特这位违背了行为准则的妇女描写成一位英雄。个人和社会的需求在海斯特被审判、被惩罚的苦难中发生了冲突，但清教社会中古板的道德观和人间有爱的自然道德观，也在主人翁的苦难中发生了冲突。霍桑一方面像一个继承传统信仰的人那样，谴责海斯特犯下的罪行；另一方面又像是现实生活中的所有普通人，深深地同情她的悲剧性失足并敬爱她的勇敢。这部小说最后让男女主人公在公开的忏悔中获得精神的净化和抗争的力量，从而由一个侧面体现了新英格兰方式的基本精神：教义的绝对化倾向只会导致更多的人间悲剧，人与人之间的现实关系和真实需求永远高于"尽善尽美"的理想原则。

"新英格兰方式"是一种基于人们具体生活方式的体制，它认为能够把人们团结在一起的是共同的目标和共同的生活方式，而不是什么统一的管理机构。教会不应该是某个神圣整体的一部分，而是由寻求圣洁生活方式的人们组成的俱乐部。迄今在美国大地上也还是到处可见大大小小的各种教堂，它们并不以人数多寡和教派异别而互相敌视，正如美国历史学家丹尼尔·布尔斯廷所说："行事的方式高于各种形式。"

对比起来，孔子的"君君、臣臣、父父、子子"更渴望维持一种不变的统一形式。如果这种形式的"行事方式"出现了不妥，比如出现了坏君臣、坏父亲，也还是要维护上下等级尊卑关系和命令服从关系，因为随着时间的推移，坏君、坏臣、坏父总会老死或下台，然后在不变的等级秩序中，好君臣、好父母就能拾遗补阙、重整乾坤；同时那些老而未死的坏上级也说不定会在下级的忠诚感化中，突然醒悟，变得可以"被教育"和"被改造"。

新英格兰方式给我们的启示也许在于：形式是可以统一的，生活方式却无法统一；形式可以尽善尽美地去设计，生活方式却会因人因事因地而千变万化。各类现代政府组织应该更像一个个处理日常事务的商行，而不是一个监控人群的铁板机构。

（《杭州日报》1998 年 7 月 2 日）

46 骑着乡愁的马儿走四方

有人说美国是一个"轮子上的国家"，说一个人在美国若没有独自驾车驶上高速公路，就没有"踏上"美国国土。其实中国何尝不是轮上之国呢？虽然中国人的轮子普遍比美国人少两个，但中国人对自行车的认同和好感与美国人对汽车一样，借助的是一段短暂而辉煌的历史。1916 年以前美国汽车的年销售量不过 100 多万辆，但福特公司研究出 350 美元一辆的 T 型汽车之后，也即在 1970 年之后，平均每两个美国人就拥有一辆汽车。20 世纪 80年代改革开放初的中国马路上，也只有一些"富有"的人家才有自己的自行车，今天则再也不会有人用自行车炫耀自己的背景。汽车在美国的普及和自行车在中国的流行一样，首先解决的不仅是交通工具问题，更是社会平等问题。贵人和凡人的差别不再是有和没有之后，有什么以及好和坏的问题就可能是一种自由的选择。在公路上显然"夏利"更敢于与"皇冠"摩擦一下，在下雨天吱嘎响的旧车与千元的"捷安特"都同样要雨水淋淋。在美国骑自行车的人只能在狭窄的人行道上借光，并在每一个路口为汽车让道；而在中国毕竟自行车与汽车各行其道，在各路口彼此的交汇也不分先后，体现了更多的"有车族"的公平。

自行车的前身应该是"腿"，俗话说"以车代步"，不亦乐乎！汽车替代的可能是"马"，今天好莱坞警匪片与西部片的最相似之处就是人与车（马）的关系。仗义豪侠的警官像都市牛仔驾车（马）兜风在夜晚的街道，突然发现一些流氓正在暗处欺侮弱者，于是一边停车一边直冲过去。在激烈的搏斗追杀中不仅刀枪闪烁，而且车炸人飞。罪犯如野马受惊四处逃散，英雄在烈焰中踉跄脱身，跃入自己心爱的坐骑（车）呼啸追击。

中国银幕上的"自行车"则处境尴尬，或者指称无钱无势的百姓，或者衬托廉洁奉公的清官，而真正令人羡慕的成功者和令人憎恨的小人则一律脚踩"油门"，威武的公安武警也起码足蹬摩托轻骑。市场经济条件下人们的收入不平等是一个客观事实，但公车多、私车少、轿车豪华公共汽车破旧的现实，还是在划分着一道"有车族"和"无车族"的等级界限。

中国人与自己的自行车的关系就像是对自己的腿一样，不管腿形怎样，敝帚自珍，美国人对自己的车更像是贵族主人对仆人，既照管喂养，又颐指气使。汽车比自行车更能满足人的发展欲望，每个人都会喜欢借助比自己更强大的机械扩展自己的能力，驾驭更广阔的时空；但自行车也更像是人自己的朋友和助手，更让人口众多的中国人感到大家正共有和分享一个有限的时空及资源。汽车文明更多的是一种标准化、专业化的工业模式，它要求人们在红绿灯前自觉守法；自行车则保留了零散不定的农闲特点。因为自行车即便挤压到一堆，伤成一片也不一定会死人，所以也使得我们更喜欢像夹缝中求生存的微生物一样，容易变通地遵循生活的法则。汽车世界的恐惧是交通拥挤、停车无处、环境污染、汽油费提高等等，它不仅牵动着我们的公路桥梁建设和城市规划，而且连带着税收制度的合理有效、行政机构的合适规模和廉洁传统，以及不可阻挡的平民公众的内在需要。

自行车天下的悲哀是发展中国家的"落后"和行进速度缓慢。我们也喜欢称自己的两轮车为"马儿",因为它只节省了我们一半的体力;尤其是每天骑数小时奔波后的两腿发颤、精疲力竭和日晒雨淋,会让我们心中蒙生酸楚和焦虑。不过既然我们的"马儿"不像马儿那样牵进了马棚还要乱叫乱闹;既然我们骑在自己的"马儿"上,身边同时还跑着重整旗鼓的公交车、方兴未艾的出租车、先富一族的私家车和远方大城市地下正在奔驰的地铁;既然电子媒体想统治世界的时候,纸张印刷物也同步攀升并存不悖,那么我们何不想到今天的中国人正一手推着怀着乡愁的马儿,一手敲着与国际接轨的大门?我们何不把自己的心理世界和审美空间也拉得更开一点,把自己的前瞻视野和思索线路也放得更长一点?

人类追求的幸福不会只是一种享受,而是多种享受,是永不知足的,甚至是互相矛盾的多种享受。既然我们已经开始有平等和选择,我们就会把汽车、马和腿都当作自己的向往。四个轮子的统治不能遥控自行车王国,两个轮子的坐骑也可以单车走四方,皱巴巴的裤子下更可以加一双有气垫的合脚高级运动鞋,关键和差别都在于你是否真的舒服和有内在的喜悦!

（《今日青年》1998 年第 6 期）

47　他们都是好老师

虽然回想起来,我在美国的硕士学习时间和课程只需一年半,真正留下较深刻印象的教授大概是四五个,他们都是真正的好老师:名校毕业,热爱自己的教学和科研工作,对教学非常投入和认真,对学生是否真正有所收获十分在意。中国留学生最相信"名牌大学"，我则感到，美国大学排名是各色各样的，每个大学都更追求办出自身特色，与其他大学区别开来，各有所长，学生找到最合适自己的更重要。

有意思的是，当时美国与日本的贸易就像现在的中美贸易关系。所以有一位风头正劲的年轻教授内斯特上课重点讨论的是他正在研究的美日贸易的逆差问题。他展示一系列统计数据和图表，认为日本在与美国做贸易的时候赚了美国太多的钱，美国必须对日本进行贸易制裁或增加关税（他的著作《国际关系：21世纪的政治与经济》已经有中译本[1]）。而与他相反，另一位教授日本文化的布莱德利教授（Dr. James E.Bradley）就在课堂上大谈美国不了解日本，在日本面前显得很傲慢和无知。美国和日本的贸易，在某些人看来是日本占了美国的便宜，但是如果换一个角度，这是一个互惠的关系。而且，日本的产品在开发、研制和推广上，以及日本的公司在管理和经营模式上，都给了美国很多不同思路的启发。或者说，竞争和互惠让美国人变得更聪明。这位教日本文化的布老师还在一次课堂上给了我难忘的一刻。

美国的硕士并不要求写毕业论文，而是每一门课都要上交一些课程论文。同时每一次上课的时候你必须根据老师指定的书目进行发言和提问。如果不参与发言和提问，不体现出有水平的发言和提问，即便你最后上交了课程论文，你也可能会通不过，然后你就失去了你交的价值不菲的学分费用。我的这位教日本文化的老师经常给我们布置一些讨论日本和美国关系的热门书籍。为了能够阅读，我们几个要好的同学经常分工去复印这些书籍，否则就没有办法有针对性地发言和提问。我记得那一次我负责复印的那本书很厚，复印的价格也要80美元。我们都挺努力地把它大致阅读了解了。然后在上课讨论的时候，尽可能地按自己的理解去发言。但是讨论到了最后，这位老师告诉我们："你们都还是太畏惧这样一本厚书、这样一个著名的出版社，以为它一定是很有价值的。但是我必须告诉你们：这就是一堆垃圾！"

1　威廉·内斯特，美国纽约圣·约翰大学政府与政治系教授，加州大学圣芭芭拉分校博士。曾在伦敦大学东方与非洲研究院讲授远东政治。著有《日本在东亚和世界经济中的力量增长》《美国的工业政策》《美国力量：世界新秩序与日本的挑战》等著作。研究领域主要为日本政治、经济与工业发展，国际法与外交政策。

而且在课堂上，这位教授还当着我们大家的面，把他手上的那本厚厚的纸质版的所谓著名专著，直接扔进了教室的垃圾桶。当时我们都惊呆了。

扔完书后，他还继续语调坚定地告诫我们一帮同学说："你们今天回家之前也把你们复印的这本书全部都扔进垃圾桶！不要心痛你们的钱，应该心痛你们的时间和大脑！我们这堂课上有不少留学生。你们从国外来到美国求学，我希望你们要在这里学到的是真正的知识；而且能够看到，在美国有很多知识分子是不称职的。他们写的书是缺失真道理、不具有真启示的。所以你们一定要比我们美国同学更努力地去分辨他们，去找到真正对你们国家有用的好知识、好著作、好观点和好方法。"这次课真是让我难忘，对我建立人生和学术主体性大有帮助。

后来听说这位教日本文化课的教授，当时正在承受可能要被辞退的巨大压力。一开始我并不理解，因为他上课非常认真，为人很热情，教学效果也很好。听说他一直在写专著，但就是一直没能发表，所以缺乏学校规定的科研业绩。再后来我才意识到，其实也是因为他的基本观点与主流话语不合，加上他平时乐于助人也从不"求人"，所以与领导和同事们的人际关系处理得"一般"。美国教授每年都要接受学生的评价，我们这帮年龄和背景很不同的"同学们"就曾经集体把一位教东亚艺术的教授用"低分"赶走了。布莱德利教授后来的命运我不知道了，但我对美国高校教师工作的不稳定性因此有了切身体会。

相比之下，让同学们特别喜欢和感到温暖的是一位华裔女教授李又宁。她在纽约圣·约翰大学亚洲研究院拥有终身教职，她上的课是关于中国现代思想史和美国华人发展史的。也许是因为体贴我们很多在座留学生的辛苦，她总是慷慨地带着装满美味饼干的盒子来课堂，鼓励每个同学下课的时候都上前去品尝和进行亲切的师生交流。我后来才知道这差不多是美国人开学术会议的一个惯例，就是中间必须有茶歇和提供精美糕点。我在她的课上不仅学习了很多用英语来妥帖转译和充分表述的中国文化精神，而且也品尝到了很多高级的美国名牌点心。

我的另一位任课教授，他很早就在中国很有名，就是专门研究沈从文生平和小说的金介甫教授。我听了他的两门课。他开设专题讨论了中国知识界和思想界的很多问题。同时，他对中国的现当代文学也有特殊兴趣和很多独到的见解。美国很多院系单独请不起资深的教授，就会合作聘请，比如我所知道的威廉·内斯特教授同时在政治系和东亚系任教，著名的金介甫教授也同时在历史系和东亚系任教。我的英语课老师是跨校任教的教授，也称"课程教授"。

金介甫教授为人和善可亲、衣着文雅朴素、谈吐睿智严谨，深受学生尊敬。他也是一位不买车的教授，这在美国很特立独行，一定也因此会被人认为是个"怪咖"。有次下课，我刚好与他一起乘坐地铁，一路上聊天，他有时英文，有时中文，非常注意交流的诚恳、深入和顺畅，让我非常受益。我不会忘记交给金介甫教授的第一次作业，发回来的时候上面布满了红色的修改之处。他还专门解释说，留学生的作业，英语还是容易出错，但他更为看重的是思想，而不是语言的正确性，所以仅仅会在第一次作业上做些语词修改，以后的作业还希望同学们更重视阅读理解和表达观点的质量。

金介甫教授有一个非常重要的基本观点，就是认为美国和中国是两个各有各的好、各有各的问题的大国，都必须走它们自己的现代化道路。而且现代化的道路是非常艰难的，其中有很多问题是由知识分子造成的。所以说，知识分子对国家负有特殊责任。

48 写在后面

相比我们的父母一辈，我们这一代人应该说是"生逢其时"，是很幸运的，全球化贸易带给整个国家的"红利"我们慢慢地、多多少少都体会到了。我所享受过几年的中美两地的"半工半读"生活也真的很好。那时的我，在很多事情上都充满真诚向往和追求，也相当无知和不明就里。我犯了不少错，更学会了很多新知，认识了很多优秀的人，看到了一些不同的社会人生。"我所说的都是真实的经历，但这只是我所经历的真实。"那段时间的白天，我尽可能地体会和了解不同的"单位"和不同的"分工"，工余和晚上我则尽可能地根据美国和中国现实生活中鲜活的事件、亲身体验，以及自己工作上的需求感受，来自由地阅读和思考，尽可能广泛地阅读与探索。1995年我重新进入大学任教后，自己觉得主体性、问题意识、学术个性、研究方法等都准备得更充分了，然后就开始写论文、写短文、写书，开始了自己热忱的教学与辛勤的科研。

这种广泛阅读、多课程教学和大学文科科研，其实都是不受学科和专业限制的。我觉得英语系是指"英语语言与文学系"，而中文系则不是"中国语言与文学系"，而应该是传承体现汉语之综合性思维的学习"单位"。一个学中文出身的人，就会觉得所有的好书只要读得懂，就都会读出乐趣。只要坚持阅读和有一定生活经验，那么阅读（包括欣赏好的影视作品）几乎可以告诉你一切，能帮助解决你的一切人生烦忧和苦闷。

至于中文还是外语，则是因人而异的事情。英语清晰灵活，汉语简洁含蓄，各有各的美妙和不可替代。想学好一门外语，最好是童子功。我到美国的时候已经32岁，英语是重新捡拾或"抱佛脚"式急攻，后来也拿下硕士学位，也试译过学术专著和小说。学点外语的目的，一是更好地认识和热爱自己的母语和自身的文化特性，二是便于认识他人和世界。大学的外语系都是专门给高考优秀的年轻人进行4年密集性外语培训的地方，每年都有通不过、毕不了业的学生。这正说明语言的天赋并不是人人都具有的。人类的很多素质都不是平均拥有的。中国是一个人口大国，每年都培养大量外语人才，每天都出版新的译著，外语好的人目前大有用武之地，这也是当代中国人可以自由分享的国家"红利"。美国还是主要依靠不同族群来分别掌握不同语言，英语世界的译文数量和广度估计还不如中文世界。对当代中国人而言，光是中文版的好书，一个人的一生就根本看不完。这是中国的一个竞争优势和分工优势，绝对不是中国人还要为自己"惭愧"外语不够好的现实背景。

确实，大学的 4 年对一个年轻人的基本"三观"塑造更为重要。我觉得自己的本科中文系 4 年听课和阅读，让我的"三观"基本就固定在了历史悠久的"两袖清风""淡泊名利"这 8 个字上了。之后就是如何用一生去实现或实践。人的一生确实是非常珍贵和有限的，人生也确实充满了艰辛、苦难和每个时期的不同烦恼，所以个体才应该尽早地看破名利、不计得失，不怕成败、荣辱不惊，走自己的路，"让别人去说吧"，从而让自己的整个精神世界能够尽可能地充实和丰富，让自己的工作能力也尽可能强大和有灵活变更的余地。同时在物质生活建设上，也一定要奋力找到适合自己的、能够"驾轻就熟"地贡献社会和他人的工作岗位。这个岗位也不一定是中国式"单位"，也可以是"自雇"式的创业或自主自由"职业"。现代社会的普遍小康生活和多元化选择，也是每个人有可能"淡泊名利"的必要经济和社会基础。

事实上，无论是中国改革开放的高速发展历程，还是我个人的求学求知经历，都说明现代化的物质文明建设和全面小康的生活，还是相对容易实现的。真正困难的事情是：怎么让富起来的社会和人民，拥有富裕之国的强国国民素质？怎么让自己和他人都拥有比之前社会阶段更佳的精神面貌、更良好的心态和更健康快乐的生活？

众所周知今天的美国，已经与 1989—1992 年我所经历的美国完全今非昔比了。中美以及中国与其他国家地区的贸易谈判与各项合作也进入了全新阶段。事实上，如果真正用心体会和亲身体验，我所经历的克林顿领导美国的 20 世纪 90 年代初期是所谓经济发展"最好时期"的说法，也不过是美国式"经济大外宣"和一些做金融推销者的一面之词。我的亲身感受是当时的美国普通人也天天感觉物价上涨、问题丛生，基层蓝领工作太辛苦，白领"好工作"太难找，终于找到了某个工作，也一点都不稳定，生活充满了不确定性和无法把握的感觉。另一方面，当时的美国媒体虽然比现在"靠谱"多了，相比当时的中国也"发达"和有钱多了，但是一些美国主流媒体记者的自我优越感，指点世界江山、刻意设定议题、一说话就"带节奏"和"拉仇恨"也是太常见了。只是那时美国普通人因为"第一强国"的错觉，心态确实普遍比现在好，整个社会的生活舒适度及和谐度都比较高，对其他民族和国家都更有真诚的关心，愿意慷慨帮助。但从我的旁观者角度看，这些友好姿态中也无意识地暗含了无知和盲目。

所以，用"三十年河东，三十年河西"的风水轮流转，来解释现今的"疫情改变一切"，或用欧美"盛极而衰"、世界"合久必分"来讨论"反全球化"的历史进程大调整，我认为都是太懒惰和宿命论了。现代化的进程尤其是经济与科技及信息的巨大合力，让一切都变得越来越快捷和碎片化。现代社会一直是让人喜忧参半、代价不菲、动荡不定、"防不胜防"的。

跟跑的人更容易拥有快速"超越前人"的喜悦，领跑者则更易失去方向和斗志，陷入未知的泥潭和无法看清前方和身后的危险。这不是美国人或中国人的问题，这是人的问题。

我们要学习的、要努力的只会越来越多，才能对得起个人的一些幸运，才能配得上这个时代给予我们每个人的重大机遇。

后　记

当代中国的文化建设问题（现代人的建设和现代生活方式建设）一直是我最关心的事情。如本书题记，我认为文化的诸多问题，需要观察与思考，也需要体验与经历。

作为 20 世纪 80 年代中国改革开放后的第一届大学生，我们无疑是见证了当代中国重大变革的一代人。如本书中已经提到的，这些自选文稿是我在高校教学和科研主业之外的"自选动作"，是我对自己亲身经历和参与建设"中国现代化改革"的一些记录、探索和推进努力。

我希望自己的一些观点、体会和写作是经得起时间检验的。这种希望不大不小，就像一颗种子，希望经得起日晒雨淋和环境变化，能生存、能生长、能真正美好地完成自己的生命历程。虽然一草一木、一花一果，能为大自然壮丽美景做出的贡献可能是微不足道的，但也应该把自己的生命力全部发挥出来。

我的思考和写作，肯定会带有我们这一代人的时代局限或会受个人才学所限。在科技和经济的影响力如此巨大的时代，文化的力量和文科的建设性力量也一样可能变得越来越重要和强大。虽然这本书中的许多话题，今天我仍有冲动继续写下去，或直面新的现象展开新的探索；但另一方面，我也真切地意识到自己已经力不从心，写不动了。

所以，江山代有才人出，长江后浪推前浪，相信中外文化的各种问题、当代中国人的自我管理与发展、现代生活方式的开拓与建设等等，一定会有更多更好的关注与研讨，我在不放弃努力的同时，认真做个相关领域的好读者，也同样是幸福的。

2021 年 6 月于杭州求是社区